리더들의 리더가 된 중국의 제왕들

具聖姬, 秋敎順, 具滋元 著

도서출판 신서원

리더들의 리더가 된 중국의 제왕들

2009년 1월 21일 초판1쇄 발행
2009년 5월 7일 재판1쇄 인쇄
2009년 5월 12일 재판1쇄 발행

지은이 • 구성희, 추교순, 구자원
펴낸이 • 임성렬
펴낸곳 • 도서출판 신서원
　서울시 종로구 교남동 47-2 협신빌딩 209호
　전화 : (02)739-0222·3　팩스 : (02)739-0224
　E-메일 : sinseowon@naver.com
　신서원 blog : http://blog.naver.com/sinseowon
　등록 : 제300-1994-183호.(1994. 11. 9)

ISBN • 978-89-7940-084-7

신서원은 부모의 서가에서 자녀의 책꽂이로
'대물림'할 수 있기를 바라며 책을 만들고 있습니다.
잘못된 책은 연락주세요.

들어가는 말

요즈음 대학이나 사회 각 기관에서는 이전보다도 더욱 인재의 중요성이나 용인술 또는 리더십을 강조하고 있으며, 학생들 또한 교육과 학습을 통해 리더십을 갖춘 인재가 되고자 한다. 이와 같은 사회분위기 속에서 학생이나 일반인들 모두가 이 책을 통해 비교적 쉽게 동양적 리더십과 인재활용술을 알게 된다면 매우 보람된 일이라 생각한다.

동서고금을 막론하고 천하를 도모하고자 일어선 자들은 모두 인재를 얻기 위해 전력을 다했다. 역대 왕후장상의 역사는 사람을 쓰는 '용인用人'의 역사라고 말할 수 있다. 용인술에 뛰어난 지도자들은 약자에서 강자로 탈바꿈했다. 반면 용인을 잘못한 왕후장상은 강자였으나 결국에는 패배했고, 부강했으나 멸망의 길을 걸었다. 인재가 바로 흥망성쇠의 열쇠를 쥐고 있는 것이다. 하지만 인재를 끌어 모으는 것만이 능사가 아니다. 온갖 노력을 기울여 불러들인 인재들을 어떻게 효율적으로 쓰고, 어떻게 그들의 능력을 극대화할 것인가가 더욱 중요할 것이다.

이 책은 한 시대를 풍미한 제왕들의 지혜로운 '인재활용술'과 '리더십'을 다루고 있다. 특히 자신을 충분히 이용할 줄 알고 나아가 다른 사람의 장점까지도 부릴 줄 알았던 인물들의 깊은 통찰력을 고스란히 담고 있다. 중국역사를 주름잡은 역대 제왕들의 '인재경영'에 관한 실천담론들을 이해하기 쉽게 소개함으로써 오늘날 요청되고 있는 새로운 '인사제도'를 근원적으로 조명할 수 있는 다양한 시선을 제공해 주고 있다.

"인사人事가 만사萬事"라는 말도 있듯 인사의 중요성을 절감하고 있으나 정작 '만사'의 기본인 '인사'에 성공하기란 쉽지 않다. 또한 21세기 들어 "한 명의 인재가 10만 명을 먹여 살린다"는 어느 대기업 CEO의 견해가 글로벌 경제체제로의 전환을 모색하고 있는 한국사회에 새삼 절실한 화두로 떠오르고 있는 것도 사실이다.

어느 시대에나 늘 인재가 있게 마련이다. 그리고 어느 시대에나 늘 새로운 인재가 '기용'된다. 따라서 새로운 시대를 열어가는 힘과 낡은 시대를 몰락시키는 힘은 모두 인재의 '쓰임'에 달려 있다고 해도 과언이 아니다.

유학儒學의 이념이 세상을 지배하고 있던 시대에 여성이라는 신분을 극복하고 황제의 자리에 오른 측천무후, 삼국시대를 주도한 유비와 조조, 그리고 청나라 말기에 활약한 대부호 호설암의 성공비결은 어디에서 비롯된 것일까? 그 결정적인 요소는 바로 사람을 다루는 인재의 활용술에 있었다. 가장 뛰어난 사람은 스스로를 충분히 이용할 뿐만 아니라 다른 사람의 능력도 이용할 줄 알며, 그 다음 사람은 스스로의 능력은 보지 못하고 다만 다른 사람이 자기를 이용하길 기다린다. 가장 하급의 사람은 스스로도 이용하지 않을 뿐만 아니라 다른 사람도 이용하지 않는다고 한다. 이렇게 자신과 다른 사람을 어떻게 이용하는가에 따라 역사 속에서 위대한 리더로 조명받게 되는 것이다.

지략과 기지를 발휘하며 위기를 기회로 만들었던 중국의 제왕과 장수들은 자신의 지혜와 권력을 충분히 이용할 뿐만 아니라 다른 사람의 장점과 지혜까지도 부렸다. 그들은 '용인用人'에 뛰어난 사람들이었던 것이다. 그런데 단지 다른 사람의 능력만을 이용했던 것이 아니라 그들의 마음까지도 사로잡는 기술을 터득하고 있었다. 인재를 얻는 것도 어렵지만 인재를 알아보기는 더욱 어렵다고 한다. 그러나 가장 어려운 일은 인재의 마음까지도 얻는 일이다.

삼국지에 나오는 삼고초려三顧草廬는 오늘날 인재의 필요성을 절감하고 있는 기업의 CEO와 정치가들에게 시사하는 바가 크다. 유비劉備가 난양에 은거하고 있던 제갈량諸葛亮의 초옥草屋을 세 번 찾아가 간청하여 드디어 제갈량을 군사軍師로 맞아들인 일화는 지금까지도 인구에 회자되고 있다. 그러나 이처럼 인재를 맞아들이기 위해 여러 번 찾아가는 정성을 보이기가 쉽지 않다. 인재를 얻기 위해 자신을 굽히고 정성을 다한다면 인재의 마음까지 얻어 천하를 도모할 수 있을 것이다.

제왕帝王들의 인재활용술人才活用術에 관한 이야기는 다채롭고 흥미진진하며, 우리들이 배울 점도 많을 것이다. 사마광은 일찍이 『자치통감資治通鑑』을 저술하는 목적에 대해 "과거의 본받아야 할 선한 일, 경계해야 할 악한 일을 다루고자 한다"고 말했다.

이 책은 주나라 문왕으로부터 청대의 건륭황제에 이르는 35명의 제왕을 수록했다. 이들 제왕들의 인재활용술에는 분명 그들 나름대로의 특징과 원칙을 고수하고 있다. 우리들은 제왕들이 유능한 인재를 얻어 고난 속에서도 제국의 기반을 더욱 공고히 다지면서 강력한 제국을 완성하는 것을 보았을 뿐만 아니라 현명한 군주가 재능이 출중한 인재를 기용하여 태평성세를 구가하는 것도 보았다. 또한 어떤 제왕은 인재를 잃고 천하와 자신의 목숨까지 잃었으며, 어떤 혼군은 간신배들을 총애하다 세상을 어지럽히고 백성들에게까지 해를 끼친 역사적인 사실을 보았다. 그러므로 "명군이 나라를 잘 다스리는 것은 오로지 인재를 얻음에 있다"는 선조의 말이 천고의 진리임을 다시 한 번 인정하게 된다.

오늘날 우리 사회에서 '인재'가 얼마나 중요한지는 다들 인정하는 사실일 것이다. 그러나 어떻게 인재를 발견하고, 어떻게 인재를 활용할 것인가는 몇 마디로 대답하기 어려운 문제이다.

이 책은 중국역대 제왕들의 인재활용술의 긍정적인 면과 부정적인 면을 모두 정리해서 서술했다. 제왕들의 인재활용술의 긍정적인 면에서는 제왕들이 어떻게 인재를 중시했는가를 설명했을 뿐만 아니라 그들이 어떻게 인재를 발견하고 어떠한 방법으로 인재를 활용하여 최대의 공적을 쌓았는지 철저하게 분석했다. 또한 인재활용술의 부정적인 면에서는 제국을 멸망시킬 만한 거대한 위험이 만들어진 근본적인 이유를 살펴보고, 용인술에 실패한 제왕들의 실패원인을 구체적으로 소개했다.

그러나 인간이란 복잡한 존재이므로, 용인술에 있어서 명군이라 할지라도 실책이 없을 수는 없으며, 어리석은 군주일지라도 배울 점이 전혀 없는 것은 아니다. 그러므로 이 책에서는 그들의 긍정적인 면과 부정적인 면의 경험을 살펴보면서 중국역대 제왕의 인재활용술에 대한 객관적인 평가와 새로운 시각을 제공하고자 노력했다.

2009. 1.
필자를 대표하여
구성희 씀

차 례

들어가는 말 · 3

제1장 주나라의 터전을 닦은 **주문왕**

  1. 자신을 엄격히 단속하여 나라를 부강하게 만들다 · 14
  2. 문왕이 목마른 듯 인재를 구하다 · 17
  3. 보좌의 명수 강태공이 서주를 굳건히 하다 · 19

제2장 자객조차도 인재라면 등용한 **제환공**

  1. 누가 관중과 포숙아보다 뛰어난 보좌역이었는가? · 23
  2. 관중이 제환공을 패자로 만들다 · 27
  3. 제환공이 약속을 지킨 까닭에 인재를 얻다 · 33

제3장 대기만성의 입지전적인 인물 **진문공**

  1. 진문공은 기다릴 줄 아는 지도자였다 · 38
  2. 최고의 지도자는 최상의 인재들이 만들었다 · 41
  3. 개자추가 노모와 함께 산속으로 들어가다 · 45

제4장 한번 날면 하늘에 이르는 **초장왕**

  1. 때를 기다려 사람들을 놀라게 하다 · 49
  2. 장왕이 초나라의 위엄을 중원에 떨치다 · 53
  3. 술에 취해 그런 것이거늘 어찌 엄히 벌을 내리겠느냐? · 57

제5장 오나라를 강국으로 만든 **오왕 합려**

  1. 합려가 쿠데타를 일으키다 · 62
  2. 오자서가 약소국 오나라를 반석 위에 올리다 · 63
  3. 손무가 용병술을 선보이다 · 65
  4. 드디어 오나라가 중원의 패주가 되다 · 68

제6장 고난 끝에 중원의 패자가 된 **월왕 구천**

1. 온갖 모욕을 인내하며 훗날을 기약하다·71
2. 구천과 부차가 숙명의 대결을 펼치다·78
3. 명철한 범려가 자신의 자리를 염려하다·81

제7장 창업의 열정으로 공적을 세운 진시황제

1. 진시황제가 최초로 중국을 통일하다·89
2. 언로를 열어둔 채 충고를 따르라·95
3. 대단한 영정이 시황제가 되다·98

제8장 항우를 이기고 천하를 통일한 한고조 유방

1. 도량이 넓고 관대하니 인재가 모여들어 천하를 얻다·104
2. 유방이 항우를 이길 수 있었던 이유가 있었다·107
3. 유방은 인재를 다스리는 재주가 있었다·110

제9장 웅지를 타고난 전제군주 한무제 유철

1. 누구든 나의 영역을 넘보지 말라·116
2. 장건을 서역에 파견하여 실크로드를 발견하다·119
3. 버림받은 사마천이 불멸의 『사기史記』를 저술하다·124

제10장 후한을 창건한 내성적이고 평범한 광무제 유수

1. 유수가 인재를 극진히 대접하다·130
2. 유수가 신하들의 내분을 염려하다·134
3. 너그러움으로 천하를 통치하다·138

제11장 권모술수가 뛰어난 난세의 영웅 위무제 조조

1. 조조를 용인술의 천재라고 부른다·143
2. 그는 풍부한 인재와 훌륭한 시스템을 남긴 사람이다·148
3. 후대 야심가들의 모범이 되다·151

제12장 지략이 뛰어난 강남의 쟁패자 오대제 손권

1. 그는 탁월한 리더십의 화신이었다·155
2. '정'으로 부하를 감동시키다·157
3. 감당하기 힘든 원로대신들을 달래며 부려먹다·159

제13장 한제국의 부활을 꿈꾼 **한소열제 유비**

   1. 관우·장비와 형제의 의를 맺다 · 165
   2. 정성과 예의로 천하의 인재를 내 사람으로 · 167
   3. 어찌하면 인재들이 더 큰 공적을 쌓을 수 있겠는가? · 172

제14장 삼국시대를 마감한 **진무제 사마염**

   1. 강남을 정벌하여 천하를 통일하다 · 177
   2. 어찌하면 직언과 아첨을 구분할 수 있는가? · 180
   3. 후계자를 잘못 세워 진나라를 혼란에 빠뜨리다 · 183

제15장 동진을 개창한 **원제 사마예**

   1. 왕씨와 사마씨가 천하를 함께하다 · 188
   2. 왕씨가문의 별, 왕희지가 떠오르다 · 190
   3. 충신 조적을 배척하다 · 193

제16장 아주 특이한 통치력을 보여준 **양무제 소연**

   1. 승려가 황제가 되었다 · 198
   2. 혈족을 우대하여 망국을 앞당기다 · 201
   3. 후경을 총애하여 나라를 멸망시키다 · 204

제17장 북방을 통일하여 전진을 세운 **선소제 부견**

   1. 저족출신 부견은 북방의 이상적인 통치자였다 · 208
   2. 한족출신의 인재 왕맹을 곁에 두다 · 209
   3. 비수전투는 부견의 결정적인 실수였다 · 212

제18장 선비족이 세운 북위의 개혁자 **효문제 탁발굉**

   1. 할머니 문명태후의 개혁을 보며 자라다 · 220
   2. 외과수술을 하듯 인재를 다루다 · 223
   3. 중원을 통치한 진정한 황제가 되다 · 225

제19장 아주 쉽게 천하를 얻은 **수문제 양견**

   1. 천하를 얻기가 이리도 쉽던가? · 230
   2. 다시 천하를 하나로 통일하다 · 231

3. 인재는 아끼고 믿어야 얻는다 · 233

제20장 폭군으로 불린 수양제 양광

1. 양광은 시대를 앞서간 황제였다 · 238
2. 황제는 능력있는 신하를 질투하다 · 241
3. 왜 수양제를 폭군이라 하는가? · 244

제21장 당왕조를 창업한 고조 이연

1. 인재들이 모여들어 이연을 따르다 · 249
2. 재능있는 아들들이 오히려 비극이었다 · 253
3. 고조의 인재활용술이 태종을 만들었다 · 257

제22장 현명한 황제 당태종 이세민

1. 쿠데타를 일으켜 황제자리를 차지하다 · 261
2. 현명한 신하들은 별처럼 많았다 · 266
3. 태종이 성군의 정치를 펼치다 · 272

제23장 중국역사에서 유일한 여황제 무측천

1. 반대세력을 누르고 황후자리를 차지하다 · 275
2. 여황제의 용인술이 예사롭지 않다 · 280
3. 후대인들은 무측천을 어떻게 평가하는가? · 284

제24장 양귀비를 사랑한 당현종 이융기

1. 현명한 신하들과 함께 황금기를 통치하다 · 289
2. 나라가 황혼기에 접어들면 간신들을 총애한다 · 293
3. 양귀비를 사랑하다가 마침내 모든 것을 잃다 · 295

제25장 중원을 넘본 거란[요]의 태조 야율아보기

1. 거란족에 영웅이 출현하다 · 299
2. 성공한 남자의 뒤에는 현명한 여인이 있었다 · 301
3. 한족 인재들을 활용하여 개혁정치를 하다 · 303

제26장 역성혁명을 통해 개국한 송태조 조광윤

1. 조광윤이 진교에서 황제가 되다 · 306

2. 술자리에서 권력을 얻다 · 310
3. 조광윤은 인간미가 돋보인 개국황제였다 · 313

제27장 변법시행으로 부국강병을 꾀한 송나라 신종

1. 황제는 위기의 시대에 서 있었다 · 319
2. 왕안석을 중용하여 변법을 시행하다 · 323
3. 자리에 연연한 보수세력이 변법을 좌절시키다 · 327

제28장 거대한 제국을 개창한 칭기즈칸

1. 칭기즈칸이 초원의 맹주가 되다 · 332
2. 인재의 등용에는 이해관계를 따지지 말라 · 336
3. 테무친이 군신제도를 완성하다 · 339

제29장 정복왕조를 완성한 쿠빌라이

1. 한족 지식인들이 중원문화를 묻혀오다 · 344
2. 출신을 묻지 않고 인재를 등용하다 · 348
3. 쿠빌라이가 강력한 정복왕조를 완성하다 · 353

제30장 밑바닥에서 황제가 된 명태조 홍무제

1. 밑바닥 생활 끝에 황제가 되다 · 356
2. 천하의 백성을 살리고 싶기 때문입니다 · 360
3. 독재를 위해서는 대규모 숙청도 불사하다 · 363

제31장 정통성이 필요했던 명성조 영락제

1. 주체가 쿠데타를 일으켜 황제가 되다 · 368
2. 정복전쟁과 문화사업을 병행하여 시행하다 · 372
3. 쓰지 말라는 유지에도 환관을 중용하다 · 377

제32장 나라의 몰락을 가져온 명신종 만력제

1. 오직 믿음 하나로 변법을 시행하다 · 383
2. 사욕을 구하는 세력이 있는 한 변법은 없다 · 387
3. 3대 정벌로 명나라의 멸망을 재촉하다 · 391

제33장 태평성세를 이룩한 **청나라 강희제**

    1. 어린 황제를 지극히 보좌하라 · 395

    2. 인재는 직접 키워서 활용하라 · 400

    3. 강희제는 왜 위대한 황제로 평가받는가? · 406

제34장 청렴한 관리를 중용한 **청나라 옹정제**

    1. 부패한 관료들을 엄격히 응징하다 · 412

    2. 주관이 뚜렷하고 의지가 강한 사람이 인재이리라 · 416

    3. 사상을 통제하기 위해 문자옥을 일으키다 · 422

제35장 전성기를 계승한 **청나라 건륭제**

    1. 오직 조부 강희제를 본받고 싶었다 · 426

    2. 홍력이 십전무인의 칭호를 얻다 · 430

    3. 말년에 탐관오리의 아첨에 빠지다 · 432

제1장
주나라의 터전을 닦은
주문왕

은(殷 또는 商: 1800~1100 BC)나라가 멸망하고 주나라가 흥기하는 과정은 그야말로 치열한 전쟁이었다. 은나라는 각 지역에 기반을 둔 토족제후들의 연합으로 건립된 나라이기 때문에 중앙정부와 제후들 사이나 각 제후들 사이에 늘 상호견제가 있었다. 그런 까닭에 만약 제후들 가운데 하나가 은나라를 위협할 정도로 세력을 확장했다 여겨지면 즉시 이를 감지하고 그 제후를 토벌했다.

제후국 서주西周는 관중지방을 근거하여 농업을 주업으로 삼고 있었다. 그런 변방의 서주가 강성해지던 그 무렵 불행스럽게도 은나라는 대내외적으로 매우 혹독한 통치를 하고 있었다. 분산된 국가권력을 은나라를 중심으로 집중시키기를 원했기 때문이었다. 따라서 은나라 주왕紂王은 제후들로 하여금 은나라에 거역하는 제후들을 정벌하게 했다.

당연히 은나라 주왕의 입장에서는 막강세력을 형성하고 있는 서방변경의 서주가 눈엣가시가 되었고 이제는 일전을 불사해야 할 적대세력으로 인식되기 시작했다. 서주의 입장에서도 자기들이 멸망당하느냐, 아니면 은나라를 멸망시키느냐 하는 갈림길에 놓이게 되었다. 그러나 뒷날 주문왕周文王이 되는 희창姬昌은 아직 스스로가 약세라고 판단하여 물욕에 빠진 은나라 일부 대신들을 미녀와 명마, 온갖 금은보화로 회유하여 간신히 정벌을 연장시키고 있었다. 그런 과정에서 희창은 중앙정부의 감옥에 갇혀 심한 고통을 겪었고 이를 계기로 그는 은나라 멸망의 목표를 세우고 사방에서 인재를 모아 부국강병에 힘썼다.

주나라 문왕文王 희창姬昌의 생몰연대는 미상이다. 역사의 기록은 은나라 주왕 때 서백西伯 즉 서방제후의 우두머리에 책봉되었으며 서주西周건설의 기초를 확립했다는 것에서부터 시작된다.

주문왕은 탁월한 정치적 재능과 위대한 공적으로 주나라 역사에서 특별하고 숭고한 지위를 차지하고 있으며, 후대사람들에게 큰 존경을 받아왔다. 그는 주나라가 은나라를 멸망시킬 수 있는 역량을 길렀을 뿐만 아니라 아들 무왕武王이 은나라의 마지막 군주 주왕을 정벌하는 데 필요한 길을 깨끗이 닦아놓았다.

1. 자신을 엄격히 단속하여 나라를 부강하게 만들다

은나라 중앙정부의 전에 없는 강력한 통제는 제후국들의 반발을 낳게 되었고 생존을 위하여 이를 견제하지 않을 수 없게 했다. 따라서 제후국들은 전방위적으로 수도 조가朝歌의 관료들에게 뇌물을 상납하고 은왕의 욕심과 사치를 자극하였다. 특히 제후국들은 은왕에게 아름다운 여인 달기妲己를 헌상하여 정사를 게을리 하고 주색에 빠져 살도록 일을 꾸몄다.

미망에 빠진 은왕은 무거운 세금으로 백성들의 재산을 긁어들이는 등 올바른 정치를 하고자 하는 의지를 상실한 채 나랏일은 뒷전이었다. 자신에게 반하거나 눈에 거슬리면 가혹한 법을 적용하여 혹형으로 다스렸다. 유능하고 어진 자들은 수도 조가를 등지기 시작했고 간사한 자들이 활개를 쳤다. 민심은 이반되어 갔고 백성들의 원망은 갈수록 높아졌다.

서주의 희창은 이를 반면교사로 삼았다. 자신을 엄격하게 통제했는데 특히 물질적 욕망을 최대한 억제했다. 사치와 음탕한 짓은 물론 추호의 방종도 용납하지 않았다. 희창은 이러한 소박하고 근면한 미덕을 서주사람들에게 더 엄격하게 적용했다. 그러나 다른 사람에게는 관대했다.

서주의 희창은 조심스럽지만 부지런히 나라를 다스렸다. 정치에 대한 조정능력을 발휘하여 생산력을 크게 높이고 계급 간 모순을 누그러뜨림으로써 상하가 안정되는 바람직한 국면을 조성했다. 경제면에서는 노동력과 조세를 결합한 수취체제를 확립하였는데, 이를 '경자구일耕者九一'이라 했다. 즉 한 사람이 1백 무의 땅을 경작할 경우, 국가를 위해 어느 정도의 땅을 함께 경작하게 했다. 곧 9분의 1을 경작하여 세금을 내도록 했던 것이다. 이는 은나라는 물론 주변 제후국들에 비하면 매우 가벼운 세금이었다.

희창은 또 관문을 개방하여 자유롭게 장사하도록 격려했다. 이로써 상업의 발전이 촉진되었다. 또한 백성들이 수시로 산이나 호수에서 사냥하거나 물고기를 잡을 수 있도록 허락했다. 이밖에 범죄자에 대한 처벌은 당사자에게만 한정했다. 그 가족을 노비로 삼던 연좌를 폐지한 일은 당시로서는 파격적이었다. 이로써 자유민들의 이탈을 막아 국가경제의 근간인 농업노동력을 충분히 확보했다. 이러한 처사는 정치적으로 강력한 지지를 얻을 수 있었다.

당시 우虞〔지금의 산서성 평육현 동북〕와 예芮〔지금의 섬서성 동관 서북〕 두 나라는 은나라의 서쪽에 있던 속국으로 산과 강을 경계로 삼고 있었다. 한번은 두 나라 사이에 영토분쟁이 일어났다. 일이 벌어졌으니 두 나라는 당연히 자신들의 종주국인 은나라를 찾아가 분쟁해결을 부탁해야 했다. 그럼에도 두 나라 임금은 은나라가 아닌 서주에 가서 희창에게 조정을 요청할 생각을 하게 되었다. 두 나라는 이미 은나라에 정기적으로 하던 문안인사 즉 조현朝見조차 하지 않는 상황이었다.

조정요청을 위해 서주경내로 들어선 우와 예의 임금들은 가는 곳마다 감동스러운 장면들에 마주쳤다. 사람들이 길에서는 서로 길을 양보했으며 농사짓는 사람들은 심지어 밭고랑의 경계를 양보하고 있었다. 또한 짐을 진 노인이 없다는 사실도 알게 되었다.

이 같은 서주의 생활상은 우와 예 두 나라 임금을 자연스레 교화시킨 셈이 되었다. 두 군주는 자신들이 몹시 부끄러웠다. 그들은 서둘러 귀국하여 다투었던 땅을 '한전閑田'이라 부르며 서로 양보했다. 희창은 입 한번 열지 않고 생생한 선정善政의 현장을 그들에게 보여줌으로써 영토분쟁을 슬기롭게 해결했던 것이다.

이 소식은 급속도로 퍼져나가 제후들에게 전해졌고 제후들에게 그의 신망을 두텁게 했다. 이 일이 있은 뒤 무려 40여 개국의 대신과 인재들이 제 발로 희창을 찾아왔으므로 자연히 서주는 정치·외교상 효과를 극대화할 수 있었다.

2. 문왕이 목마른 듯 인재를 구하다

어느 날 희창은 사냥을 나가기 전에 관례대로 그날의 노획물이 무엇일지 태사에게 점치게 했다. 점괘를 뽑아본 태사는 기뻐하며 말했다.

"위수 강가에서 사냥을 하면 큰 수확이 있을 것입니다. 용도 이무기도 곰도 아닌, 나라를 다스리는 데 크게 쓰일 인물을 얻게 될 겁니다. 그를 기용하시어 나랏일을 돕게 하면 더욱 번창할 것입니다."

이 말을 들은 희창은 말을 몰아 곧바로 위수로 달려갔다. 목마른 사람이 물을 찾듯 끊임없이 각 방면의 사람들을 불러들이던 그였으니 당연한 일이었다. 위수 강가로 가던 희창은 그곳 백성들이 곧은 바늘로 낚시를 한다는 강태공에 대해 수군거리는 얘기도 들었다. 그는 더욱 서둘러 강가로 갔다. 그곳에는 한 노인이 흰 눈썹과 백발을 강바람에 흩날리며 한가로이 강물에 낚싯줄을 담근 채 앉아 있었다. 그는 황급히 말에서 내려 그에게 다가가 말을 건넸다.

한담을 시작한 강태공은 희창의 여러 질문에 명쾌하게 대답했다. 대답 속에는 세상의 이치에 대해 모르는 것이 없어보였다. 태사가 말한 점괘의 인물이 바로 이 사람이라고 생각한 희창이 더욱 공손히 말했다.

"선생! 일찍이 저희 조부께서 말씀하시기를 한 성인이 우리 서주로 오시는 날 나라가 흥할 것이라고 하셨습니다. 그분이 바로 선생이십니다. 저희 가문에서는 선생을 기다린 지 오래되었습니다."

우여곡절 끝에 강태공은 희창과 함께 궁으로 돌아와 국사를 의논하며 그를 보좌하게 되었다. 태공망은 희창을 도와 서주의 기반을 확고히 했다. 희창을 계승한 희발姬發은 그를 더욱 높여 사상보師尙父라고 불렀다. 희발은 뒷날의 주무왕周武王을 말한다.

서주시대의 '사師'나 '보保'는 대개가 후세의 재상에 해당하는 사람에게 붙이는 것이며, '보父'라는 것은 남자에게 붙이는 공경의 칭호이다. 그러므로 이 칭호에서 태공망 여상呂尙이 당시 대권을 장악했고, 희발이 그를 스승으로 섬겼다는 것을 알 수 있다.

희창에게는 괵중虢仲과 괵숙虢叔이라는 두 동생이 있었다. 둘은 모두 현명하고 재주가 뛰어났다. 문왕은 인재등용에 있어 친척이라 해서 피하지 않았기 때문에 그들을 경사로 삼았다. 그 뒤 두 형제는 주 왕실을 위해 많은 공을 세웠다.

한편 은나라 주왕紂王의 신하였던 신갑辛甲은 주왕의 포악함과 음란함을 보고 여러 차례 바른소리로 충고했으나 이를 듣지 않자 은나라를 버리고 주나라로 왔다. 희창 즉 문왕은 직접 그를 맞이하여 그가 어질고 능력이 있음을 확인하고는 공경으로 삼고 관직을 주었다.

그 뒤에도 은나라의 많은 인재들이 주왕의 가혹한 정치를 피해 서주로 망명해 왔다. 이렇게 되자 주문왕의 주변은 순식간에 인재들로 넘쳤고, 명성을 듣고 찾아오는 인재들이 갈수록 늘어나 이들과 함께 왕실의 기초를 굳건히 할 수 있었다.

3. 보좌의 명수 강태공이 서주를 굳건히 하다

　서주 건국에 남다른 공을 세운 강태공姜太公은 중국역사상 최초로 총사령관에 해당하는 관직을 가졌던 인물이다. 그럴 만큼 그는 군사전략이론의 창시자이자 걸출한 전략가였다.
　강태공은 이름과 별명이 많아 여상呂尙·여아呂牙라는 또다른 이름과 위에서 언급한 태공망太公望·사상보 같은 존칭으로도 불렸다. 후대에 이르러서는 사람들이 흔히 '강태공'이라 불렀다. 그의 생애와 행적은 기록이 적고 견해도 일치하지 않지만 기본적인 윤곽과 중요한 사실은 그래도 분명한 편이다. 확실한 것은 강태공의 선조가 하나라의 시조인 우임금을 도와 치수사업에 공을 세워 여呂(지금의 하남성 남양)라는 지역에 봉해졌기 때문에 성을 '여'라 한 것이다.
　그는 오랫동안 가난한 생활을 했다. 한때는 은나라 수도 조가朝歌에서 도살업에 종사하기도 했고, 맹진에서는 밥장사를 했다고 한다. 그 뒤 동해에 은거했는데, 위수에서 낚시로 소일했다. 이렇게 그의 발길은 지금의 하남·하북·산동·섬서에 이르는 넓은 지역에 미치고 있다. 훗날 그가 능숙하게 서주의 문왕과 무왕을 보좌한 것은 이런 경력과 연관성이 있을 것이다.
　강태공은 정치경험도 풍부했다. 사마천의 『사기』에 따르면, 그는 박학다식하여 한때 은나라의 마지막 임금인 주왕을 모시며 실적을 올렸으나 왕이 도리에 어긋나게 행동하자 곧바로 떠났다. 이후 그는 제후들을 찾아다니며 자신의 뜻을 펼치려 했으나 임자를 만나지 못하다가 마침내 서쪽 주나라에 이르러 몸을 맡기게 되었다고 한다. 이런 전력을 통해 강태공은 은·주 두 나라는 말할 것도 없고 각 지역 제후국들의 여러 상황을 잘 파악할 수 있었다.

주문왕은 은나라의 멸망과 주나라의 흥기라는 두 가지 과업을 성취하기 위해 많은 인재가 필요했다. 강태공 또한 자신의 정치적 포부를 실현하기 위해 유능한 군주를 찾고 있었다. 따라서 누가 먼저랄 것도 없이 동시에 서로를 선택한 것이다. 우연을 통한 역사의 필연성이 드러난 셈이다.

강태공은 서주의 개국과 건국사업에 남다른 공헌을 했다. 문왕과 무왕 두 왕이 집권하는 기간 내내 강태공의 직무는 '사(師)'였다. '사'는 국왕을 보필하는 중요한 자리였다. 정치적으로는 보(保)[태보]·재(宰)[태재]와 같이 조정의 백관과 사방의 제후들을 통솔하고 국가의 중요한 정책결정에 참여하는 후대의 재상과 같은 직무이다. 군사적으로는 국왕의 군대통솔을 보좌하여 군사정책의 결정과 전투에서의 지휘에 참여하는, 후대의 군사(軍師) 또는 사령관에 해당한다. 그러므로 강태공은 문과 무를 총괄한 서주 최고의 관료였던 셈이다.

개국단계에서 강태공은 문왕을 도와 주로 용병술과 기묘한 계책으로써 은나라를 무너뜨리기 시작했다. 기원전 1027년 무왕과 강태공은 군대를 이끌고 동쪽으로 진군하여 은나라 주왕(紂王)을 토벌할 것을 선포했다. 은주왕이 숙부인 비간(比干)을 살해하고 또다른 숙부인 기자(箕子)를 감금하는 등 천륜을 저버렸으며 백성에 대한 횡포가 극심하다는 이유에서였다.

은나라를 멸한 강태공은 무왕을 도와 일련의 정치-군사적 조치를 취했다. 예를 들면 축문을 읽어 신에게 은주왕의 죄를 징벌한 사실을 아뢰고, 왕이 향락을 누렸던 녹대에서 찾아낸 돈과 창고의 식량을 풀어 가난한 백성들을 구제했다. 아울러 은왕조 때 박해를 받았던 비간의 무덤을 높이 쌓고, 갇혀 있던 기자를 석방하는 한편 구정九鼎을 주나라의 도읍으로 옮겨 천명이 주나라로 기울었음을 만방에 선포했다. 이렇듯 주나라는 정치를 정비하여 천하를 새롭게 했는데, 이런 일들 대부분이 강태공의 계책에 따른 것이었다.

제2장

자객조차도 인재라면 등용한
제환공

　절대적인 권위의 주왕실도 점차 권위가 땅에 떨어졌고 제후국들은 힘의 공백을 감지하며 패권쟁탈을 일삼았다. 힘있는 제후국이 주위의 다른 제후국을 징벌하는 일은 다반사로 벌어졌다. 징벌당한 제후국은 절치부심하여 힘을 기른 뒤 지난날의 치욕을 원수로 갚고자 했다. 반면에 제후국 누구라도 중심축인 주왕실을 멸망시킬 수 있을 만큼 주왕실은 미약해져 있었다. 그럼에도 왕실을 굳건히 하고 이민족의 침입을 막아야 한다는 명분은 있었다. 이른바 존왕양이尊王攘夷였다. 당시는 이로써 힘의 균형을 유지했던 것이다.

　춘추시대에 이르러 주왕실이 더욱더 유명무실해지면서 제후국 간의 항쟁이 격화되었다. 그 결과 1천 8백 개 정도의 제후국들이 2백여 개로 줄어들었다. 각지의 유력제후들은 서로가 동맹을 결성한 뒤 주왕실의 권위를 이용하여 자신들의 세력을 더욱 확대했다. 제후들은 표면적으로는 주왕실을 보호한다는 명분을 내세웠는데 주왕실 또한 그들의 보호로 안위를 누리려 했다.

　이리하여 왕실과 제후국 사이에 동맹결성이 이루어졌다. 이를 기념하기 위한 의식이 필요했는데 이를 '회맹會盟'이라 했다. 이 회맹을 주재하는 제후는 의례적으로 주왕실이 지명하는데 이를 제후들의 우두머리 즉 '패자霸者'라 했다.

춘추시대에 강대국으로 성장하여 주도권을 겨루던 제후왕은 대체로 다섯을 들 수 있다. 이들을 춘추5패春秋五霸라 부른다. 중국 고대의 전적典籍에 보이는 다섯 패자는 일치하지는 않지만 제齊나라의 환공桓公, 진晉나라의 문공文公, 초楚나라 장왕莊王, 오吳나라 합려闔閭와 월越나라 구천勾踐이다.

이들 가운데 최초의 패자는 제나라 환공이다. 제환공은 뛰어난 인재활용술과 리더십으로 최초의 패자가 되었다.

1. 누가 관중과 포숙아보다 뛰어난 보좌역이었는가?

춘추시대를 말하는 전적들에는 여러 패자와 권신들이 나라를 경영하는 정치철학과 지혜가 있다. 거기에는 성공담과 실패담, 그리고 수많은 영웅호걸과 재사才士들의 얘기가 있다. 또한 그들의 인간적 의리와 애환이 담겨 있다. 그 가운데 특히 관중과 포숙아의 이야기는 한 축을 이룬다. 그들은 제환공을 있게 한 신하로서 유명하다.

관중管仲이 어떤 인물인지 평가한 기록은 여러가지가 있다. 공자孔子의 『논어論語』에도 관중의 인물됨에 대하여 그가 제자들과 몇 차례 이야기를 나누는 부분이 나온다. 그 뒤의 역사기록은 더욱 잦아져서 관중은 세인들의 입에 자주 오르내리게 되었다.

관중 이야기는 그가 평생을 통해 사귄 두 사람과 뗄 수 없다. 한 사람은 절친한 친구 포숙아鮑叔牙이고, 다른 한 사람은 관중이 정치적 위업을 달성하는 데 있어 백그라운드이자 주군이었던 제나라 환공이다.

관중과 포숙아의 이야기는 우리에게 낯설지 않다. 둘은 어려서부터 한마을에서 자랐을 뿐만 아니라 서로 마음이 통했다. 두 사람이 동업으로 장사를 하여 얻은 이익을 분배하는데, 항상 관중이 포숙아보다 많았다. 포숙아는 이를 개의치 않았고 오히려 관중의 어려운 가정형편을 염려했다. 젊은 시절 하는 일 없이 빈둥거릴 때 포숙아는 관중이 무능해서 그런 것이 아니라며 아직 그를 알아주는 시대를 만나지 못했기 때문이라고 옹호해 주었다. 한 번은 관중이 전쟁에 나아갔으나 싸우지 않고 도망쳐 오자 포숙아는 관중을 비난하는 사람들과 달리 고향에 있는 그의 노모 때문이라며 감싸주었다.

제나라에 정변이 일어났을 때 두 사람은 각각 왕위계승을 노리던 서로 다른 주군인 공자들을 위해 봉사하게 되어 있었다. 그러니 둘은 정적관계가 된 셈이었다. 관중은 환공의 이복형이자 제나라 왕위를 잇기로 정해져 있던 공자 규糾의 사부역할을 맡았다. 포숙아는 규의 지위를 호시탐탐 노리던 이복동생 소백을 돕고 있었다.

관중은 태자 규를 위하여 소백의 암살을 도모하기 위해 숨어서 기다렸다. 마침 소백이 나타나자 관중은 활시위를 당겼고 화살은 소백의 복부에 명중했다. 관중은 소백이 그 자리에서 쓰러지고 사람들이 몰려드는 것을 보고는 일이 성취되었음에 환희하며 줄행랑을 쳤다. 그러나 막상 화살을 맞은 곳은 소백이 복부에 차고 있던 허리띠 장식이었다. 자신에 대한 암살음모를 눈치챈 소백은 죽은 시늉을 하여 땅바닥에 쓰러져 있었다.

이후 왕권다툼에서 규가 죽고 소백이 승리하여 군주가 되었다. 이가 환공桓公(재위 685~643 BC)이다. 규가 죽을 때 수행인 소홀召忽은 규를 따라 죽음을 받아들였다. 그러나 관중의 생각은 달랐다. 살아서 원수를 갚아주어야 한다는 것이 관중의 뜻이었다.

반면 포숙아는 환공으로부터 더없는 신뢰를 받고 있었다. 어느날 재상이 될 만한 인물을 추천해 보라는 환공의 말에 포숙아는 두 번 생각할 것 없이 관중을 추천했다. 관중이 재상에 이르면 포숙아는 그보다 낮은 지위가 됨에도 전혀 개의치 않았다. 친구 사이의 돈독한 우정을 말할 때 흔히 '관포지교管鮑之交'라 하는데 이는 관중과 포숙아를 두고 나온 말이다. 또 나중에 관중이 "나를 낳아준 분은 부모였지만 나를 알아준 사람은 포숙아였다"라고 한 말에서 관중과 포숙아의 깊은 우정을 알 수 있다.

포숙아는 관중을 추천한 다음, 자기는 관중의 지휘 아래 들어 환공을 섬겼다. 사람들은 관중의 현명한 지혜보다 포숙아의 깊은 이해심을 더욱 높이 평가한다. 원수로 여겨지는 관중을 재상으로 맞아들인 환공의 포용력 또한 대단하며 제나라의 흥성은 이로써 눈앞에 보이는 일이었다.

관중에게 있어서 군주란, 재능을 발휘하고 포부를 실현하기 위한

'근거'에 지나지 않았다. 보람있는 일을 맡겨주는 군주라면 누구라도 좋았던 것이다.

관중은 중신에 이르는 기본신분인 경대부卿大夫 출신이 아니었다. 그는 가난한 집에서 태어났다. 믿을 수 있는 것은 오직 자신의 재능뿐이었다. 그런 점에서는 공자의 경우와 아주 비슷하다. 그러나 공자는 끝내 재능을 평가해 주는 군주를 만날 수 없었지만, 관중은 다행히 포숙아의 추천으로 환공을 만날 수 있었다.

마찬가지로 관중이 없었더라면 제환공의 패업도 불가능했을 것이다. 그렇기 때문에 관중을 얻은 일은 제환공에게 있어서도 커다란 행운이었다. 환공은 얻은 보물 관중을 일생을 두고 활용했다. 그리하여 '패자'에까지 이르렀던 것이다.

수많은 제왕들이 인재를 얻고서도 이를 활용하지 못한 채 버려두었다. 인재의 능력을 과소평가했거나 기존신하들의 질시를 정리하지 못했기 때문이다. 하지만 제환공은 인재활용면에서 매우 탁월했다. 관중을 우직하리만큼 믿고 그에게 국정의 모든 실권을 맡겼다. 그의 의견에 항상 귀를 기울였고 그를 질시하는 세신들과 왕족들의 주장을 가차없이 끊어냈다. 그런 면에서 환공은 실로 인재를 볼 줄 알고 활용할 수 있는 인물이었다고 할 수 있겠다.

제환공은 43년이란 긴 시간 동안 제나라를 그렇게 잘 다스렸다. 그러나 그 자신은 탕아처럼 미인을 탐하고 주지육림 속에서 헤매며 오히려 방탕의 길을 걸었다. 그러면서도 그는 관리들의 행위를 감독하는 데는 게을리 하지 않았음을 그의 행적 여러 곳에서 찾아볼 수 있다.

2. 관중이 제환공을 패자로 만들다

　초기의 관중은 재상으로 등용되었다고는 하지만 일종의 더부살이에 지나지 않았다. 이미 제나라 조정에는 누대에 걸쳐 조정에 봉사하던 왕족들과 관리들이 있었다. 그래서 국정을 운용하기에는 많은 제약이 있었다. 개혁의 필요성을 진작부터 주장해 온 관중으로서는 이를 본궤도에 올려놓기 위해 제환공의 절대적인 신뢰표명이 필요했다. 관중은 이 점을 내외에 천명해 주도록 요구했다.
　재상으로 임명된 지 얼마 되지 않았을 때의 일이다. 환공이 먼저 입을 열었다.
　"어떠하오, 국정은?"
　환공의 물음에 관중은 다음과 같이 대답했다.
　"소신은 신분이 비천한 까닭에 고귀한 분들에게 제 말이 먹혀들기를 바랄 수가 없습니다."
　환공은 그 즉시 관중에게 '경卿'이라는 최고의 신분을 부여했다.
　얼마의 시간이 더 지났으나 국정운영은 여전히 원활하지 않았다. 환공은 다시 관중을 불러 물었다.
　"그대의 소원대로 경으로 발탁해 주었는데도 국정운용이 시원해질 기미를 보이지 않으니, 어찌된 연유요?"
　"가난한 소신으로서는 부하들을 제대로 다룰 수가 없습니다."
　환공은 관중에게 녹봉 1년 치를 가불해 주기로 했다. 이런 일이 있은 뒤 또 얼마의 시간이 흘렀다. 그러나 국정개혁은 여전히 지지부진이었다. 화가 난 환공은 또다시 관중을 불러들였다.

"두 번이나 소원을 들어주었는데도 국정운영이 여전히 구태의연합니다그려. 그 이유를 들어봅시다."

"소신은 아직도 군왕의 신뢰를 충분히 얻고 있지 못합니다. 그래서 왕실과 측근에 계시는 분들을 통솔하지 못하고 있습니다."

환공은 관중에 대한 신뢰를 보이기 위해 '중부仲父'라는 칭호를 주었다. 이로써 신분·자산·칭호 이 세 가지를 얻은 관중은 아무런 근심없이 국정개혁을 단행할 수 있었다.

환공이 사냥을 나갔을 때의 일이다. 환공은 사슴을 쫓는 일에만 열중하다가 산속 깊은 골짜기에까지 이르게 되었다. 때마침 한 노인이 있어 물었다.

"이 골짜기의 이름이 무엇인가?"

"어리석은 놈의 골짜기라고 부릅니다."

"묘한 이름이구나!"

"예. 제 이름과 관련되어 붙여진 것입니다."

"보아하니 그대는 어리석은 사람 같지는 않은데 무슨 연유로 그런 이름이 붙었는가?"

"예. 제가 암소 한 마리를 기르고 있었습니다. 그 암소가 송아지를 낳았기에 팔아서 말을 샀습니다. 그런데 불한당이 찾아와서는 소에서 말이 날 턱이 없다고 생트집을 잡더니 억지를 부리며 그 말을 끌고 가버렸습니다. 그 얘기를 들은 이웃사람들은 그때부터 저를 어리석은 놈이라고 부르기 시작했습니다. 그리고 이 골짜기도 그때부터 어리석은 놈의 골짜기라는 이름이 붙은 것입니다."

"뻔히 눈앞에서 말을 뺏기다니 정말로 어처구니없구나. 참으로 어리석은 사람이 아닌가!"

이튿날 환공은 어전에서 이 이야기를 꺼냈다. 그러자 관중은 옷깃을 바로 하고 절을 한 다음 이렇게 말했다.

"그것은 분명 재상인 저의 책임이옵니다. 만약 요堯나라 같은 성천자聖天子 밑에서 구요咎繇 같은 명재상이 정치를 하고 있었다면 남의 말을 빼앗는 불한당 따위는 나타날 리 없었을 겁니다. 설혹 그런 자들이 있다 하더라도 노인은 말을 빼앗기지 않아도 되었을 것입니다. 이런 일이 벌어진 이유는 그 노인이 나라의 형벌제도가 엉터리라는 것을 잘 알고 고소해 봤자 소용없다는 생각에 억울하지만 참았기 때문입니다. 그러니 당장 국정을 바로잡지 않으면 안됩니다."

관중이 환공에게 하는 조언은 늘 이런 식이었다. 환공이 귀담아 듣지 않는 일들은 시정의 화젯거리를 통해 바른 위정자의 마음가짐을 일깨웠던 것이다.

하루는 환공이 몹시 불만스럽다는 듯 관중에게 입을 열었다.

"우리나라는 땅도 좁고 자원도 부족하오. 그런데도 신하들은 사치를 일삼고 의복·거마 등을 화려하게 꾸미고 있소. 차제에 사치를 금해야 한다고 생각하는데, 어떻소?"

"참으로 좋은 생각이십니다. 그렇지만 식사든 의복이든 신하는 그 윗사람인 왕이 하는 것을 따르기 마련입니다. 지금 주군께서 드시는 것은 모두 천하의 진미이고 몸에 걸치는 것 또한 모두 최고입니다. 그렇다보니 이를 보고 따르는 신하가 사치에 빠지는 것은 당연한 일입니다. 말만으로는 신용을 얻을 수 없습니다. 신하의 사치를 금하게 하기 위해서는 우선 주군께서 먼저 솔선하여 이를 실행에 옮기셔야 한다고 생각합니다."

환공은 당장 의복과 음식을 검소하게 했다. 이렇게 해서 1년이 지나자, 제나라의 기풍은 일신되어 사치는 자취를 감추었다. 또 어느 날 환공이 "옛날에 나라를 멸망시킨 군주는 어떤 잘못을 저질렀소?" 하고 묻자 관중은 이렇게 대답했다.

"토지나 재산에 마음을 빼앗겨 제후의 지지를 얻으려고 하지 않았던 것, 세금징수에만 몰두하여 백성의 지지를 얻으려고 하지 않았던 것, 지지를 얻으려고 초조하게 군 나머지 백성이 싫어하는 것에 생각이 미치지 않았던 것, 잘못은 이 세 가지입니다. 이 잘못을 하나라도 저지르면 영토를 깎이는 정도의 손해를 입게 되고, 세 가지를 다 저지르면 반드시 나라가 망하게 됩니다."

관중은 기회가 있을 때마다 이렇게 제환공을 일깨웠다. 제환공 또한 진심으로 그의 말에 귀를 기울였으며, 이에 그치지 않고 이를 실행하기 위해 애썼다. 적어도 관중이 살아 있는 동안에는 그런 노력을 멈추지 않았던 것이다. 이는 대단한 극기심을 필요로 했겠지만, 환공은 그 괴로움을 잘 참아내었다. 제환공이 패자가 될 수 있었던 것은 그런 노력의 대가가 아닐 수 없다.

군주와 참모는 많은 경험과 난관을 통해 서로가 서로를 신뢰할 수 있을 때에야 비로소 나라와 백성을 부강하게 이끌 수 있다. 가령 평범한 지도자라 할지라도 훌륭한 보좌를 만나 그 의견에 귀를 잘 기울인다면, 분명 '패자'가 될 수 있다는 것을 우리는 환공과 관중의 경우를 통해 재삼 확인할 수 있다.

제환공의 인재등용에 관한 두 가지 재미있는 일화가 있다.

환공은 매일 밤 뜰 앞에 화톳불을 환하게 피우게 했는데, 이는 밤늦게 면회를 요청해 오는 사람이 뜰 앞에서 갈팡질팡하지 않게 하려는 배려에서였다. 그런데 1년이 지나도 이렇다 할 인재는 나타나지 않았다.

마침 그 무렵 동야東野의 시골사람이 면회를 요청해 왔다. 들어보니 구구九九 즉 마음속으로 깊이 생각해 보는 일이 자신있다는 것이다. 환공은 웃음을 참으며 구구를 할 줄 아는 것 정도로 일부러 찾아왔느냐고 말을 전하러 온 신하에게 묻도록 했다.

그러자 그 사나이는 이렇게 말했다.

"우리 군주께서는 매일 밤 화톳불을 피워놓고 애타게 인재를 기다리고 계시지만, 1년이 지나도 찾아오는 사람이 없다고 합니다. 제가 생각건대 그 이유는 우리 군주님께서 워낙에 현명하신지라, 그 누구도 감히 우리 군주님께는 미치지 못한다고 생각하여 방문을 꺼리고 있는 것입니다. 구구 따위는 확실히 재능이라고 할 만한 것이 못됩니다. 그러나 그 정도의 사람까지도 예우禮遇하신다는 말이 전해지면, 그 이상의 재능을 가진 사람이 찾아올 것임은 더 말할 나위도 없습니다. '태산은 조약돌을 얕보지 않으며, 강과 바다는 실개천도 사절하지 않으므로 그렇게 크게 된다'고 했습니다. '옛사람들이 읊기를 비천한 자에게도 묻고 상의한다'고 노래하는 시도 있습니다. 모두 널리 의견을 구하라는 의미임에 틀림없습니다."

그 말을 듣고 난 환공은 화들짝 놀라 "음! 알았다"고 하며 고개를 끄덕였다. 그 사나이를 후하게 예우했음은 물론이다. 그러자 그로부터 채 한 달도 되지 않아 유능한 인재들이 속속 모여들었다.

환공이 어느 말단관리의 집을 세 번이나 찾아갔으나, 상대가 부재중이어서 만나지 못했다. 이를 보다 못한 측근이 "그 자는 고작 말단관리가 아닙니까? 세 번씩이나 찾아가서도 만나지 못하셨습니다. 사람들의 이목도 있고 하니 이젠 그만두소서" 하고 말렸다. 그러자 환공은 버럭 화를 냈다.

"무슨 소리를 하느냐? 평민이 출세하길 바란다면 천자에게 아첨하지 않으면 안되고, 천자가 인의仁義를 존중한다면 평민에게 겸손하게 하지 않으면 안된다고 했다. 상대가 출세를 바라지 않는 것은 상관없지만, 내가 인의를 존중하지 않는다면 이는 문제가 아니더냐!"

그러고는 다섯 번이나 찾아간 끝에 제환공은 그 말단관리를 만날 수 있었다.

이 말을 들은 제후들은 "제환공은 말단관리에게까지 예를 다하고 있다. 하물며 상대가 천하의 제후라면 더욱더 그럴 것이다" 하여 속속 환공과 친교를 맺으려고 찾아왔다.

이 두 가지 일화는 『기병한시외전菁駢漢詩外傳』이라는 설화집에 실려 있는 이야기이다. 만든 이야기라고 하나 실제이든 그렇지 않든 그 여부는 그다지 중요하지 않다. 단지 패자를 향한 길이 이러한 일상의 세심한 배려에 의해서 준비된다는 것을 이해하기만 한다면 두 일화의 가치는 충분하다.

'능력에 따른 인물등용'은 역대 중국통치자들이 표방한 인재활용의 기준이었다. 그에 따른 인재등용사상은 중국역사에서 줄곧 명맥을 유지해 왔다. 하지만 진정으로 이 기준을 실천한 사람은 그리 많지 않았다. 사실 이는 그리 놀랄 만한 일은 아니다. 척족에 대한 편애와 아첨꾼에 대한 총애는 보편적인 인간성의 하나가 아니겠는가?

관중은 제나라가 춘추5패의 첫 주자가 되는 데 큰 공을 세웠을 뿐만 아니라 당시 각국의 경제와 문화발전에 지대한 기여를 했다. 심지어 공자도 "관중이 없었다면 우리는 아직도 산발을 하고 천조각을 두른 채 야만생활을 하고 있을 것이다"라며 그를 높이 평가했다.

땅에서는 수레나 말보다 못하고, 물에서는 배보다 못한 것이 사람이다. 그러나 사람은 수레와 말을 부리고, 배를 몰아 먼 곳에 도달할 수 있다. 이처럼 사람은 타인의 능력을 이용해 자신의 단점을 보완할 수 있다. 임금이 나라를 다스리고, 패자가 되어 천하를 호령하는 방법은 어쩌면 인재등용만이 유일한 길일 것이다. 지혜와 덕을 겸비한 인재는 임금과 패자의 수레이며 말이다. 제환공이 어찌 몰랐겠는가? 자신을 죽이려던 관중이 패업에 꼭 필요한 수레이자 말이라는 사실을…

3. 제환공이 약속을 지킨 까닭에 인재를 얻다

"신용이 있으면 성공하고 신용이 없으면 실패한다"라는 옛말이 있다. 입 밖에 낸 말은 반드시 실천하고 허풍을 떨지 말 것이며 신용을 중시해야 한다는 말이다. 이것은 리더가 효과적으로 부하들을 부리고 영향력을 행사할 수 있는 방법 가운데 하나이다.

북송의 사마광도 "무릇 신용은 군주의 큰 보물이다. 나라는 백성이 있어야 유지되고 백성은 신용이 있어야 유지된다. 신용이 없으면 백성을 다스릴 수 없고 백성이 없으면 나라를 유지할 수 없다"라고 말했다. 이처럼 신용을 지키는 일은 신하를 다스리는 최고의 가치이자 중요한 통치전략이었다.

중국인들은 아득한 옛날부터 신의를 매우 중시했다. 뛰어난 정치가들은 모두 신의의 중요성을 깨달아 결코 가벼이 약속하는 법이 없었다. 그렇기 때문에 일단 약속을 하면 이를 반드시 실행해 세상사람들의 신뢰를 얻었다.

춘추5패의 우두머리인 제나라 환공이 패자의 칭호를 얻을 수 있었던 것은 한 번 한 말은 반드시 실천에 옮겼기 때문이다. 이로 인해 세상사람들은 그를 신뢰했고 각국의 제후들도 그를 맹주로 추대했다.

당시 제나라와 노나라는 오랫동안 원수관계였다. 두 나라 사이에는 전쟁이 그칠 날이 없었지만 세력이 엇비슷해 승패가 나지 않았다. 그런 터에 제나라의 환공이 왕위에 올랐다. 그는 재상으로 등용한 관중으로 하여금 일련의 개혁정책을 실시케 하여 제나라가 강국의 대열에 합류할 수 있게 만들었다. 이미 노나라는 안중에 없을 정도로 막강해진 환공은 드디어 군사를 일으켜 노나라를 침공하기로 결심한다.

국력의 차이가 워낙 컸으므로 제나라는 개전하자마자 노나라를 굴복시켰다. 양국은 '가(柯)'라는 지역에서 천하의 제후들과 함께 모여 평화회의를 열기로 했다. 회의당일 제후들이 다 모이자 노나라 장왕은 항복문서에 서명하는 것에 동의했다. 장왕이 붓을 들어 막 서명하려 할 때, 노나라 장군 조말이 갑자기 탁자 앞으로 달려와 품속의 비수를 꺼내 환공에게 달려들어 위협했다. 일순간의 사건으로 회의장은 살기로 뒤덮였다. 환공이 긴장하여 조말에게 물었다.

"그대는 무엇을 원하는가?"

조말은 "노나라로부터 빼앗은 영토를 도로 내놓으라. 그렇지 않으면 그대 목숨을 가져가겠노라!"라고 외치며 손에 든 비수를 위협적으로 흔들었다. 빼앗은 땅은 아까웠지만 이미 어찌할 수 없는 상황이었다. 목숨이 어찌 한낱 땅에 비교될 수 있겠는가? 환공은 이를 악물고 말했다.

"좋다. 돌려주겠다."

조말은 그 말이 떨어지자마자 비수를 내던지고 세 걸음 뒤로 물러나 환공 앞에 부복했다. 그리고는 죽음을 청했다. 그러나 제환공도 어찌할 수 없었다. 주위에는 각 나라의 임금은 물론 그 신하들도 있지 않은가? 제환공은 우선 참지 않을 수가 없었다. 한바탕 풍파는 이렇게 가라앉았다.

제나라로 돌아온 환공은 생각하면 생각할수록 화가 치밀었다.

"노나라는 진실로 비열하구나. 회맹석상에 자객을 심어 세상사람들 앞에서 진퇴양난에 처하게 했구나. 우리 군대가 빼앗은 영토를 저들은 자객을 보내 되찾아가니, 이 어찌 제나라에 대한 모욕이 아니겠는가? 나는 결코 이런 굴욕적인 약속을 용납할 수 없다. 영토를 돌려주지 않으리라!"

환공은 그러나 관중과 그 일을 상의하지 않을 수 없었다. 그는 관중을 불러 조말에게 한 약속을 어떻게 처리해야 할지 의논했다. 협박으로 어쩔 수 없이 응낙했으니 그런 약속은 지키지 않아도 된다는 게 제환공의 생각이었다. 또 자객을 보내 조말만 죽인다면 약속은 자연히 흐지부지될 것이라는 판단이었다. 그러나 관중은 이에 동의하지 않았다.

"주군은 조말의 협박에 못 이겨 그의 조건을 승낙하셨지만 천하의 제후들 앞에서 한 약속이므로 반드시 엄히 이행하셔야 합니다. 그래서 주군이 신용있는 분이라는 걸 세상사람들에게 알려야 합니다. 만약 조말을 죽여 약속을 파기하시면 그건 신용을 저버리는 것입니다. 그렇게 되면 마음속의 화는 가라앉겠지만 제후들과 세상사람들의 미움을 사게 될 것입니다. 그로 인한 손해는 영토를 잃는 것보다 훨씬 심각합니다. 신용을 잃은 군주는 아무리 영토가 넓어도 천하의 맹주가 될 수 없습니다."

관중의 말을 듣고 환공은 깊이 깨우치는 바가 있었다. 그는 약속대로 노나라의 영토를 돌려주었다.

이 소식이 세상사람들에게 알려지자 저마다 환공을 칭송했다. 제후들도 그를 신용있는 사람이라 여겼으며 분쟁이 생길 때마다 그를 찾아와 조정을 부탁하거나 동맹을 맺으려 했다. 그래서 환공은 제후들의 추대로 불과 1년 만에 중국역사상 최초의 맹주가 되었던 것이다.

제3장
대기만성의 입지전적인 인물
진문공

　제환공이 죽은 뒤 진晉나라의 문공文公이 패자가 되었다. 춘추5패의 두번째 주자이자 7전8기의 대명사인 진晉나라 문공 중이는 인간승리의 표본이라고 할 수 있다. 그는 진헌공의 아들로 진나라의 국왕이 되기 전에 일찍이 19년 동안 고통스런 망명생활을 했던 전기적傳奇的인 인물이기도 하다.

　중이는 화를 피하기 위해 적狄·위衛·제齊·조曹·초楚·진秦 등 여러 나라에서 망명생활을 했다. 오랫동안 망명생활을 하면서 그는 온갖 고초를 겪었다. 그를 대하는 각국의 군주들은 각자의 이해관계에 따라 그를 냉대하거나 혹은 융숭하게 대접했다.

　혹독한 고난은 재산이라고 했던가? 유랑생활은 중이를 더욱 강하게 단련시켰다. 또한 그 망명생활은 결과적으로 자신의 재능을 연마하는 귀중한 시간이 되었다. 19년 뒤 중이는 제위에 올라 진문공이 되었을 때, 그 동안 닦은 실력을 마음껏 발휘했다. 그 결과 진문공은 제환공에 이어 춘추시대 제2의 패주霸主가 되었다.

1. 진문공은 기다릴 줄 아는 지도자였다

중이는 17살 때부터 이미 주변에 유능한 인재들을 거느린 사람이었다. 호언·조쇠·가타·전힐·선진·개자추 등이 그들이었다. 중이는 태자 신생申生이 피살된 뒤 적狄나라로 도망치고 나서 12년 동안 난을 피해야만 했다. 호언 등 중이의 측근들이 시종일관 그를 수행했다. 진나라 혜공惠公은 사인피寺人披를 적나라에 보내 중이를 암살하려 했다. 이때 중이의 나이가 벌써 50이었다.

중이는 측근들과 함께 적나라를 떠나 서둘러 위나라로 갔다. 그러나 위나라 군주는 이들을 반갑게 맞아주지 않았다.

일행이 지금의 하남지역인 오록五鹿땅에 도착했는데, 너무 배가 고픈 나머지 눈앞이 희미해질 정도였다. 그런 지경이니 하는 수 없이 밭에서 밥을 먹고 있는 농부들에게 구걸하기로 했다. 농부들은 심히 불편한 기색을 보였다.

"우리에게 무슨 먹을 것이 있겠소. 들나물도 배불리 먹지 못하는데…."

그렇게 말하고는 아무렇게나 진흙덩어리를 집어 그들에게 주었다. 중이는 크게 노하여 채찍으로 농부를 때리려 했다. 그러자 조쇠가 저지하며 "때리지 마십시오. 이러한 일들은 좋은 일이 생길 징조가 아니겠습니까? 진흙은 땅을 말합니다. 이는 하늘이 주군께 땅덩이를 주실 것이라는 계시로 보입니다"라고 말했다. 중이는 조쇠의 말을 듣고는 쓴웃음을 지으며 꾹 참고 서둘러 길을 재촉했다.

중이일행이 마침내 제나라에 도착했다. 제환공은 일찍이 중이가 현명하고 유능한 사람임을 알았기에 친절하게 그를 맞이하였다. 환공은 그에게 말 20필을 선물로 주고 강씨 성을 가진 처자를 중이의 짝으로 맺어주었다. 그녀는 매우 지혜로운 사람이었다.

환공이 죽은 뒤. 제나라에 내란이 일어나자 중이의 신하들은 제나라를 떠날 것을 권유했다. 그러나 중이는 떠날 생각을 하지 않았다. 어느 날 조쇠와 호언狐偃 등이 뽕나무 아래에서 어떻게 하면 주인의 생각을 바꿀 수 있을까 하는 문제를 상의하고 있었다. 그런데 마침 뽕잎을 따던 강씨의 시녀가 그들의 말을 듣고는 강씨에게 이 사실을 알렸다. 강씨는 그들의 큰 뜻을 깊이 이해하고는 시녀에게는 입조심을 시켰다.

저녁이 되자 강씨는 중이에게 말했다.

"우리는 서로 깊이 사랑하나 당신은 이곳에 오래 머무르시면 안됩니다. 대장부라면 마땅히 천하의 대사에 자신을 맡겨야지 개인의 안일만을 도모해서는 안됩니다."

아내의 말에 중이는 깊이 감동했지만 긴 망명생활은 그로 하여금 세상의 분쟁에 대한 혐오감을 갖게 했다. 그가 아내에게 말했다.

"인생은 단지 안락한 생활을 추구하는 데 지나지 않는다. 어찌하여 다른 것을 추구하겠는가? 나는 당신과 오랫동안 함께 살고 싶지 어디에도 가고 싶지 않다."

강씨가 중이를 설득할 수 없음을 알고는 곧 조쇠와 상의하여 술로 중이를 흠뻑 취하게 한 뒤 그를 마차에 태워 야밤에 성을 떠나게 했다. 다음날 아침에 중이가 술에서 깨어난 뒤. 어찌된 일인지 알고는 분을 참지 못하여 마차를 모는 구범寺犯을 창으로 찌르려 했으나 주위에서 만류하여 겨우 진정했다.

중이 일행은 이후 조曹나라·송宋나라·정鄭나라 등에서 망명생활을 하다 최후에는 초楚나라로 갔다. 초나라는 큰 나라로 당시의 성왕成王은 중이를 매우 존중했으므로 제후의 예를 갖춰 중이를 대접했다. 중이는 융숭한 대접에 놀라긴 했지만 침착하게 받아들였다.

어느 날 연회를 개최한 초성왕이 중이에게 다음과 같이 물었다.

"공자公子께서 앞으로 진晉나라의 군주가 되신다면, 그때는 무엇으로 나에게 보답하겠습니까?"

중이는 대답했다.

"초나라는 아름답고 부유합니다. 진귀한 조류, 보석과 상아 등 초나라에는 모든 것이 생산되는데, 제가 무엇으로 보답을 해야 할지 모르겠습니다."

그러자 초성왕이 "비록 그렇게 말씀은 하시지만, 그래도 보답은 하셔야 하지 않겠습니까?"라고 다시 중이에게 물었다. 중이는 초성왕의 말을 듣고 깊이 생각한 뒤 다음과 같이 말했다.

"만약 대왕의 말씀대로 제가 앞으로 고국에 돌아가 왕이 된다면, 진나라와 초나라 사이에 전쟁이 나서 양군이 대적하게 될 경우, 제가 90리를 후퇴하여, 군왕의 은혜에 보답하겠습니다."

연회가 끝난 뒤 초나라 장군 자옥子玉이 성왕에게 말했다.

"군왕께서 이다지도 융숭하게 중이를 대접하시는데, 그는 오히려 당신과 전쟁할 것을 얘기하고 있습니다. 정말 무정하고 의리없는 인간입니다. 아예 제가 중이를 죽여, 후환을 없애겠습니다."

초성왕은 "중이는 뜻이 깊고 높은 자이며, 그를 따르는 자들도 모두 유능한 인재들인데, 어찌 마음대로 그를 죽일 수 있겠는가"라고 대답했다.

뒤에 진목공秦穆公이 사자를 파견해서 중이를 초청하자 중이는 진나라로 갈 것을 결정했다. 이에 초성왕은 중이에게 여비와 많은 선물을 주었다. 중이가 진나라로 온 지 얼마 되지 않아 진혜공晉惠公이 죽었다. 진목공은 군대를 파견해 중이의 귀국을 호송해 주었다. 19년 동안의 망명생활을 마친 중이는 고국에 돌아와 군주가 되었으니 그가 바로 진문공晉文公이다.

기원전 636년 봄, 진나라 공자 중이重耳는 진秦나라 군대의 호위를 받으며 고국으로 돌아왔다. 그때 그의 나이 벌써 62세였다. 그는 제환공이 제후들을 쟁패한 뒤를 이어 두번째로 제후들의 패주가 된 진문공이다. 진문공은 오랜 세월 고난을 겪으면서 풍부한 이력과 정치적 경험을 쌓아 나라를 다스리는 이치를 깊이 깨우치고 있었다. 진문공의 통치술은 이미 일정한 경지에 올라 있었으며, 이러한 뛰어난 통치를 하기까지 그는 유능한 인재들을 모으고, 모든 고난과 역경을 그들과 함께했다.

2. 최고의 지도자는 최상의 인재들이 만들었다

문공의 치세는 불과 9년밖에 지속되지 못하고 마는데, 이는 망명생활의 절반밖에 안되는 세월이었다. 그렇지만 그는 짧은 기간에 국내정치를 안정시켜 진나라를 패자의 자리에 앉게 했다.

그렇다면 그것을 가능케 한 조건은 무엇이었을까? 문공은 두 가지의 좋은 조건을 가지고 있었다. 그 하나가 당시의 국제정세였다. 일찍이 패자로서 천하를 호령했던 제나라 환공은 이미 문공인 중이가 제나라에 머무르고 있을 때 세상을 떠났다. 그 뒤 제나라는 내분에 휩쓸려 회맹會盟에는 정신을 쓸 겨를도 없었다.

뒤를 이어 패자가 되려 했던 송나라의 양공 역시 문공이 귀국하기 전해에 뜻을 이루지 못한 채 세상을 떠났다. 초나라·진秦나라는 실력으로 따지자면 의당 패자가 될 만한 대국이었다. 그러나 만이蠻夷 즉 오랑캐의 땅에 위치하고 있었기 때문에 중원中原의 맹주자리에 앉을 여건이 되지 못했다. 이런 연유로 모든 사람들이 초나라·진秦나라는 패자가 될 수 없다고 여기고 있었다.

여기에 비해 진문공은 오랜 망명생활을 통해서 국제적으로 이름이 알려져 있었던데다가, 이미 앞에서 보아왔듯이 그에 대한 각국의 평판도 매우 호의적이었다. 지각있는 사람들은 모두 일찍부터 '머지않아 이 인물은 분명…' 하고 문공에게 기대를 걸었다. 이렇듯 국제정세로 말하자면 문공에게는 패자가 될 조건이 잘 갖추어져 있었다.

또 하나는 유능한 인재들을 많이 거느리고 있었다는 점이다. 진문공은 장자長者의 품격은 갖추고 있었지만, 수동적인 인물이어서 결단력이 부족한 경향이 있었다. 특히 패자가 된 다음 외교전략을 결정함에 있어서는 자주 망설임을 보였는데, 그런 그의 모습은 우유부단해 보이기에 충분했다.

문공이 그러는 데에는 나름대로 사정이 있었다. 문공은 오랜 망명생활 중에 여러 나라로부터 은혜를 입었고, 또 그들과 의리로 뭉쳐져 있었다. 그 결과 어떤 한쪽의 편을 들면 다른 한쪽에 대한 의리를 저버리게 되어, 괴로운 선택을 강요당하는 일이 비일비재했다.

그러나 그런 상황에 놓인 문공을 어느 정도 이해한다 치더라도 문공의 지나친 우유부단함이 모두 설명되지는 않는다. 역시 그의 타고난 성격이 크게 작용했던 것이다.

이런 문공의 단점을 보완해 준 자들이 바로 조쇠・호언・위주・호사고・선진 등의 인재들이었다. 그들은 문공의 곁에서 그가 결정을 해야 할 때, 결단을 내릴 수 있도록 도왔으며, 대외전략 면에서도 문공이 판단을 그르치지 않도록 늘 함께했다. 문공은 이러한 인재들을 곁에 둠으로써 스스로의 약점을 드러내지 않고 마침내 패자의 자리에 오를 수 있었다.

그런 그에게 중요한 결단을 강요하는 일이 벌어졌다. 즉위 2년 무렵이었다. 이 무렵 주왕실은 재난의 연속이어서 주양왕은 적狄나라의 내습을 받고 정나라로 망명해 있었다. 그런데 바로 그 주양왕이 문공에게 구원을 요청하는 사자를 보내왔던 것이다.

'존왕尊王'의 뜻을 밝히는 데는 다시없는 좋은 기회였다. 그러나 서쪽으로부터 진秦나라의 목공이 친히 군대를 이끌고 주양왕을 구출하러 떠났다는 소식이 들렸으므로 문공은 좀체 움직이려 하지 않았다. 그때 조쇠가 문공의 결단을 촉구했다.

"패자가 되기 위해서는 우리 진나라의 힘으로 주양왕을 서울로 돌아가게 하여 존왕의 실력을 천하에 보여주시지 않으면 안됩니다. 더욱이 우리 진晉나라와 주나라는 동성同姓 사이인데, 여기서 망설이다가 선수를 빼앗기면 이는 천하를 호령할 좋은 기회를 놓치고 마는 것입니다. 지금이야말로 존왕의 실력을 보여 장래 패자가 되는 일에 대비할 때입니다!"

신중한 문공도 이렇게까지 말하는 데는 더 이상 결정을 미룰 수가 없었다. 마침내 군대의 출동을 명하여 적나라 군대를 쫓아버리고 주양왕을 서울로 돌아가게 하였다. 이 일로 진문공의 위상은 한층 더 높아졌다.

그로부터 2년 뒤. 초나라 성왕이 제후들을 꾀어 송나라로 쳐들어갔다. 송나라 역시 문공에게 사자를 보내어 구원을 요청해 왔는데, 문공은 이때도 주저하는 모습을 보였다. 그러자 중신인 선진이 결단을 촉구했다.

"지금이야말로 송나라의 은혜에 보답하고 패자의 지위를 확립할 아주 좋은 기회입니다."

그래도 문공은 움직이려 하지 않았다.

송나라의 요청에 응해 구원군을 보내면 필연적으로 초나라와 싸우지 않으면 안되는 상황이었다. 하지만 초성왕에게 망명시절 후한 대우를 받은 은혜가 있어 가능하면 싸움은 피하고 싶었다. 그러나 송나라에도 은의가 있었기 때문에 그 또한 그냥 죽게 내버려둘 수는 없었다. 문공으로서는 참으로 난처하기 짝이 없는 상황이었다.

이를 눈치 챈 호언이 진언했다.

"좋은 수가 있습니다. 지금 곧 조나라와 위나라를 공격하소서. 그러면 초나라는 그쪽을 구원하지 않을 수 없을 것입니다. 어찌 송나라 포위를 풀지 않을 수 있겠습니까."

조나라와 위나라는 초나라의 동맹국이었다. 동맹국이 위기에 처한다면 초나라는 만사를 제쳐놓고 구원하러 가지 않을 수 없을 것이다. 더구나 조나라와 위나라는 망명중인 문공을 차갑게 대한 나라이기도 했다. 그러니 공격을 한다 해서 비난을 받을 일도 없거니와 오히려 지난날의 냉대에 대한 복수가 되기도 했다.

힘든 결단을 내린 문공은 전군에 명하여 조나라와 위나라를 공략하는 출정길에 올랐다. 생각했던 바대로 자연히 송나라에 대한 포위는 풀렸고, 초나라와는 싸움없이 면목을 세울 수가 있었다. 참으로 멋진 외교전략의 승리라 할 수 있다. 이 또한 문공을 떠받들고 있던 유능한 인재들의 공이 아닐 수 없다.

3. 개자추가 노모와 함께 산속으로 들어가다

진문공의 이야기를 하면서 빼놓을 수 없는 얘기가 하나 있다. 그것은 개자추介子推라는 사람과 한식寒食의 유래에 얽힌 것이다.

개자추는 진문공을 따라나서 19년 동안 각처를 유랑한 사람이었다. 문공이 위衛나라에서 먹을거리가 없어 여러 날을 허덕일 때 개자추는 자기 허벅지 살을 도려내어 구운 살로 문공의 허기를 살폈다. 마침내 문공이 고국으로 돌아왔으니 개자추는 중직에 오를 수 있었다. 그러나 효심이 지극한 개자추는 서슴없이 문공을 떠나 향리로 돌아갔다. 노모를 봉양하기 위해서였다.

진문공은 어렵던 시절 자신을 위해 애쓴 수하들에게 논공행상을 했는데 개자추 한 사람만 보이지 않았다. 곧 사방으로 수소문했으나 끝내 찾을 수 없었다.

진문공의 수하 가운데 해장解張은 개자추와 가까운 인물이었으나 개자추는 해장에게도 행방을 알리지 않고 떠났다. 그러나 개자추의 성격을 알고 있던 해장은 이를 짐작하고 그의 행방을 몰래 알아두고 있었다.

진문공은 개자추의 행방을 찾기 위해 각지에 방을 붙여, 고하는 사람에게는 상을 내리겠노라고 했다. 해장은 그 방을 개자추의 집 부근에다가 붙였다. 개자추는 방을 보고 노모와 상의했다.

"제가 문공을 따라다닌 것은 그가 진나라를 구할 수 있는 덕망을 지녀 도와야겠다는 자발심에서 나온 행동이었지 상을 바라서 그런 것은 아닙니다."

그의 어머니가 받아 말했다.

"나도 너의 그런 뜻을 십분 이해한다. 우리 두 모자가 차라리 깊은 산속으로 피하는 것이 좋겠구나."

그래서 개자추는 어머니를 모시고 조용히 면산綿山으로 숨어들었다. 개자추가 떠난 뒤에 개자추의 집을 찾아온 해장은 그가 이미 사라진 것을 알고 마을사람들에게 수소문했다. 그러자 어떤 이가 말했다.

"지난밤 개자추가 어미를 업고 산으로 들어가는 것을 보았소."

해장이 이를 문공에게 알리자 문공이 친히 개자추가 들어갔다는 산으로 와서 찾아나섰다. 그러나 산이 워낙 깊어 어디에 있는지 도무지 찾을 수가 없었다.

진문공은 개자추가 효심이 지극함을 듣고 궁리 끝에 면산 전체에 불을 지르도록 명했다. 그러면 노모를 살리기 위해서라도 산에서 나올 것이라 생각했던 것이다. 그러나 사흘 밤낮 동안 산이 모두 불탔지만 개자추는 끝내 나오지 않았다. 사람을 시켜 온 산을 뒤지자 불에 탄 나뭇등걸 아래에서 모자가 부둥켜안고 숨져 있었다. 이를 본 문공은 대성통곡하고 개자추와 노모의 유골을 수습하여 장례를 치렀다.

진문공은 면산을 개산介山으로 이름을 바꾸고 사당을 지어 개자추의 명복을 빌도록 명했다. 그리고 후일 그 일대를 개휴현介休縣으로 부르도록 했다. 개자추가 쉬는 땅이라는 뜻이다. 오늘날 태원太原 일대에 해당하는 지역이다.

문공이 개자추를 불러내기 위해 산에다 불을 지른 때는 동지가 지난 지 105일째였고, 이때는 절기상 청명에 해당한다. 불에 타죽은 개자추의 넋을 기리기 위해 이때를 전후하여 불을 사용하지 않도록 하고 이미 만들어 놓았던 찬 음식을 3일 동안 먹도록 했다. 이것이 한식寒食의 유래가 되었다.

역사에서 진문공을 "어질다"라고 표현하는 이유는, 어찌 보면 개자추와 같은 고매한 인격을 가진 신하의 보필을 받았기 때문이기도 할 것이다.

공통의 목표를 이루기 위해 고난의 세월을 함께 견뎌낸다는 것은 매우 어려운 일이다. 그러나 그 목표가 이루어졌을 때 자신의 공로를 내세우지 않은 채 응당 해야 할 일을 한 것이고, 천명天命에 순종한 것에 불과하다며 자신을 낮추는 것은 더 어려운 일일 것이다.

제4장
한번 날면 하늘에 이르는
초장왕

초나라는 중국 남쪽의 유구한 강대국이다. 일찍이 주나라 문왕文王과 무왕武王을 보좌한 적이 있는 제후국이었다. 그러면서도 거리가 멀었던 관계로 중원지역과의 왕래는 비교적 적었다. 자연히 초나라는 토착의 고유한 문화습속을 그대로 유지하고 있었고 그런 초나라를 두고 중원中原사람들은 '만이蠻夷' 즉 오랑캐의 나라로 비하하기도 했다.

춘추 초기 주왕실의 세력이 약화되어 가고 있을 무렵 초나라의 세력은 급속히 커지고 있었다. 초나라는 이러한 정세를 틈타 주변 소국들을 멸망시켜 나갔다.

그러나 성왕成王에 이르러서는 비록 북쪽으로의 확장정책을 적극적으로 시행했지만 제환공과 진문공 등에게 저지당하여 지속적인 북진정책을 진행하기가 힘든 형편이었다.

뒤를 이은 초나라 장왕莊王은 즉위한 뒤 한동안은 방종한 생활을 했다. 그러나 성심을 다하던 신하들의 간언을 받아들여 나락에 빠졌던 생활을 청산했다. 현명하고 유능한 인재가 중용되었고 무능한 자들은 쫓겨났다.

그는 자신의 재능을 감춘 채 역량을 키우는 책략을 썼다. 일단 시기가 도래하면 온 힘을 다해 출격하는 것이 그것이다.

'한 번 울기 시작하면(一鳴) 천하를 진동시키고, 한 번 날면(一飛) 하늘 끝까지 솟구친다.'

장왕은 이와 같은 방식으로 대권을 장악하고 유능한 인재를 중용하였다. 초나라는 자연히 강성해져 갔다.

또한 강성한 힘을 바탕으로 적극적으로 중원에 진출한 결과, 중원 문화와 초나라 지역의 문화교류는 더욱 활발하게 진행되어 장강유역의 발전을 가속화시켰다.

1. 때를 기다려 사람들을 놀라게 하다

중국역사에서 권력과 이익을 놓고 벌어진 분쟁들은 대단히 복잡한 면이 있다. 그러나 모든 분쟁에는 한 가지 동일한 이치가 있다. 성공을 위해서는 잠시의 굴욕을 참아야 했고, 실력을 쌓으며 적절한 기회를 찾아야 했다. 이것은 성공을 위해서는 반드시 필요한 소양이었다.

"자벌레가 몸을 구부리는 것은 다시 몸을 펴기 위해서이고 용과 뱀이 겨울잠을 자는 것은 다시 살아가기 위해서이다."

리더는 의식적으로 은인자중하는 단계를 거쳐야 한다. 이 단계를 통해 여러가지 상황을 이해하고, 숨어 있는 위험을 제거하며, 미래에 대비해야 한다. 그러면 적은 노력으로 몇 배의 성과를 거둘 수 있다.

춘추시대 초나라 장왕은 은인자중하며 때를 기다려 끝내 패왕의 업적을 달성한 위인이다. 그는 실력이 부족할 때는 자신을 숨기고 일부러 명예를 더럽혀 세간의 눈을 피했다. 여러 해를 그렇게 지내며 조정대신들을 파악하고 정치적 경험을 쌓아 향후 패업을 달성할 토대를 다졌다.

초나라 장왕이 즉위하기 전, 초나라는 오랫동안 내분을 겪었다. 등극할 당시 매우 어렸던 장왕은 여느 신임 군주들이 그렇듯 위세라곤 펼칠 수가 없었다. 그래서 국정은 아랑곳 않고 밤낮으로 환락에만 빠져 살았다. 간혹 대신들이 궁에 들어와 국정을 보고하면 지루함을 못 참는 듯 알아서 처리하라며 쫓아보냈다. 이에 많은 사람들이 충언을 올렸지만 장왕은 자신의 환락에 지장이 된다며 매우 싫어했다.

이같이 초장왕은 즉위한 지 3년 동안 단 한 가지의 정책도 시행하지 않았다. 오로지 밤낮으로 환락의 시간만 보내고 있었다. 그러고는 엄포를 놓았다.

"과인에게 간섭하는 자는 무조건 처형이다."

그럼에도 불구하고 목숨을 걸고 직언하는 신하가 있었으니, 그가 바로 대부 오거伍擧였다. 장왕이 오거에게 물었다.

"너는 술을 마시러 왔느냐, 음악을 들으러 왔느냐? 아니면 나한테 달리 할 말이 있느냐?"

오거는 대답했다.

"소신은 술과 음악을 위해서 온 것이 아닙니다. 단지 대왕께 수수께끼 하나를 말씀드리러 왔을 뿐입니다."

장왕이 허락하니, 오거는 물었다.

"언덕 위에 큰 새가 있습니다. 3년 동안이나 날지도 않고 울지도 않습니다. 그 새가 무슨 새이겠습니까?"

장왕은 깊이 생각한 뒤 대답했다.

"그 새는 보통의 새가 아니다. 3년을 울지 않은 것은 장래의 포부를 결정하기 위함이요, 3년 동안 날지 않는 것은 날개를 키우기 위함이다. 그 새는 3년을 날지 않았어도 한 번 날게 되면 단숨에 하늘 꼭대기에 솟구쳐 하늘을 뒤덮을 것이며, 3년을 울지 않았어도 한 번 울기 시작하면 천하를 진동시킬 것이다."

이에 오거는 초장왕의 뜻을 알고 기뻐서 물러갔다.

그러나 다시 몇 개월이 지났건만 장왕의 생활은 변함이 없었다. 이번에는 대부 소종蘇從이 나섰다. 장왕이 그를 보더니 "과인에게 간섭하는 자는 모두 사형이다. 그건 알고 있는가?"라고 경고했다.

그러나 소종은 "이 한몸 죽어 대왕의 현명하심이 되돌아올 수 있다면 그 이상 더 바랄 게 있겠습니까?"라고 대답했다. 그러자 왕은 소종의 충성심에 감동하여 자리에서 일어나더니 즉시 악대樂隊를 해산시키고 조정에 나가 집무를 보기 시작했다. 그러고는 그 동안 법을 어기고 부정부패를 일삼으며 사리사욕만 채웠던 무리들을 숙청하고, 청렴하게 양심껏 일한 사람들은 중용하여 직무를 맡겼다. 또한 오거와 소종의 보좌를 받아 국정을 처리하게 되자 초나라의 정치는 투명해지고 국력은 나날이 강성해졌다.

사실 초장왕은 원래부터 혼군은 아니었다. 장왕이 막 즉위했을 때 초나라의 실권은 대귀족인 약오씨若敖氏 일족의 수중에 있었다. 장왕이 술과 여자에 빠져 있었던 것은 적을 미혹시키기 위함이었으며 동시에 대신들의 능력을 살피며, 자신의 역량을 키우기 위함이었다.

3년이 지난 뒤 장왕은 시기가 됐다고 결단을 내리고, 자신의 큰 뜻을 펼치기 시작하여 단번에 초나라를 강대국으로 만들었다. 장왕이 정사를 보살피게 되면서 초나라는 점차 강성해졌다. 그는 출병하여 지금의 호북 죽산 일대인 용나라庸國를 멸망시키고, 그 다음에 중원에 있는 송나라와 정나라를 여러 차례 공격했다.

기원전 605년 초장왕은 구귀족 투월초鬪越椒가 일으킨 내란을 평정하고, 손숙오孫叔敖를 영윤令尹으로 임명했다. 초나라는 그 뒤 몇 년 동안 철저한 전쟁준비를 했는데 마침내 군대를 이끌고 북상하여 진晉나라와 패권다툼의 전쟁을 일으킬 준비를 완료했다.

기원전 598년 초장왕은 군대를 파견해서 진陳나라를 항복시키고, 다음해에는 친히 대군을 이끌고 정나라를 공략했다. 진陳나라와 정나라는 진晉나라의 보호국이다. 그런데 초나라가 진나라와 정나라를 침략했으니 진晉나라의 입장에서 가만히 있을 수는 없었다.

이해 여름 진경공晉景公이 순림보荀林父를 대장으로 임명하여 초나라와 결전을 하도록 파병했다. 결국 그들은 필邲〔지금의 하남 정주 동쪽〕지방에서 초나라 군대에게 대패당했다.

이 전투를 통해 초나라는 중원에서 결정적인 우위를 점하게 되었다. 전쟁하기 전에는 진晉과 초楚가 반복적으로 중원의 소국을 침공해 귀속을 강요했으나, 전쟁을 한 뒤에는 초나라의 명성이 드높아져 특별히 노력하지 않아도 많은 소국들이 귀부해 왔다.

초장왕은 실패와 좌절 때문이 아니라 더 나은 미래를 위해 능동적으로 정체를 숨기고 때를 기다렸다. 3년 동안 날지 않았던 초장왕은 마침내 한 번에 날아서 단숨에 하늘 꼭대기에 솟구쳤으며(一飛沖天), 한 번 울기 시작하여 천하를 진동시킨(一鳴驚人), 새로운 패자가 되었다.

2. 장왕이 초나라의 위엄을 중원에 떨치다

초장왕을 패자로 올려놓은 결정적인 전쟁은 기원전 597년에 진晉나라와 벌인 필邲지방의 전투였다. 전쟁에 패배한 진나라는 체면이 말이 아니었고 패자의 지위를 초나라에 넘겨주지 않을 수 없었다. 이 필지전邲之戰의 도화선은 정鄭나라였다.

정나라는 강대국인 진晉나라와 초나라 사이에 있었다. 정나라는 초나라가 쳐들어 오면 초나라와 강화하여 복종하다가 초나라가 물러가면 태도를 바꿔 진나라 편을 들곤 했다. 이러한 정나라의 미덥지 못한 태도에 화가 난 초장왕은 정나라를 다시 공격하여 3개월 동안 도성을 포위한 뒤 마침내 항복을 받아냈다.

정양공鄭襄公은 초장왕에게 용서를 빌었다. 그러나 초나라 장군 가운데 정나라의 거듭된 배신을 더 이상 용서해서는 안된다고 주장하는 자가 있었다. 그러나 장왕은 정나라 양공이 매우 겸손한 인물이고 백성들이 따르는 군주이므로 정나라를 멸망시킬 수는 없다고 설득했다. 그는 초군을 도성 밖 30리 지점으로 후퇴시켜 머물게 했고, 거기서 정나라의 화의和議를 접수했다.

초장왕이 정나라의 화의를 접수하기 직전에 진晉나라는 동맹국인 정나라가 초나라에 굴복하는 것을 막기 위하여 군대를 황하 이남으로 보냈다. 그러나 정나라는 이미 초나라에 항복한 뒤였다.

한편 북상하여 여러 달째 적군들과 상대하던 초나라는 진나라 군대가 남쪽으로 내려온다는 소식을 접하자 조정공론이 나뉘기 시작했다. 온건파이며 재상인 영윤令尹 손숙오孫叔敖는 철군을 주장했다.

"작년에 진陳나라를 치고, 금년에는 정나라를 쳤습니다. 이러한 잇따른 원정으로 군사와 병마가 피로하니 돌아가서 휴식을 취하는 것이 좋을 듯합니다."

그러자 강경파 인물 오삼伍參이 반대했다.

"진晉나라 총사령관 순림보는 이제 막 임명되어 그 위엄이 아직 전군에 미치지 못합니다. 지금 진군의 사기는 흩어진 모래알과 같고 대왕께서 친히 이끄시는 우리 군대의 사기는 충천해 있습니다. 더 이상 시간을 끌 필요가 없습니다. 여기서 물러선다면 대왕의 영명하신 보좌에 치욕이 됩니다."

오삼의 말은 초장왕의 공명심을 부추겼다. 장왕은 회군할 생각을 접고 북진하여 진나라와 한판 승부를 가리고자 했다.

사실 진晉나라는 처음부터 초나라의 상대가 되지 않았다. 가장 큰 이유는 진나라 군대의 자중지란自中之亂[같은 편끼리 하는 싸움]속에 있었다. 총사령관 순림보의 임명을 둘러싸고 진군의 지휘계통이 내분에 휘말려 있었던 것이다. 진나라 지휘관 한 명이 그 사실을 초군에 밀고했다. 결국 중원의 패자를 결정짓는 전쟁에서 진晉나라는 전투다운 전투 한번 해보지 못하고 초나라에 패권을 넘겨주고 말았다.

초장왕 앞에 무릎을 꿇은 진나라 군대는 자신들의 패배가 믿기지 않았다. 진나라 군대는 그때까지 전쟁에서 한 번도 다른 나라 군대에

져본 적이 없었기 때문이었다. 남은 병사들을 이끌고 진나라로 돌아온 총사령관 순림보는 군주에게 죽음을 내려달라고 간청했으나 진나라 군주는 오히려 선공을 감행한 주전파 부사령관 선각에게 책임을 물어 그를 처형했다.

필지전 승리 뒤 초장왕은 명실공히 중원의 새로운 패자가 되었다. 그 여세를 몰아 죽기 전 여섯 해 동안에 그는 세 번이나 더 출병했다. 비록 이전과 같이 휘황찬란한 전공은 세우지 못했으나 패자로서 위엄을 보여주는 장왕에 관한 일화가 있다.

필지전에서 돌아온 해 겨울. 송宋나라 울타리 속의 소蕭나라에 초나라 사신 두 명이 포로로 잡혀갔다. 장왕은 그들을 돌려보내 줄 것을 요구했다. 그러나 소나라는 이에 아랑곳하지 않고 두 명의 포로를 죽여버렸다.

장왕은 당장 징벌군을 동원했다. 출격하기 직전에 한 장수가 장왕에게 군사들이 추워서 모두 떨고 있다고 보고했다. 그 말을 듣고 장왕은 손수 병영을 돌면서 일일이 군사들의 등을 토닥이며 위로했다. 당시 군주 가운데 이런 군주는 드물었다. 따뜻한 격려 속의 초군은 일거에 소나라를 멸망시켰다.

3년 뒤 송나라가 초나라 사신을 살해하는 사건이 또 발생했다. 초장왕은 친히 군사를 이끌고 송나라 도성을 포위했다. 송나라는 혼자서는 도저히 초나라의 상대가 되지 못했기에 동맹국인 진晉나라에 원병을 청했다.

초나라와 전면전에서 패배한 적이 있고 또 이미 쇠퇴의 길에 접어든 진晉나라는 원병을 보낼 의향이 없었다. 그러나 진나라는 해양解揚

이라는 사자를 송나라로 보내 "전국의 군대를 총동원하여 원병을 파견하겠다"라는 거짓응답을 하도록 했다.

진晉나라는 한 명의 군사도 보내지 않으면서 송나라가 고군분투하도록 독려하려는 참이었다. 그런데 임무를 띠고 송나라로 들어가던 진나라 사신 해양이 초나라의 포로가 되어버렸다. 장왕은 해양이 어떤 임무를 받고 송나라에 사신으로 가는지 알아내어 금은보화를 주고 회유했다.

"송왕에게 가서 원군을 파견하겠다는 거짓말을 하지 말라. 진나라가 군사를 보낼 수 없음을 밝히고, 송왕이 전쟁을 포기하도록 설득하라."

그러겠노라는 해양의 말을 믿은 초장왕은 그를 송나라로 들여보냈다. 그러나 송나라에 들어간 해양은 장왕과 했던 약속을 저버리고 본국의 진晉나라 군주가 부탁한 전갈 즉 '전군을 파병해 돕겠다는 거짓말'을 그대로 전했다. 그 거짓약속을 믿은 송나라는 항복하지 않았고 끝까지 저항의지를 꺾지 않았다. 전투는 장기화될 공산이 커졌다.

진晉나라 사신 해양의 거짓 원병소식을 정말로 믿은 송나라는 다섯 달이 넘게 버텼지만 도성 안은 먹을 것이 고갈되어 아이를 서로 바꿔 잡아먹는 목불인견의 처참한 지경에 놓이게 되었다. 초장왕은 중신회의를 거쳐 송나라 도성에서 보이는 위치에 병사兵舍를 짓고 경작을 하도록 명했다. 송나라가 멸망하기 전에는 회군하지 않겠다는 뜻이었다.

그제서야 의지가 꺾인 송나라가 투항의 뜻을 비쳐왔다. 초군이 도성 밖 30리로 물러나면 항복하겠다는 전갈을 보내왔다. 초장왕은 송나라의 요구에 응해 주었다. 송나라의 항복을 받고 장왕은 진晉나라 사신 해양을 잡아들였다. 자기와 한 약속을 지키지 않았음을 단죄하기 위해서였다.

초장왕 앞에 끌려나온 해양이 말했다.

"나는 진晉나라 군주의 사신으로 송나라에 파견된 몸이오. 우리 군주와 한 약속을 저버릴 수가 없는 몸이지요. 이제 그 약속을 이행했으니 죽어도 여한이 없소. 내 목숨은 대왕의 손에 달려 있으니 원하는 대로 처분하시오."

초장왕은 해양의 당당한 태도에 감동했다. 신하로서 끝까지 버리지 않은 의와 절개를 높이 샀던 것이다. 장왕은 그를 죽이지 않고 초나라로 데리고 가 예우를 다했다.

송나라 출병을 마친 3년 뒤에 초장왕은 죽었다. 그는 재위기간 23년 동안 치른 대부분의 전쟁에서 진두지휘를 했다. 수많은 전쟁을 치르면서 피로가 누적되었고 그것이 그를 단명하게 했다.

3. 술에 취해 그런 것이거늘 어찌 엄히 벌을 내리겠느냐?

앞에서 '3년 동안 울지도 않고 날지도 않는다'는 일화를 통하여 확실히 영걸이라 부를 만한 장왕의 일면을 소개했는데, 그의 인물됨을 바탕으로 패업을 가능케 한 조건을 좀더 알아보기로 하자.

사람이 성현이 아닌 바에야 실수없는 이가 어디 있겠는가? 그렇다면 리더는 부하의 과실을 어떻게 처리해야 할까? 당연히 정확하게 비판하고 고치게 해야 한다. 하지만 부하의 과실에 연연하지 않는 방법도 있다. 그에게 잘못을 만회할 기회를 제공해 리더의 배려를 느끼고 업무에 최선을 다하게 하는 것이다.

초장왕은 바로 이런 식으로 부하들의 과실을 처리한 리더였다. 그 덕분에 그는 충성스러운 부하들을 얻어 천하를 평정하고 '춘추5패'의 한 사람이 될 수 있었다.

한번은 장왕이 큰 연회를 베풀어 조정의 문무백관을 초대했다. 왕은 꽃처럼 아름다운 애첩에게 대신들의 술잔을 채우라고 명했다. 이 연회는 낮부터 밤까지 이어져 등불을 켜고 계속되었다. 그런데 갑자기 바람이 불어 연회장의 등불이 꺼졌다. 실내가 삽시간에 칠흑처럼 어두워져 작은 소란이 벌어졌다. 이때 왕의 애첩은 누군가 손을 뻗어 자신의 옷 위를 더듬어대는 것을 느꼈다. 그녀는 애써 마음을 진정시키고 그 자의 갓끈을 힘껏 잡아당겼다. 그러고 나서 더듬더듬 왕 곁으로 다가가 이 사실을 알렸다. 하지만 왕은 화를 내기는커녕 우선 불을 켜지 말라고 명하고 대신들에게 말했다.

"오늘 우리, 갓끈을 떼고 흥이 다할 때까지 통쾌하게 마셔봅시다!"

대신들은 모두 갓끈을 떼어 바닥에 던지고 술잔을 들었다. 왕은 그제야 사람을 시켜 등불을 켜게 했다. 연회가 파하고 애첩이 범인을 잡아주지 않았다며 원망하자 왕은 말했다.

"술에 취해 잠시 예의를 어겼을 뿐인데 어찌 엄히 벌을 내릴 수 있겠느냐?"

그는 더 이상 그 일을 문제삼지 않았다.

몇 년 뒤. 초나라와 진나라 사이에 전쟁이 일어났다. 양쪽 군대가 모래벌판에서 한바탕 사투를 벌였다. 이때 초나라 맹장 당교가 적진

깊숙이 돌격해 목숨을 아끼지 않고 싸웠다. 그는 진군의 대장을 포로로 잡아와 승리의 일등공신이 되었다.

전투가 끝나고 장왕이 논공행상을 할 때였다. 당교가 뜻밖에 무릎을 꿇고 머리를 조아리며 용서를 빌었다. 지난 연회에서 왕의 애첩에게 무례를 범했던 범인이 바로 그였던 것이다. 초장왕은 그에게 일어나라고 하면서 "천하에 미인은 많으나 훌륭한 신하는 얻기 힘든 법이다"라고 말하며 용서하였다.

장왕은 부하의 작은 잘못을 덮어 그 잘못을 만회할 기회를 마련해주었다. 이것은 신하들의 단합을 깰 위험을 피하고 나중에 그 부하가 나라를 위해 큰 공을 세우게 했다. 이처럼 초장왕은 일의 득실과 경중을 명확히 판단하는 인물이었다. 결코 작은 일 때문에 큰일을 그르치지 않았다. 이것이 그가 패업을 성취할 수 있었던 중요한 요건들 가운데 하나였다. 만약 당시 연회에서 장왕이 분노하여 끝까지 범인을 찾아내 당교를 죽였다면 어떻게 됐을까? 대신들은 장왕이 여색을 중시하고 부하를 경시하는 폭군이라 여겼을 것이며, 신하들의 마음은 뿔뿔이 흩어졌을 것이다.

역사를 돌아보면 작은 일 때문에 큰일을 그르친 사례가 존재한다. 한나라 초기 회남왕 영포가 중대부 분혁과 함께 자신의 애첩과 술을 마셨다. 분혁이 애첩을 계속 칭찬하자, 영포는 그가 애첩과 관계를 가진 게 아닌가 하는 의심이 들어 체포하려 했다. 그러자 분혁은 장안으로 도망쳐 영포가 반역의 마음을 가지고 있다고 상소를 올렸다. 마침 영포를 없애려 했던 유방은 좋은 구실이 생겼다 싶어 즉시 군대를 파견해 영포를 제거하였다.

어떻게 두 가지 비슷한 상황에서 각기 다른 결과가 나왔을까? 그것은 두 리더가 각기 다른 방법으로 문제를 처리했기 때문이다. 장왕은 무엇이 중요하고 무엇이 덜 중요한지를 가늠하여 부하에게 잘못을 만회할 기회를 주었다. 하지만 영포는 부하를 불신하고 가혹하게 대함으로써 화를 자초했다.

당교는 초장왕에게 추궁을 당하지 않았기에 나중에 전쟁에서 사력을 다해 은혜에 보답했다. 그러나 중대한 과실이라면 마땅히 엄격히 처리해야 한다. 상벌이 불분명하면 부하들이 복종하지 않기 때문이다.

지혜로운 사람은 자만함으로써 화를 자초하지 않는다. 겸양하고 물러설 줄 아는 미덕이 아름다운 이름을 남기는 첩경이고, 자만하여 앞으로만 나아가며 남을 능욕하는 것은 명성을 해치고 패가망신하는 지름길이라 할 수 있다.

제5장
오나라를 강국으로 만든
오왕 합려

춘추시대 말기에 이르면서 양자강 이남지역인 강남에는 두 정치 세력이 점차 웅비의 날개를 펼치고 있었다. 하나는 오吳나라이고 다른 하나는 월越나라이다. 오나라는 양자강이 하류인 강소성江蘇省과 상해지역에 위치했고, 월나라는 그 아래쪽인 지금의 복건성福建省과 광동성廣東省 일대에 위치했다.

춘추시대 중엽까지만 하더라도 이 일대는 중원中原과는 문화적 접촉이 거의 없었고 개간도 되지 않은 황무지였다. 중원의 제후들 눈으로 보면 그야말로 남방의 오랑캐들이 무리지어 살던 곳이었다. 당시 중원의 제후들은 강국이었던 초楚나라마저도 오랑캐로 야만시했으니 그 아래 지역에 대해서는 더 말할 나위조차 없었다.

바로 이 '오랑캐' 무리들이 춘추시대 후기로 접어들면서 기지개를 펴기 시작했다. 제후국들이 중원쟁패에 몰두하던 터라 돌아볼 틈이 없던 지역이니 아무 거리낌없는 기지개였을 것이다.

중원中原은 황하의 중·하류에 걸친 땅으로 하남성 대부분과 산동성 서부 및 하북성·산서성 남부를 포괄한다. 이 땅에서 벗어난 중국

영토의 동남 연해에 위치한 지역이 오나라와 월나라 지역이다. 오늘날로 보면 이 지역은 전체 중국에서 가장 잘 사는 지역으로 변모해 있지만 그 당시의 사정은 단지 변방일 뿐이었다.

오왕 합려와 그 아들 부차는 손무와 오자서 등 유능한 인재를 중용하여 국가의 생산력을 높이고 병력을 강화시켜 부국강병을 달성시켜 나갔다. 또한 그것을 기반으로 하여 초나라·월나라와 제나라를 누르고 춘추시대 말기의 패주覇主가 되었던 것이다.

1. 합려가 쿠데타를 일으키다

오나라의 패권쟁탈은 초나라의 오자서伍子胥로부터 얘기를 시작해야 할 것이다.

오자서(?~484 BC)는 이름이 원員이고, 자는 자서이며, 오서라고도 부른다. 기원전 522년 초나라 평왕시절 오자서는 간신의 모함으로 처음에 송나라로 도망갔다가 여의치 않자 진晉나라·정나라에 잠시 머물다가 최후에는 오나라로 향했다.

오자서가 오나라에 도착했을 때, 오나라의 공자 광光이 마침 왕위를 찬탈하려 하고 있었다. 공자 광은 오자서의 계략대로 오왕 요僚를 자신의 집으로 초대하고는 협객 전제專諸를 요리사로 위장시켜 대기시켰다. 오왕이 한참 술에 취해 있을 때 전제가 대어를 상에 올리는 척하면서, 대어 속에 숨겨두었던 비수를 꺼내 오왕을 난자질했다. 결국 오왕이 죽고 공자 광이 즉위했는데, 이가 바로 오왕 합려闔閭이다.

합려는 즉위한 뒤 오자서를 승상으로 임명하고, 초나라에서 도망 온 백비伯嚭를 대부로 임명했다. 또한 오자서의 추천으로 당시의 대군사가인 손무孫武가 오나라로 초빙되었다. 손무는 제나라 사람으로 병법 13편을 편찬한 사람이었다.

2. 오자서가 약소국 오나라를 반석 위에 올리다

오나라의 흥망성쇠는 오자서의 정치적 생애와 떼려야 뗄 수 없는 관련을 가진다. 앞서 말했듯이 그를 처음으로 등용한 군주는 기원전 514~496년까지 재위한 합려이다.

오자서는 본래 초나라 출신인데 목숨을 걸고 오나라로 도망쳐 온 사람이었다. 당시 초나라 평왕平王은 태자비를 탐내 자기 첩으로 삼고자 했다. 평왕은 태자비를 빼앗기 위해 태자 건建을 변방으로 내쫓았다. 평왕의 간신인 비무기費無忌가 나서서 말했다.

"태자가 변방에서 다른 나라 제후들과 짜고 반란을 도모하고 있으니 하루속히 대비해야 하옵니다."

이 말을 들은 평왕은 태자를 죽이려 했고 이에 태자는 송宋나라로 도망쳐 버렸다.

당시 태자 건의 스승인 태자사부가 오사伍奢였는데 그가 바로 오자서의 아버지였다. 평왕은 태자 대신 태자사부인 오사를 불러 문책했다. 오사는 평왕에게 모든 것은 소인들의 모략 때문에 생긴 일이니 간신배들을 멀리하고 부자지간의 골육지정을 중시할 것을 간언했다.

이 같은 오사의 말에 대노한 평왕은 오사를 죽이려 했다. 오사를 죽이기 전에 초평왕은 오사에게 아들이 둘 있다는 것을 알고 그들을 함께 죽여 후환을 없애고자 했다.

오사의 큰아들은 오상伍尙이고 둘째가 오원伍員인데, 둘째가 바로 오자서이다. 평왕은 오사에게 두 아들을 성으로 불러들이면 죽음만은 면하게 해주겠다고 말했다. 이에 오사는 다음과 같이 대답했다.

"큰아들은 오겠지만 둘째는 오지 않을 것입니다."

"무엇 때문인가?"

"오상은 효자여서 아비를 살릴 수 있다면 무슨 일이든 할 아이지만 오자서는 꾀가 많은 아이이므로 자기가 와도 아비를 살릴 수 없음은 물론이고 자기까지 죽을 것을 알기 때문에 절대로 오지 않을 것입니다. 오자서는 분명 오지 않고 도망칠 것이며 장차 초나라의 큰 화근이 될 것입니다."

과연 그의 말대로 오자서는 오지 않았고 오사와 오상 부자는 초평왕에게 죽임을 당했다. 왕이 오자서를 잡기 위해 군사를 보냈지만 오자서는 아버지의 글을 본 순간 자신에게 닥칠 죽음을 예견하고 태자가 있던 송나라로 도망쳐 버렸던 것이다.

그러나 이때 송나라는 화씨華氏의 난으로 내분에 휩싸여 있어 태자는 다시 정나라로 피신해 있었다. 그리고 얼마 지나지 않아 태자는 정나라와 진晉나라의 내분에 휘말려 정정공鄭定公에 의해 타국에서 불운의 죽음을 맞고 말았다.

믿고 섬기면 장차 자신의 정치적 목적을 달성하게 해줄 태자가 죽던 날 밤 오자서는 오나라로 도망쳤다. 그는 죽을 고비를 몇 번이나 넘기고 마침내 오나라에 도착했다. 오왕의 막료인 공자 희광姬光이 오자서를 왕의 대부로 추천했다. 대부로서 국정에 관여하게 된 오자서는 오왕에게 초나라를 칠 것을 건의했으나 그를 추천한 희광은 오히려 오왕을 설득하여 오자서의 뜻을 좌절시켰다.

오자서는 얼마 안가 희광의 야심을 눈치채게 되었다. 그때부터 오자서의 정치적 목표는 한 가지, 공자 희광을 새로운 오왕으로 만들고 그의 정치적 고문이 되는 것이었다. 그 뒤 오자서는 공자 희광과 짜고 오왕을 제거하는 데 성공했다.

이제 오왕 합려의 막료로서 국정을 자문하게 된 오자서는 초楚나라를 공격하여 억울하게 죽은 아버지와 형의 원수를 갚고자 하는 복수의 일념으로 타올랐다.

3. 손무가 용병술을 선보이다

중국인을 지배하는 것은 권위다. 만약 당신이 권위로 타인의 심신을 지배하고 있다면 그들은 당신을 위해 기꺼이 목숨을 바칠 것이다. 따라서 성공한 관리자가 되기 위해서는 먼저 권위를 세워 부하들의 경외심을 유발시켜야 한다. 권위가 곧 지도력인 것이다.

'주대상소誅大賞小', 고위직에는 벌을 내리고 하위직에는 상을 준다는 뜻이다. 이렇게 하면 부하들은 규율의 권위와, 규율을 적용하는 상관의 공명정대함, 그리고 작은 것도 소홀히 하지 않고 살피는 상관의 세심함을 느낀다. 옛 명장들은 모두 이 '주대상소'의 효과를 잘 알고 있었다. 손무는 오나라 왕의 두 애첩을 죽여 군기를 잡았다.

동서고금을 막론하고 손무와 그의 저서『손자병법孫子兵法』은 더없는 존중을 받는다. 특히 군사모략학이라는 측면에서 보자면, 손무는 첫손가락에 꼽히는 모략의 대가이다.

손무孫武는 자가 장경長卿이고, 춘추시대 말기 제나라 낙안樂安(지금의 산동성 혜민현) 사람이다. 그는 당시로서는 신흥지주계급이라 할 수 있는 군사전문가 집안에서 태어났다. 가정분위기 때문에 청년시절 손무는 병법에 큰 관심을 보였고 검술에도 정통해 있었다.

기원전 532년 무렵 제나라는 내란에 휩싸였고 이 내란을 피해 손무집안은 오吳나라로 이주하게 되었다. 가족과 더불어 자리를 잡은 손무는 이후 20년 동안 오로지 '병법을 깊이 탐구하면서 산간벽지에 숨어사는' 생활을 했다. 이 기간에 그는『손자병법』을 저술했고 그 뒤 대부 오자서의 추천을 받아 오왕 합려闔閭를 만났던 것이다.

오왕 합려는 손무를 친히 맞아들여 병법에 관해 물었다. 손무는 막힘없이 대답하며 자신이 쓴 병서 13편을 바쳤다. 합려는 병서를 읽으며 찬탄을 금할 수가 없었다. 그는 여러 대신들 앞에서 "실로 심상치 않은 병서요. 손무는 세상에 필적할 만한 이가 없는 인재로군" 하며 손무를 칭찬했다.

하지만 손무의 능력을 완전히 믿을 수 없었던 오왕은 다시 그를 불러 물었다.

"그대의 병서를 다 읽었소. 그러나 실제효과는 어떨지?"

손무가 대답했다.

"설령 아녀자라 할지라도 제 군령에 복종한다면 능히 지휘할 수 있습니다."

오왕이 다시 말했다.

"그러면 궁 안의 시녀들로 시험해 보는 게 어떻소?"

그러자 손무는 "좋습니다"라며 자신있게 대답했다. 오왕은 180명의 궁녀를 손무에게 맡기고, 그에게 그들을 연습시키게 했다. 손무는 우선 궁녀를 두 편으로 나누고 왕이 총애하는 후궁 두 사람을 각각 그 대장으로 뽑았다. 그리고 모두에게 창을 나눠주고 마당에 정렬시켰다.

손무는 단상에 서서 궁녀들에게 동작요령을 가르치면서 여러 번 경고하고 반복해서 알려주었다. 그렇지만 궁녀들은 낄낄대기만 할 뿐 좀처럼 움직이려 하지 않았다. 누대 위에서 관전하던 오왕조차도 웃고 있었다.

"군령이 분명하지 못하고 명령이 제대로 전달되지 못함은 장수된 자의 죄이다."

손무는 다시 세 번 군령을 들려주고 다섯 번 설명했다. 그러나 궁녀들은 여전히 웃고만 있었다. 특히 왕의 총애를 받던 두 후궁은 더욱 심했다. 이에 손무는 2명의 대장 즉 후궁들을 그 자리에서 처단해 버렸다. 오왕은 혼비백산했다. 워낙 순식간에 일어난 일이기도 하고 제신들의 만류를 뿌리칠 수 없으니 막을 수도 없었다.

놀란 궁녀들은 그제야 정신을 집중하고 호령을 들으며, 열심히 연습하기 시작했다. 궁녀들이 마치 정예군처럼 가꾸어져 가자 왕의 입에서 절로 찬탄의 소리가 흘러나왔다. 손무의 용병술이 뛰어남은 누구도 인정하지 않을 수 없었고 그런 그를 왕은 곧 대장군으로 임명했다.

4. 드디어 오나라가 중원의 패주가 되다

합려가 오왕으로 즉위한 지 3년째 되던 해. 오자서와 손무 그리고 역시 초나라에서 오나라로 망명 온 백비伯嚭를 불러모아 초나라를 공격할 계획을 의논했다. 합려는 속히 초나라의 수도인 영도를 공격하고자 했으나 오자서와 군사전문가 손무가 이를 말렸다. 초나라와의 잦은 전쟁으로 백성이 지쳐있으므로 당분간 전쟁을 피하자는 논리였다.

그로부터 3년이 지났을 무렵 오나라는 초나라를 공격해 격퇴했다. 그리고 다시 3년이 지난 뒤 합려는 오자서와 손무를 불러 초나라 도성 영을 공격할지를 놓고 의견을 물었다.

때는 마침 초나라의 속국이던 당唐나라와 채蔡나라가 초나라의 지나친 요구로 알력이 심하던 상태라 이들 두 나라와 연맹을 맺어 공격하면 좋을 것이라는 의견이 모아졌다.

오왕 합려는 이에 따라 먼저 당나라·채나라와 연맹을 맺은 뒤 오나라 군대에 총동원령을 내려 초나라를 공격했다. 초나라의 내지 땅인 한수漢水에서 두 나라 군대가 일진일퇴를 거듭하고 있을 때, 합려의 동생인 부개夫槩가 형의 만류에도 불구하고 솔선하여 공격의 선봉에 나섰다. 이에 합려도 전군에 공격명령을 내려 진격해 들어가니 초군들이 순식간에 무너지기 시작했다.

오나라에 패퇴하여 국력이 약해진 초나라는 북쪽의 약鄀지방으로 수도를 옮겼다. 이때부터 오나라 국력이 초나라를 능가하기 시작했다. 오왕 합려는 태자인 부차夫差에게 군대를 동원하여 더욱 초나라의 목을 죄도록 지시했다.

　오왕 합려는 기원전 512년 드디어 손무와 오자서를 장군으로 임명하고 출정길에 올랐다. 오군은 단번에 초나라의 서성舒城(지금의 휘노강 서남)을 점령하는 성과를 거두었다. 이에 확신을 가지게 된 오왕은 이후 몇 년 동안 오자서의 책략을 적극적으로 수용했다. 그 가운데 하나가 오군을 3개 부대로 나누어 돌아가면서 공격하여 초군을 지치게 하고 초나라 백성들을 황폐하게 만드는 전략이었다.

　기원전 506년 오왕은 스스로 진두지휘하여 초나라를 공격했다. 이때 손무를 대장으로, 오자서를 부장으로 임명하였다. 오군은 다섯 번을 싸워 다섯 번 이겼으므로 그 기세가 하늘을 찌를 듯했다. 여세를 몰아 오군은 초나라의 수도인 영도郢都(지금의 호북성 강릉 서북)를 맹렬히 공격하여 마침내 초나라의 수도를 함락시켰다.

　그때 초평왕은 이미 죽고 없었으므로 그의 아들 소왕昭王이라도 체포하려 했으나 그는 이미 피신한 뒤였다. 이에 오자서는 부모와 형을 죽인 초평왕의 무덤을 파헤쳐 시체를 들어낸 뒤 3백 번 매질을 함으로써 아버지와 형의 복수를 대신했다.

　한편 기원전 496년 오왕 합려는 월나라를 침공했으나 오히려 월나라에 패하고 상처까지 입어 죽음에 이르게 되었다. 그는 죽기 직전 아들 부차夫差에게 '반드시 월나라에 복수를 해달라'고 유언했다. 부차는 유언에 따라 즉위하자마자 월나라를 공격하여 승리를 거뒀다.

　또 기원전 489년에 부차는 제나라를 공격하여 함락시켰다. 이로써 오나라의 위엄과 명망은 정점에 달했고, 황지潢池에서 개최한 회맹에서는 오나라와 진晉나라가 나란히 패주가 되었다.

제6장
고난 끝에 중원의 패자가 된
월왕 구천

　월나라는 회계會稽[지금의 절강성 소흥] 일대에 자리잡은 유구한 역사의 소국이었다. 그러던 월나라가 춘추시대 중기 이래 강성해지기 시작했다. 마침내 기원전 506년 오나라의 합려가 서북쪽 초나라의 수도 영郢을 침공했을 때, 남쪽에 있던 월나라는 이 기회를 이용하여 오나라를 기습하여 영토를 짓밟았다.

　기원전 496년 월왕 윤상允常이 죽고, 그의 아들 구천勾踐이 즉위했다. 오왕 합려는 이 기회를 틈타 복수하기로 마음먹었던 대로 월나라를 침공했다. 그러나 합려는 도리어 월나라에 격파당하고, 자신도 화살에 맞아 부상을 당하여 죽었다. 합려는 임종 전에 아들 부차를 불러 '반드시 원수를 갚아달라'는 유언을 남겼다.

　오왕 부차는 즉위한 뒤 월나라와 대대적인 결전을 벌여 월왕 구천을 대패시켰다. 이에 월왕 구천은 5천 명의 패잔병을 이끌고 회계산으로 도망쳤다. 부차는 군대를 풀어 회계산을 포위하여 구천을 윽박질렀다. 구천은 마침내 항복하여 오나라에 끌려오는 신세가 되었다.

　그러나 월왕 구천은 현명하고도 유능한 군주이다. 구천은 범려와 문종 등 유능한 신하들을 수하에 두고 있었다. 천신만고 끝에 고국으로 돌아온 그는 와신상담臥薪嘗膽, 10년 동안은 조용히 역량을 키웠다. 그런 다음 다시 10년 동안 인구를 늘리고 물자를 모았다. 또한 백성들을 가르치고 군사훈련을 시켜 부국강병을 이루었다.

1. 온갖 모욕을 인내하며 훗날을 기약하다

구천勾踐은 춘추시대 말기, 월越나라의 패주이다.

오나라와 월나라는 이웃나라이다. 그 지역은 대개 현재의 강소성 남부의 모든 지역과 절강성 북부의 일부지역을 포함한다. 월나라는 오나라의 동남부에 접해 있으며, 그 서부와 북부는 각각 초나라·진나라·제나라와 국경이 맞닿아 있었다.

오나라와 월나라 사람들은 본래 한 종족이라서 생활풍속이 같았다. 이처럼 삶의 터전과 경제·언어를 공유한데다가 사람들의 성격이나 특징도 비슷했기 때문에 두 나라는 춘추시대 중반까지 서로 우호적인 관계를 유지할 수 있었다. 또한 그들은 원래 초나라의 통치에 순종하고 있었다.

기원전 514년 오나라 국왕 합려가 즉위했다. 그는 웅심雄心을 품은 유능한 통치자였다. 중원의 선진 생산기술을 수용하면서 지략가 오자서를 재상으로 삼아 국사를 함께 논의하고, 탁월한 군사전략가 손무를 장군으로 기용해 군대를 훈련시켰다.

이 두 사람의 보좌로 오나라는 더욱더 강대해지면서 부국강병을 실현했다. 오나라의 국력이 커지자 중원의 다른 나라들은 오나라를 주시하고 있었다. 마침내 합려는 다른 나라에 군사적 공격을 감행했다. 그는 상대적으로 강성했던 초나라에 여러 번 승리했으며, 제나라에도 위협이 되었다. 물론 비교적 약소했던 월나라에게는 큰 부담이었다.

그렇게 오왕 합려가 춘추5패의 한 사람으로 부상한 데 자극이라도 받았던지 오나라의 동쪽에 새로운 강국이 기지개를 펴고 있었다. 이 나라가 바로 구천이 다스리는 월나라였다.

구천의 부친 윤상允常은 현명한 군주였다. 그는 흩어져 있던 월나라 계통의 부족들을 규합하여 눈부신 성장을 이룬 끝에 강국으로서의 면모를 갖추게 되었다. 윤상이 죽자 구천이 왕위를 계승하니 이가 바로 오왕 부차와 패권을 다투었던 월왕 구천이다.

오나라는 윤상이 죽자 그 기회를 틈타 월나라를 공격했다. 이미 경계해야 할 만큼 월나라가 강대한 세력으로 성장해 있었기 때문이다. 그러나 월왕 구천은 아버지 윤상 못지않은 인물이었다. 오나라의 공격을 받자 그는 참모 범려의 도움을 받아 뛰어난 계략으로 오군을 대파하고 오왕 합려에게 커다란 부상을 입혔다.

이 싸움에서 월왕 구천은 자살부대를 투입했다. 오군과 월군이 대치하고 있는 상황에서 먼저 월나라의 부대 가운데 한 대열이 오나라 진영 앞에 이르러 전원이 갑자기 제 목을 찔러 자살해 버렸다. 사실 이 자살부대는 모두 죄수들로 구성된 부대였다. 부모와 처자식 등을 귀히 대하겠다는 조건하에 설득된 그들이었다.

이 일로 크게 당황한 것은 오나라 진영이었다. 오나라 군사들은 예기치 못했던 사태에 어리둥절해 하며 멍청히 서서 구경만 하고 있었다. 이때 갑자기 월나라의 돌격부대가 오나라 진영 깊숙이 쳐들어와 오군진영을 유린해 버린 것이다.

오왕 합려는 전혀 문제없는 싸움으로 이길 것을 자신했는데 뜻밖에도 패했으며 그 자신도 화살에 맞아 중상을 입었다. 이미 나이도 많은 왕인지라 일순 병이 악화되어 회복되기 어려운 지경에 빠졌다. 합려는 죽기에 앞서 태자 부차夫差를 불러 말했다.

"나를 이렇게 만든 것이 구천이라는 사실을 너는 잊을 수 있겠느냐?"
"어찌 감히 잊을 수 있겠습니까?"

부차는 아버지께 기필코 원수를 갚겠다고 다짐했다. 부차는 아버지의 한을 잊지 않기 위해 신하들에게 매일 몇 번씩 부왕의 유언을 일깨워 달라고 당부했다. 그의 부하들은 아침마다 큰 소리로 아뢰었다.

"부차여! 월왕이 당신의 아버지를 죽였다는 것을 잊었습니까?"

그러면 부차는 눈물을 흘리면서 "잊지 않았습니다"라고 대답하곤 했다. 또한 그는 자신의 다짐을 잊지 않기 위해 밤마다 가시나무(薪)를 자리에 깔고 그 따가움 속에서 아버지의 원한을 되새겼다.

오나라가 이렇게 복수전을 준비하고 있다는 사실을 안 월왕 구천은 기선을 제압하기 위하여 선제공격을 가하려 했다. 그러자 대부 범려는 지금은 때가 아니라며 극구 만류했다. 조급해 있던 월왕 구천은 범려의 말을 귓가에 매어둔 채 오나라를 공격하다가 결국 대패하고 말았다.

오나라가 승세를 몰아 월나라의 수도 회계를 포위하니 월왕 구천의 목숨은 경각에 달려 있었다. 이때 범려가 구천에게 간언했다.

"지금 이 위기를 벗어나기 위해서는 왕께서 직접 오왕 부차에게 나아가 엎드려 용서를 빌고, 그것으로 해결이 되지 않으면 왕 스스로 오왕을 섬기기라도 해서 강화를 이루도록 해야 합니다."

구천은 범려의 말을 듣고 많은 뇌물과 함께 강화를 요청했다. 월왕 구천 자신이 오왕의 신하가 되고 자신의 아내는 오왕의 첩이 되겠다는 내용의 굴욕적인 항복 선언이었다. 오왕은 이 제의를 듣고 만족하여 받아들이려 했다. 그러자 이번에는 오자서가 반대했다.

"지금이야말로 하늘이 월나라를 우리 오나라에 주는 때입니다. 줄 때 받지 않으면 나중에 큰 재앙을 입게 됩니다. 구천은 매우 현명한 사람인데다가 그 휘하에는 범려와 같은 훌륭한 신하들이 있습니다. 그를 여기에 살려두시면 언젠가 크게 해를 입힐 것입니다."

오자서는 이 기회에 월나라를 완전히 없애버리자고 진언했다. 그러나 이미 월나라로부터 뇌물을 받은 대신 백비 등의 말을 들은 오왕 부차는 강화요청을 받아들이고 말았다. 이때부터 오나라 내부에서는 월나라에 대한 강경파인 오자서와 온건파인 백비 사이의 대립이 싹트게 되었다.

월왕 구천 부부와 범려가 오나라의 수도 고소에 이르자, 부차는 그들을 부친 합려의 묘소 옆에 돌집을 세워 머물게 하고 오나라 왕실을 위해 말을 기르게 했다.

이곳에서 구천은 남루한 나무꾼 차림을 면치 못했다. 구천은 장작을 패고 풀을 베고 말을 길렀다. 그의 처는 물을 긷고 분뇨통을 씻고

청소를 하는 등 이들의 고단한 삶은 쉴 틈을 허락하지 않았다.

오왕 부차는 시도 때도 없이 그곳을 방문하였다. 그 때마다 수레를 타고 갔는데, 늘 구천에게 자신의 말고삐를 잡게 했다. 오나라 사람들은 그런 구천을 조롱하여 놀렸다.

구천은 이렇게 3년이라는 세월을 보냈다. 온갖 궂은 일을 하면서도 구천은 원망하는 말 한 마디가 없었다. 또 후회스러워하는 기색도 전혀 내보이지 않았다. 더불어 그는 언제나 조심스럽게 부차의 시중을 들며 모든 일에 순종했다. 그러하니 부차는 구천 내외에게 불쌍한 마음이 들기 시작했다.

한편 구천의 신하 문종은 늘 사람을 보내 오나라 대신 백비에게 온갖 선물을 꾸려 보냈다. 그로써 그가 오왕 부차 앞에서 주군 구천을 위해 좋은 말을 하도록 했다. 그런 터에 부차가 구천을 불쌍히 여기는 낌새를 보이자 백비는 이렇게 청했다.

"대왕께서 궁핍하고 외로운 사람을 성인의 마음으로 가련히 여기는 것은 하늘의 뜻과도 일치합니다."

부차가 백비에게 말했다.

"그대를 위해 그들을 사면하겠소."

부차가 구천을 사면한다는 소식은 곧바로 오자서에게 전해졌다. 오자서는 황급히 어전으로 찾아가 대왕 부차에게 말했다.

"적국을 점령하면 그 즉시 종묘사직을 헐어버리는 것이 오늘의 이치입니다. 보복의 화근을 없애야 자손들에게 미칠 해를 면하기 때문이죠. 오늘 월왕 구천의 죽음을 미루심은 훗날 반드시 오나라의 심대한 우환거리가 될 것입니다."

부차는 일리가 있다는 생각이 들어 이 문제를 다시 숙고하기로 했다. 그러던 중 부차가 병이 들었다. 그의 병세는 호전될 기미도 없이 석 달이 흘렀다. 부차에게 병문안을 가기로 결심한 구천은 범려에게 부차의 병세를 예측하게 했다. 범려가 말했다.

"오왕은 죽지 않을 것입니다. 얼마 뒤 병이 나을 터이니, 대왕께서 언행을 조심하시기 바랍니다."

이때 범려가 계책을 내놓았다.

"제가 살피건대 오왕은 약속을 잘 지키는 사람이 아닙니다. 그는 몇 번이나 대왕의 사면을 거론했으나 실행하지 않았습니다. 대왕께서는 문병을 가시어 그의 대변을 맛보시고 그의 안색을 살핀 뒤 그가 곧 완쾌할 것이라며 축수를 올리십시오. 훗날 대왕의 말이 현실이 되면 큰 신임을 받게 될 터이니, 그리 된다면 다시 무엇을 더 근심한단 말입니까?"

이튿날 구천은 오왕 부차에게 병문안을 갔다. 백비는 구천을 옹위하여 부차의 침실로 들어갔다. 때마침 부차가 대변을 보려 하던 차였다. 구천이 급히 다가가 부차를 부축하자, 부차는 손을 내저어 구천에게 침실에서 나가도록 했다. 그러자 구천이 말했다.

"아비에게 병환이 있는데 아들이 어찌 시중들지 않으며, 대왕에게 병환이 있으신데 신하인 제가 어찌 시중들지 않겠습니까? 그리고 저에겐 지난날의 작은 경험이 있사오니, 대변을 통해 대왕의 증세를 알아보려 합니다. 꾸짖지 말아주십시오."

부차는 더 이상 거절하지 않았다. 부차가 용변을 보자 구천은 즉각 대변을 손으로 떠서 대변을 입에 대어 맛보고 나서 이렇게 말했다.

"죄가 많은 신하 구천이 대왕에게 축수드립니다. 대왕께서는 며칠이 지나지 않아 자리를 털고 일어나실 것입니다. 어찌 기쁜 일이 아니겠습니까?"

부차가 그 이유를 알려고 하자, 구천이 대답했다.

"대변은 오곡의 맛을 따르는 법입니다. 따라서 절기를 거스르면 죽고 절기를 따르면 삽니다. 오늘 신하가 대왕의 대변을 맛보았는데 맛이 쓰고 시큼했습니다. 이런 맛은 봄과 여름의 기에 응한 것이라 들었습니다."

부차는 그의 말을 듣고 감동했다.

"인과 의를 갖춘 사람이로다!"

구천이 계속해서 시중을 들자, 부차는 미안한 생각이 들었다.

"내 병이 나으면 당신을 돌려보내겠소."

구천이 늘 정성을 다해 부차의 시중을 들고, 또 백비가 월나라 정세가 안정되어 반역의 조짐은 없다고 보고하자, 부차는 구천의 위협은 더 이상 없다고 판단해 그를 돌려보내기로 작심했다.

며칠이 지난 뒤, 부차는 친히 구천 부부를 배웅했다. 구천 부부는 오왕에게 사의를 표하고 범려가 모는 수레 위에 올랐다. 구천 부부는 무사히 고국으로 돌아가게 되었다.

이때부터 구천은 자기가 기거하는 방문에 쓸개를 걸어놓고, 드나들 때마다 그것을 핥으며, '고소姑蘇[오나라의 도읍 : 현재 소주蘇州지역]에서의 치욕을 잊지 말아라'라며 스스로를 일깨웠다. 그리고 구천은 끊임없이 온갖 보물과 미인을 부차에게 보냄으로써 변함없는 충성을 표시하는 것을 잊지 않았다.

2. 구천과 부차가 숙명의 대결을 펼치다

고국 월나라로 돌아온 구천은 무슨 수를 쓰든 복수하여 치욕을 씻으리라 굳게 다짐했다. 그는 안락한 일상이 자신의 다짐을 깨트릴까 봐, 쓴 쓸개를 옆에 놓아두고 음식을 먹을 때마다 그 쓸개를 맛보고 결의를 다졌다.

"너는 회계산會稽山의 치욕을 잊었는가?"

오왕 부차와 월왕 구천의 이 같은 이야기에서 유래된 고사성어가 바로 '와신상담臥薪嘗膽'으로 원수를 갚거나 어떤 목적을 이루기 위해 고통을 견디며 노력한다는 뜻이다.

구천은 인구증가와 국력회복에 온 힘을 기울였다. 농사일에는 몸소 참가했고 자기의 부인에게도 직접 베를 짜도록 하여 생산을 장려했다. 그러하니 월나라 백성들은 구천을 어진 임금으로 우러러보게 되었다. 그들은 즐거이 저마다 생업에 힘썼다.

한편 오왕 부차는 구천을 귀국시킨 뒤 종종 북쪽으로 군대를 보내 진陳나라·노魯나라를 위협했다. 중원의 패자가 되려는 야심을 실행에 옮기기 시작했던 것이다. 월나라와 강화를 맺은 후 5년이 지났을 무렵 오왕 부차는 마침내 군대를 동원해 북쪽으로 제나라를 치려고 했다. 오자서는 이를 보고만 있을 수 없었다.

"구천은 밥을 먹을 때마다 쓸개를 맛보며 보복할 기회를 노린다 합니다. 그러면서 국력을 키우고 있으니 그가 살아 있는 한 우리 오나라는 한시도 마음을 놓을 수 없습니다. 지금 오나라가 있어 월나라의 존재는 마치 가슴 속에 깊은 병이 있는 것과 같습니다. 그런데 왕께서는 어찌하여 월나라는 두고 멀리 제나라를 치려하십니까. 깊이 생각하소서."

이때 오나라 태재인 백비는 재상 오자서를 심히 질투하였다. 그는 오왕이 오자서의 말을 듣지 않도록 온갖 간교를 다 꾸몄다. 월왕이 보내온 금은보화와 아리따운 미인도 왕에게 바쳤다. 오왕 부차는 마침내 백비의 간교한 속임수에 넘어가고 말았다. 어쨌든 오왕은 월나라와 강화를 맺었는데 그것은 '월은 오의 속국'이라는 허울뿐인 강화였다.

부차가 재위한 지 12년째 되던 해. 북쪽 제나라에서는 경공景公이 죽고 내분이 일어났다. 부차는 북쪽의 제나라를 공략하자는 뜻이었던 반면 오자서는 남쪽의 월나라를 경계해야 한다고 맞섰다.

부차는 고집을 꺾지 않고 친히 군대를 이끌고 나가 북쪽의 제나라를 쳐서 승리를 거둔 뒤 돌아왔다. 부차의 승전을 축하한다는 명목하에 월왕 구천은 많은 선물을 가지고 와서 축하했다. 부차는 매우 흡족해했다.

오자서는 월왕의 의도가 무엇인지 일찍부터 간파하고 있었다. 그는 임금 부차에게 월나라에 대한 경계를 게을리하지 말 것을 여러 차례 진언했다.

"월나라는 장차 오나라의 복심지환腹心之患이 될 것입니다. 지금 제나라에 이긴 대가로 얻은 땅은 자갈밭에 불과합니다."

복심지환이란 배나 가슴에 탈이 나서 고치기 어렵게 된 병을 가리킨다. 떨어버릴 수 없는 근심이나 걱정을 비유하여 이르는 말이다.

좋은 약은 입에 쓰고 바른말은 귀에 거슬린다고. 이런 말을 하는 오자서가 부차는 점점 미워졌다.

백비 등 간신배들은 부차에게 오자서를 무고하기에 바빴다. 이들은 오자서가 제나라와 결탁하여 오나라를 칠 것이라고 했다. 마침내 오왕 부차는 오자서를 제나라로 출장보냈다. 오자서는 오나라가 장차 월나라에 망할 것이라 예견하고, 출장가는 길에 자식들을 제나라에 사는 친구 포鮑씨에게 부탁했다. 이 사실을 전해 들은 부차는 오자서가 제나라와 결탁하여 모반할 것이라는 이야기가 사실이라고 믿게 되었다.

일을 마치고 오나라로 돌아온 오자서는 그를 무고한 무리들의 계략에 빠졌고 부차는 칼을 내려 오자서에게 자결하도록 명했다. 오자서는 억울한 죽음을 맞게 되었던 것이다.

오자서는 자결하기 전에 그의 수하들에게 부탁했다.

"내가 죽거든 두 눈알을 빼내어 오나라 궐문 위에 걸어두어라. 내 눈으로 부차가 월나라에 멸망하는 꼴을 보고 말리라."

오자서의 예견은 과연 적중했다. 충신 오자서가 죽은 뒤 오나라 조정은 월나라에 회유당한 간신무리들이 독차지했다. 조정은 날로 어수선해져만 갔다. 부차는 월왕 구천이 보낸 미인 서시西施와의 놀음에 빠져 이제는 정사조차 돌보지 않았다.

기원전 473년 월나라 구천은 마침내 오왕 부차에게 설욕전을 단행했다. 오나라 수도를 함락시킨 구천은 부차에게 자신이 당했던 대로 군신관계를 요구했고 부차는 1백 호를 거느린 해변지방의 작은 지역으로 내쫓기게 되었다. 부차는 눈물을 흘리며 구천에게 말했다.

"나는 이제 늙었고 더 이상 대왕을 모실 기력이 없습니다. 나는 충신 오자서의 말을 듣지 않은 것을 후회하지만 이제는 아무런 소용이 없게 되었소. 저승에 가서 오자서를 볼 낯이 없소."

말을 마친 부차는 칼을 꺼내 자결했다. 구천은 부차를 정중하게 장사지내는 한편 백비를 사형에 처했다. 이렇게 해서 20여 년에 걸친 오와 월의 숙명적인 대결도 비로소 막을 내리게 되었으며, 한때나마 북상하여 중원의 제후들과 힘을 겨루고 짧으나마 패자의 지위를 누렸던 오나라의 명맥은 더 이상 이어질 수 없게 되었다.

이로써 한 나라의 흥망성쇠에 있어 군주의 마음가짐이 얼마나 중요한가를 충분히 미루어 짐작할 수 있다. 충신을 멀리할 때부터 오나라의 멸망은 이미 예견된 것이었다. 이를 예견했던 손무는 미련없이 권력을 버리고 떠나며 오자서에게도 함께 떠날 것을 권했지만 이를 마다한 오자서는 결국 비참한 최후를 맞이했으며, 부차 또한 간신의 말에 귀를 열고 충신을 멀리한 결과 스스로 목숨을 끊는 최후를 맞이하고 말았다.

3. 명철한 범려가 자신의 자리를 염려하다

범려는 구천을 도와 22년 만에 마침내 와신상담의 숙적 오나라를 멸했다. 그 뒤 구천은 범려에게 상장군이라는 최고벼슬을 내렸다. 그러나 범려는 벼슬을 사양했다.

'이미 목적을 달성한 군주 곁에 오래 있는 것은 위험하다. 구천은

고생을 함께 나눌 수 있어도 편안함을 함께 나누지는 못할 인물이다.'

범려는 구천에게 편지를 올렸다.

"주군께서 괴로워하실 때 몸이 부서지도록 일해야 하며 주군께서 모욕을 당하실 때는 생명을 내던져야 하는 것이 신하의 도리입니다. 회계산에서 대왕께서 치욕을 당하시는 것을 보면서도 생명을 이어온 것은 오직 오나라에 복수하기 위해서였습니다. 그것이 이뤄진 지금, 마땅히 그 죄를 받겠습니다."

편지를 받고 깜짝 놀란 구천은 사자를 보내 범려에게 말했다.

"무슨 말을 하는 것인가? 나는 나라를 둘로 나누어 그대와 둘이서 다스리려 하고 있는데 내 말을 듣지 않으면 그대를 죽여서라도 듣게 하겠다."

그러자 범려는 가벼운 가재도구와 보석을 배에 싣고 서둘러 제나라로 떠났다. 이에 구천은 회계산 일대에 표지판을 세우고 범려의 땅으로 선포했다.

범려는 제나라로 간 뒤 대부 문종에게 편지를 썼다.

"'하늘을 나는 새가 없어지면 활을 없애고 토끼가 죽으면 사냥개를 참혹하게 죽인다'고 합니다. 구천은 목이 길며 입이 검습니다. 좋지 못한 관상이지요. 이런 사람과는 고생은 같이해도 기쁨을 함께할 수 없습니다. 대부께서는 왜 물러나지 않으십니까?"

대부 문종이 편지를 읽고는 마음을 정하지 못하고 머뭇거리다가 병을 핑계로 조정에 나가지 않았다. 어느 날 대부 문종이 반란을 꾀하고 있다는 고발이 들어왔다. 구천은 대부 문종에게 칼을 하사하고 이렇게 말했다.

"귀공은 과인에게 오나라를 토벌하는 일곱 가지 비결이 있다고 했는데 과인이 그 가운데 세 가지를 써서 오나라를 멸망시켰다. 이제 나머지 네 가지는 그대가 가지고 있는데 돌아가신 선왕先王을 모시며 시험해 보는 것이 어떤가?"

대부 문종은 결국 그 칼로 목숨을 끊어야만 했다.

제나라로 간 범려는 이름을 바꾸고 해변가에서 자식들과 함께 땀 흘리며 밭을 갈아 재산을 모았다. 얼마 지나지 않아 그는 큰 부자가 되었다. 그러자 제나라에서 재상으로 와달라고 간청했다.

범려는 탄식했다.

"들판에서 천금의 재산을 모으고 관가에서 재상의 벼슬에 오르니 그 이상의 명예가 없다. 그러나 명예가 계속되면 오히려 화근이 된다."

범려는 제나라의 요청을 사양하고 재산을 마을사람들에게 나눠준 다음, 특히 값나가는 보석만을 지니고 몰래 제나라를 떠나 도陶나라로 갔다.

도나라는 물자의 유통이 활발한 지역이었다. 범려는 이름을 도주공陶朱公이라 고치고 농경과 목축에 힘썼다. 그리고 물가의 변동에 따라 시세차이가 나는 물건을 취급하면서 1할의 이익을 가지니 얼마 안 가서 수만금의 거부가 될 수 있었다.

범려의 삶을 더듬어볼 때 필연적으로 떠오르는 것은 『노자老子』의 "족함을 알면 창피를 당하지 않고, 멈추는 것을 알면 위태롭지 않다"는 말이다. 이러한 처세철학을 터득하려면 인간 및 상황에 대한 정확한 판단이 필요하다. 범려라는 사람은 그런 재능을 충분히 갖춘 인물이었던 것이다.

이런 일화가 있다.

범려가 도나라로 이주하여 도주공이라는 이름으로 살고 있을 때, 차남이 초나라에서 살인죄를 저질러 체포되는 사건이 있었다. 범려는 막내아들에게 황금 천금을 주어 초나라로 보내 차남을 살려내는 공작을 맡기려고 했다. 그런데 출발 직전에 장남이 무슨 일이 있어도 자기가 가겠다고 조르기 시작했다.

"이 일은 장남인 저의 책임입니다. 그런데 저를 제쳐놓고 막내를 보내신다는 것은 이치에 맞지 않습니다. 그 정도로 저를 무능하다고 생각하신다면 아예 저를 죽여주십시오."

범려는 장남을 보낼 생각이 없었다. 그러나 보내주지 않으면 자결하겠다는 큰아들의 뜻을 꺾지 못하고 생각을 바꿨다. 장생莊生이라는 친구에게 편지를 써서, 떠나는 장남에게 주면서 일렀다.

"초나라에 닿거든 지참한 돈을 장생에게 건네주고 모든 것을 맡겨라. 절대로 그에게 거역하는 일을 해서는 안된다."

장남은 아버지 몰래 따로 수백금을 준비하여 초나라로 떠났다. 초나라 수도에 도착한 장남은 곧 장생의 집을 찾아갔다. 집 둘레에는 잡초가 무성하여 보기에도 초라한 몰골이었다. 그러나 장남은 아버지 말씀대로 편지와 함께 천금을 건네주며 잘 부탁한다고 고개를 숙였다. 그러자 장생이 말했다.

"이곳에 머물러 있어서는 안되네. 바로 고향으로 돌아가게. 설령 동생이 석방되더라도 그 까닭을 알아보려고 해서도 안되네."

그러나 장남은 장생 몰래 초나라에 머물면서 아버지에게 알리지 않고 가지고 온 돈을 초나라의 실력자들에게 뿌리고 있었다.

장생은 초나라에서도 유명한 청렴결백한 인물이었다. 범려가 보낸 돈도 처음부터 자기 것으로 차지할 생각이 없었다. 그저 부탁을 받았다는 표로 받아둔 것에 지나지 않았다.

"이 돈은 도주공이 맡긴 것이오. 나에게 만일 일이 생기면 반드시 도주공에게 돌려주어야 하오. 절대로 손을 대서는 안되오."

아내에게도 이렇게 말해 두었다. 그러나 범려의 장남은 장생의 마음을 헤아릴 수 없었다.

'장생, 장생하기에 대단한 줄 알았더니 뭐야. 돈 앞에서는 그도 그저 보통 사나이가 아닌가?'

며칠 뒤 장생은 입궐하여 초왕을 알현했다.

"별의 움직임이 아무래도 심상치 않습니다. 우리나라가 재난에 휩싸이려 하고 있습니다."

초왕은 장생을 전폭적으로 믿고 있는 터였다.

"어떻게 하면 좋겠는가?"

"재난을 면하려면 오로지 전하의 덕정德政이 있을 따름입니다."

"알았소. 곧장 실행할 것인즉 안심하오."

왕은 그 자리에서 사자를 보내 금·은·동을 넣어둔 부고府庫를 봉인시켰다.

범려의 장남으로부터 뇌물을 받은 실력자 한 사람이 서둘러 장남에게 전했다.

"이 사람아. 대 사면령이 내릴 모양이네."

"무슨 말씀이십니까?"

"대 사면령이 내려지기 전에 반드시 부고가 봉인되도록 되어 있다네. 그런데 어젯밤 왕께서 봉인명령을 내리신 거야."

대 사면령이 내리면 동생은 당연히 석방된다. 그런데 그 막대한 돈을 장생에게 주다니. 아아. 공연한 짓을 했구나 하고 생각하니 장남은 견딜 수가 없어 장생에게로 달려갔다.

장생은 깜짝 놀랐다.

"아니, 아직도 있었는가?"

"물론입니다. 저는 동생을 구하려고 왔으니까요. 그런데 제 동생이 댁을 괴롭힐 것도 없이, 이번에 사면이 될 것입니다. 그래서 작별인사를 드리려고 왔습니다."

돈을 찾고 싶어 하는 장남의 마음을 뻔히 눈치챈 장생이 말했다.

"돈은 내 아내가 맡아가지고 있네. 마음대로 가져가게."

장남은 곧장 집안으로 들어가 돈을 실어냈다. 하마터면 생돈을 날릴 뻔했다며 장남은 멋지게 일을 해냈다는 표정을 지었다.

새파란 젊은 애에게 모욕을 당한 장생은 심기가 사나워져, 곧 입궐하여 왕을 알현했다.

"전날 별의 불길한 움직임을 말씀드렸던바 지체없이 덕정을 베푸시겠다는 말씀이 계셨습니다. 그런데 세상에는 괘씸한 소문이 나돌고 있습니다. 도나라 부호인 범려의 아들이 사람을 죽이고 초나라 감옥에 들어가 있는데, 범려가 돈을 뿌려 중신들에게 공작을 해서 대사면령이 내려졌다는 겁니다. 이는 범려의 아들을 살리기 위함이지, 왕께서 초나라의 백성을 위해 덕정을 베푸는 것이 아니라는 소문이 옵니다."

듣고 있던 초왕은 격노했다.

"아무리 이 몸이 부덕하기로서니 범려의 아들을 위해 대 사면령을 내릴 까닭이 있는가?"

왕은 즉시 명하여 범려의 아들을 처형한 다음, 그 이튿날 대 사면령을 내렸다. 장남은 동생의 유해를 안고 귀국하게 되었다.

모친이나 촌민들은 시신이 되어 돌아온 차남을 보고 슬피 울었지만 범려는 쓰게 웃으며 이렇게 말했다.

"이렇게 될 줄 알고 있었다네. 큰아들이 동생을 위하지 않아서가 아니지. 그러나 큰아들은 어려서부터 나와 함께 갖은 고생을 다 해봤기 때문에 좀처럼 돈을 쓸 줄 모른다네. 반대로 막내녀석은 태어날 때부터 부유하게 어려움없이 자랐기 때문에 돈 모으는 고통을 모르고 돈도 잘 쓴다네. 내가 막내를 보내려 했던 것은 막내라면 거기 가서 돈을 크게 쓸 수 있을 것으로 생각했기 때문이지. 큰아들은 그렇게 못한다네. 그게 결국 동생을 죽이게 된 거지. 하지만 어쩔 수 없는 일인 걸 어찌 슬퍼만 하랴? 나는 장남을 보낼 때부터 작은아들이 살아서는 못 돌아오리라 생각하고 있었다네."

인간심리의 저 깊은 속까지 꿰뚫어 볼 줄 아는 범려의 통찰력에 그저 감탄할 수밖에 없다. 범려는 과연 진퇴의 때를 아는 명철보신明哲保身 즉 '총명하여 도리를 좇아 사물을 처리하고, 몸을 온전히 보전한다는 뜻으로, 매사 법도를 지켜 온전하게 처신하는 태도'를 지닌 대표적 인물이라 하겠다.

제7장

창업의 열정으로 공적을 세운
진시황제

　지금으로부터 2천여 년 전, 전국7웅戰國七雄 즉 진秦나라·초楚나라·제齊나라·연燕나라·한韓나라·위衛나라·조趙나라가 패권을 다투던 중국의 역사는 진秦나라가 여섯 나라를 통일하면서 새로운 시대에 진입하게 된다. 진나라는 섬서성陝西省 위수유역에 자리잡고 있어 농사에 유리한 천혜의 조건을 갖추고 있었다. 또한 백성들은 하나같이 용맹스럽고 진취적인 기상을 지니고 있었다.
　장수를 누렸던 진나라의 역대 왕들은 일찌감치 법치제도를 정비해 나갔다. 행정효율과 정책결정의 능력이 주변국 임금들보다 훨씬 뛰어났다. 특히 함곡관이라는 천혜의 요새가 있어 중원 여러 나라의 위협으로부터 안전하여 편안한 세월을 누릴 수 있었다.
　그러나 제아무리 앞서가는 진나라라고 해도 천하통일이라는 위업을 달성하기까지는 진시황秦始皇 영정嬴政의 굳은 의지와 뜨거운 열정이 있어야 했다.
　물론 6국을 평정한 것으로 진시황 영정의 대업이 끝난 것은 절대 아니었다. 천하통일이라는 과업을 이룬 뒤에도 영정은 영토를 지속적으로 확장하고 만리장성을 축조하며 길을 닦는 한편, 오래도록 이어갈 수 있는 규범체계를 마련하는 데 힘을 기울였다. 비록 그가 세운 제국은 겨우 두 황제로 단명했지만 진시황의 열정으로 이룩한 찬란한 역사의 흔적은 오늘날까지도 곳곳에 남아 있다.

1. 진시황제가 최초로 중국을 통일하다

진시황은 동서양을 막론하고 역사상 가장 강력한 권력을 가졌던 군주이다. 그는 최초로 중국을 통일한 황제이다. 이 말에는 여러가지 의미가 담겨 있다. 그것은 단순한 영토적 통일이 아니라 오늘날의 통일국가로서 중국이 성립될 수 있는 여러가지 개념을 내포하고 있다. 즉 중화라고 하는 중국인들의 자부심 이면에는 진시황에 의해 통일된 국가의 위대한 힘이 도사리고 있다.

어느 날 진왕은 대신들에게 말했다.

"과거 6국의 군주들은 모두가 신용을 지키지 않았으며, 항상 나와의 맹약을 파기했다. 그래서 나는 그들 하나하나를 평정하여 천하를 통일했다. 덕분에 천하가 안정되었으니 나의 공적이 얼마나 큰가! 그러므로 과거의 왕이라는 칭호를 앞으로도 계속 쓴다는 것은 합당하지 않다고 생각한다. 대신들은 내가 앞으로 어떤 칭호를 사용하는 것이 좋을지 논의하기 바란다."

당시 진왕 정은 왕이란 칭호가 멸망한 6국의 왕과 같은 칭호였으므로 역사상 최초로 중국을 통일한 군주의 칭호로서는 부적당하다고 생각했으므로 이런 말을 했던 것이다.

승상 왕관王綰, 어사대부 풍겁馮劫, 정위 이사李斯와 군신들은 한동안 논의 끝에 진왕 정에게 다음과 같이 아뢰었다.

"고대의 5제五帝는 단지 몇천 리를 다스렸으나 폐하께서는 이미 천하를 통일하셨습니다. 이는 고대에는 없었던 일입니다. 대왕께서는 5제보다도 더 큰 공적을 세우신 것입니다. 저희들이 듣기에 고대에는 천황天皇·지황地皇·태황泰皇이 있는데 그 가운데 태황이 가장 존귀합니다. 그러니 폐하께는 태황이 어울릴 것 같습니다."

진왕 정은 잠시 생각한 뒤 말했다.

"여러 공들의 말이 맞소. 그런데 내 생각에 '태황泰皇'의 '태泰'자는 생략하고, '황'자는 그대로 쓰고, 다시 상고시대의 5제의 '제帝'자를 붙여서 쓰면 '황제'가 되는데. 그대들 생각에는 어떤가?"

그러자 군신들은 더 덧붙여서 말했다.

"'황제'라는 칭호는 폐하의 위대한 공적을 드러내는 데 가장 어울리는 칭호입니다."

이에 진왕 정이 말했다.

"나는 제일 첫번째 황제이니, 시황제始皇帝이며, 나의 자손들은 '세世'를 써서 순서를 정하라. 2세二世·3세三世에서 만세萬世까지 말이다."

이로부터 진왕은 '진시황秦始皇'이 되었으며, 중국역사상 황제라는 칭호가 처음으로 사용되기 시작한 것이다.

진왕 정이 제정한 황제의 의미는 종래의 견해에 의하면 진왕 정이 6국을 병합하고 중국을 통일한 자신의 공적이 전설상의 현명한 군주였던 3황의 덕과 5제의 공적보다 높다고 생각했기 때문에 3황의 '황皇'

과 5제의 '제帝'를 각각 선택하여 '황제'라는 칭호를 제정했다고 전해지나. 사실은 이보다 훨씬 더 심오한 통치와 이념적 차원에서 제정된 것 같다. 먼저 '황'의 뜻을 보면 천황天皇·지황地皇·태황泰皇에서 언급한 것과 같이 신성성을 표시하고 있는데, 금문에 보이는 '황'의 의미는 빛나는 태양을 의미하며, 그 뜻은 '위대하다'는 뜻을 내포하고 있다. 또한 '제帝'는 우주 삼라만상을 창조하고 규제했던 상제上帝를 의미했는데 진왕 정은 이 같은 의미에서 제帝를 군주의 존호로 정한 것 같다. 따라서 '황제'는 '광휘의 상제' 또는 '위대한 상제'로 이해되며, 그 의미는 단순히 중국을 통일한 통일제국 군주의 권위와 위엄만을 내포한 것은 아니었다. 상제가 천상에서 우주의 삼라만상을 규제하고 있는 것과 같이 황제는 지상을 지배하는 즉 지상의 상제를 꿈꾸었던 진왕 자신의 통치이념을 대변하는 것이었다고 할 수 있다.

한편 전국이 통일되었는데. 어떻게 천하를 다스려야 하는가? 진시황과 대신들은 진지하게 상의하기 시작했다. 승상 왕관이 말했다.

"현재 6국의 제후들은 소멸된 지 얼마 되지 않았습니다. 우선 연나라·제나라·초나라 3국은 함양에서 멀리 있으니, 그곳에 제후 몇 명을 보내지 않으면 다스리기 힘들 것입니다. 폐하께서는 왕실의 자제들을 제후 왕으로 임명해서 3국을 다스리게 함이 좋을 듯합니다!"

이에 정위 이사는 반대의견을 제시했다.

"주나라의 무왕과 성왕이 왕실의 자제 및 친척을 각지에 제후로 파견하여 다스리게 했으나 세대가 교체되고 시일이 지남에 따라 서로 소원해져 결국은 원수처럼 싸우게 되어 주나라 천자도 다스릴 수 없게 되었습니다. 지금 천하가 통일되었으니 폐하께서는 전국에 군현郡縣을 설치하시고, 왕실의 자제와 공신들에게는 그냥 재물로 상을 내리시면 됩니다. 그렇게 하면 전국은 안정이 될 것입니다."

진시황은 이사의 건의를 받아들이기로 결정했다.

"과거 전쟁이 끊이지 않은 것은 제후왕을 분봉했기 때문이다. 지금 천신만고 끝에 전국을 통일했는데, 다시 제후들을 분봉한다면 결국은 전쟁이 일어날 화근을 제공하는 것과 다를 바 없으며, 이는 내가 생각해도 정위의 말이 일리가 있다."

진시황은 군현제 실시를 선포하고, 천하를 36군郡으로 나누었다. 후에는 4군을 더 증설했다. 군 아래에는 현縣이 있고, 군수郡守와 현령縣令 모두 조정이 임명하며 세습하지 못하게 했다.

진시황은 지방통치기구를 정비한 뒤에 중앙정부의 통치조직도 재정비하기 시작했다. 중앙에는 3공9경제三公九卿制를 시행할 것을 공포했는데 3공은 승상·어사대부와 태위를 말한다. 승상은 황제를 보좌하고 전국의 정무를 총감독한다. 어사대부는 전국의 관리감찰을 책임진다. 태위는 전국의 군대를 장관한다. 이들 3공 아래에는 9경九卿을 설치하여 각 부서의 사무를 나누어 관리했다.

또한 진시황은 중앙집권제도를 강화하고, 수월한 통치를 위하여 전국시대의 각국마다 다르게 통용되었던 화폐와 도로의 폭, 도량형과 문자 등을 통일했다.

진시황의 통일사업이 진행되고 있을 무렵 북방의 흉노족匈奴族이 쳐들어 왔다. 흉노는 중국역사상 중국인들이 말하는 오랑캐로 북방에서 유목생활을 했다. 그런 흉노족은 전국시대에는 점차 남하하여 황하 하투河套 이남의 넓은 토지를 점령했으며, 곧잘 북방의 변경지대에서 소동을 일으켰다.

진시황은 북방의 변경지역과 백성의 안전을 위하여 대장 몽념蒙恬에게 30만 대군을 주고 흉노를 정벌하게 하여 하투지역을 되찾았다. 그리고 그 곳에 44개의 현을 설치한 다음 흉노의 침략을 방어하기 위해 원래 연나라·조나라·진나라 등지에 있던 3국의 장성을 연결하기로 결정했다.

진시황은 몇십만의 백성을 징발해서 동쪽으로는 요하 갈석산에서 시작하여 서쪽의 임조臨洮 즉 지금의 감숙성 혼현에 달하는 장성을 구축했는데 이것이 그 유명한 만리장성萬里長城이다. 만리장성 구축은 진시황의 절대적 권력에 의해 창출된 기념비적 사업의 하나였다.

이 만리장성은 흉노를 포함한 북방 유목민족의 남침을 저지하는 단순한 성채 보루의 역할만 하는 것이 아니다. 이동생활을 하는 북방 유목민족의 영역과 농경생활을 중심으로 정착생활을 하는 중원의 농경지대를 구분하는 경계선이 되었을 뿐만 아니라 상이한 두 문명의 접촉지점이면서 북방민족의 남쪽으로의 침략이나 이동을 견제하는 경계선이 되어왔다.

기원전 213년. 진시황은 1년 전의 흉노정벌을 축하하기 위해 함양궁에서 연회를 열었다. 그때 주청신이라는 관원이 술잔을 높이 들고 진시황의 공덕을 칭송하면서 말했다.

"옛날 진秦나라의 토지는 천 리에 불과했으나, 폐하께서 6국을 멸하시어 백성들이 편안한 생활을 누리고 있습니다."

진시황은 이 말을 듣고 매우 기뻤다. 그러나 순우월淳于越이라는 박사는 오히려 반대의 논조로 떠들면서 진나라는 마땅히 옛날처럼 봉건제도를 실시해야 한다고 주장했다.

진시황은 일부 신하들이 여전히 봉건제를 언급하는 것을 보고 마음이 답답하여, 대신들에게 다시 이 문제를 논의하라고 지시했다. 이때 승상 이사가 말했다.

"지금 천하는 이미 평정이 되고, 법령도 이미 통일이 되었습니다. 그러나 일부 유생들은 항상 과거의 제도를 가지고 들먹거리면서 정부를 비방합니다. 이러한 상태를 그대로 두면 폐하의 통치에 불리하게 될 것입니다. 마땅히 엄히 금지해야 합니다."

진시황이 듣고 이사의 말에 찬동했다. 이사가 덧붙여 말했다

"폐하, 신이 죽음을 무릅쓰고 건의합니다. 사관들이 수장하고 있는 책들 중에 진나라의 역사가 아닌 것들은 모조리 태워버리십시오. 백성들이 소장하고 있는 『시경詩經』·『상서尙書』와 제자백가의 책들을 모두 압수하여 불태우십시오. 의학과 복서卜筮 및 농경에 관련된 책만 남기시면 됩니다."

진시황은 이사의 건의에 동의하고, 학자들의 정치비평을 막기 위해 분서焚書 즉 4서6경四書六經을 불태워 없애도록 지시했다. 이에 관리들이 집집마다 다니면서 제자백가에 관련한 장서들을 압수하여 태워버렸다. 그러나 이 사건은 지식인들의 반감을 불러일으켜 많은 유생들이 암암리에 불만을 표출하기에 이르렀다. 진시황은 유생들이 뒤에서 자신을 비판한다는 말을 듣고 매우 화가 나서 불평불만자들을 색출하도록 지시했다. 결국 460명의 유생들을 체포하여 모두 생매장〔坑儒〕했다. 이 사건 모두를 우리는 분서갱유焚書坑儒라 한다.

이와 같이 진시황은 가혹한 통치방법으로 자신이 이룩한 통일제

국의 통치기반을 더욱 강화시키려 했다. 그러나 그의 강압적인 통치 방식은 결국 백성들의 반란을 불러일으키게 하는 근본적인 이유가 되어 겨우 15년 만에 멸망하게 된다.

2. 언로를 열어둔 채 충고를 따르라

역대 진나라 왕은 대부분 출신에 관계없이 널리 인재를 등용했다. 전국시대 말기 각국이 패권쟁탈전을 벌였으나 결국은 차례대로 진나라에게 패배당하고 말았다. 그들의 승패를 좌우한 결정적인 요소 가운데 하나가 바로 군주의 용인술이었다.

"여러 사람의 말을 들으면 시비를 잘 구별할 수 있고, 한쪽 말만 들으면 사리에 어둡게 된다."

한 사물에는 다양한 측면이 존재한다. 보다 전체적으로, 객관적으로 한 사물을 이해하고 싶다면 누구나 말할 수 있는 길을 열어 여러 의견 가운데서 가장 좋은 방법을 찾아야 한다.

도도한 역사의 흐름 속에서 훌륭한 리더들은 모두 겸허하게 충고를 받아들이고 여론에 귀를 기울였다. 진시황은 분서갱유를 일으킨 폭군이지만 전국시대를 평정한 명군으로서 후대에 귀감이 될 만한 장점들을 갖고 있었다. 그는 많은 인재들을 모으고 적극적으로 대신들의 의견을 청취했으며 자신의 정책결정에 착오가 있으면 곧바로 시정했다. 이 점이 바로 성공의 보증수표였다.

진시황은 왕이 된 얼마 뒤, 조정의 대권을 좌지우지하던 여불위와 그의 문객 3천여 명을 모두 국경 밖으로 내쫓았다. 그리고 타국에서 건너와 진나라의 관리가 된 이들을 모두 파면하고 3일 안에 나라를 떠나라고 선포했다. 그가 이런 지시를 내린 데에는 몇 가지 중요한 이유가 있다. 첫째는 타국출신 관리들이 진나라에 해가 되는 불순한 목적을 갖고 있지 않을까 우려해서였다. 둘째는 그 자신이 영리하기 때문에 남의 도움없이도 진나라를 잘 통치할 수 있다고 여겼기 때문이며, 셋째는 타국출신 관리를 내쫓고 권력을 잡으려는 대신들의 간언 때문이었다.

인재를 내쫓는 것은 군주들이 가장 꺼려야 할 일이라. 진시황의 경솔한 결정에 대해 지각있는 대신들의 불만이 이어졌다. 이사는 당시 초楚나라 출신의 객경 즉 타국출신으로 그 나라의 관리가 된 사람으로 역시 쫓겨날 위기에 처한 관리 가운데 하나였다. 그는 진시황의 결정이 망국을 재촉하는 일이라 여겨, 상소문을 올려 그 폐단을 자세히 설명했다.

"옛날 진나라 목공께서는 진보적인 정책을 실시해 천하의 인재들을 받아들였습니다. 서쪽 융족으로부터 유사를, 동쪽 완지에서는 백리해를 받아들여 진나라의 대업에 이바지하게 했습니다. 더욱이 당시의 중신 건숙은 송宋나라, 배표와 공손기는 진晉나라 출신이었습니다. 이들은 타국출신이면서도 나라의 발전에 막대한 공헌을 하였습니다. 목공께서는 외지인이라는 이유로 이들을 내치지 않았습니다."

이사의 상소문에 적힌, 다른 사례들도 함께 읽어가면서 진시황은 차츰 타국출신 인재를 쫓아내는 것이 얼마나 어처구니없는 일인지 깨달았다. 인재들을 진나라에서 내쫓는 건 곧 적국에 그들을 제공하여 실력을 키워주는 것이나 다름없었다.

이사의 충심어린 간언은 진시황을 크게 깨우쳤다. 일부 편협한 대신들의 말만 듣고, 또 스스로를 과대평가한 결과 잘못된 결정을 내린 그는 자신의 식견이 얼마나 좁은지 알게 되었다. 그는 바로 명령을 내려 인재들을 다시 돌아오게 했다. 아울러 이사를 복직시키고 진심으로 사과했다. 그 뒤 진시황은 전국의 인재들을 불러모으는 데 힘써, 진나라의 발전에 이바지하게 했다.

우리는 중국역사 속에서 인재를 얻으면 나라가 흥하고, 인재를 잃으면 나라가 망했던 사례를 흔히 볼 수 있다. 자기 밑으로 인재를 끌어모을 수 있는 사람만이 격렬한 경쟁 속에서 두각을 나타내고 최고의 위치에 오를 수 있다.

진시황은 이 이치를 깊이 깨달았기에 명령을 즉시 거두고 이사의 충고를 받아들인 것이다. 진시황이 잘못을 시인하고 진실한 태도를 보였기에 타국출신 신하들이 고국으로 돌아가지 않았을 뿐만 아니라 점차 더 많은 인재들이 진나라에 들어오고 도처의 백성들이 그에게 귀순했다. 이로써 진나라의 세력은 나날이 커져 통일왕조의 물질적 기반이 마련되었다. 이사도 진시황이 명군임을 깨달아 그를 보좌하며 중원을 통일하는 데 많은 공헌을 했다.

리더가 부하의 충고를 받아들이고 반대의견에까지 귀기울이는 것은 꼭 필요한 일이다. 그와 더불어 듣고 난 뒤에는 반드시 자신의 잘못을 시정해야 한다. 진시황은 실수로 인재들을 쫓아냈지만 이사의 간언을 듣고서 그의 예리한 지적에 노하기보다는 즉시 잘못을 깨닫고 고쳐 인재들을 남아 있게 했다. 그리하여 그들의 도움으로 천하통일의 웅장한 뜻을 실현시킬 수 있었다.

　실제로 이들 외국출신의 인재들은 진나라를 위해 법치정책을 확고히 하고, 수많은 책략과 전략을 내놓았다. 만약 이들의 공로가 없었더라면 진나라가 통일대업을 완수할 수 있었을지 의문이다. 역사적 의미에서 볼 때, 예로부터 객경을 중용했던 진나라의 국풍은 영정에게 무엇보다도 값진 재산을 남겨준 것이다.

3. 대단한 영정이 시황제가 되다

　진시황은 현대중국의 영역에 조금 못 미치는 정도의 영역을 확보했고, 나머지 6국의 문자를 폐기하여 문자의 통일을 이루었다. 같은 문자가 전국에서 통용된다는 것은 전국적으로 의사소통을 도모할 수 있다는 뜻이다. 진시황은 또한 수레바퀴의 폭을 통일했다. 당시 각국은 적의 침입 때 군대와 물류의 원활한 이동을 방해하기 위해 각기 바퀴의 폭을 달리했는데, 이를 진시황이 전국적으로 같게 만들었다.

　이와 함께 진시황은 전국적 규모의 치도馳道를 건설했다. 이로써 마차 한 대로 동쪽으로는 연안까지, 북쪽으로는 만리장성까지, 남쪽으로는 양자강까지 인적·물적 자원이 손쉽게 이동할 수 있었다. 또한 도량형을 통일하여 전국적인 교역을 활성화시켜 경제가 발달했다.

　이런 정비를 바탕으로 진시황은 중국전역을 36개 군으로 나누고, 각 군에 황제가 임명한 관리를 파견하여 행정을 담당하게 하여 권력의 중앙집권화를 꾀했다. 이것은 봉건제의 폐해로 야기된 전국시대의 혼란을 종식시킨. 당시로서는 가장 합리적인 선택이었다.

이러한 진시황의 정치를 법가에 바탕을 둔 '패도覇道'라고 부른다. 흔히 유가의 정치사상과 대립하여 패도정치는 독재와 폭정을 떠올리기 쉽지만 난세를 경영하기 위한 어쩔 수 없는 선택으로, 한편으로는 진시황의 탁월한 리더십으로 생각할 수 있다.

이렇게 하여 진시황제의 패도정치는 오랜 춘추전국시대의 분열에 종지부를 찍고 황제를 중심으로 하는 전면적 개혁을 단행함으로써 중앙집권의 새로운 대제국을 탄생시킨 것이다. 이는 권력의 집중을 통한 강력한 카리스마 리더십을 갖췄기에 가능한 일이었다.

그렇다면 강력한 카리스마를 바탕으로 한 진시황의 패도정치를 가능하게 한 원동력은 무엇이었을까? 그것은 바로 엄격한 법집행과 인재경영의 철저함에 있었다. 이 둘은 분리될 성질이 아니라 함께 운영되는 공식이다.

진시황에게는 유능한 참모와 장수가 많이 있었는데, 그들이 바로 진시황의 통일을 뒷받침했다. 그렇다면 어떻게 이들을 모으고, 최고경영자의 뜻대로 이들을 움직일 수 있었는가? 그것은 몇 가지로 요약될 수 있다.

첫째. 출신지역이나 출신계급을 상관하지 않고 인재를 등용한다.
둘째. 등용한 인재는 능력에 따라 기용한다.
셋째. 성과에 따라 상벌을 철저하고 엄격하게 집행한다.

예를 들어 1970년대에 우연히 발견된 진시황의 병마용갱에서 수천 기의 병사모형들이 발굴되었다. 실제모델을 두고 병사모형이 제작되었는데, 인종학적으로 본다면 한족뿐만 아니라 여러 인종이 포함되어 있었다는 것이다.

이러한 다민족의 병사들이 최고기량을 발휘하게 하는 방법은 무엇이었을까? 또 다른 기록을 보면 진나라의 병사들은 전쟁터에서 갑옷도 벗고 용감히 전투를 수행했다고 한다. 갑옷은 실제전투를 할 때 기동력이 제한되거나 접근전에서의 공격에는 오히려 장애가 될 수 있다.

접근전에서 공을 세우기 위해 갑옷마저 벗고 달려드는 적을 볼 때 상대편 군사는 당황할 수밖에 없었을 것이다. 한마디로 용감무쌍한 진나라의 군사들은 당시 천하무적이었던 것이다. 이렇게 할 수 있게 동기부여를 한 것이 바로 진시황의 상벌정책이었다. 상뿐만 아니라 벌에 있어서도 진시황은 지위나 계급의 고하를 막론하지 않았다.

널리 인재를 모으고 그 인재들이 최대한 능력을 발휘하도록 하기 위해 신상필벌信賞必罰의 원칙을 지키면서, 진시황이 패도정치에서 고수한 또 하나의 원칙이 있다면 철저한 권력의 집중이었다. 이것은 당시 봉건제도의 폐해를 목격한 진시황의 의도적인 선택이었다. 과도기나 혼란기에는 뛰어난 리더십만이 분열된 집단을 일정한 목표로 이끌어 나갈 수 있다는 사실을 진시황은 체득하고 있었다.

인재를 등용할 때 진시황제는 누구든 재능만 있다면 신분이나 출신은 따지지 않았다. 그는 "판에 박힌 틀을 깨지 않으면 큰 인재를 얻기 어렵다"라고 여겼다. "오로지 재능만 있으면 등용한다"는 정책을 널리 알리자 사방팔방에서 뜻을 가진 문무지사들이 진나라로 모여들었다. 이 같은 방침으로 출신이 미천하거나, 과거가 불분명한 자들, 심지어는 일찍이 진시황제를 반대하거나 비방했던 사람들도 폭넓게 진시황제의 사람이 될 수 있었다.

대업은 다수의 지혜로 완성된다. 역사상 대업을 이룩한 인물은 누구나 천하의 인재를 자기 사람으로 만든다는 공통점을 가지고 있다. 마찬가지로 천하의 지혜와 능력을 쓸 줄 아는 호걸치고 도량이 넓고 포부가 웅대하지 않은 인물이 없다. 그런 의미에서 진시황제 또한 천하의 호걸이라 할 수 있겠다.

중국인의 마음속에서 진시황은 줄곧 인간이라기보다 황제를 상징하는 하나의 코드로 자리를 잡아왔다. 그가 중국의 첫 황제라는 이유도 있지만, 그보다는 진시황을 통해 가장 전형적인 황제의 특징들을 볼 수 있었기 때문이다. 권력·위엄·독재·학정···. 이런 것들이 진시황에게서 유감없이 풍겨나왔다.

역사서를 뒤적여보면 당시 그가 했던 말이나 심리를 묘사한 기록은 거의 남아 있지 않다. 50년이라는 생애에서 감정과 관련된 흔적은 단 하나도 찾을 수 없다. 그의 일생은 마치 권력으로만 이루어진 듯하다. 권력을 얻고 권력을 사용하다가 권력을 잃는 것으로 끝을 맺는다. 그런 그의 권력은 수많은 유형무형의 흔적을 중국땅에 남겨놓았다. 그와 동시에 그의 개성 역시 권력의 빛 아래 묻혀버렸다.

진시황 영정은 '독재지배형' 지도자에 속한다. 이런 유형의 리더는 진취적인 기상과 뜨거운 열정을 가졌지만 다른 사람과 잘 화합하지 못하는 특징이 있다. 사람들은 그에게서 창업자만이 가지는 열정을 목격한다.

이런 열정은 그가 지휘하는 진나라의 군대에 영향을 미쳐 그들로 하여금 거침없는 기세로 마치 썩은 풀을 베듯 모든 어려움과 적수를 물리칠 힘을 주었다. 바로 이러한 걱정 때문에 진시황은 지칠 줄 모르고 일에 미친 사람이 되었는지도 모른다. 그래서 10년 만에 6국을 통일한 뒤, 다시 10년이라는 시간 동안 제도를 정비하여 2천 년을 면면히 이어오는 중국 정치제도의 모델을 제시했다.

자기 손으로 이룬 대업과 모든 규범이 자신의 뜻과 상상대로 실현되는 모습을 지켜보는 위정자의 자부심. 마음먹은 대로 일을 처리하는 원대한 이상과 포부야말로 창업의 가장 큰 매력이다. 다가올 미래에 대한 넘치는 호기심과 신선함, 앞으로 진행할 과업에 대한 열정적인 상상은 창업자들이 어떠한 어려움도 이겨낼 수 있도록 만드는 힘의 원천이다.

대부분의 사람이 창업 초기에는 일 중독자가 된다. 그들은 어떻게 하면 사업규모를 확장할 수 있을까 골몰한다. 그러나 진시황의 경우에서 볼 수 있듯, 사업을 할 때 규범을 세우는 것은 창업규모만큼이나 중요하다.

분주한 업무 중에서도 가장 주의를 기울여야 할 것은 완벽한 제도를 세우고 이를 엄격히 지키며 운영해 나갈 업무환경을 조성하는 일이다. 이것이야말로 앞으로 사업을 지속적으로 발전시켜나갈 수 있는 기초작업이다.

제8장
항우를 이기고 천하를 통일한
한고조 유방

유방劉邦은 패군沛郡 풍읍豊邑 사람으로, 한漢나라의 개국황제이며 중국역사상 가장 유명한 황제 가운데 한 사람이다. 그런데 이렇게 한나라 4백 년 역사의 기반을 연 개국황제 유방은 사실 저잣거리 출신 무뢰한이자 건달이었다.

그의 문예는 관리가 될 만한 것이 못되었고, 무예 역시 성을 공격해 토지를 빼앗을 정도가 못되었다. 그러나 그에게는 사람을 알아보고 다스릴 줄 아는 능력이 있었다.

장량張良·한신韓信과 같이 당대에 견줄 사람이 없는 걸출한 인재들을 자신에게 복종하게 만들었고, 사람들로 하여금 남보다 한 수 위인 자신의 통치능력에 탄복할 수밖에 없도록 만들었다.

혹자는 유방이야말로 진정한 관리학의 대사大師라 말한다. 그는 수하의 인재들이 있어야 할 적절한 자리를 알고 있었다. 예컨대 한신은 군사를 지휘하게 하고 장량은 작전과 책략을 짜게 하며, 소하蕭何는 치국을 하게 하는 등 인재들로 하여금 진정으로 자기의 능력을 발휘할 수 있도록 했다. 바로 이 점에 있어서 유방은 라이벌 항우項羽보다

한 발 앞서갈 수 있었다.

유방과 항우의 최후의 패권쟁탈전은 참으로 비장한 전쟁이었다. 최후의 승자 유방이 제위에 올라 한왕조를 세우니, 그가 바로 한고조 漢高祖이다.

농민출신이었던 유방은 개인적으로 항우보다 뛰어나지는 못했지만, 자신의 힘을 과신하지 않고 수많은 인재를 활용했으며, 감정에 휘말리지 않고 언제나 현실을 직시함으로써 마침내 황제의 지위에 오르게 된 것이다.

역대의 역사가들은 유방이 불충不忠·불효不孝·불인不仁·불의不義한 자였기 때문에 학자들을 보면 그들의 모자에 오줌을 싸는 등 무례한 행동을 일삼았다고 혹평했지만 사실은 그렇지가 않다. 유방의 웅지와 계략, 인내심 및 용인술 등은 이미 항우를 몇 배 뛰어넘는 고수였던 것이다. 유방이 승리를 거둔 것은 절대로 우연이 아니었다.

1. 도량이 넓고 관대하니 인재가 모여들어 천하를 얻다

항우에 대해서 사마천이 평했다.

"무력으로 천하를 정복하고 다스리려고 하다가 나라를 망치고, 죽으면서도 미처 깨닫지 못하여 스스로 책망하지 않았으니 이는 잘못된 것이다. 그리고 끝내 '하늘이 나를 망하게 한 것이지 결코 내가 싸움을 잘하지 못했기 때문은 아니다'라는 말로 핑계를 삼았으니 이는 잘못된 것이다."

자신의 잘못이 아니라 하늘이 자신을 망하게 했다는 원망은 자신의 공로와 지혜만을 앞세우고 남을 의심하는 그의 성격과 밀접한 관계가 있다.

일반적으로 항우와 유방 두 영웅의 차이에 대해 말할 때, 흔히 인용하는 예가 진시황의 행차를 보고 난 두 사람의 서로 다른 반응이다. 항우는 키가 8척이 넘고 힘이 장사이며 대대로 초나라의 장수집안 출신인데다가 재주와 기개가 남다르고 병법을 익혔다.

어느 날 진시황이 회계산을 유람하고 강을 건널 때, 작은아버지 항량과 함께 그 모습을 지켜보았다. 항우가 말하기를 "저 사람의 자리를 내가 대신할 수 있다"라고 하니, 항량이 항우의 입을 막으며 "경망스런 말을 하지 말라. 삼족이 멸하게 된다!"라고 했다. 여기서 항우의 자만심을 엿볼 수 있다.

이에 반해, 평소 원대한 포부를 품고 있어 일반백성들의 일에 얽매이려 하지 않고 술과 여자를 좋아하여 주점에서 외상으로 술을 마시거나 형수에게 밥도 제대로 얻어먹지 못하던 농민출신의 유방은 함양에서 부역하고 있을 때, 진시황의 행차를 구경하면서 길게 탄식하며 말하기를 "아! 사내대장부란 마땅히 저래야 하는데…"라고 했다.

항우는 사람됨이 사납고 교활하며 남을 잘 해쳤다. 공략한 지역의 백성들을 생매장하기도 했다. 또 항우는 서쪽으로 진격하면서 살육을 일삼으며 함양의 진나라 궁을 닥치는 대로 불사르니 그가 지나는 곳은 어디나 무참히 파괴되었다. 진나라 백성들은 실망했으나 두려움에 감히 복종하지 않을 수 없었다.

반면 유방은 사람됨이 어질어서 다른 사람을 사랑하고 남에게 베풀기를 좋아했으며, 탁 트인 마음과 넓은 도량을 가지고 있었다.
역이기라는 사람이 말했다.
"내가 패공을 보니 그분은 도량이 크고 관대한 분이십니다."
그는 유방을 만나서 유세하기를 청했다. 유방은 역이기를 등용하여 장수로 삼았다.
함양에 들어간 유방은 장량의 건의를 받아들여 여러 현의 원로들을 불러서 말했다.
"사람을 죽이는 자는 사형에 처하고, 사람을 다치게 하는 자와 남의 물건을 훔치는 자는 그 죄에 따라서 처벌할 것이며, 이밖에는 진나라 법령을 모두 폐지하여 모든 관리와 백성들이 예전처럼 안락한 생활을 누리게 할 것이다."
진나라 백성들이 기뻐하며, 고기와 음식, 술을 가지고 와서 유방의 군사들에게 향응을 베풀려고 했다. 그러나 유방은 이를 사양하며 창고에 양식이 많으니, 백성들에게 폐를 끼치지 않겠다고 하자. 백성들은 더욱 기뻐하며 유방이 진나라 왕이 되지 않으면 어쩌나 걱정했다고 한다.
그러나 더 중요한 것은 두 영웅의 인재활용술의 차이가 결국은 천하쟁패의 승부를 가렸다는 점이다. 항우는 자신을 돕는 모사 범증이나 자신에게 충성하는 신하들을 의심하고, 불공평하게 대우하여 인재들을 하나하나 잃어 결국엔 유방과의 경쟁에서 실패했다.
반면에 유방은 한신·장량·번쾌·진평 등 수많은 인재들의 의견을 받아들여 자신들의 재주를 발휘할 수 있도록 배려했다. 말단관리직이었던 소하, 옥지기였던 조삼, 개를 잡는 백정이었던 번쾌, 장례

식장의 나팔수 주발, 관청의 마부 하후영, 관청의 사환 주창, 유방의 어릴 적 친구이며 건달인 노관, 늘 남에게 빌붙어 먹고 살았던 한신, 물고기를 잡으면서 무리들과 함께 도둑질을 하던 팽월, 비단을 파는 장수였던 관영, 초나라 사람으로 처음에는 항우를 위해 유방을 여러 차례 곤궁에 빠지게 했지만 유방이 용서하고 낭중에 임명했던 계포. 이러한 패거리 집단이 어떻게 천하를 얻을 수 있었을까?

이들에게는 자신을 보호해 주고 은혜를 베푸는 사람을 위해서는 어떠한 위험이라도 무릅쓰고 어떠한 부탁이라도 일단 받으면 그것을 완수한다는 협객의 기풍이 있었기 때문에 가능했다. 유방은 이들을 받아들이고 적까지도 등용하여 천하를 얻었지만, 항우는 자신의 뛰어난 참모 범증조차 의심하여 천하를 잃고 목숨마저 잃었다.

제아무리 천하의 영웅이라도 인재가 마련해 준 절호의 기회를 불신하고 받아들이지 않으면 천하를 얻을 수 없다. 리더가 탁월한 능력을 갖고 있어도 추종자들이 부족하면 실패할 수 있다.

2. 유방이 항우를 이길 수 있었던 이유가 있었다

항우와 비교하여 유방은 몇 가지 부족한 점이 있었다. 명성·세력·용맹함 등이 그것이다. 하지만 그가 항우보다 뛰어난 점이 한 가지 있었으니 그것은 바로 인재를 다루는 능력이었다.

유방은 인재관리에 능해서 부하에게 아낌없이 상과 관직을 내려, 수하에 장수와 모사가 구름처럼 몰려들었다. 항우는 비록 장점이 많았지만 그것을 다 사용하지도 못하고 해하에서 유방에게 패한 뒤 오강에서 목숨을 끊었다.

관리자는 권한을 넘겨주는 방법으로 부하를 통제하고 다스릴 줄 알아야 한다. 이것은 『서유기』에서 삼장법사가 손오공을 꼼짝 못하게 한 주문 같은 것으로, 잘 이용하면 계속해서 주도권을 장악할 수 있는 효과적인 방법이다. 유방은 이러한 이치를 잘 깨달았던 사람이다.

본래 항우의 부하였던 한신은 나중에 유방을 도와 천하를 평정했다. 한신이 없었으면 유방의 성공도 없었을 것이니, 항우와 유방의 상반된 운명은 결국 두 사람이 한신을 어떻게 기용했느냐에 따라 결정되었다고 볼 수 있다. 항우는 미천한 직위를 주었고 유방은 대장군에 봉했다. 야심만만한 한신은 제후와 재상을 꿈꾸고 있었다. 그러니 자연히 유방쪽을 선택하게 된 것이다.

항우는 부하에게 상과 관직을 주는 데 서툴렀다. 이것은 그의 치명적인 약점 가운데 하나였다. 한신은 항우에 대해 다음과 같이 말했다.

"항우는 위풍당당한 인물이지만 한번 화가 나면 누구도 그에게 말을 붙이지 못했다. 그는 훌륭한 장수가 아니라 고작 필부의 용맹을 뽐내는 그릇이었다. 부하를 공손히 대하긴 했어도 누가 공을 세우면 상을 주는 것이 아까워 어쩔 줄 몰라했다. 아, 옹졸한 항우여!"

그러나 유방은 항우와 정반대였다. 한신이 대장군의 그릇임을 알아보고 과감히 중용했으며, 다른 훌륭한 장수들에게도 금은보화나 영토를 하사했다. 그렇게 부하의 적극성을 유도해 적을 무찌르고 천하를 평정할 수 있었다.

본래 한신은 일개 병사였지만 소하의 천거로 유방의 대장군이 되었다. 유방은 단을 쌓고 예를 갖춰 그를 대장군에 봉했다. 그럼으로써 입신출세를 향한 한신의 욕망을 만족시키고 더 큰 공을 세우도록 자극했다. 그는 유방을 위해 천하를 평정했다.

한고조 유방이 천하를 통일한 뒤, 여러 대신과 장수들을 불러 연회를 베풀고, 자신이 천하를 얻을 수 있었던 까닭과 항우가 천하를 잃은 까닭을 대신들에게 물었다. 공신 중에 어떤 자가 말했다.

"항우는 어질고 재능있는 인재를 시기하여 공로가 있는 자를 미워하고 지혜로운 자를 의심합니다. 또 전투에서 승리해서도 다른 사람에게 그 공을 돌리지 않고, 땅을 얻고서도 다른 사람에게 그 이익을 나누어 주지 않았기 때문에 이것이 항우가 천하를 잃은 까닭입니다."

그러자 유방은 다음과 같이 말했다.

"내가 계책을 세우는 데 있어서는 장량에게 미치지 못했고, 나라를 다스리고 군량을 전선에 보내는 일은 소하에게 미치지 못했으며, 백만 대군을 움직여 싸움에서 이기는 데는 한신에게 미치지 못한다. 그러나 나는 이 세 사람을 중용했지만, 항우는 단 한 사람의 범증조차 믿지 못해 제대로 쓸 줄을 몰랐다. 이것이 항우가 패하고 내가 승리를 거둔 까닭이다."

항우는 인재를 등용하고도 그를 의심했지만 유방은 인재를 임용한 뒤에 그들의 건의를 잘 받아들였기 때문에 천하를 얻을 수 있었다.

유방은 극단주의 노선을 걷는 투쟁적 인물에 속한다. 이런 유형의 인생신조는 모든 것은 사업을 위해서, 모든 것은 성공을 위해서 달려간다는 것이다. 이를 위해 가족의 목숨쯤은 버려도 좋고 사회통념이나 다른 사람의 생각 따위에는 전혀 아랑곳하지 않는다. 그의 협력자들은 이 점을 잘 알고 있었다. 그들이 유방의 곁에 운집한 이유는 인격적 매력이 넘쳐서가 아니라 유방이 자신들의 사업을 성취해 주리라 믿었기 때문이다.

성공을 원한다면 유방처럼 남의 말에 귀를 기울이고 자신에게 유용한 의견을 절대 거절하지 말아야 한다. 다른 사람이 나보다 우수하다고 겁내면 안된다. 나보다 우수한 사람을 나를 위해 이용할 줄 하는 것이 성공자가 반드시 갖추어야 할 조건이다. 실패한 지도자는 체면을 중시한 나머지 제대로 된 의견과 훌륭한 인재를 놓치는 수가 많다.

유방은 전형적인 실용주의자였다. 그의 가장 큰 장점은 자신의 단점을 확실히 알고 다른 사람의 장점을 잘 파악하는 것이었다. 그는 자신이 항우와 일대일로 맞붙으면 불리하다는 점을 일찍부터 간파했다. 그래서 항우가 아무리 자신에게 용기없다고 비웃어도 섣불리 행동하지 않았다.

그는 체면이나 명예는 실속없는 껍데기일 뿐이라며 중요하게 생각하지 않았다. 그보다는 실질적인 이득을 더 중요시했다. 유방은 깨어있는 사람이었다. 그는 자신에게 무엇이 필요한지를 매우 잘 알았다.

3. 유방은 인재를 다스리는 재주가 있었다

평민출신에다가 문무 그 어느 것에도 재능이 없었던 진나라 하급관리 유방은 '8년 항전'을 거치면서 맨손과 맨주먹으로 시작해 전대 역사와 비교해 조금도 손색이 없고 후대인들로 하여금 흠모하게 만드는 한제국漢帝國을 창건해냈다.

　문무 어느 것 하나에도 소질이 없던 유방이었으나 관리학에서만큼은 눈에 띄는 재능을 보였다. 그는 천성이 나태하고 산만하여 미색과 재물을 좋아했다. 또한 걸핏하면 수하의 능력있는 신하와 장수들에게 심한 욕을 퍼붓곤 했다.

　그러나 이렇게 개성있는 지도자였던 유방은 약육강식의 난세 속에서 자신을 잘 보존했을 뿐 아니라 약세를 강세로 돌려놓는 능력을 가진 자였다. 그의 남달랐던 지모와 책략은 일체의 사업을 성취하는 데 가장 중요한 근본이 되었다.

　사람을 알아보고 적재적소에 쓰는 것은 지도력에 있어서 가장 중요한 핵심사항이다. 여기서 더욱 중요한 것은 우선 사람을 잘 알아보는 것이고 그 다음이 적재적소에 쓰는 것이다. 사람을 잘 알아보려면 우선은 자신을 잘 알아야 하고, 그 다음 남을 잘 알아야 한다.

　유방은 지도자의 가장 중요한 재능은 부하들의 적극성을 끌어내는 것이라는 사실을 잘 알고 있었다. 또한 무엇보다도 부하들이 어떠한 재능을 갖고 있는지, 그들의 재능은 어떤 방면의 것들인지, 어떤 성격인지, 특징은 무엇인지, 어떤 장점과 단점을 갖고 있는지, 또 어떤 자리에 앉히면 가장 적절한지 등을 중요시했다.

　지도자는 자신이 직접 나서서 어떤 일을 하는 것이 아니며, 무슨 일이든 반드시 몸소 행하는 지도자는 절대 좋은 지도자가 될 수 없다. 한 사람의 지도자로서 일군의 인재들을 장악하고, 그들을 적절한 위치에 앉히며, 그들로 하여금 자신의 능력을 발휘하게 한다면 당신의 일은 성공한 것이나 다름없다. 이 근본적 이치를 유방은 알고 있었고,

그리하여 그는 집단의 핵심인물이 될 수 있었다.

유방은 보통사람에도 못 미치는 재능을 가진 자였으나 인력자원의 관리에 있어서는 대사大師급의 인물이라고 할 수 있다.

고명한 지도자들은 인재등용 과정에서 모두 한 가지 원칙을 모색하여 따른다. 등용하면 충분한 신임을 주는 것이 그것이다. 소위 "용인불의 의인불용用人不疑 疑人不用" 즉 "인재를 부리기로 했으면 의심하지 않고, 의심이 나면 부리지 않는다"의 원칙이다. 신임은 모든 사람들이 정신적으로 추구하는 것이며, 또 인재에 대한 지극한 장려인 동시에 위안이다. 그것은 사람에게 자신감과 역량을 줄 수 있고, 그로 인해 자신의 지혜와 재능을 충분히 발휘할 수 있도록 만든다.

유방은 이 점을 일관성 있게 잘 실천했다. 게다가 그는 최대한도로 인재들의 장점을 이용했다. 군사를 지휘하는 한신에게 의심없이 군대를 주었고, 지모에 능했던 장량에게는 마음껏 작전계획을 짜게 했으며, 회계를 담당하던 소하에게도 마음 놓고 돈을 쥐어주었다.

유방의 고명한 능력은 바로 자신보다 훨씬 뛰어난 인물들을 잘 이용한다는 점이었다. 각종 걸출한 인재들을 등용하였고 또 효과적으로 그들에게 권한을 넘겨주었다.

기업의 참모로서 인재를 등용할 때는 그 장점을 취하고 단점을 보완해 주어야 하며, 각기 서로 다른 유형의 인재들을 조직하여 상호보완의 구조로 만들어야 한다. 어떤 인재이건 간에 그 집단 내에서 그 자신의 장점을 발현할 수 있도록 해주고 단점을 보완해 주어야 비로소 그 능력을 충분히 발휘할 수 있다.

모든 것이 완벽한 인재란 없다. 부족한 인재를 조합해 상호보완하면 몇 배의 효과를 얻을 수 있다. 마음으로 서로를 받아들이는 것은 인재결합의 전제조건이며, 강약이 적절히 조화를 이루고 속도 또한 적절할 때 비로소 묵계의 경지에 도달할 수 있다.

유방은 일생 동안 인재를 사랑하는 마음, 인재를 알아보는 눈, 인재를 고르는 덕, 인재를 도모하는 머리, 인재를 선발하는 능력, 인재를 사용하는 담력, 인재를 받아들이는 도량, 인재를 보호하는 기백, 인재를 교육시키는 방법, 인재를 모으는 힘을 가지고 있었다.

결론적으로 유방은 지도기술을 잘 아는, 지도자의 소질을 갖춘 자였다. 그는 인재를 신임하여 중용하고 그들이 적극성을 충분히 발휘할 수 있도록 하며 또 은밀히 경계하고 통제할 줄 알았다. 따라서 당시 천하의 걸출한 인재들이 대거 그의 주위에 집결해 하나의 최적화 조합을 만들어냈고, 그로써 열세의 상황에서도 항우를 이겨 승리의 길로 걸어 들어갔다. 유방 자신 또한 자신이 성공을 거둔 근본원인을 '인재등용'이라 말했다.

제9장

웅지를 타고난 전제군주
한무제 유철

    기원전 141년 한나라 경제가 죽고, 16세의 유철劉徹이 부왕에 이어 즉위했다. 이가 바로 그 유명한 한무제漢武帝이다. 그는 고조 유방부터 시작해서 일곱번째 황제인데 그 치세는 장장 54년이었다. 그야말로 긴 치세기간이었다.

    그러나 그의 위대함은 치세기간에 있는 것이 아니다. 화려하고도 태평스런 시대를 만들어냈다는 데 있다. 한나라 창업 70년, 이미 기반이 안정된 한왕조를 계승한 무제는 50여 년 동안 이를 더욱 발전시켰다. 군사와 정치·외교·경제·문화 등 모든 면에서 그야말로 현란한 시대가 되었다.

    그의 치세 동안 이러한 발전을 가능하게 했던 주요인은 한무제의 인재선별 능력이었다. 사실 제왕들 곁에는 많은 인재들이 모여들게 마련이다. 자신들의 성취욕을 위한 이 수많은 인물들은 까마귀떼처럼 권력에 모여드는 것이다. 그러니 무제 곁에 앞서거니 뒤서거니 모여드는 것은 당연한 일이다.

    정작 황제의 능력은 그때 발휘된다. 지혜롭고 능력있는 황제는 그들을 철저히 분석하고 평가하여 자신의 신하로 삼는 것이다. 한무제가 그런 사람이다. 그는 사람을 보는 눈이 뛰어났으므로 능력에 따라 인재를 등용했다.

그 결과의 한 단편이 동중서董仲舒이다. 황제는 동중서를 발탁한 뒤 그의 의견을 받아들여 유교를 국교國敎로 했다. 유교는 이후 2천여 년의 유교통치 시대를 중국천지에 열었다.

무제는 국력이 강력해짐에 따라 한고조부터 유지해 온 흉노에 대한 '화친和親정책'을 버리고 무력으로 국경을 지켰다. 또한 무제는 유목민족인 대월지大月氏국과 연합해서 흉노를 협공하자는 제의를 하기 위해 장건張騫을 대월지국에 파견하기도 했다.

흉노공략을 발단으로 한나라와 서방제국과의 교섭이 시작되었다. 이때 서방의 길을 개척한 것이 장건이다. 한나라의 하급관리에 불과했던 장건은 흉노족에게 사로잡혀 있던 절망적 상황 속에서도 서방세계에 대한 귀중한 자료를 모았고 후에 본국으로 돌아왔다. 장건이 가져온 자료들을 근거로 하여 세계를 향한 한무제의 꿈은 피어났고, 그 꿈이 차례차례 장건의 후계자를 낳았다.

정치·경제·군사 등 다방면에서 무제의 치세를 지탱한 큰 기둥이 된 사람들이 있었다. 예를 들어 승상 공손홍은 돼지치기 출신이었고, 부승상인 복식은 양치기, 재무대신인 상홍양은 상인, 대장군으로 대흉노작전에서 활약한 위청은 노예출신이었다.

비천한 신분인 그들의 잠재력을 발견해 그 능력을 발휘할 기회를 준 것이 바로 무제의 능력이었다. 활달한 성격의 소유자였던 한무제는 신분·지역을 가리지 않고 널리 인재를 선발하여 그들의 의견을 폭넓게 수렴, 국정을 처리했던 것이다.

1. 누구든 나의 영역을 넘보지 말라

　진시황이 중국을 통일하고 군현제를 실시했지만, 완전한 의미의 중앙집권체제를 확립하지는 못했다. 더욱이 한나라 초에는 세력을 형성한 제후들이 군주권을 위협하고 있었다. 무제는 부왕시대의 교훈을 잊지 않고 있었다. 그는 각 제후세력의 특징에 따라 각기 다른 책략으로써 그 세력을 약화시키는 데 성공했다. 그리고 또 다른 방법으로 여전히 정치 전반에서 막강한 권한을 행사하는 승상의 실권을 없애고 군사와 행정의 대권을 독점했다.
　승상이란 직위는 전국시대 때 생긴 것으로 문무백관의 수장이다. 진왕조 때는 황제를 보좌하는 최고위 관직이었다. 천하를 통일한 뒤 한나라는 진나라의 관리제도를 답습했으므로 승상의 직위도 그대로 남아 있었다.
　한고조 유방이 공신들에 의지해 천하를 평정했을 때 그 공로는 특히 승상 소하에 있었다. 유방은 그를 공손하고 정중하게 대했다. 따라서 한나라 초기의 승상은 황제의 극진한 예우를 받으며 막강한 권력을 행사했다. 군사·정책·인사·형벌 등 모든 방면에서 황제를 대신하였으니 실로 절대적인 직위였다. 한 마디로 승상의 직위는 만인의 위, 한 사람 아래에 있다고 할 수 있었다.
　진평은 일찍이 말했다.

"승상은 위로는 천자를 모시고 음양을 구별하며 사계절에 순응하고 아래로는 만물을 기른다. 대외적으로는 천하의 난리를 평정하고 제후들을 관리하며, 대내적으로는 백성을 다스리고 백관을 적절한 자리에 배치한다."

무제는 이와 같은 승상의 권한에 불만을 품고 혼자서 대권을 독점하려 했다.

한나라의 규정에 의하면 승상은 제후 가운데서 선발해야 했다. 제후는 보통 황제의 친족이나 공신의 후예로서 공로가 남달랐으므로 승상이 된 뒤에는 통제가 더욱 어려웠다.

무제가 그런 생각에 골똘해 있을 때 승상이었던 전분이라는 사람이 죽었다. 무제는 곧 제후들 가운데 성과가 미미하고 고분고분 말을 잘 듣는 평극후 설택을 승상으로 삼았다. 설택은 저 한 몸을 사리는 처세에 밝아 무제의 의견에 단 한번도 반대한 적이 없었다. 자연히 군주와 신하 사이에 반목이 없었다. 그런 설택이 사직한 뒤에는 출신이 미천한 공손홍을 승상에 임명했다.

이처럼 왕족과 공신을 위한 자리였던 승상제도는 무제에 의해 변질되었다. 공손홍도 성격이 원만하고 환심을 사는 데 능해, 하는 일이라고는 무제의 비위를 맞추는 것뿐이었다. 승상이 된 뒤 그가 한 말은 이를 단적으로 나타내 준다.

"천자의 우환은 황권이 미약한 데 있고 신하의 우환은 절제를 못하는 데 있다."

실제로 무제의 수하에서 승상이 되는 비결은 복종과 절제였다. 무제는 공손홍에게 승상직을 맡기고 매우 흐뭇해 했다. 공손홍처럼 돼

지나 키우던 미천한 인물이 승상이 되었으니 어떻게 권위를 세우고 황권에 도전할 수 있었겠는가? 승상의 비중은 점점더 미약해졌다.

공손홍이 죽었을 때, 무제는 이미 중앙정치의 대권을 장악한 상태였다. 그는 이때가 실질적인 승상의 권력축소의 적기라고 생각했다. 그는 먼저 인사권을 빼앗기 위해 광록서를 확충했다.

광록서는 한나라 때 인재조달기구로서 이곳은 이를테면 인재은행이었다. 그러니 그 구성원들에게 어떤 권한이 주어졌을 까닭이 없었다. 그런 사람들 속에서 황제는 수시로 인재를 등용했다. 등용된 이들은 지방태수나 조정의 주요관직을 맡겼다. 이로써 승상의 인사권과 임면권은 거의 소멸된 셈이다.

또한 이밖에 13명의 자사를 지방에 보내 재정·군사 등 종합적인 상황을 황제에게 직접 보고하게 하였다. 인사권은 물론 재정이나 군사지휘권이 없어졌으니 과연 승상에게는 어떤 권한이 남아 있었을까?

그래도 못 믿었던지 황제는 승상의 반역을 예방하기 위해 부관 두 명을 붙여 거동을 감시하게 했다. 이런 상황이니 승상은 반란을 꿈꾸기는커녕 평소 행동거지조차 맘대로 하지 못하게 되었다.

이런 일련의 조치들을 통해 승상의 권력은 약해질 대로 약해졌다. 하지만 아직도 약간의 권력은 여전히 남아 있었으니 그것은 어쨌든 최고의 수장직이라는 영예였다.

무제는 그것조차 경계하여 빈번하게 최후의 방법 즉 '죽음'을 동원했다. 무제의 치세 50년 동안 위관·공손홍·석경·전천추 외에 다른 승상들은 천수를 누리지 못했다. 큰 소란을 몇 차례 겪은 뒤 위엄과 권력 모두를 잃은 승상들은 무제의 꼭두각시가 되어 그의 지휘에 따라 움직였다.

그는 자신의 권력이 아직 미약할 때 평범한 인물을 승상에 등용하여 시간을 벌었다. 어느 정도 강한 권력을 쥔 뒤에는 대립각의 최대 축인 승상의 지위를 점차 약화시켜 황권을 더욱 안정시켰다. 무제의 탁월한 인재관리술이 바로 이것이다.

2. 장건을 서역에 파견하여 실크로드를 발견하다

유목민족인 흉노는 그 세력이 막강하여 서역을 통하는 비단길을 장악하면서 막대한 이익을 얻고 있었다. 그 여세를 몰아 그들은 시도 때도 없이 국경을 침범하였으므로 세력이 미약했던 한나라는 화친정책을 펼치지 않을 수 없었다.

그러나 이에 불만을 가진 패기만만한 한무제는 흉노에 대해 공격적으로 대처해 나가기 시작했다. 무제는 흉노토벌을 단행하기로 결정했다. 그는 자신의 시책에 부합되는 인물로 위청衛靑과 곽거병霍去病을 선발했다. 위청과 곽거병의 활약은 실로 눈부셨다. 그들은 전장에 나가 연전연승 승리를 거뒀다.

이 승전에는 장건張騫의 서역행도 간과해서는 안된다. 무제는 그를 사신으로 삼아 서역으로 파견했다. 군사동맹을 체결하여 흉노를 협공할 가능성을 타진하기 위함이었다.

더구나 당시 흉노족은 한무제가 바라던 바대로 사오분열. 그 세력이 약해질 대로 약해져 있었다. 독이 오른 한무제에게 그들은 각각 좋은 먹잇감이 될 빌미를 자초하고 있었던 셈이다.

그 결과 오랫동안 한나라의 골칫거리였던 흉노는 그들의 본거지를 고비사막 북쪽으로 옮겨가버렸다. 한동안 한나라는 장성 부근에서 흉노기마병들의 자취를 볼 수가 없었다.

흉노를 중앙아시아 밖으로 밀어냈다고 생각한 한나라는 기원전 138년 이번에는 장건을 서역에 보낼 생각을 가지게 되었다. 장건은 무제의 명을 받고 흉노인 감보甘父라는 사람과 1백여 명의 수행원을 데리고 장안長安을 출발했다. 그러나 일행은 흉노영내를 통과하다 그들에게 잡혀서, 흉노의 우두머리인 선우單于 앞에 압송되었다. 선우는 장건을 구속하고 이렇게 문책했다.

"월지국이라면 우리나라보다도 북쪽에 있지 않은가? 네가 월지에 도착할 길은 없다. 가령 내가 월나라로 사자를 보낸다면 한나라가 가도록 잠자코 보내주겠는가?"

이리하여 장건은 10여 년 동안 흉노에게 잡혀 살면서, 거기에서 아내를 얻고 자식도 키우게 되었다. 그럼에도 그는 한나라 사자임을 늘 자각하고 황제의 신표인 부절符節을 언제나 몸에 지니고 있었다.

흉노와 오래 살게 됨에 따라 장건은 서서히 행동의 자유를 얻게 되었다. 그렇게 세월을 보낸 장건은 드디어는 일행을 재촉하여 야음을 틈타 월지로 도망칠 수 있었다. 일행은 서쪽으로 서쪽으로 쉼없이 걸어 수십 일 뒤에 중앙아시아의 대완大宛지역에 도착했다.

마침 대완의 우두머리는 한나라의 강력한 힘과 풍부한 물자에 대한 소식을 전해 듣고 이전부터 한나라와의 통상을 바라고 있었다. 사정이 그러하니 대완에서는 장건 일행의 도착을 반기지 않을 수 없었다. 대완의 왕이 장건에게 물었다.

"우리나라에 잘 와주셨소. 그래, 일행은 대체 어디까지 가실 예정이오?"

이에 장건은 말했다.

"우리들은 한나라를 받들고 월지국으로 가는 길입니다. 불행히도 흉노에게 잡혀 뜻하지 않게 세월을 허송하다가 겨우 도망쳐오는 길입니다. 왕이시여, 저를 월지국까지 보내주실 분은 오로지 당신뿐입니다. 제가 월지국으로 갔다가 무사히 귀환할 수 있게 된다면 우리나라 대왕에게 엄청난 예물을 보낼 것입니다."

왕은 이에 동의했다. 그리하여 장건 일행에게 안내와 통역을 붙여서 보내주었다. 일행은 우선 강거康居[키르키즈 지방]에 도착했고, 이어서 강거지방 주민의 도움으로 대월지[우즈베크 지방]에 무사히 도착할 수 있었다.

그 즈음 대월지국에서는 전왕이 흉노에게 죽임을 당했기 때문에 태자가 새로이 왕이 되어 있었다. 대월지국은 새 왕의 시대가 되면서부터 대하大夏[아프가니스탄]를 완전히 복속시켜 종주국이 되어 있었다. 국세가 증가되고 더구나 외적의 침공도 없어 그야말로 평온한 나날을 보내고 있었다.

더구나 그들에게 있어 한나라는 너무도 멀었다. 그러므로 협력해서 흉노를 보복할 생각은 전혀 없었던 것이다. 장건일행은 이 나라에서 1년 남짓 머문 뒤에 귀로에 올랐으나 강족羌族의 영토를 통과할 무렵 또다시 흉노에게 사로잡히고 말았다. 그러나 장건일행은 1년 뒤 흉노의 내분을 틈타 도망칠 수 있는 행운을 누렸다.

기원전 126년 장건은 무려 13년 만에 마침내 장안으로 돌아왔다. 무제는 성대한 잔치를 베풀어 장건일행을 환영하고 장건을 태중대부太中大夫로 임명했다.

장건은 체력이 좋고 성격이 관대하며 신의가 두터운 인물이었다. 그러한 그의 인품은 이국사람에게도 호감을 샀다. 이 때문에 활을 잘 쏘는 감보는 흉노 출신임에도 식량이 떨어졌을 때 활로 짐승을 잡아 굶주림을 모면하게 해주었다.

처음 한나라를 출발할 때, 장건일행은 1백 명 이상이나 되는 하나의 부대였으나 이 가운데 13년이 지나서 귀환한 자는 이 두 사람뿐이었다.

장건이 비록 대월씨와 연합하여 흉노를 막아보고자 하는 무제의 뜻을 이루지는 못했으나, 그의 보고를 통해 무제는 서역과 그밖의 나라들에 대한 흥미로운 사실을 알 수 있게 되었다. 장건이 가지고 온 각 나라의 토산품들은 무제의 관심을 끌기에 충분했다.

또한 장건은 긴 억류생활을 하는 동안 흉노의 세력권 안에 있는 이곳저곳을 돌아다니며 초원·사막·산악·호수·도로 등을 기억하며 머릿속에 그려놓았던 것이다. 장건의 지리지식 덕분에 그 뒤 한나라의 군대는 정복길에서 물이나 군량부족으로 고통받는 일이 없게 되었다. 이러한 경험이 흉노를 토벌하는 데 많은 도움이 된 것이다.

몇 년이 지난 뒤 무제는 대장군 곽거병霍去病으로 하여금 흉노를 토벌하도록 했다. 한나라 군대는 대승리를 거두어 흉노의 기병 3만여 명을 소멸시키고, 지금의 하서주랑과 감숙지역인 서하西河를 점령했다. 이렇게 되자 한왕조와 서역으로 통하는 길에는 장애가 없어졌다.

한무제는 서둘러 장건을 다시 서역으로 파견했다. 이번에 장건은 3백여 명의 인원을 인솔하고, 엄청난 양의 소와 양 그리고 금은보석 등을 가지고 갔다. 이윽고 장건일행은 오손烏孫국에 닿았다. 동시에 장건은 각각 예물을 가지고 대완大宛·대월大月·강거康居·대하大夏 등의 나라에 가도록 부사副使들에게 명했다.

오손 왕은 장건이 많은 보물을 가져온 것을 보고 매우 기뻐했다. 그는 한제국과 연맹을 맺고 싶었다. 또 한편으론 한왕조의 내심을 파악하고 싶었다. 오손 왕은 급기야 사자를 파견하여 장건과 함께 장안으로 가도록 했다.

오손의 사자는 한무제의 융숭한 대접을 받았다. 그는 한왕조의 강력한 병력과 경제의 번영을 보고는 귀국하여 오손 왕에게 보고했다. 얼마 뒤 오손 왕은 서둘러 한왕조와 우호관계를 맺었다.

1년이 지난 뒤 서역 각국에 파견됐던 부사들이 귀국했다. 서역 각국들도 각기 사자들을 장안으로 파견해 왔다. 이로써 한왕조와 서역 각국의 관계는 나날이 가까워졌다. 이에는 장건의 공적이 크다고 여긴 한무제는 그를 박망후博望侯로 봉했다.

장건의 2차에 걸친 출사는 한왕조와 서역지역의 경제와 문화교류의 통로를 개통시키는 결과를 가져왔다. 중국과 중앙아시아 각국 간의 교류가 시작되어 이들을 통해 서아시아, 심지어 지금의 로마인 대진국大秦國과도 문물을 교류하게 되었다.

그 뒤 한나라와 서역과의 교류는 빈번해져 이른바 비단길(실크로드)이 개통되기에 이르렀다. 이 길을 통해 포도·석류·호도와 낙타·사자·공작·향로·상아·산호·유리 등이 중국에 전래되었다. 또한 중국의 비단·칠기·약재 등이 서역에 전해지게 되었다. 결과적으로 장건의 외교는 이후 동서문화 교류를 개척 촉진시키는 효과를 가져왔다. 이는 세계사적으로 볼 때 그 의의가 매우 크다고 할 수 있다.

3. 버림받은 사마천이 불멸의 『사기』를 저술하다

한무제는 전대황제들이 쌓아놓은 탄탄한 국력을 기반으로 태평성세를 구가했다. 학술과 문화 방면에서도 눈부신 발전이 있었다. 정치·군사·경제상의 발전 또한 심대하여 이후 중국의 토대가 되었음은 부정할 수 없는 일이다.

그러한 시대를 살면서 가장 치욕적인 삶을 살다가 불후의 역작을 남긴 사람이 있다. 바로 중국고대의 위대한 역사가인 사마천司馬遷인데 그는 세기의 명작『사기史記』를 완성했다. 사마천이 저술한 『사기』는 중국역사서의 대명사로 불릴 정도로 뛰어난 저작이다.

사마천은 기원전 145년에 지금의 섬서성 한성현韓城縣에서 태어났다. 그의 조상들은 대대로 역사를 서술하는 사관史官을 지냈다. 그의 나이 10세 되던 해에 부친 사마담司馬談 역시 한나라의 태사령太史令으로 황실의 도서를 관리하고 사료를 수집하며 천문이나 역법연구를 관장하는 직책에 임명되었다. 그가『사기』를 저술한 것은 이러한 그의 출신내력과 불가분적 관계가 있다.

사마천은 어려서는 부친을 따라 수도 장안으로 이주하여 고문古文을 배웠으며, 뒤에는 당시의 유명한 학자들이었던 동중서와 공안국孔

安國을 스승삼아 강의를 들었다. 그는 이러한 기초 위에 많은 분량의 고적이나 황실의 공문서, 백가百家의 저술 등을 폭넓게 섭렵하여 곧 해박한 지식을 쌓은 인사가 되어 있었다.

20세가 되던 해 그는 천하의 고적을 답사하는 여행을 시작. 중국 동남지역을 돌았다. 그 뒤에도 사신이나 군무로 출정, 그리고 무제의 외유 길에 수행하며 여러 지역을 돌아보았다. 그 과정에서 그는 지금의 복건성과 광동성을 제외한 장성長城 이남 대부분의 지역에 현란한 족적을 남겼다.

또한 이러한 여행과정에서 그는 당시 사회의 다양한 현실을 직접 피부로 느낄 수 있었다. 그 결과로 당시의 지식계층에 비해 원대하고 진보적인 역사인식을 갖게 되었다.『사기』에 사회현실을 생생하게 반영시킬 수 있었던 것도 그러한 인생역정에서 비롯된 일이었다.

곧 사마천은 한무제의 시종관이 되었다. 그러나 그의 나이 35세가 되던 해에 불행스럽게도 아버지 사마담이 병으로 죽었다. 사마담은 원래 자신의 태사령이라는 직책을 수행하는 과정에 얻은 지식을 기초하여 '중국통사中國通史'를 저술할 계획이었다. 그렇지만 뜻을 이루지 못한 채 죽고 말았다. 죽음에 임박하자 그는 아들 사마천에게 자신의 유업을 이어줄 것을 신신당부했다.

사마담이 죽고 3년 뒤(108년 BC) 사마천은 부친의 후임으로 태사령에 임명되었다. 그는 자료를 수집 분석한 끝에 기원전 104년부터 정식으로 역사서 저술에 착수했다.

호사다마라고 그에게 불운의 그림자가 겹쳐오기 시작했다. 당시 이릉이라는 장수가 있었는데. 그는 부하 5천을 거느리고 서북지역 요충인 거연居延에서 흉노와 싸우다가 선우의 대군과 맞닥뜨리게 되었다. 그는 치열한 접전 끝에 크게 패하고 어쩔 수 없이 흉노에 투항한 사건이 벌어졌다.

이 사건은 한무제를 매우 분노케 했다. 조정은 앞을 다투어 이릉 일가를 처단해야 한다는 조정대신들의 의논으로 들끓고 있었다. 그러나 이때 사마천의 생각은 달랐다. 그는 이릉의 선택이 부득이한 것이었다는 것과 그가 세웠던 과거의 공적을 설명하며 이릉을 변호했다.

"신이 이릉의 전력을 탐색하여 볼 때 한나라의 장군으로서 기개를 갖춘 빼어난 사람이라 생각됩니다. 그런만큼 그는 신하로서 신명을 다하여 어떤 위험도 돌파할 사람이라 생각됩니다. 또한 이번 싸움의 실패는 그의 잘못이 아닙니다. 그는 5천이라는 적은 병사로써 10만의 흉노기병에게 대항하였습니다. 막강한 군사력에 의해 포위되어 있었으면서도 그는 십여 일이나 버티면서 1만여 명의 흉노를 죽였다고 합니다. 그러나 군량과 화살이 떨어져 더 이상 싸울 수가 없었고 하전하여 부하들의 전멸을 볼 수가 없었을 것입니다. 어찌 그가 기껍게 투항했겠습니까?"

그러나 사마천의 이러한 발언은 한무제의 분노를 촉발시키는 결과가 되었다. 한무제의 추상같은 분노가 있으니 어느 누구 하나도 그를 위한 구명운동을 할 수가 없었다. 사마천에 대한 형벌은 오로지 죽는 일뿐이었다.

그런데 그 시절에는 어떤 형벌에 대속代贖 즉 대신 속죄하는 행형제도가 있었다.

"사형을 면하는 방법이 두 가지가 있다. 하나는 50만 전의 벌금을 내는 것이요, 둘째로 생식기를 제거하는 궁형宮刑(거세형)을 받는 제도가 있다. 알아서 선택하라!"

살아가는 것도 넉넉지 못했던 처지의 사마천으로서는 죽지 않으려면 죽음보다 더한 치욕을 견디며 궁형을 선택하지 않을 수가 없었다. 당시 궁형이 사대부로서는 차라리 사형보다 더 치욕스러운 형벌이었음에도 사마천은 궁형을 선택했던 것이다.

사마천은 아버지 사마담의 유업과 유언을 생각했다. 그러니 차마 그대로 죽을 수가 없는 일이었다. 사마천은 결국 궁형을 선택했으니 이때 그의 나이가 40세 전후였다.

2년여의 옥중생활을 마치고 다시 세상에 나온 그는 이미 고자가 되어 있었다. 무제는 그를 측근에 봉직하라는 영을 내렸다. 이윽고 중서령의 높은 벼슬이 주어졌다.

그의 그런 뼈아픈 경험은 인간의 운명에 대해 깊은 의문을 품게 했으며, 이를 역사에 대한 깊은 성찰로 연결시켜 나갔다. 그는 온힘을 다해 역사서술에 진력했고 무려 16년 동안의 산고 끝에 마침내 『사기』를 완성했다. 그때가 기원전 97년이다. 탁월한 재능과 예리한 통찰력, 거기에 인생의 가혹한 체험을 통해 사마천은 불멸의 역사서인 『사기』를 세상에 태어나게 한 것이다. 그런 『사기』는 세계역사상 최초의 통사通史(전 시대, 전 지역에 걸쳐 기술한 종합적인 역사)로서, 황제黃帝로부터 한무제에 이르는 약 3천 년의 역사를 포괄하고 있다.

사마천은 『사기』에서 진보적인 사상을 표현하고 있다. 역사상의 명군明君·현신賢臣과 농민봉기의 영수인 진승과 오광 등의 인물들에 대해서는 높은 평가를 했다. 수탈받는 하층민들에 대해서는 깊은 동정을 했다. 그러나 폭군과 혹리酷吏에게는 가혹한 비판을 가했다.

또한 사마천의 『사기』에 이르러 비로소 중국에 비교적 완벽한 사서史書가 나타나기 시작했다고 해도 과언은 아니다.

『사기』의 인물전은 사실에 충실한다는 전제하에서 역사와 문학을 교묘히 융합시켜 뚜렷한 성격을 가진 인물들의 생동감있는 형상을 그려내고 있다. 더욱이 그는 역사인물의 개성이나 특색을 묘사하는 어휘의 선택에 뛰어난 능력을 발휘하여 그 인물의 특징을 충분히 부각시켰다. 기록들은 생동감이 있었고 진실성이 강화되어 있었다. 그래서 『사기』에 보이는 역사인물들의 일생은 언제나 감동을 불러일으킨다.

이런 이유들 때문에 중국의 전기문학은 『사기』에서 비롯되었고 그런만큼 중국문학사에 있어서 중요한 위치를 차지한다 해도 과언이 아닐 것이다.

제10장
후한을 창건한 내성적이고 평범한
광무제 유수

    광무제光武帝 유수劉秀는 후한왕조의 초대황제다. 그는 기원전 6년 한고조 유방의 혈통을 이은 지주집안에서 태어났다.

    유수의 인생 전반기를 살펴보면 그가 황제가 됐다는 사실이 믿기지 않는다. 그는 청년시절 농사일에만 매진한 농업인이었다. 물론 지주였던 터라 생활이 어렵지는 않았지만 그는 농사일 이외에는 관심을 두지 않은 채 묵묵히 일만 하고 산 인생이었다.

    당시 주변사람들은 유수를 성실하고 얌전한 청년으로 보았을 뿐, 그가 훗날 큰일을 도모할 사람이라고는 전혀 예상치 못했다. 때문에 근처 마을의 용한 점쟁이가 유수를 보고 "이 아이는 천자가 될 상이다"라고 말했을 때도 모두들 재미있는 농담이라도 되는 양 웃어넘겼을 뿐이었다고 한다.

    훗날 황제가 된 유수는 고향에 돌아와 친척과 친구들을 모아 술잔치를 벌였다. 이때 거나하게 취한 마을의 할머니들은 황제인 유수를 붙잡고 "아주 성실하고 노는 것도 모르는 순진한 아이였던 유수가 세상에, 황제라니!" 하며 놀렸다고 한다. 이때 유수는 빙긋 웃으며 "저는 천하를 부드러움으로 다스리려고 합니다"라고 대답했다고 한다.

1. 유수가 인재를 극진히 대접하다

광무제 유수의 치세는 서력 25년 6월에 즉위해서 57년 2월 62세를 일기로 사망할 때까지 32년 동안 계속되었다.

광무제 치세는 여러 면에서 무리를 하지 않고, 전체적으로 수수하여 화려하지 않았다는 특징이 있다. 원래 광무제 유수의 성격이 억지를 부리지 않는 유연한 성격이었기 때문인 듯하다. 특히 당시 중국은 심한 전란으로 백성들의 생활이 매우 궁핍해 있었기 때문에 시대의 요구대로 민생을 회복하는 데 힘썼을 것이다. 또한 그런 유수의 마음은 백성들에게 부담없이 받아들여졌으리라 생각된다.

후한의 광무제 유수는 '부드러움'의 책략으로 천하를 다스려 뒷날 사람들에게 인자한 군주로 칭송받았다. 호족출신이었던 그는 왕망을 격파한 전쟁에서 군사가로 거듭난다.

그의 성공비결은 무력일변도의 정벌이 아니었다. 상대를 회유하는 식으로 조력자를 후대하고 부하에게 은혜를 베풀며 적에게 살 길을 열어준 데 있었다. 인심을 사로잡은 그는 성공적으로 후한의 기틀을 다졌을 뿐만 아니라 대업을 이룬 뒤 공신들을 학살하지 않은 몇 안되는 명군이기도 했다.

경시 2년(24) 가을, 유수는 군대를 지휘해 반란군인 동마군銅馬軍을 공격했다. 성 안에 있던 동마군은 수적 우세를 믿고 속전속결을 계획했다. 유수는 적군의 이런 의도를 간파하고 방어를 더욱 엄중히 하는 한편 적의 수송로를 끊게 했다.

한 달 뒤, 동마군은 성을 버리고 도주할 수밖에 없었다. 작전대로 성 안의 양식이 모두 떨어졌기 때문이다. 유수군은 그들을 추격해 큰 승리를 거두었다. 이후 복양에서도 고호·중련 두 반란군 집단을 무찔렀다. 그 과정에서 투항하는 군사 등 반란군 10만 명을 흡수했다.

처음에 유수의 부하장교들은 패배한 반란군을 모두 죽여야 한다고 주장했다. 구속력이 약한 그들이므로 전투에 보탬이 되기는커녕 부담이 될 것이라는 우려였다.

유수는 이런 의견들을 모두 일소에 부쳤다. 그는 반란군을 받아들인 뒤, 그들의 우두머리를 대장에 임명하고 본래의 편제를 유지하게 했다. 반란군 장교들은 유수의 이런 조치에 적잖이 마음을 놓았다.

그렇지만 그들은 여전히 한 가닥 불안감은 지울 수 없었다. 어쨌든 자신들은 출신이 적의 무리이니 언젠가는 상응한 대가가 치러질 것이라는 생각을 지울 수 없었던 것이다.

이러한 투항군 내의 불안을 파악한 유수는 즉시 상응하는 조치를 취했다. 그는 각 투항군 부대가 훈련을 할 때, 서너 명의 측근만을 데리고 그들의 훈련장을 돌며 투항군 장병들을 위로한 것이다. 이에 감동한 투항군 장병들이 격정어린 목소리로 말했다.

"대왕께서 이처럼 우리를 신임하시니 저희가 어찌 목숨을 아껴 전투에 소홀하겠습니까?"

그들은 앞다퉈 투항군이 아닌 정규군이 되기를 원했다. 단신과 마찬가지인 그가 아직 적당일 수도 있는 투항군 막사를 순시한 것 자체가 그들에 대한 깊은 신뢰였기 때문이다.

유수는 무모하리 만큼 당당하게 모든 일을 해냈다. 그 과감한 '회유책'은 삽시간에 투항군을 감동시켜 진심으로 마음을 다하게 만들었다. 항복한 장병들조차 이렇게 대했으니 그가 수하의 장병들을 얼마나 아끼고 신뢰했을지는 두말할 나위가 없다.

유수는 낙양을 함락시키고 스스로 황제라 칭했다. 이때 지방에는 여전히 많은 세력이 할거하고 있었으므로 황제는 연이어 정벌군을 보냈다. 특히 관중일대에서 적미군이 유분자劉盆子라는 인물을 황제로 옹립했는데, 관중은 토지가 비옥한 요충지였던 까닭에 유수로서는 꼭 필요한 땅이었다. 그는 즉시 장군 등우鄧禹를 파견했다. 하지만 숫자가 많은 적미군에 연이어 패한 등우는 부득이 원조를 요청하지 않을 수 없었다.

유수는 이번에는 정서대장군 풍이馮異를 보내 등우를 대신하게 했다. 풍이는 관중에 도착하여 적미군을 격파했다. 유수는 그런 그의 재주를 높이 평가하고 아예 관중을 다스리게 했다. 관중을 평정한 풍이는 현지의 생산력을 높여 백성들을 편안히 정착할 수 있도록 했다.

풍이는 성품이 진중하고 후덕했으며 백성을 자식처럼 사랑했다. 그런데 장안현 현령이 백성들을 지독히 억압한다는 사실을 듣고 풍이가 그를 사형에 처하도록 결정한 일이 있었다. 이 일은 중앙정가에 알려지고 그를 시기하던 일부 신하들은 유수에게 상소를 올렸다. 관중을 멋대로 다스리고 백성들을 꼬드겨 관중의 왕이 되려 한다는 내용이었다.

하지만 유수의 신임은 여전했다. 그는 상소를 무시하고 계속 그를 신임하여 오히려 가족들과 함께 관중에서 머물라 했다. 이는 당시로서는 있을 수 없는 특혜였다. 언젠가 반역할지도 모른다는 생각에 가족을 마치 인질과도 같이 중앙에 매어 놓았던 시대이니 말이다. 이에 감격한 풍이는 한층 더 유수에게 충성을 바쳤다.

역사상 수많은 공신들이 끝내 토사구팽의 운명을 면치 못했지만 유수의 장수들은 그렇지 않았다. 관중을 20년 넘게 지킨 풍이를. 광무제 유수는 전쟁이 있을 때건 평화로울 때건 무조건 신임했을 뿐 다른 참언을 믿지 않았다. 그는 부드러움으로 천하를 다스리고 대담하게 인재를 믿고 기용함으로써 결국 대업을 이루고 위대한 군주가 되었다.

많은 사서는 그런 광무제 유수를 다음과 같이 평하고 있다.

'황제는 군신을 제어하면서도 항상 관용을 베풀며 작은 실수를 용서했다. 그렇게 했기 때문에 모두와 복된 인연을 지켰고 허물 때문에 죽은 자가 없었다.'〔『자치통감』〕

『후한서』의 저자 범엽范曄은 광무제의 치세를 다음과 같이 평했다.

'스스로 대업을 이루었지만 삼가고 두려워하여 이룬 것이 적은 듯 행동했다. 그래서 정치체제를 명확하고 신중하게 했고, 권력기관의 동태를 잘 관찰했으며, 필요한 시간과 힘을 예측해 실행하니 실수하는 일이 없었다. 문사를 등용했으며 활과 화살을 거두어들이고 말과 소를 풀어놓았다. 그 도가 옛것과 같지는 않았지만 이 또한 싸움을 멈추게 하는 무武이다.'

'무武'를 둘로 분해하면, '止戈'인데, 이는 싸움을 멈춘다는 뜻이 된다. 중국인들에게 '무武'의 최고경지는 이런 뜻이었고 광무제는 이를 실천했던 듯하다.

후세사람들은 유수와 유방을 비교하면서, 둘의 차이점은 유수의 재능이 유방을 앞서는 데서 기인한다고 한다. 유방은 자신이 남보다 못하다는 것을 인식하면서도 간혹 부하들의 거만함을 꺾는 방법으로 자신의 위신을 세우면서 명령에 복종하도록 했다.

반면에 유수는 주변 인물들보다 재능이 훨씬 앞섰다. 그는 지지자들을 잘 다독여 처음과 같은 우정과 진실함이 계속 유지되기를 원했다. 그럼으로써 그들과 협력하여 어려움을 극복하고 목표에 도전할 수 있게 되기를 바랐다.

2. 유수가 신하들의 내분을 염려하다

사람을 볼 줄 아는 사람은 어떤 지혜를 갖고 있는가? 전통적인 인재등용에 관한 조언은 "의심이 나면 부리지 않고, 부리기로 했으면 의심하지 않는다"는 것이다. 큰 인재는 크게 쓰고, 작은 인재는 작게 쓰는, 이른바 개개인의 능력과 장점 파악을 통해 인재를 쓸 줄 아는 혜안이 있어야 한다.

한 조직의 성원들이 서로 흠잡기에 몰두해 '집안싸움'의 기미를 보이면 그 조직의 응집력은 와해되고 만다. 그래서 리더는 "일단 사람을 쓰면 의심하지 않는다"라는 원칙을 고수하면서 쓸데없는 참언을 멀리하고 부하들이 마음놓고 업무를 수행할 수 있도록 격려한다. 그런 때만이 조직의 응집력 와해를 막을 수 있기 때문이다.

역대제왕들 가운데 많은 이들이 부하의 다툼을 제어하지 못하여 국가의 구성이 산산이 조각나는 지경을 자초했다. 광무제는 이런 폐단을 잘 알고 스스로 잘 단속했다. 일단 사람을 쓰면 의심하지 않았고, 의심이 가는 사람은 처음부터 쓰지 않았다. 또 위에서 아래에 이르기까지 좋지 않은 풍조의 발생을 차단하여 국가의 안정을 확보하려 했다.

본래 영천출신인 풍이는 왕망 말년에 유수에게 투항하여 주부가 되었다. 풍이는 일찍이 하북의 난리를 평정하고 민심을 안정시켰다. 또한 유수가 제위에 오른 뒤에는 대장군으로서 적미군을 토벌해 천하에 평화를 가져왔다. 이처럼 그는 공이 적지 않은 인물이었지만 투항한 전력으로 인해 조정대신들의 표적이 되곤 했다.

풍이는 오랫동안 밖에서 전쟁을 치르면서 상당한 병력과 권력을 쥐고 있었다. 게다가 유수의 각별한 총애까지 받았으니 다른 대신들의 불만을 살 만도 했다. 급기야 관중에 주둔하고 있을 무렵 그가 관중에서 세도를 과시하여 장안령을 참수하고 민심을 농락하며 왕을 참칭한다고 누군가 고발했다.

이에 풍이는 불안한 나머지 여러 번 사죄문을 황제에게 올렸다. 하지만 유수는 가벼이 웃어넘길 뿐 그리 괘념치 않았다. 그는 인간의 본성을 이해했다. 조정대신들 가운데 일부가 '집안싸움'을 조장하여 이득을 챙기려 한다는 것도 알고 있었다. 그들은 정무에는 관심이 없고 자신들의 입신출세에만 관심이 있었으므로 때로는 조정을 어지럽히기까지 했다.

그러한 때 만약 유수가 그들의 유언비어를 믿었다면 풍이와 같은 유능한 인재를 잃고 종래는 천하의 인심마저 놓칠 수도 있었다. 그러나 유수는 풍이를 안심시키는 조서를 내렸다.

"과인과 장군은 의리로는 군신이요, 은혜로는 부모 자식과 같으니 과인이 무엇을 서운해 하고 무엇을 두려워하겠소?"

풍이는 유수가 자신을 그토록 신임하는 것을 알고 깊이 감격하여 더욱 깊은 충심으로 유수를 모셨다. 이후 풍이가 낙양으로 돌아왔다. 유수는 오랜 기간 전장에서 탁월한 공로를 세운 풍이를 위로하기 위한 자리를 열었는데 그때 그는 '무루정無蔞亭 콩죽'에 얽힌 옛 이야기를 꺼냈다.

'옛날 하북지역을 지키던 유수는 왕랑王郎과의 교전에서 크게 패해 용양현 무루정으로 도망쳤다. 추운 날씨에 배고픔까지 겹친 유수는 기진맥진한 상태였다. 그런데 이때 풍이가 불을 피우고 여기저기에서 모아온 콩으로 죽을 쑤어 바쳤다. 이것을 먹고 기력을 회복한 유수가 여러 장수들 앞에서 그 감격의 정을 표현했었다.'

'옥남궁으로 행군할 때에도 기억할 만한 일이 있었다. 바람이 세차고 비가 억수같이 오는 날씨에 유수는 민가를 찾아 비를 피하고 있었다. 이때도 마치 일반 병사처럼 풍이가 등우鄧禹와 함께 땔나무를 구해 와 불을 피웠다. 그들은 유수를 위해 옷을 말리고 토끼고기를 구워 바쳐 이미 탈진한 상태의 주군을 보살폈던 적이 있었다.'

유수로부터 하북에서의 옛일을 듣고 풍이는 이렇게 말했다.

"소신도 그때의 일은 잊지 않고 있습니다. 소신이 어찌 '건거의 은혜'를 잊을 수 있겠습니까."

'건거의 은혜'란 옛날 건거향에서 풍이가 유수 밑에서 전투를 치를 때 생긴 일이었다. 한번은 풍이가 개인적으로 모친을 만나기 위해 군영을 이탈했다가 순찰병에게 잡혀 적군으로 오인을 받는 신세가 되었던 적이 있다. 전시의 부대이탈은 곧 참형을 받아야 하는 중죄이다.

이러한 상황은 곧 유수에까지 알려지게 되었다. 소식을 접한 유수는 하늘이 무너지는 듯했다. 그도 그럴 것이 풍이라면 가장 깊이 믿었던 장수였다. 그는 풍이에게서 모친의 위중한 소식이 전해져 저질러진 일이라는 자초지종을 듣고 오히려 전시임을 빙자하여 그를 옥에서 석방했다. 전시 적정순찰은 위장이 필수라는 전제를 내걸어 그가 적정순찰 중이었다고 하면서 주위의 비방을 막았던 것이다. 유수는 곧 풍이에게 은밀히 모친을 만나고 오라고 허락했다.

유수와 풍이는 이렇게 지난 일을 이야기하며 다시 한번 군신간의 화목을 다졌다. 풍이는 낙양에서 열흘간 머물렀다. 유수는 그 사이 여러 번 연회를 열어 그를 환대하고 금은보화를 하사했다. 그리고 함께 공손술을 공략할 계획을 세우며 그에 대한 신뢰를 표시했다.

유수가 한나라 종실을 부흥시키고 통일의 대업을 완성할 수 있었던 것은 그가 인재를 의심하지 않고 대담하게 등용하는 한편 부하들의 내분을 허용하지 않은 것과 무관하지 않다. 또한 기왕에 기용한 인재에게는 될 수 있는 한 많은 권한을 주어 능력을 발휘할 수 있게 했던 점도 간과할 수 없다.

유수의 너그러운 성품은 쉽게 얻을 수 없는 소중한 가치를 그에게 선사했다. 그는 동료들의 지지와 후세사람들의 존경을 받았으며 성공적인 대업을 이루었고 행복한 가정 또한 꾸렸다. 역대 개국황제 가운데 가장 인격적으로 뛰어나며 풍성한 수확을 본 황제이다.

3. 너그러움으로 천하를 통치하다

천하를 통일한 광무제 유수는 겸손한 태도와 유연함으로 천하를 다스리는 정치스타일을 계속 유지했다. 그는 백성의 고생을 덜어주고 새로 출범한 정권의 좋은 이미지를 보여주기 위해 조정의 지출을 줄이고 검소한 기풍을 확립했다. 스스로 모범을 스스로 보이려고 다른 나라에서 선물로 보내온 천리마를 마차 끄는 데 쓰고 보검은 장수들에게 나누어주었다. 또한 음악을 가까이하지 않고 귀중품을 몸에 지니지 않았다.

다른 한편 전쟁으로 인구가 줄어든 현실을 고려하여 인구가 적은 고을을 합병하고 관리를 줄였다. 4백여 개에 달하는 현을 합병하고 남아도는 관리를 감원하니 조정의 재정지출이 많이 줄어들었다. 그 밖에 전조田租 즉 토지의 수확량에 일정률을 부과하는 조세는 수확량의 10분의 1이던 것을 30분의 1로 삭감했다.

노비의 학대를 금지하고 혼란기에 억울하게 노비가 된 사람들을 평민신분으로 전환해 주었다. 홀아비·과부·고아, 홀로 사는 노인 및 생활이 곤란한 소외계층을 도왔다. 한편 충분한 식량을 큰 길거리의 창고에 쌓아두니 백성은 새 왕조를 더 믿고 든든하게 생각했다.

이어서 유수는 법령의 권위를 세우고 사회질서를 정비하기 시작했다. 차별없이 법을 집행하는 관리들을 크게 격려했으며, 심지어 자신이나 종실에게까지 예외없이 엄격하게 법을 집행하라고 명했다.

유능하고 지혜로운 인재를 새 정권에 흡수하고자 유수는 사방의 명사들을 초빙하였다. 그리하여 그들에게 좋은 시책을 제시하고 정권의 호소력을 높이고자 노력했다. 이와 관련해 엄자릉嚴子陵과 유수의 유명한 일화가 전해진다.

'엄자릉은 회계사람으로 유수와 동문수학한 친구였다. 그러나 황제가 된 뒤 유수가 그를 찾자 이미 이름까지 감추고 어디론가 사라진 뒤였다. 수소문 끝에 찾고 보니 엄자릉은 강변에서 양가죽을 몸에 두른 채 낚시를 하고 있었다.

온갖 설득 끝에 유수의 사자가 엄자릉을 인도하여 궁궐로 모셔오는 데 성공했다. 그러나 유수가 아무리 사정해도 엄자릉은 황제 유수를 보위하는 일을 한사코 사양했다. 그는 초야에 묻혀 학생들을 가르치겠다는 고집을 꺾지 않았다.

논의에 논의를 더했으나 엄자릉의 고집은 여전했다. 심지어 엄자릉은 유수와 함께 잠을 자면서 고의로 유수의 몸에다 자신의 다리를 올려놓기까지 했다. 그러나 유수는 그런 무례한 행동에도 전혀 불만의 낌새를 나타내지 않았다.

다음날 유수의 진면목을 보게 된 엄자릉은 그의 참뜻은 알겠지만 관직만은 받아들일 수가 없다고 말했다. 하는 수 없이 유수는 엄자릉을 보내주었고 고향에 돌아간 엄자릉은 그때부터 고향 부춘산富春山 기슭에서 농사를 짓고 낚시를 하며 여생을 보냈다.

이 일을 계기로 엄자릉은 더 높은 명성을 얻었다. 훗날 그의 이름은 세상일에 초연하고 고결한 성품으로 은둔생활을 하는 학자의 대명사가 되었다. 유수 역시 어진 이에게 겸손하게 대하는 제왕의 모범으로 칭송받아 그 뒤 인재초빙 때 인재들이 기껍게 호응하는 데 큰 도움이 되었다.

광무제는 말년에 잠시 미신에 미혹된 적이 있었으나, 그러는 동안에도 그는 잠시도 쉬지 않고 국정대사를 처리했다. 태자가 그에게 건강에 주의할 것을 건의하자 광무제는 "나는 일하는 것이 즐거워 조금도 피곤함을 느끼지 않는다"라고 대답했다고 한다.

유수는 전형적인 지식형 지도자였다. 그는 높은 학문과 소양을 갖추었으며 그에 걸맞은 실무능력까지 겸비한 사람이다. 같은 시대를 살았던 군사지도자들 대부분이 눈앞의 작은 이익에 눈독을 들이는 동안 그는 뛰어난 식견과 앞날을 내다보는 혜안을 발휘했다. 또한 전통적인 도덕규범이 요구하는 너그러움과 진실함까지 갖추고 있었다.

전통시대의 정치투쟁에서 많은 사람들은 계략에 뛰어난 냉혹하고도 무정한 지도자만 보아왔다. 이들은 매사를 이익의 관점에서 보면서 감정의 개입을 피했다. 일부 기회주의자형 지도자는 진실함과는 아예 담을 쌓고 살았다. 이들이 내건 약속은 신뢰를 주지 못했으므로 함께 일을 도모하던 협력자마저 하나둘 곁을 떠나갔다. 이런 상황에서 유수처럼 너그럽고 신용을 지키는 지도자가 주목을 받고 호소력을 가지는 것은 당연하다.

너그러움은 어떻게 보면 유약하고 무능력함의 다른 모습일 수 있다. 그러나 권모술수와 협잡으로 얼룩진 정치판에서 성실함으로 신용을 쌓는 너그럽고 동정심 많은 지도자는 오히려 큰 매력으로 다가오는 법이다.

제11장
권모술수가 뛰어난 난세의 영웅
위무제 조조

사람들은 다른 사람들을 자기와의 관계에 따라 적과 아군으로 나누기를 좋아한다. 『삼국지』 속의 많은 인물들도 처음부터 끝까지 이런 관계를 유지하며 역사 속에서 세력을 다투고 패권을 노리는 전투를 벌이고 있다. 『삼국지』가 수많은 독자들을 가지게 된 원인을 캐보면 인물과 인물 사이에 벌어지는 이런 관계를 잘 묘사했기 때문이다.

한 시대의 리더가 발휘하는 리더십이 그 국가와 민족의 영광과 치욕을 결정했다. 이는 동서고금을 통해서 확연히 검증할 수 있는 사실이다. 삼국시대의 혼란과 갈등은 분명 이 시대 리더의 리더십과 깊은 관련이 있다.

실패한 시대, 주저앉은 시대, 분열의 시대 한가운데는 맹인 같은 리더가 있기 마련이다. 영광스러웠던 시대에도 그에 상응한 역량을 갖춘 리더가 있었다. 이러한 리더십의 법칙은 과거나 현재나 동일하게 적용된다는 데 큰 의미를 찾을 수 있다.

역사상 조조曹操(155~220)는 줄곧 한나라를 탈취한 인물로서의 배역을 맡았고, 유비(161~223)는 한족출신으로 일생을 적과 항쟁하는 인물로 설정되어 있다.

조조는 원래 백 년에 한 사람 있을까 말까 한 뛰어난 인물로 그 세력 또한 막강했다. 그러한 조조의 세력에 눌린 유비는 그러나 반드시 이를 떨치고 일어날 사람으로 보인다. 이로 인한 정황은 갈수록 얽혀 마침내 물불을 가릴 수 없는 지경에까지 이르게 되니, 이것이 바로 『삼국지』가 방대한 독자층을 끄는 힘인 것이다.

조조의 자는 맹덕孟德, 어릴 때의 이름은 아만阿瞞으로 패국 초군 즉 지금의 안휘성 호현 사람이다. 그의 본래 성은 하후夏侯라고 한다. 그의 부친 조숭曹嵩이 어려서 대환관 조등曹騰의 양자가 되었으므로 성을 조씨로 바꿨다.

조조의 관상을 보던 어떤 사람이 그를 "치세에는 능신能臣, 난세에는 간웅奸雄"이 되리라 예측했다 한다. 그 말대로 그는 더 이상 지탱할 수 없어 무너져 내리는 한나라 말기라는 시대 속에서 일세의 간웅으로서 이름을 떨쳤다. 천하의 패권을 놓고 다투었던 어지러운 삼국시대에 그는 무수한 인재들을 아우르며 대륙을 횡행했던 것이다.

삼국시대 조조·유비·손권은 각각 인재활용술에 일가견을 지니고 있었다. 그러나 이 세 사람 가운데 조조의 인재활용술이 가장 뛰어났다. 그런 터라 조조는 가장 많은 인재를 거느렸고, 세력 또한 가장 강했다.

1. 조조를 용인술의 천재라고 부른다

후한 말엽에 이르러 황건적의 난이 일어나면서 한나라 왕조는 쇠망의 길을 걷기 시작했다. 그러나 조정은 이러한 위기를 자각하지 못하고 이전과 다름없이 권력투쟁만 되풀이하고 있었다. 그러한 때에 영제가 죽으니 그 동안 잠자고 있던 외척과 환관의 갈등이 심화되었다.

환관들이 작당하여 하태후의 오빠 하진을 죽이자, 수도 낙양의 치안을 맡고 있던 원소가 군사를 거느리고 궁중에 난입하여 환관 2천 명을 몰살시켰다. 소식을 들은 감숙성 양주 태생으로 강족의 군대를 거느린 동탁이 산서의 흉노군대를 지휘하는 여포를 부하로 맞이한 뒤 마음대로 헌제를 옹립하여 낙양에 입성했다.

그러나 낙양을 지키고 있던 구 권신과 장수들은 동탁의 그런 행위에 반기를 들었다. 중원의 여러 장군들이 낙양을 포위 공격하자, 동탁은 낙양성을 불태운 뒤 어린 황제와 수백만 주민을 강제로 이끌고 장안으로 옮겼다.

권력다툼 끝에 동탁이 여포에게 피살되자, 헌제는 장안을 탈출하여 방황하고 있었다. 그러한 헌제를 진영으로 맞아들여 황실의 권위를 등에 업고 호령하려는 신흥군벌 세력이 있었으니 그가 바로 조조였다. 조조는 원소를 쓰러뜨리고 중원의 군웅들을 평정해 나갔다. 그리하여 조조가 중원을 통일하였는데, 그럴 수 있었던 데는 그의 인재 선발능력이 뛰어났기 때문이다.

조조는 뛰어난 책략과 전쟁에서 이길 수 있는 용맹을 두루 갖춘 사람을 중시했고, 바로 이런 점 때문에 실제적인 능력을 갖춘 인재를 모을 수 있었다.

조조의 위나라가 삼국 중에 가장 강성한 원인도 조조의 성공적인 인사에서 찾을 수 있다. 조조뿐 아니라 촉나라 유비나 오나라 손권도 인사에 탁월했다. 그렇지만 종합적으로 볼 때 조조가 가장 앞서 있었다. 그는 의리나 인정에만 호소하지 않았다. 일을 할 때 보람이 있고 안정된 자리, 또 물질적 보상을 마련해 주는 현대적 관리기법을 일찍부터 활용했던 것이다.

조조는 사람 보는 눈이 뛰어날 뿐만 아니라 사람을 잘 쓸 줄 알았다. 사람의 능력과 잠재력을 정확히 파악하여 적재적소에 활용할 줄 알았던 것이다. 또 사람에 대한 욕심도 많아서 좋은 인재를 보면 적과 아군을 가리지 않고 맹목적으로 끌어들였다. 더러는 실패한 경우가 있었지만 평생 동안 인재사랑은 변치 않았다.

조조 밑에는 항상 인재가 들끓었다. 정확한 평가를 통해 능력을 길러주는데다 사람을 끄는 매력 같은 것도 있으니 그럴 수밖에 없었다. 신상필벌이 엄한 대신 인재라고 생각한 사람에겐 매우 관대한 면이 있었다.

그로 인해 조조 밑에는 그야말로 다양한 사람들이 모여들어 포진해 있었다. 좋은 계책을 내는 참모, 용맹스런 장수, 병참이나 행정에 능한 관료, 글을 잘 쓰는 문장가, 물불 안 가리는 충복들이 즐비했다. 조조는 이들을 마치 오케스트라를 지휘하듯 자유자재로 써서 나라와 천하를 경영한 것이다.

어떤 리더는 수하에 능력있는 사람이 너무 적다고 푸념만 한다. 그렇다고 능력있는 사람을 구하는 것도 아니다. 사람이 모여들지 않으니 있는 부하중에 어떤 이가 용맹무쌍한 '맹장'으로 돌변해 주기만을 바란다.

사실 모든 사람에게는 그만의 장점이 있다. 리더는 부하들의 그런 장점을 손바닥 보듯 꿰뚫고 그들에게 적합한 자리를 주어야 한다. 그 자리가 발전의 무대가 될 수 있고 모두 합심만 한다면 바라는 바 최고봉에 도달할 수 있다는 생각을 심어주어야 한다.

조조 밑에 사람들이 모인 것은 우연이 아니다. 그는 늘 적극적이고도 진취적으로 사람을 찾아나섰다. 조조가 55세가 되었을 때, 인재를 모으려고 발령한 구현령求賢令을 보면 조조의 인재관이 그대로 드러난다.

"예로부터 왕조를 부흥시키거나 치세를 잘한 황제는 모두 훌륭한 인재의 도움을 받았다. 현인을 발견하려면 윗사람이 적극적으로 나서지 않으면 안된다. 현인은 우연히 만나는 게 아니다. 청렴하고 결백한 선비가 아니면 안된다느니 하는 한가한 소리를 하고 있다간 언제 현인을 찾을 것인가? 지금 큰 재주를 지녔지만 한가하게 낚시나 하고 있는 강태공처럼 초야에 있는 사람을 찾아내라. 오직 능력만으로 천거하라. 나는 능력있는 사람을 중용할 것이다."

난세엔 도덕성보다 능력이 더 중요하다는 조조의 인재관이 잘 드러난다.

조조의 측근참모 중에 곽가郭嘉라는 사람이 있었다. 재주가 뛰어나 조조가 늘 중요사를 의논하고 총애했다. 안목이 높고 머리회전이 빨라 고비 때마다 기발한 타개책을 내놓곤 했다. 그러나 그는 품행은 별로 방정하지 못했다. 그래서 고지식한 어느 대신이 곽가를 탄핵하는 상소문을 거듭거듭 올렸다. 그때마다 조조는 그 신하에게는 엄정한 사람이라 하여 상을 내렸으나 곽가는 계속 곁에 두고 중용했다. 재주는 재주, 품행은 품행이라는 생각이었다. 감격한 곽가가 조조에게 더욱 충성을 바친 것은 말할 것도 없다.

사실 조조의 최대고비는 원소와 중원을 놓고 다툰 관도의 싸움이었다. 요즘 말로 하면 최대의 강자끼리 싸운 준결승전 같은 것이었다. 그때 원소의 참모였던 허유(許攸)가 조조에게 투항해 온 것이 승패의 갈림길이 되었다.

허유는 아무리 좋은 계책을 내놓아도 원소가 받아들이지 않자 기밀문서를 가지고 어릴 때 친구 사이인 조조를 찾아갔다. 조조가 받아들여주자 허유는 원소의 군량미가 있는 곳을 알려주고 그곳을 급습하라고 일러주었다. 당시는 서로 속이는 싸움을 하는 중이라 거짓정보도 많았다. 그래서 중신들 중에는 허유의 정보가 적군의 모략이 아닌가 하는 의심도 가졌었다.

그러나 조조는 그런 것을 가려내는 데 천부적인 소질이 있었다. 조조는 허유를 알았다. 그는 적어도 조조 앞에서 거짓을 말할 사람이 아니었다. 틀림없는 정보라 판단한 조조는 스스로 기습작전에 나선다. 건곤일척의 기습작전으로 원소의 엄청난 군량미는 한 줌 재가 되었다.

만약 그 기습작전이 실패했으면 조조는 그대로 무너지고 말았을 것이다. 조조는 그런 때에 승부수를 잘 띄우는 사람이었다. 천재적인 그의 승부수는 정확히 맞아떨어져 최후의 승자가 될 수 있었던 것이다.

애초에 병력이나 병참, 그리고 인재 면에서 원소가 훨씬 앞서 있었다. 그러나 지도자로서의 조조와 원소는 급이 달랐다. 원소는 유능한 참모는 많으나 그들을 쓸 줄 몰랐다. 대를 이은 명문거족인 그는 스스로 자만하여 인재를 대접하거나 소중히 할 줄 몰랐던 것이다.

원소를 이기는 과정에 조조의 큰그릇이 그대로 드러난다. 조조군이 원소의 사령부에 도달했을 때였다. 적들은 급하게 쫓겨 가느라고 중요한 문서들을 그대로 방치한 채 달아났다.

그 문서들 속에는 각 곳에서 원소에게 보내온 비밀편지 뭉치도 있었다. 신하들이 그것을 조조에게 바쳤다. 그러자 조조는 대충 살핀 뒤 그 내용에 대해 두 말 하지 않고 불 속에 집어던졌다.

"쓸데없는 허섭스레기들이야."

"그렇지 않을 수도 있습니다. 편지들을 태우면 누가 원소에게 접근했는지 알 수 없지 않습니까? 철저히 조사하여 반역자를 가려내야 합니다."

참모들은 극구 말렸으나 조조는 편지가 다 타도록 꺼내지 못하게 했다.

"이제 원소가 망했으니 천하의 인재들이 모두 내 사람인데 옛일을 따져 무슨 소용이 있겠느냐? 원소가 강성할 땐 나도 속으로 두려웠거늘 보통사람이야 오죽했겠느냐?"

그러고는 손을 탁탁 털었다 한다. 아마 조마조마했던 사람이 많았을 것인데 이 광경을 보고 조조에게 다시 한번 감복했을 것이다.

또한 조조의 입장에서도 비밀서신에 측근의 이름이라도 나오면 그것도 곤란했을 것이다. 그것은 잘못되면 정치적 후폭풍이 될 것이었다. 이러한 이유 때문에 서신들을 태움으로써 자신의 관대함도 보이고 골치 아픈 후유증도 가라앉히는 이중효과를 노렸던 것이다.

순식간에 그런 계산과 판단을 하여 그 즉시 행동에 옮기는 일은 아무나 할 수 있는 일이 아니다. 그런 점에서 조조는 위대한 경영자인 것이다.

우수한 리더의 능력은 결코 일상적인 업무를 처리하는 데만 그치지 않는다. 협력자든 경쟁자든 그들과 상대하는 순간, 독특하면서도 흡인력있는 인격적 역량이 리더의 진한 호소력으로 드러난다.

조조가 가진 유머와 호방함, 낙관적인 성격은 그의 특유한 브랜드이자 상징이 되었다. 이런 매력과 친화력은 협력자로 하여금 저도 모르게 의지하고 싶은 생각이 들게 했으며, 앞으로의 전망에 대해서도 충분한 자신감과 함께 안전감을 느끼게 했다. 이런 힘이 때로는 단순한 경제력이나 군사력보다 더 중요한 것이다.

2. 그는 풍부한 인재와 훌륭한 시스템을 남긴 사람이다

『삼국지』의 세 주인공 조조·유비·손권 가운데 가장 성공한 CEO는 조조라 할 수 있다. 조조가 창업한 위나라는 영토의 크기, 경제력, 국가시스템, 인적 자원, 문화적 수준에서 다른 나라에 비해 압도적으로 앞섰다. 당시 중국지도를 놓고 보면 조조의 위나라가 절반을 넘게 차지하고 있고 나머지를 가지고 유비의 촉과 손권의 오나라가 나누어 갖고 있다.

오늘날의 기업으로 비유하면 위나라는 창업도 빠르고 외형도 크며 성장성·수익성·안전성 모두 뛰어난 우량 대기업인 셈이다. 또한 기업조직이 강하고 유연했다. 무엇보다 인적 자원이 풍부하고 질도 높았으며, 특히 경영층이 두터웠다.

위나라의 최대 라이벌인 촉나라엔 위대한 전문경영인 제갈공명이 있었음에도 제한된 인적 자원 때문에 항상 고심했던 사실과 좋은 대비가 된다.

위나라는 기업문화도 좋았다. 단지 무장세력 위주의 군사집단이 아니라 당시로선 문화수준이 높은 지식기반 국가였던 것이다. 가장 큰 문제였던 식량문제는 둔전제屯田制로, 국방문제는 병호제兵戶制로, 국가세입은 호조제戶調制라는 선진시스템으로 해결했다.

인사도 시스템으로 처리해 나갔다. 창립자인 조조가 30여 년 동안 진두지휘하며 그렇게 만들어놓은 것이다. 조조 자신이 앞장서서 조직을 개혁했다. 새로운 시스템을 끊임없이 만들고 효율적으로 운용했던 것이다.

조조가 더 훌륭했던 점은 후계구도를 잘 짜고 성공적으로 정착시킨 점이다. 위대한 경영자도 후계구도에 실패하여 기업을 단명에 그치게 하는 경우가 많다. 따라서 경영자의 평가는 후대까지 살펴야 한다는 말이 있다. 본인이 아무리 잘해도 후계포석을 잘못하면 위대한 창업이 물거품이 된다. 너무 늦게까지 권력을 놓지 않거나 후계자를 잘못 선택한 결과이다.

권력의 승계는 미묘한 문제이므로 드러내 놓고 준비하기 어렵다. 창업자들은 권력의 누수를 매우 싫어한다. 설불리 하면 큰 혼란과 희생자가 생긴다. 중국역사를 보면 황태자 가운데 역모를 꾸몄다 하여 죽임을 당한 사람이 많다.

순조로운 승계가 되려면 물려주는 권력자가 잘해야 한다. 우선 물려주기 위하여 권력을 나눈다는 생각을 갖고 그런 준비를 빈틈없이

해야 한다. 또한 후계자를 고른 뒤 잘 훈련시켜야 하는데 사실 이것이 가장 중요한 일이다.

조조는 정에 치우치지 않고 냉정히 후계자를 정하여 단련시켜 나갔다. 죽기 9년 전에 조비를 부승상 겸 오관중랑장으로 삼아 후계구도를 가시화했다. 오관중랑장은 황궁의 경호와 상벌을 관장하는 힘 있는 자리였다.

또한 조조왕조가 대대손손 계속되리라는 것을 천하에 알리기 위해 황제의 권한을 차츰 줄이면서 조비가 대신하게 했다. 뿐만 아니라 많은 인재를 붙여 조비를 뒷받침하게 했다. 즉 조비에게 관서를 설치할 파격적인 권한을 주어 산하에 많은 인재를 두고 쓸 수 있게 했던 것이다. 조조가 조비에게 남겨준 유산 가운데 가장 값진 것이 곧 좋은 인재들이었다.

비록 조조가 위대한 일을 많이 했다고 하지만 몇 가지 실수도 있다. 다만 그것들이 나라가 망할 만큼 치명적인 것은 아니었다. 더구나 그는 이러한 실패를 자산으로 삼는 능력이 뛰어났다. 조조의 큰 장점이다. 즉 조조는 실패했으면 반드시 원인을 찾아 두번 다시 되풀이 하지 않도록 했던 것이다.

정사 『삼국지』의 저자 진수陳壽는 종합평가를 했다.

"조조는 싸움에 임해서도 서두름이 없었으나 변화가 무쌍하여 기회를 놓침이 없고 재주있는 자를 발탁해 일을 맡겼다. 자신의 감정을 억누르고 냉정한 계산에 따랐으며 재능이 있으면 사소한 일을 염두에 두지 않았다. 조조가 큰일을 할 수 있었던 것은 그릇이 크고 지략이 뛰어났기 때문이다. 한마디로 조조는 비범한 인물로서 시대를 초월한 영웅이라 할 수 있다."

3. 후대 야심가들의 모범이 되다

"교육적인 측면에서 조조가 후세에 나쁜 영향을 남겼다."
사람들은 그렇게 말한다. 그렇다면 과연 조조의 어떤 점이 나쁜 영향을 남겼는가? 결론부터 말해서 조조는 야심가들의 본보기였다. 그의 언행은 후대 야심가들의 모범이 되었고, 그의 저작은 경전이 되었다. 몇 가지 실례를 살펴보면 다음과 같다.
첫째로 조조는 자신이 쓴 「양현자명본지령讓縣自明本志令」이란 글에서 야심가들을 위한 성공비결을 알려주고 있다.
성공하려면 자기자랑을 할 줄 알아야 한다. 내 공로가 최고이며, 나 없이는 아무것도 못한다고 떠들 수 있어야 한다. 따라서 내가 대권을 잡는 것이 당연하고, 잡은 권력은 누가 뭐라 해도 놓칠 수 없다. 좋은 명성은 허망한 것에 지나지 않으며, 실권을 잡고 실질적 혜택을 얻는 것이야말로 실재적인 것이다. 바로 이것이 조조의 성공비결이었다.
당시 조조는 '천자를 끼고 제후를 호령하면서' 조정의 명이라는 명분 아래 군벌들을 제거하고 북방을 통일했다. 혹자는 조조가 자기편이 많아진 다음 후한 천하를 탈취하려 했다고 말한다. 조조는 자신이 쓴 글에서 이에 대해 밝히고 있다. 이른바 '양현讓縣'이란 조정에서 자신에게 내린 봉읍을 스스로 사양한다는 뜻이다.

'자명본지自明本志'란 자신에게는 천하를 탈취하려는 야심이 없다는 것을 밝힌다는 뜻이다. 여기에서 조조는 전혀 부끄러움 없이 "나라에 내가 없다면 얼마나 많은 자들이 황제를 칭하고 왕을 칭할까?"라고 말하고 있다. 이렇게 자기 자랑을 일삼고 있는 조조에 대해 우리는 조조가 죽기 전에도 황제나 왕을 자처한 자들이 있었으며, 조조가 군대를 동원한 20여 년 동안 통일을 완수하지 못했다는 사실을 지적하지 않을 수 없다.

조정에서는 조조에게 총 3만 호를 식읍으로 주었는데, 1만 호는 남겨놓고 2만 호만 사양하면서 '자명본지' 운운한 것이다. 사실 조조가 식읍을 사양하면서 이런 자기 고백을 한 것은 하사받은 땅이 은 3백 냥도 안 나가는 땅이었기 때문이다.

정말 야심이 없다면 왜 사직하지 못하는가? 승상의 신분이 있는데 병권을 장악하지 못했다고 해서 누가 그를 해치려 한단 말인가? 말은 그럴듯하지만 따지고 들면 요점은 대권은 자신이 쥐고 있어야 하며 실질적 혜택 또한 놓칠 수 없다는 논리일 뿐이다. 조조의 이런 '가르침'을 역대 야심가들이 철두철미하게 터득했음은 새삼 말할 필요가 없다.

둘째로 조조는 자신의 언행으로 후세에 이렇게 말하고 있다.

성공하려면 악재를 처리할 때 제때 결단을 내려야 하며, 이때 독하지 않으면 안된다. 천하사람에게 미안한 일을 할지언정 천하사람이 내게 미안한 일을 하게 해서는 안된다. 1백 명을 잘못 죽일지언정 한 명을 놓쳐서는 안된다. 이런 조조의 기본방침에 따라 억울하게 죽은 사람이 얼마나 많은지 그 수를 헤아리기조차 힘들 정도다. 때문에 간웅이 후세인들로부터 악의 화신으로 평가받는 것은 결코 이유가 없는 것이 아니다.

셋째로 조조는 또 자신이 쓴 문장에서 공을 빨리 세우고 이익을 서둘러 취하면서 큰일을 성사시키려면 과감하게 사람을 써야 하는데, 이것저것 가리지 말고 기용할 줄 알아야 한다며 후대 야심가들을 부추기고 있다.

"꼭 청렴한 사람이라야 한다면 제나라 환공이 어떻게 춘추패자가 될 수 있었겠는가?".

"덕행있는 인사들이 꼭 진취적인 것은 아니다. 진취적인 인사라 해서 꼭 일을 잘하는 것은 아니다."

"어질고 효성스럽지 못하더라도 나라와 군대를 다스리는 기술만 있다면 남김없이 쓰면 그만이다."

조조는 인재를 파격적으로 기용한 것은 물론, 이들을 엄격하게 통제하여 자신을 위해 목숨을 바치도록 했다.

이와 같은 조조의 언행은 후대의 야심가들이 본받는 모범이 되었고, 조조의 저작은 야심가들이 학습하는 경전이 되었던 것이다.

제12장 지략이 뛰어난 강남의 쟁패자
오대제 손권

『삼국지』의 세 주인공인 조조·유비·손권 가운데 오(吳)나라 손권만 창업주가 아니다. 오나라는 손권의 아버지인 손견이 창업을 하고 2대인 손책이 기반을 넓힌 다음 3대째인 손권 대에 이르러 명실상부한 나라의 기틀을 갖추었다. 2세지만 물려받은 가업을 잘 발전시켜 위나라·촉나라와 더불어 천하를 삼분한 것이다. 가히 수성守成[조상들이 이루어놓은 일을 지켜나감]의 명인이라 할 수 있다.

손권(孫權, 182~252)은 매우 성실한 리더였다. 손권은 삼국 가운데 가장 오랫동안 제위에 머물면서 비록 지방정권이기는 했지만 오래도록 오나라를 안정과 평화 속에 다스렸다.

손권은 통 크고 신중한 성격으로 물려받은 인적 자원을 잘 관리했을 뿐 아니라 좋은 사람을 많이 초빙하고 키웠다. 또 강동의 명문가들을 잘 포용하여 그들의 적극적인 협조를 받았다. 실사구시實事求是적 성격에다 생각이 유연하기도 했다.

원칙 때문에 손해보는 일을 하지 않았다. 실리를 위해서라면 체면에 별로 구애받지 않고 행동했다. 손권은 큰 특징은 없었지만, 매우 진실했고 성실한 리더였다고 평가할 수 있다.

특히 외교감각이 탁월하여 당시 물리고 무는 삼국관계에서 항상 최선의 선택을 했다.

1. 그는 탁월한 리더십의 화신이었다

약관의 열아홉 나이로 최고지도자가 된 손권은 앞길이 막막했지만 오직 하나 기댈 수 있었던 것은 부형들이 남겨준 좋은 기반과 인재들이었다. 그러나 부모가 아무리 좋은 유산을 남겨주었다 해도 그것을 제대로 사용하지 못하면 신세를 망칠 수도 있다.

손권은 부형이 남겨준 유산을 제대로 이용할 줄 아는 사람이었다. 특히 그 가운데서도 역대의 인재를 훌륭하게 썼다.

"'창업創業'과 '수성守成' 중에 어느 것이 어려운가?"라는 말은 당나라 태종이 왕업에 관해 중신들과 주고받았던 유명한 문답이다. 따지고 보면 창업은 천운天運에 따라 결정되지만 수성은 본인의 역량과 성격이 중요하며 운이나 배경이 차지하는 요소는 적다. 그러니 눈에 띄는 요란한 행동을 좋아하지 않는 사람이 수성에 어울린다고 할 수 있다.

'강남의 소패왕小覇王'이라 일컬어졌던 형 손책과는 달리 손권은 선천적으로 겸허하며 부드러운 마음씨의 소유자였고 인내심이 강했다. 몸을 숙이고 기회가 오기를 기다렸으며 연장자나 재능있는 부하에게는 자신을 낮추어 가르침을 구하는, 예사 군주에게서 볼 수 없는 훌륭한 품성을 갖고 있었다.

손권은 정치에 있어서는 성실하게 차선책을 구하고 일보 후퇴하더라도 무리한 모험을 피하며 객관적으로 정세가 호전되기를 기다린 뒤에 행동으로 옮겼다. 무슨 일이건 완전무결을 추구하면 무리가 따르기 마련이라고 생각했다. 이것이 바로 손권의 진면목이다. 이것이 오래도록 정권을 유지할 수 있었던 이유 중의 하나이다. 유하면서도 철저하리만큼 대의를 우선시했던 리더였던 것이다.

또한 손권은 부하를 신뢰하면 그에게 모든 것을 맡겼다. 부하들에게는 "상대방의 좋은 점을 보고 나쁜 점은 잊으라"라고 말하곤 했다. 형 손책과 같은 무용이 드높은 지도자는 제 맘대로 부하를 부려야만 마음이 편하다. 그러나 얌전하고 온정이 넘치던 손권은 부하를 쉽게 믿었으며 일단 믿으면 모든 것을 맡겼다.

젊은 나이에 왕위를 이어 받은 손권은 형이 남겨준 중신들을 그대로 썼으며 특히 주유周瑜와 장소張昭에게는 사부를 대하는 예로써 대하여 정치와 군사의 대권을 맡겼다. 새 군주의 전폭적인 신뢰를 받은 중신들은 이전보다 더욱 충성을 바치며 모든 힘을 쏟았다.

위나라와 촉나라라는 두 강대국 사이에 낀 지방정권임에도 오나라가 오래도록 번영을 누릴 수 있던 것은 『삼국지연의』에서 말하는 것처럼 양자강이라는 천험天險이 있어 침략을 받기 어려웠다는 이유가 있었지만 국왕 손권의 훌륭한 지도력도 그 원인 중의 하나라고 할 수 있을 것이다.

천하제패만을 노렸던 조조나 유비에 비하면 겸손한 손권의 존재감은 한층 더 희귀하게 느껴진다. 역사가 진수陳壽가 손권을 두고 예전의 월왕 구천과 어깨를 겨룰 만한 뛰어난 자질의 소유자라고 한 말은 정수를 말한 것이 아니겠는가?

2. '정'으로 부하를 감동시키다

'정情'으로 감동시키는 것이야말로 인재관리의 최상의 기술이다. 부하들은 리더의 이해를 바라고, 또 리더가 진심으로 대해 주기를 원한다. 반대로 리더는 부하들이 충성을 바쳐 함께 일을 도모해 주기를 바란다. 인정과 의리가 있다면 부하는 리더를 위해 온몸을 다 바친다. 인정과 의리가 있으면 리더는 부하를 생각하고 그들의 복리를 증진하기 위해 배려한다. 인정과 의리가 값을 매길 수 없을 만큼 귀중하다는 걸 양쪽 모두 알고 있다. 그러나 아는 건 쉽지만 행하기는 어렵다.

단순히 인정과 의리의 귀중함을 아는 것만으로는 아무 쓸모가 없다. 인정과 의리를 행동으로 옮겨, 그것으로 부하와 리더 사이의 유대관계를 구축하고 감정의 촉매제 역할을 담당하게 해야 한다. 그러려면 리더가 앞서서 손을 내밀고 자신의 인정과 의리를 내보여야 한다. 그러면 부하도 마음을 열고 무한한 충성심을 내놓게 된다.

삼국시대의 손권은 전쟁에 능했을 뿐만 아니라 감정적인 책략에도 능했다. 그는 부하들을 관리할 때 정으로 마음을 움직여, 부하들이 그에게 감사하는 마음을 갖게 만들었다.

손권이 선성에 군대를 주둔시켰을 때의 일이다. 그 지역에는 산적이 많았는데, 허술한 방비를 틈타 그들이 군영을 겹겹이 에워쌌다. 손권은 포위를 뚫고 밖으로 나가려 했지만 그럴 수가 없었다. 주위에 있던 맹장들의 얼굴에 두려운 기색이 떠오르기 시작했다.

이때 주태朱泰라는 자가 일어나 말을 타고 적진으로 돌진하여 혈로를 뚫었다. 그는 부상을 입어 갑옷이 피범벅이 되었지만 손권이 포위를 벗어날 때까지 물러서지 않고 그들과 싸웠다. 급기야 피를 너무 흘린 나머지 말에서 떨어져 정신을 잃고 말았다. 이런 주태의 용맹과 충성심에 손권은 깊이 감동했다. 그때 이후 주태를 중용하여 서성徐盛·주연朱然 등 노장들보다 지위를 높여주었다.

이에 두 노장과 다른 부장들은 불만스러웠다. 그들은 주태가 중임을 맡을 그릇이 못된다고 여겼다. 손권은 주태를 위로하기 위해 대신들을 소집해 연회를 열었다. 그는 대신들이 다 모이자, 술잔을 들고 주태 앞으로 걸어가 상의를 벗으라고 명한 뒤, 모두에게 말했다.

"이 사람의 몸에 있는 흉터는 모두 전공戰功의 표식이오. 우리 이 흉터를 살피면서 술을 듭시다."

정말로 주태의 온몸은 흉터투성이였다. 손권은 그것들을 하나씩 가리키며 주태에게 언제 어디서 어떻게 얻은 흉터인지 말하게 했다. 말이 끝날 때마다 손권은 대신들에게 주태의 용맹을 위해 건배하게 했다.

주태의 말이 끝났을 때, 대신들은 이미 술을 십여 잔이나 마셨다. 그들은 주태의 기상과 충성심에 탄복했고, 그 뒤로는 주태의 높은 지위에 대해 전혀 언급하지 않았다.

손권은 그런 말과 행동으로 부하들의 칭송을 받았다. 그들은 손권이 그처럼 공신에게 경의를 표하는 것을 보고, 그가 다시 찾기 어려운 명군이라고 생각했다. 그래서 각자 분발하여 더욱더 주군의 은혜에 보답하겠다고 다짐했다.

특히 서성과 주연은 주태의 이야기에 깊이 감동하여 작은 일에 연연한 자신을 매우 부끄러워했다. 그 뒤 두 사람은 주태를 존중하고 함께 대업을 도모하여 손권을 보좌했다.

하지만 역시 가장 크게 감동한 사람은 주태 본인이었다. 그는 그 뒤로도 여러 차례, 인정과 의리를 중시하는 손권을 위해 목숨을 걸고 큰 공을 세웠다. 리더가 진심으로 지휘하고 정으로 사람을 감동시킬 수 있으면 열심히 일하라는 명령은 할 필요가 없다. 부하들 스스로 희생을 각오하고 업무에 매진할 것이기 때문이다.

3. 감당하기 힘든 원로대신들을 달래며 부려먹다

손권의 훌륭한 점은 아버지와 형이 남긴 원로대신들을 잘 다루었다는 것이다. 잔소리가 심한 그들을 갑갑해 하면서도 성질을 죽여가며 그들을 대우하고 또 활용했다. 대표적인 원로가 장소張昭·장굉張紘·고옹顧雍이다.

장소는 손권보다 26세나 많다. 북쪽 명문출신의 학자로 근엄한 성격의 외골수였다. 손권의 형인 손책이 죽을 때도 그랬지만 몇 년 뒤 손권의 모친이 운명할 때도 장소에게 "아들을 잘 부탁한다"는 간곡한 당부를 했다. 효성이 지극했던 손권은 장소에게는 늘 조심했다. 그래서 적벽대전 때 장소가 항복론을 주장했음에도 불구하고 불문에 부쳤고 적벽대전 승리 후에도 장소를 여전히 중용했다.

장소는 손권의 사생활에 대해서도 잔소리가 심했다. 사냥이나 술자리를 즐기는 손권에게 "좋은 주군이 되려면 노는 것을 삼가야 한다"라고 꾸짖듯 말했다. 근엄한 선생님 같았다. 손권뿐 아니라 오나라 사람들이 모두 장소를 어려워했다.

손권은 나이가 50세가 넘고 주군이 된 지 30년이 넘어도 장소가 잔소리를 하니 견딜 수가 없었다. 한번은 손권이 매우 화가 나서 손으로 칼자루를 잡고 겁을 주었다.

"오나라 사람들이 궁중에 들어오면 나를 받들어 모셔도 궁을 나가면 당신을 더 무서워한다. 당신은 신하들 앞에서 내 체면을 생각지 않고 함부로 군다. 나도 가끔 내 인내의 끈이 끊어질까 두려울 때가 있다."

장소는 황급히 꿇어엎드리며 흐느껴 울었다.

"저도 이러기를 좋아하지 않지만 주군의 모친이 돌아가시면서 간곡히 당부한 것을 잊을 수가 없어서 …."

이 말을 듣고 효심 깊은 손권은 칼을 거두고 같이 울었다. 그 뒤로도 장소는 여전히 잔소리를 했고 손권은 그를 끝까지 좋아하지는 않았지만 내치지 않았다.

오나라에서 처음으로 승상자리를 만들 때였다. 모두가 초대승상엔 오나라의 최고 원로대신인 장소가 임명될 것으로 생각했다. 그러나 손권은 "요즘같이 어려울 땐 승상의 책무가 너무 무겁다. 장공 같은 원로를 예우하는 자리가 아니다" 하며 무명의 손소孫邵를 임명했다. 손권은 장소를 승상에 앉히기 싫었던 것이다.

3년 뒤 손소가 죽자 중신들은 다시 장소를 추천했다. 이때 손권은

"장공은 너무 강직하고 고집이 세서 사람들을 잘 다독이고 여러 의견을 조정하는 것이 어려울지 모른다"는 핑계를 대고 고옹을 대신 임명했다.

그러면서도 손권 자신도 훗날 "장공과 이야기할 땐 나도 늘 긴장해 허튼소리를 할 수 없었다"라고 술회했다. 또한 그는 장소가 81세로 죽을 때까지 36년 동안 곁에 두고 썼다. 악연이라면 악연이었지만 손권의 위대한 인내가 있었기에 그들의 관계가 유지될 수 있었다.

장소와 비슷한 원로대신 중에 장굉이라는 자가 있었다. 대학자인 장굉은 한때 조조 밑에서도 일했었는데 손책 때 오나라로 와서 끝까지 충성을 다했다. 그럼에도 그가 조조 밑에 있었던 전력 때문에 더러 모함을 받았는데 손권은 끝까지 감싸고 신임했다. 손권이 장굉을 얼마나 신임했는지는 장굉의 건의에 따라 도읍을 경구京口 즉 (지금의 진강)에서 건업建業(지금의 남경)으로 옮긴 것을 보면 알 수 있다. 장굉은 60세로 죽으면서 손권에게 마지막 편지를 썼는데. 그 내용은 "군주로서 널리 현인을 구하고 간언을 받아들일 때는 일시적인 감정을 절제해야 합니다"라는 것이었다. 손권은 이 편지를 보고 감사의 눈물을 흘렸다 한다.

손권이 장소 대신 승상으로 임명한 고옹도 근엄하고 고지식한 사람이었다. 평소 매우 과묵하고 술을 싫어했다. 연회 때 고옹은 술잔에 손도 안대고 사방을 둘러보기만 했다. 손권도 술자리에 고옹이 있으면 흥이 깨진다고 말할 정도였다. 집에서도 일절 말을 안해 가족들도 고옹이 고위직에 있는 줄을 몰랐다. 그래서 손권은 고옹을 신임하고 중용했다. 고옹이 장소보다 다소 편했던 것은 신하들 앞에서 드러내 놓고 손권을 반대하거나 충고하지 않았다는 점이다. 손권의 체면을 세워준 것이다.

손권은 중요한 문제를 해결할 때 비서관을 고옹에게 보내 의견을 물었다. 만약 고옹이 그 문제에 찬성일 땐 구체적 방안에 대해 의견도 내고 음식도 대접했다. 그러나 반대의견일 때는 묵묵히 아무 말도 안하니 일찍 물러나올 수밖에 없었다. 손권은 비서관이 음식대접을 받았다고 하면 당초 안대로 시행하고, 그냥 왔다고 하면 다시 한번 재고했다 한다. 승상으로서 고옹은 매우 유능해 의견조정이나 인재발탁에 탁월한 재능을 보였다. 고옹이 묵묵히 일하면서 잘된 것은 모두 손권의 공으로 돌리고 잘못된 것은 자신이 책임졌는데 그렇다고 손권의 비위를 맞추거나 아첨하지는 않았다. 고옹이 승상으로 19년을 지내고 76세로 죽었을 때 손권은 소복을 입고 장례에 참석해 충신의 죽음을 슬퍼했다. 그런 고옹을 승상으로 발탁해 쓴 손권의 용인술은 대단하다 할 것이다.

이와 같이 손권은 부하를 잘 믿고 인재를 육성하는 데도 뛰어났다. 손권은 "사람은 누구나 장단점을 갖고 있다. 각자의 장점을 살리고 작은 결점에는 눈감는 것이 지도자 된 자가 걸어야 할 길이라고 생각한다"라고 스스로 말하고 있다.

손권이라는 인물은 조조처럼 강렬한 개성도 없고 유비만한 인덕도 없지만 결코 범용한 그릇은 아니다. 그렇지 못했다면 군웅할거하는 세상에서 지방정권에 불과한 오나라를 3대 강국 가운데 하나로 키워낼 수는 없었을 것이다.

대중적인 인기를 끌어모을 만한 재능이 없던 손권이 그렇게 위대한 제왕이 될 수 있었던 것은 무엇 때문일까? 그것은 그가 부하를 굳게 믿고 인재육성에 열심이었기 때문이다.

　기업에서 지도자가 꼭 만능인일 필요는 없다. 자기에게 능력이 없어도 부하를 믿고 우수한 인재를 손발처럼 쓸 줄 알면 되는 것이다.

　자신만을 믿고 무엇이건 자기 손으로 해치워야 직성이 풀리는 사람이 있다. 이러한 지도자 밑에서는 부하가 자라지 못하며 조직은 정체되어 진보하지 못한다. 서투른 지도자의 전형이라고 할 수 있을 것이다.

제13장 한제국의 부활을 꿈꾼 한소열제 유비

유비劉備(161~223)의 자는 현덕玄德으로 서한 경제景帝의 후손이다. 그의 부친 유홍劉弘이 일찍 죽고 가세가 곤궁하여 모친과 의지하며 탁현涿縣에서 신발과 돗자리를 짜서 팔아 생계를 유지했다. 그런 생활 속에서도 유비는 자신의 세력을 확장해 나갔고, 관우·장비와 유명한 도원의 결의로써 형제의 의를 맺었다.

그가 일대의 영웅으로 칭송받게 된 이유는 인재활용술에 뛰어났을 뿐만 아니라, 신분의 고하를 막론하고 인재를 등용했기 때문이다. 유비는 성격이 너그럽고, 크게 화를 내거나 크게 기뻐하는 내색을 하지 않으며, 온화한 마음과 얼굴로 사람의 마음을 사로잡는 카리스마가 있었다.

유비의 리더십은 지극히 동양적이고, 우리의 정서와 문화를 반영하고 있다. 강자에게 의연하고 약자에게는 약하며, 부하의 고충에 진심으로 아파하는, 너무도 인간적인 리더의 이미지로 각인되어 있다. 즉 인성과 성품을 대표하는 리더이며 정情과 신뢰를 가장 우선시하는 지도자였다.

역사상 최고의 리더라 불린 인물들을 보면, 리더로서의 공통 자질을 갖고 있다. 그것은 결코 '권력지향'이라든가 '개인적인 명예욕' 등에 의해 움직이는 것이 아니라, 한없는 '인류애'와 '인간애'에 토대를 두고 행동하였다는 사실이다.

1. 관우·장비와 형제의 의를 맺다

유비는 한실의 종친이며 스승인 노식과 동향인이었다. 계보상으로 유비는, 전한前漢 경제의 현손으로 중산정왕 유승의 아들 유정이 탁록정후가 되면서 탁현에 자리잡고 살게 된 유씨의 일파였는데, 그의 조부 유웅은 동군의 현령을 지냈고, 그의 아비 유홍도 대를 이어 지방관리를 지냈으나 유비가 어렸을 적에 죽었다. 그 바람에 홀어머니 밑에서 자라게 되니 자연히 생활이 어려워져서 나름대로 어머니의 가계를 돕지 않을 수 없었다.

유주 태수 유언이 의병을 모집할 당시 유비의 나이는 28세였다. 격문을 읽으면서 세상의 어지러움을 한탄하고 있을 때, 곁에 8척의 키에 우락부락한 얼굴에다 호랑이의 수염을 가진 사나이가 턱 버티고 서 있었는데, 그가 바로 장비였다.

유비와 장비가 의기투합하여 둘의 만남을 기념하기 위한 자축연을 갖고 있는데, 9척 장신의 체구에 수염을 가슴까지 드리웠으며 얼굴은 무르익은 대추빛이고, 입술은 연지를 칠한 듯 붉었으며 누에 눈썹을 가진 위풍당당한 사내가 동참하니 그가 관우였다.

그들은 그날의 의미를 새기려고 장비의 제안에 따라 그의 집 정원으로 자리를 옮겼는데, 마침 복숭아밭에 꽃들이 활짝 피어 있었다. 그들은 복숭아밭에 제단을 세우고 흰 말 한 필과 검은 소 한 마리를 잡아 제물로 바치고 향불을 피우고 나서 의형제가 되어 평생 생사고락을 함께 하기로 맹세했다.

"천지신명이시여! 우리 세 사람은 비록 성은 다 다르오나 오늘 이 순간을 기해 형제의 의를 맺고자 하나이다. 어지러운 세상을 편안케 하고자 미력한 힘이나마 보태려 하오니 굽어 살피소서! 태어날 때는 각기 태어났으나 죽을 때에는 같은 날 같은 순간에 죽게 하소서! 천지신명께서는 오늘 우리의 맹세에 증인이 되시어 만약 우리가 의리를 저버리고 하늘과 땅에 죄를 짓게 되거든 천벌을 받게 하소서!"

유비가 장형이 되고 관우가 둘째가 되었으며 장비가 막내가 되었다. 이렇게 그들은 예로써 서로 절을 하면서 혈맹의 우애를 다졌다. 이들은 "항상 잠자리를 같이했으며 마치 형제와 같았다"는 기록이 남아 있다. "잠자리를 같이하다"는 말은 오늘날로 치면 방을 같이 썼다는 정도의 의미일 것이다. 이런 관계였던 터라 관우와 장비는 유비가 명령을 내리면 어떤 위험도 마다하지 않았다고 한다.

온화한 성품과 인자한 용모를 가진 유비는 거친 야생마 같은 장비를 순한 양처럼 만들었으며, 영웅으로서 일종의 왕자병 증세가 좀 있었던 관우도 자기 사람으로 만들었다. 사실 이 부분에 대해서 의문점이 없는 것은 아니지만 서로 자라난 환경부터 다르고 개성이 뚜렷하여 도저히 어울릴 것 같지 않은 두 사람을 자신의 아우로 삼은 유비의 리더십은 온유함의 강점을 최대한 살린 유비만의 노하우였다.

유비는 직책과 계급의 고하를 떠나서 언제나 진지하게, 정성을 다해 사람을 대했다. 그리고 상대방에게 자신을 따르지 않고서는 못 배기는 수사법을 구사했다. 장비야 그렇다 치더라도 관우가 그랬고, 나중에 제갈량도 설득당해 코를 단단히 꿰고 말았다. 물론 그들이 기꺼이 응했지만 말이다.

유비에게는 인덕이 있어 가는 곳마다 백성들이 기다리고 있다가 앞을 다투어 먹을거리를 바치는 진풍경이 벌어졌다.

비록 『삼국지연의』가 유비 중심으로 쓰인 작품이라 하더라도 극히 초라했던 유비 현덕이 인망을 얻어 촉한의 황제가 되었다는 것을 감안한다면 확실히 유비가 덕으로써 백성들에게 다가서는 영웅적 면모가 있었음은 분명한 사실이다.

2. 정성과 예의로 천하의 인재를 내사람으로

유비는 한왕실의 핏줄을 이어 받았다는 대의명분을 내세우고 있었다. 봉건시대 중국에서 이것은 절대적인 우월감을 갖게 했다. 게다가 유비에게는 바다와 같은 포용력과 인자함이라는 매력이 있었다.

난세에는 가문·무력·재능·책략·배경·재력 따위가 사람의 성패를 가르는 요소이다. 유비는 그 중 어느 하나도 볼 만한 것이 없었지만, '막연하긴 하지만 사람을 끌어당기는 이상한 흡인력'을 갖고 있었고 이것이 운을 불러들였다. 이 행운을 불러들이는 흡인력과 앞서 말한 우월감이 서로 어울려 영웅의 카리스마 같은 분위기가 유비에게 감돌고 있었다.

카리스마를 풍기는 지도자 가운데 묘한 종교적 분위기를 띤 폭군형의 인간이 많지만, 유비는 그렇지 않았다. 그는 양식이 있었고, 포용력이 큰 인물이었다. 부하의 재능이나 장점을 흔쾌히 인정해 주었으며 뛰어난 재능이 있는 인간에게는 스스로 낮출 줄 알았다. 유비의 이러한 점이 전형적으로 드러난 예가 삼고초려三顧草廬[인재를 맞아들이기 위하여 참을성있게 노력한다는 뜻. 유비가 제갈량의 초옥으로 세 번이나 찾아갔다는 데서 유래한다]를 하여 제갈공명을 군사軍師로 영입한 일이다.

유비는 항상 사람을 부드럽게 대했으며, 부하에게 결코 위세를 부리지 않았으며, 권한을 대폭적으로 넘겨주었고, 세세한 일에 대해서는 일절 간섭하지 않았다. 때문에 촉나라의 신하들은 보람을 갖고 일했으며, 자신의 주군이야말로 희대의 주군이라 확신하며 모셨다.

유비는 관우·장비와 의형제를 맺고 한실漢室부흥을 위해 군사를 일으켰지만 군기를 잡고 계획을 세워 전군全軍을 통솔할 군사軍師가 없어 늘 조조군에게 고전을 면치 못했다. 그는 20여 년 동안 수없이 많은 좌절을 겪으면서 더욱더 전략이 뛰어난 인재의 필요성을 절감하고 있었다.

유비는 유표에게 몸을 의탁하여 신야를 지키는 임무를 맡으면서 주위의 인재를 모으고 있었다. 어느 날 유비가 양양의 사마휘에게 "당대의 가장 뛰어난 재사는 누구입니까?"라고 물었다. 사마휘는 "세상의 이치를 아는 자는 준걸입니다. 이곳에 복룡伏龍과 봉추鳳雛라고 하는 두 준걸이 있습니다. 그의 이름은 제갈량과 방통龐統[자는 士元]입니다"라고 대답했다.

이런 유비에게 서서徐庶가 제갈량諸葛亮을 천거하며 "저의 친구 중에 제갈량이라는 자가 있습니다. 그는 물에 잠긴 와룡臥龍과 같은 인물인데 한번 만나 보시면 어떻겠습니까?"라고 했다. 서서의 말을 들은 유비는 제갈공명을 꼭 만나고 싶다며, 그를 데려 올 방법을 물었다. 서서는 "그를 데려올 수는 없습니다. 그러한 인물을 만나시려면 장군께서 친히 가셔야 할 것입니다."라고 말했다.

제갈량諸葛亮(諸葛孔明: 181~234)은 자는 공명孔明이고 전한前漢 말 사예교위[치안국장] 제갈풍諸葛豊의 아들로 낭야瑯邪에서 태어났다.

제갈량의 어린 시절은 그렇게 순탄하지 못했다. 어머니는 동생 균을 낳고 얼마 뒤 제갈량이 9세 되는 해에 별세했고, 아버지도 제갈량이 14세 되던 해에 세상을 떠났다. 아버지가 세상을 떠나자 제갈공명보다 7세 많은 형 제갈근은 계모를 모시고 오나라로 가서 손권의 수하가 되었다. 그러나 제갈량은 동생 제갈균과 함께 숙부 제갈현諸葛玄이 살고 있는 형주로 가서 살았다. 그 뒤 숙부마저 전쟁으로 세상을 떠나자 제갈공명은 하는 수 없이 형주 양양襄陽 교외의 융중산隆中山 근처에서 초막을 짓고 살면서, 맑은 날이면 밭을 갈고 비가 오면 책을 읽으면서 세월을 보냈다. 비록 이렇게 은둔생활을 하고 있었으나 오래지 않아 제갈량의 재능은 입에서 입으로 전해졌고, 그는 방사원龐士元과 함께 형주의 뛰어난 인물로 두각을 나타냈다.

제갈량이 살고 있던 초막은 유비가 수비하던 신야에서 약 75㎞ 떨어진 곳이었는데, 유비는 친히 제갈량을 방문했다. 첫번째 방문했을 때, 제갈량은 외출 중이었다. 두번째 방문 때 제갈량은 놀러 나가 돌아오지 않았다. 세번째 방문에서 제갈량을 겨우 만날 수 있었다. 그러나 제갈량은 집에 있었지만 초당에서 한참 낮잠을 자고 있어서, 깰 때까지 기다려서야 겨우 만날 수 있었다.

유비는 제갈량에게 대업을 이루기 위한 계책을 물었다. 제갈량은 당시의 정세를 상세히 분석한 뒤, 유비에게 먼저 조조·손권과 더불어 3국 정립의 국면을 만들고, 익주益州(지금의 사천성)를 취하여 대외적으로 손권과 동맹을 맺음과 동시에 대내적으로 백성을 잘 다스리면 충분히 패업을 이룰 수 있다는 계책을 설명했다. 이때가 유비의 나이 47세이고 제갈공명은 27세 때의 일이다. 이 계책을 들은 유비는 무릎을 치고 매우 기뻐하며, 제갈공명을 군사軍師(참모, 책사)로 맞이하여 날로 신뢰를 더해 나갔다. 이러한 유비의 처사를 못마땅하게 여긴 관우關羽와 장비張飛가 불만을 터뜨리자, 유비는 두 사람을 불러 이렇게 말했다.

"나에게 공명(제갈량)이 있음은 마치 물고기가 물을 얻은 것과 같다. 그러니 그대들도 다시는 말을 하지 말라."

이후 관우와 장비는 더 이상 불만을 터뜨리는 일이 없었다고 한다. 이것이 바로 "수어지교水魚之交(물과 물고기가 서로 떨어질 수 없듯이 극히 친밀한 것을 말하며, 지극히 가까운 군신사이를 이름)"의 어원으로, 여기에서 유비가 얼마나 깊이 제갈량을 믿고 의지하고 있었던가를 알 수 있다.

원래 유비는 20여 년 동안 온갖 고생을 하며 싸웠음에도 불구하고, 확고한 자신만의 세력을 구축하지 못하고 있었다. 그러나 삼고초려로 지략이 뛰어난 제갈량을 얻고 나서 조조·손권과 대치하는 실력자가 될 수 있었다.

유비가 삼고초려 끝에 제갈량을 맞아들인 것은 유비가 평생 한 일 중에서 최고의 걸작이라 할 수 있다. 제갈공명이 참가한 뒤 유비 진영은 전략과 시스템을 갖추고 천하경영을 시작한다. 그 전의 유비 진영은 뜻만 높을 뿐 의리로 뭉친 임협집단에 가까웠다. 친척들로만 구성된 시골 영세기업이 대기업으로 도약하는 것에 비유될 수 있다. 유비의 제갈공명 영입은 역사상 가장 성공한 스카우트이기도 하다. CEO가 성공하려면 2인자를 잘 만나야 한다. 훌륭하면서도 1인자가 될 욕심이 없는 2인자를 맞아 잘 쓰는 것은 위대한 CEO의 안목이며 복이다. 삼국시대엔 위나라 조조의 순욱이나 오나라 손권의 노숙이 비슷한 역할을 했다. 그 가운데서도 제갈공명이 단연 뛰어나다.

유비와 제갈공명은 공식적으론 군신(君臣)관계이지만 실질적으론 같은 이념을 가진 동지요, 가족이며 공동운명체라 할 수 있었다. 둘은 맨주먹으로 촉나라를 세운 창업동지다. 창업동지도 나중엔 안좋게 헤어지기 쉬운데 둘은 끝까지 아름답게 갔다.

유비의 삼고초려가 그토록 빛나는 것은 좋은 사람을 모시기 위한 유비의 지극한 정성이 그대로 나타나 있기 때문이다. 윗사람이 좋은 사람을 끌어올 땐 이 정도의 정성을 들여야 하고 아랫사람이 좋은 주인을 정하려면 이 정도는 생각해야 한다는 것을 제시해 준다. 삼고초려 이야기는 사실과는 약간 다르다는 주장도 있으나 오랜 세월을 거치며 사람들이 생각해낸 인재영입의 이상적 모델이라 보면 될 것이다. 삼고초려는 가장 기본적으로 두 사람의 이상과 뜻이 맞아야 하고, 서로의 전략과 인간성에 신뢰를 가져야 하며, 마지막으로 절차에 있어서도 정성과 예의를 다해야 함을 가르치고 있다.

충성과 솔직함, 너그러움은 리더가 부하들을 대하며 가져야 할 가장 이상적인 덕목이다. 하지만 역사에서나 현실에서나 이 덕목들을 실현하기란 매우 어렵다. 오히려 조조 식의 성급함, 난폭함, 속임수가 더 효과가 있어 보인다. 그러나 효과가 있다고 해서 반드시 합리적이지는 않다. '마음속에 충심을 품고 솔직하고 너그럽게 사람을 포용하는 것'은 실천하기는 어렵지만 부하들의 마음을 잡고 집단의 응집력을 높이는 데 매우 효과적이다. 게다가 이것은 고대 문화의 유구한 이상과 그 합리성을 대표한다.

3. 어찌하면 인재들이 더 큰 공적을 쌓을 수 있겠는가?

유비의 삼고초려는 남녀노소가 다 아는 이야기이다. 하지만 그가 제갈량 한 사람만을 중용했다면 아마도 대업을 이루지는 못했을 것이다. 유비는 일생 동안 수많은 인재를 만났고, 이들을 적재적소에 기용함으로써 정치를 안정시키고 제업을 완성하는 일거양득의 효과를 창출했다.

리더가 내 부하에 대해서 정확히 알지 못한다면 제대로 활용할 수 없고, 적을 모르면 제압할 방책을 정하지 못한다. 따라서 리더는 부하의 과거를 알아야 하고 인간 지뢰탐지기가 되어야 하는 이유가 여기에 있다.

인재를 제대로 활용하기 위해서는 부하의 능력과 장단점을 정확히 파악하고, 써야 할 시기와 자리를 정해야 한다. 그렇지 않으면 큰 인재를 하찮은 일에 쓰거나 하찮은 사람을 큰일에 기용하고, 대단한 인물을 평범한 사람이라고 무시하거나 평범한 인물을 대단한 인재로 착각하게 된다. 또 충성스러운 사람을 간신으로 여기고, 간사한 사람을 충성스러운 인물로 여기는 것은 모두 사람을 제대로 알지 못한 데 원인이 있다.

유비는 거듭된 패배를 딛고 승리를 거두었으며, 땅 한조각 없던 처지에서 일약 한 나라의 황제로 떠올랐다. 한마디로 그것은 인재를 적극적으로 찾은 결과였다. 유비는 제갈량과 쌍벽을 이루던 봉추 방통도 중용해 제갈량과 함께 군사軍師 중랑장에 임명했다.

그밖에도 법정法正이란 사람이 있었는데, 그는 유비가 익주益州를 얻는 과정에서 큰 공을 세운 인물이다. 유비는 익주를 얻은 뒤에 그를 촉군태수, 양무장군에 임명해 밖으로는 도성 인근을 다스리게 하고, 안으로는 모사謀士로 활동하도록 조치했다. 그가 사망하자 유비는 며칠 동안 눈물을 흘렸다고 한다.

유비는 장비 대신 위연을 한중지역의 책임자로 임명해 모든 사람을 놀라게 한 적도 있었다. 일찍부터 유비는 장비의 약점을 알고 있었다. 장비는 이름난 사대부에게는 깍듯이 대우했지만 관료와 병사에게는 함부로 대했다. 그래서 유비는 늘 "자네는 너무 지나치게 형벌을 남발하네. 또한 건장한 병사를 매질하고 곧바로 자네의 주변에 배치해 두니 늘 화를 당할까 걱정일세"라며 장비를 타이르곤 했다. 그러나 위연은 군율을 잘 정비했고, 무엇보다 용맹무쌍했다. 훗날 제갈량을 따라 북벌에 나선 위연은 많은 전공을 세웠다.

임종 직전에 유비는 제갈량에게 애틋한 유언을 남겼다.

"마속은 말이 앞서는 인물이니, 절대로 중책을 맡기지 마시오."

그러나 제갈량은 그렇지 않다고 판단했고, 위나라 정벌에 나서면서 마속을 선봉장에 임명했다. 그 결과 가정街亭전투에서 참패를 당하고 말았다. 이것으로 유비가 인재를 알아보는 탁월한 안목을 지니고 있었음을 알 수 있다.

유비는 부하들의 능력은 물론이고 저마다의 품성에 대해서도 정확히 판단했다. 당양전투에서 패배했을 때 조자룡이 조조에게 투항했다는 보고를 들은 유비는 세차게 고개를 저었다.

"조자룡은 나를 버리고 갈 사람이 아니다!"

아니나 다를까 조자룡은 유비의 아들을 품에 안고 돌아왔다. 또 유비는 부하들의 형편을 헤아려주고, 때로는 그들을 위해 희생을 감수하기도 했다. 한 예로 효성이 지극했던 서서가 자신의 모친이 조조에게 붙잡혀 있다는 소식을 듣고 눈물을 글썽이며 떠날 것을 간청했다. 유비는 서서의 재능을 깊이 아끼고 있었지만 모자간의 정을 위해 애끊는 마음을 억누르며 그를 보내주었다.

유비는 통이 커서 개성있는 사람을 잘 썼다. 공명과 법정은 능력과 성격이 전혀 달랐지만 유비 밑에서 서로 협조하며 충성을 다했다. 위연은 싸움을 잘하는 장수였으나 고집이 세서 공명과는 사이가 좋지 않았다. 그러나 유비는 위연을 잘 써서 공을 많이 세우게 하고 한중을 점령했을 땐 장비를 제치고 한중태수의 중책을 맡겼다.

신기하게도 유비 앞에 오면 사람들이 적대감을 풀고 마음을 열었다. 또 신뢰하고 좋아했다. 단순한 무장뿐 아니라 까다로운 지식인이나 명사들도 마찬가지였다. 유비라는 큰 그릇에서 나오는 천부적 인덕人德은 부드럽지만 거역할 수 없는 힘이 있었던 것이다.

　기업 간 경쟁은 바로 인재경쟁이라고 할 수 있다. 이는 인재의 능력을 최대한 발휘하는 쪽이 승리하게 마련이기 때문이다. 그러나 인재를 얻기란 어려운 일이며, 인재를 적재적소에 배치하기란 더욱 어려운 일이다. 유비는 인재를 알아보고, 인재를 기용하고, 인재를 대우하는 데 탁월한 능력을 발휘했다.

제14장
삼국시대를 마감한
진무제 사마염

　189년 동탁이 군대를 이끌고 수도 낙양을 장악하고 당시 황제였던 소제를 폐위시켰다. 그리고 9세의 어린 황제를 즉위시켰는데 이가 동한의 마지막 황제 헌제이다. 헌제는 220년에 조조의 아들 조비가 위나라를 건국할 때까지 황제자리에 있었지만 실권은 모두 조조에게 빼앗긴 꼭두각시 황제였다.

　삼국시대는 수많은 영웅호걸들의 무대였다. 그 영웅들 가운데 조조는 북방의 실력자가 되어 세상을 떠날 때까지 힘없는 헌제를 앞에 세우고 권력을 행사했다. 훗날 조조의 이러한 정치는 "황제를 옆에 끼고 천하를 호령했다"는 말을 남겼다.

　220년 조조가 죽은 뒤에 그의 아들 조비가 선양의식을 통해 헌제를 끌어내리고 황제에 즉위하여 위나라를 건립했다. 조조의 권력을 계승하여 황제에 오른 위문제 조비는 자신의 혈족들을 철저하게 조정의 권력에서 배제시켰다. 그 틈을 타고 사마씨 세력이 등장하여 위나라의 조정을 차츰 장악하기 시작했다.

　사마씨가 위나라 조정에서 실력자로 등장하는 시기는 사마의 司馬懿

때부터 시작되었다. 사마의는 조조와 위문제 시기에 조정의 중요한 직책을 맡았다. 그는 조조가 동한의 황제를 옆에 끼고 모든 권력을 장악했듯이 똑같이 위나라 조정의 권력을 차지했다. 위문제가 죽은 뒤, 조씨황제들은 통치력을 잃었다. 모든 권력은 이미 사마씨 수중에 들어가 있었다.

I. 강남을 정벌하여 천하를 통일하다

진무제晉武帝 사마염司馬炎(236~290)은 위魏 · 촉蜀 · 오吳의 삼국시대를 마감하고 진晉나라를 건립한 창업황제이다. 265년 위나라의 조환曹奐으로부터 선양의 명분을 통해 황제에 즉위한 그는 삼국시대의 분열을 마감하고 천하를 다시 하나로 통일했다. 무제는 진나라의 개국황제이지만, 그 정치기반은 조부인 사마의와 큰아버지 사마사司馬師, 그리고 아버지 사마소司馬昭가 이룩한 유산을 물려받은 것이다.

무제의 가장 큰 업적은 남쪽 오나라를 정벌하여 천하를 통일한 것이다. 위나라가 멸망하고 진나라가 개창되었을 때, 사천지역 촉나라는 이미 북방에 병합되었기 때문에 천하통일의 걸림돌은 양쯔강 하류에 있는 오나라였다. 당시 오나라는 손권이 죽은 뒤, 정치적인 혼란이 빈번하게 발생하고 있었다. 오나라는 남쪽의 호족들이 북방에서 내려온 손씨세력과 연합하여 왕조를 세웠기 때문에 손권이 죽은 뒤 내부분열이 가속화되었다. 특히 당시 오나라 통치자 손호孫皓는 무능한 군주였다.

진나라 조정에서는 이런 상황을 이용하여 강남을 토벌해야 한다는 논의가 우세하게 되었다. 이때 가장 대표적인 사람이 상서좌복야尙書左僕射로 있던 양호羊祜였다. 양호는 사마사의 처남으로 재능과 인덕을 겸비한 인물이었다. 그는 무제의 명령을 받고 양양襄陽에서 백성들을 위로하며 조세부담을 덜어주는 정책을 실시했다. 그리고 차분히 전쟁물자를 비축해갔다.

양호가 양양에 머물면서 오나라 공격을 준비하고 있을 때, 오나라 역시 뛰어난 인재가 총사령관을 맡고 있었다. 그는 오나라의 유명한 장군 육손陸遜의 아들 육항陸抗이었다. 육항은 지략이 뛰어난 장군이었다. 진나라는 여러 번 육항의 군대와 싸워 패배했다. 이러한 상황을 파악한 양호는 육항의 군대와 맞대결을 피하고 장기전을 준비했다. 그는 자신의 통치지역 백성들뿐만 아니라 변경에 위치한 오나라의 백성과 군대에게도 유화정책을 펼치면서 차츰 명성을 쌓아갔다.

5년이 지난 뒤, 오나라 장군 육항이 병으로 세상을 떠났다. 이때 양호는 남쪽을 정벌할 수 있는 절호의 기회라고 생각하여 무제에게 오나라 공격을 건의했다. 하지만 당시 조정에서 최고의 권력을 장악하고 있던 가충賈充은 승리를 장담할 수 없다며 반대했다. 가충은 사마소가 위나라 황제 조모曹髦를 살해할 때, 결정적인 공로를 세운 인물이다. 훗날 그의 딸 가남풍賈南風은 혜제의 황후가 되었는데, 그녀가 바로 진나라의 멸망원인을 제공한 가황후이다.

양호의 오랜 건의에도 불구하고 무제는 오나라 정벌을 머뭇거렸다. 양호는 자신의 뜻을 펼칠 수 없었고 마침내 중병에 걸려 자리에 눕게 되었다. 그는 임종 전에 무제에게 두예杜預를 추천하며 남쪽을 꼭 정벌하라는 유언을 남기고 세상을 떠났다. 양호가 추천한 두예는 뛰어난 장군이었다. 두예는 탁월한 계책을 세워 오나라의 전선을 교란시키면서 무제에게 남쪽정벌을 추진하도록 했다.

무제에게 천하통일을 할 수 있도록 큰 힘을 준 또 한 사람은 왕준王濬이다. 당시 익주益州자사를 맡고 있었던 그는 망설이고 있는 무제에게 상소를 올렸다. 왕준은 사천지역에서 여러 해 동안 배를 만들며 오나라 공격을 준비하고 있었다. 왕준은 간곡하게 여러 차례 무제에게 상소하여 오나라를 공격하도록 간언했다.

279년 무제는 가충과 같은 조정의 강력한 반대파가 있었음에도, 두예와 왕준 등 오나라 정벌을 찬성하는 신하들의 의견을 받아들여 마침내 군사행동을 감행했다. 총 20만의 군대를 크게 세 방면으로 나누어 진격해 나갔다. 이때 왕준은 촉에서부터 출정했고, 두예는 형주지역에서 출발하여 양쯔강 상류에서 남쪽을 향해 총공격을 진행했다. 진나라 군대는 요충지를 공격하며 손쉽게 오나라를 평정해갔다.

이 전투에서 왕준은 백 리를 잇는 거대한 수군과 함대를 동원하여 오나라 공격의 선봉에 섰다. 진나라의 공격을 당한 오나라 황제 손호는 제대로 저항 한번 못해 보고 성문을 열고 항복했다. 280년 무제는 마침내 강남을 통일했다.

오나라를 멸망시키고 천하를 통일한 무제는 궁지에 몰린 가충을 중심으로 한 전쟁반대론자들에게 관용을 베풀고 그들을 포용했다. 또 한편으로는 오랫동안 그렇게도 소망했으나 뜻을 이루지 못하고 세상을 떠난 양호의 충정을 생각하며, "오늘 거둔 성과는 모두 양호의 공적이구나!"라고 하면서 진정 마음 아파했다.

무제가 이룬 천하통일의 업적은 양호, 두예, 왕준과 같은 신하들이 있었기에 가능했다. 이들은 당시 정세를 파악하고 계책을 세워 진 무제로 하여금 천하통일의 업적을 이룰 수 있도록 기반을 제공한 인재들이다. 무제는 시기적절한 상황에서 남쪽정벌을 주장하는 신하들의 의견을 채택하여 천하통일에 성공할 수 있었다. 그의 인재정책은 어느 쪽에도 치우치지 않는 인내심과 신중함에 있었다. 그리고 적절한 상황에서 신하들의 의견을 수렴하는 온건한 통치술이 기본이 되었다.

2. 어찌하면 직언과 아첨을 구분할 수 있는가?

무제는 천하를 통일한 뒤, 신하들의 아첨과 직언을 적절하게 수용하며 한쪽으로 치우치지 않는 정책을 펼치려고 항상 신중한 태도를 취했다. 나라에 공훈을 세운 자들은 그 업적을 충분하게 보상받고 또 남에게 알리기를 원한다. 오나라를 평정하는 데 공훈을 세운 왕준 같은 이들은 서로 그 공적을 다투며 무제를 힘들게 했다. 그러나 무제는 그들의 공로를 공평하게 인정하고, 어느 한 사람을 편애하여 한쪽을 소홀하게 대접하지 않았다.

또한 무제는 대신들의 직언과 간언을 관대하게 수용한 황제였다. 그것을 알 수 있는 다음과 같은 일화들이 있다.

무제가 황제에 즉위하던 때에 상서로운 징조가 각지에서 출현했다. 전국적으로 봉황이 여섯 마리, 청룡 세 마리와 백룡 두 마리, 기린

한 마리가 나타났다고 조정에 보고되었다. 이러한 현상은 역대 중국 왕조에서 통치자의 정당성을 부여하는 상징적인 의미를 갖고 있다. 무제 역시 각지에서 올라오는 상서로운 징조를 듣고 조정신하들과 함께 기뻐했다.

그러나 이때 상서좌복야 유의劉毅가 직언했다.

"예전 하왕조 시대에도 용이 나타났고, 주왕조 때에도 용이 출현했습니다. 그러나 여산驪山에서 봉화를 올리며 제후를 농락한 주왕실은 마침내 쇠퇴했습니다. 용이 출현했다고 반드시 좋아할 일은 아닌 듯합니다."

또 유의는, 사마염이 자신을 한왕조의 어떤 황제에 비교할 만한가 라는 질문에 서슴없이 환제桓帝와 영제靈帝에 비길 만하다고 대답했다. 이 두 황제는 가장 대표적인 한왕실의 무능한 황제였다. 무제는 내심 유의가 한 말이 달갑지 않았으나 왜 자신을 그들에게 비유하는지 그 원인을 물었다. 유의는 이렇게 대답했다.

"환제와 영제는 돈을 받고 벼슬을 팔았습니다. 폐하도 돈을 받고 관직을 팔고 있습니다. 그러나 환제와 영제는 그렇게 해서 얻은 돈을 왕조의 창고에 넣었으나 폐하께서는 자신의 주머니에 넣고 있습니다. 그러니 폐하는 영제와 환제보다 더 못한 황제라고 할 수 있습니다."

어찌 보면 능지처참을 당할 수도 있는 무례한 말이었으나 무제는 이와 같은 유의의 직언을 용납했다.

무제 이후 진왕조의 통치는 안정적이고 장구한 역사를 가져오지는 못했다. 그가 신하들의 직언과 간언을 적극 수용하며 자신의 결점을 보완하는 정치를 펼치면서 진왕조를 태평성세로 통치한 것은 아니다. 그저 신하들의 무례한 건의와 직언을 용서하고 관대하게 처리하면서 정치적인 타협을 이끌어내고자 노력했을 뿐이다.

무제는 특히 귀족들에게 관용을 베푸는 정치를 실시했다. 그의 통치시기 대귀족들은 사치를 누리며 서로의 부를 겨루는 풍조가 나타났다. 당시 유명한 일화 가운데 석숭과 왕개가 부를 다툰 사건이 전해진다. 두 사람은 누가 더 부자인가 내기를 하면서 비단으로 자신들의 집 주위 수십 리를 치장하고, 산호수를 놓고 누구의 것이 크고 더 아름다운가를 내기하며 본인들의 부를 세상사람들에게 알리고 싶어 했다.

진왕조의 귀족들은 사치와 방탕한 생활에 젖어 있었다. 일부 신하들은 무제에게 간언하며 대귀족들의 폐해가 극심하여 진왕조의 커다란 재앙이 될 것이라고 질책했다. 그러나 무제는 석숭과 왕개 같은 사람을 그대로 인정하며 진왕조가 풍요롭기 때문에 이러한 신하들도 있다면서 대수롭지 않게 여겼다.

무제는 둘째아들 사마충司馬衷을 태자로 정하여 자신의 후계자로 삼았다. 그러나 사마충은 무능하다 못해 백치에 가까운 황제였다고 역사는 말한다. 무제는 왜 이 아들에게 제위를 물려주려고 했을까? 그것은 무제가 사마충의 생모 양염楊艶을 총애했기 때문이다.

어쨌든 무제의 이러한 결정에 당시 시중侍中 화교和嶠가 간언하기를 "황태자가 충직하고 성실하지만 경험이 부족하여 폐하의 집안을 다스리지 못할까 하여 매우 걱정이 됩니다"라며 태자를 다시 세워야 한다고 했다. 한번은 무제가 신하들을 불러서 연회를 베풀었는데 태자의 소부少府 위관衛瓘이 취한 척하며, 무제의 어좌를 어루만지면서 "이 어좌가 아깝구나! 이 어좌가 아깝구나!"라고 했다. 위관의 이러한 행동은 태자가 다음 황제의 적임자가 아니라고 암시한 것이었다.

무제 곁에는 진왕조의 앞날을 위해 직언과 간언을 하는 신하들이 분명 있었다. 그들은 왕조의 앞날을 위해 무제가 바른 선택을 하도록 간절히 바랐다. 그러나 무제는 후계자를 결정하는 중요한 문제에 대해 신하들의 간언을 수렴하지 않았다. 그의 결정은 끝내 변하지 않았다. 무제가 죽은 뒤 무능력한 둘째아들 사마충이 황제가 되었는데, 이가 바로 진혜제晉惠帝이다. 혜제의 등장은 곧 진왕조의 몰락을 의미했다.

3. 후계자를 잘못 세워 나라를 혼란에 빠뜨리다

무제는 생전에 태자 사마충의 능력이 부족하다는 것을 알고 있었지만 폐위시키지 않았다. 오히려 사마충의 외척 양씨가문을 중용하여 태자를 보필하도록 정치권력을 주었다. 무제가 사랑한 양염이 죽자 사촌여동생 양지楊芷를 황후로 맞이했다. 양지의 부친 양준楊駿은 진왕실의 최고권력자가 되었다.

290년 진무제 사마염이 세상을 떠났다. 태자 사마충이 황제에 즉위하고, 개국공신 가충의 딸 가남풍이 황후가 되었다. 혜제가 얼마나 바보 황제였는지, 훗날 전해진 다음과 같은 일화를 통해 알 수 있다.

어느 해, 천하에 기근이 들어 백성들이 굶어 죽어갔다. 그때 한 사람이 조정에 상소하기를 "백성들이 먹을 양식이 없어서 굶어 죽고 있습니다"라고 아뢰었다. 혜제는 이 말을 듣고 전혀 이해하지 못하겠다는 듯이 "먹을 쌀이 없다면 어째서 고기를 먹지 않느냐?"고 물었다. 신하들은 할 말을 잃었다.

또 하루는 두꺼비 울음소리를 들은 뒤, "저 두꺼비는 관가의 것이냐? 민가의 것이냐?"라고 물었다. 한 신하가 혜제의 어리석은 질문에 명쾌한 답을 주었다.

"관가에서 울면 관가의 것이고, 민가에서 울면 민가의 것입니다."

어리석은 혜제와는 반대로 가황후는 정치적 야심을 품은 대담한 여걸이었다. 그녀는 혜제가 태자의 자리에 있을 당시 위태로웠던 남편의 권력을 챙겼다. 사마충보다 두 살 위인 그녀는 뒤에서 모든 일을 조정하고 있었다.

무제가 살아 있을 때, 여러 신하들이 간언하여 사마충이 다음 황제로 부적합하다는 의견을 제시했다. 무제는 신하들의 의견에 고심했다. 결국 태자에게 상주문을 작성하여 정치적 의견을 말하도록 명령했다. 사마충은 물론 그러한 능력이 없었다. 이때 가남풍이 직접 나서서 다른 사람에게 대신 상주문을 쓰도록 했는데, 너무 잘 쓰면 무제와 신하들이 알아차릴 것으로 여기고 지혜를 발휘했다. 문장은 서툴지만 내용은 분명하게 써서 사마충의 주장인 것처럼 꾸몄다. 이 상주문을 본 무제는 안심했다. 그리고 태자를 반대하던 신하들도 더 이상 할 말이 없었다.

이처럼 정치적 모략이 뛰어난 가황후는 훗날 진왕조를 멸망하게 한 원인을 제공했다. 어떤 사람은 이렇게 말한다.

"덕을 갖춘 사람이 천하에 군림해야 한다."

혜제는 덕을 갖춘 황제가 아니었고, 통치능력이 전혀 없는, 즉 제왕이 될 만한 인물이 아니었다. 그리고 이 무능한 황제 옆에는 못생긴 가황후가 있었다. 사료에 따르면 그녀는 피부가 검고 키가 작은 볼품없는 여인이었다고 한다. 결국 못생긴 가황후가 진왕조 멸망에 원인을 제공했다는 것이다.

혜제가 즉위한 뒤, 가황후에게 가장 걸림돌이 된 것은 무제가 총애한 양씨가문이었다. 양씨집안의 대표자 양준은 무제의 황후, 즉 당시 황태후의 아버지였다. 그는 혜제의 외척으로 막강한 정치권력을 행사하고 있었다. 가황후는 이 양씨들을 조정에서 어떻게 몰아내고 권력을 독차지할 것인가 고민했다.

291년 가황후는 여남왕汝南王 사마량司馬亮을 끌어들여 마침내 양준 일족을 제거했다. 물론 양태후도 이 과정에서 폐위되었다. 그리고 곧바로 여남왕도 자신의 위협세력으로 간주하여 초왕楚王 사마위司馬偉를 시켜 살해하도록 했다. 진왕조의 모든 권력은 이제 가황후의 수중에 들어갔다.

가황후가 권력을 장악하는 과정에서 진왕실은 10여 년 동안 정치적인 혼란을 겪었다. 그러다 결국 300년에 가황후는 태자를 죽였다. 태자는 아주 영특한 인물로, 무제가 살아 있을 때 아들 사마충보다 기대를 가진 후계자였다고 한다. 물론 태자는 가황후가 낳은 자식이 아니었다. 이때 조왕趙王 사마윤司馬倫은 태자를 죽인 가황후를 제거해야 한다며 군대를 일으켰고, 마침내 가황후와 그 세력은 조왕에 의해 제거되었다.

가황후의 권력은 끝났으나 사마씨 왕들의 싸움은 계속되었다. 사마씨의 8명의 왕들이 중앙권력에 도전하기 위해 치열하게 싸우면서 희생되어 갔다. 이것을 역사는 '8왕八王의 난'이라고 부른다.

　삼국의 분열을 통합하고 진왕조의 정치안정을 이룩한 무제의 업적은 역사에서 긍정적인 평가를 받는다. 그것은 무제가 적절한 시기에 오나라 정벌을 결정했고, 뛰어난 인재들에게 중책을 맡겨서 각자 그 능력을 발휘하도록 했기 때문에 가능했다. 무제가 통치한 시대에 신하들은 황제 앞에서 무례할 정도로 자신의 견해를 주장했다. 역사에서 무제만큼 신하들의 직언과 간언을 듣고 관대하게 처신한 황제도 드물 것이다.

　그런데 왜 진晉왕조의 멸망은 무제에서부터 비롯되었다고 하는 것일까? 그 원인은 첫째로 조위정권 조비의 정책이 혈족들을 배제한 정치에서 교훈을 얻은 까닭이었다. 둘째는 후계자에 대한 신하들의 간언을 무시한 무제의 안일함이었다.

　무제는 사사로운 감정에 치우쳐 바로 자신의 후대에 닥쳐올 위험을 깨닫지 못했다. 그가 직접 분봉하여 권력을 준 유능한 사마씨의 왕들 앞에 너무나 무능한 아들을 황제에 앉혀 놓고 세상을 떠난 것이다. 이것은 아들 혜제뿐만 아니라, 일찍이 총명하여 무제가 사랑했던 혜제의 아들에게도 비극이었다. 그리고 가황후의 권력과 함께 등장한 '8왕의 난'은 진왕조의 통치를 완전히 마비시켰다. 이 혼란은 만리장성 이북 북방민족의 침입을 초래했다. 결국 진왕조의 통일제국은 붕괴되었고, 16년 동안 진행된 중앙의 권력싸움 속에서 백성들 역시 커다란 고통을 겪어야 했다.

제15장
동진을 개창한
원제 사마예

  '8왕의 난'을 기회로 중국 북방에 위치한 여러 이민족이 남쪽으로 내려와서 사마씨가 세운 진왕조를 위협하기 시작했다. 304년 마침내 흉노 부락의 추장 유연劉淵이 진나라에 반기를 들고 한왕漢王에 즉위했다. 그리고 4년 뒤에는 황제자리에 올라 진나라의 수도 낙양을 공격했다. 이때 진나라 조정은 8왕의 내전으로 여전히 혼란한 상황에 처해 있었다.

  유연이 죽은 뒤에 그의 아들 유총劉聰이 황제에 즉위하여 다시 낙양을 공격했다. 311년에 낙양이 마침내 흉노족 유총에게 함락되었고, 당시 황제였던 회제懷帝는 포로가 되었다가 살해되었다. 회제가 죽자 귀족들에 의해 민제가 세워졌으나 유총이 장안을 공격하여 민제愍帝마저 살해했다. 결국 사마씨의 진晉왕조는 52년의 통치를 끝으로 멸망했다.

  진나라가 멸망한 뒤, 북방의 여러 소수민족의 추장들이 중국 내지로 들어오기 시작했다. 중국 북방은 혼란에 휩싸였고, 오랜 전란을 겪게 되었다. 이후 황하를 중심으로 한 북방지역은 소수민족이 통치하는 왕조가 흥망성쇠를 반복했다. 이 시기를 역사는 5호16국五胡十六國 시대라고 부른다.

Ⅰ. 왕씨와 사마씨가 천하를 함께하다

　　소수민족의 왕조가 북방에 수립되면서부터 많은 한족이 남쪽으로 이주하는 현상이 발생했다. 이때 진나라 왕족 가운데 사마예司馬睿라는 사람이 한 무리의 북방귀족을 이끌고 강남으로 내려와 다시 사마씨 왕조를 세우려고 했다.

　　사마예는 진왕실에서 권력을 갖고 있는 다른 사마씨 왕들에 비해 조정의 직접적인 실권자는 아니었다. 그는 진나라를 개창한 무제 사마염의 혈통에서 멀었기 때문에 오히려 '8왕의 난'에서 목숨을 보전할 수 있었다.

　　사마예는 '8왕의 난'이 치열하게 진행될 때 재난이 자신에게도 미칠 것을 두려워해 미리 자신의 분봉지역이었던 산동성 낭야지역으로 피신했다. 흉노족 유연의 침략으로 인해 진나라는 회복할 수 없는 상황이 되었다. 316년에 유총이 민제를 살해하자 사마예는 신하들의 추대를 받아 남쪽에서 황제의 자리에 올랐다. 이가 바로 진원제晉元帝(276~322)이다. 당시 진나라의 영토는 오늘날 양쯔강 하류를 중심으로 한 동남쪽 통치에 머물렀기 때문에 역사는 이 시기를 동진東晉이라고 부른다.

　　동진의 초대황제가 된 사마예는 이처럼 소수민족의 침입을 피해 북방의 명문귀족들과 함께 남쪽으로 내려와 다시 사마씨 왕조를 건립하고 황제자리에 올랐다. 그러나 초창기 사마예가 황제에 올라 진왕조를 계승하려고 했을 때는 그에게 절대 유리한 상황이 아니었다. 왜냐하면 삼국시대 오나라의 통치지역인 이곳은 남쪽 토착세력의 영향력이 아주 강했기 때문이다. 특히 대표적인 성씨인 주朱·장張·고 顧·육陸씨는 손권의 오나라 때부터 강남의 토착귀족이었다. 사마씨의 진왕조가 이 지역을 통일하여 약 30여 년의 세월이 흘렀지만 여전히 이들 세력은 강남에서 영향력을 행사하고 있었다.

이민족의 침입으로 진晉왕조가 멸망하게 되자 많은 북방의 한족들이 남쪽으로 내려왔다. 그리고 그 가운데 사마씨 일족인 사마예가 강남에서 다시 진왕실을 계승하여 황제가 되려고 했다. 그러나 당시 남쪽 귀족들은 사마예를 황제로 추대할 생각이 없었다. 이때 적극적으로 앞에 나서서 사마예를 모시고 다니면서 남쪽 귀족들을 설득하여 황제로 만든 사람들이 있었다. 이들이 바로 동진東晉왕조의 개국공신이며 이후 남쪽의 문벌귀족 정치시대 가장 대표적인 왕씨가문의 시대를 열게 된 왕도王導와 왕돈王敦이다. 두 형제는 사마예를 정중하게 모셨다. 특히 남쪽 귀족들이 보는 앞에서 사마예에게 아주 공손하게 예의를 갖추어 대했다. 이것을 본 남쪽 귀족들은 비로소 마음을 열고 사마예를 황제에 추대했다.

왜 남쪽 귀족들은 진왕조의 혈통인 사마예보다 왕도와 왕돈의 행동을 보며 사마예를 황제에 세웠을까? 그것은 사마예가 진왕실의 핵심인물이 아니어서 남쪽에 잘 알려지지 않았기 때문이다. 반대로 왕씨가문은 이미 남쪽의 토착귀족들에게 가장 대표적인 북방귀족으로 그 명성이 알려져 있었다.

동진왕조를 개창하고 황제에 오른 원제 사마예는 왕씨의 두 형제를 극진하게 대우했다. 심지어 원제는 왕도를 황제의 어좌와 같은 위치에 앉히고서 신하들의 의견을 들었다. 이후 왕도는 동진의 황제 3

대에 걸쳐 영향력을 행사했다. 이 때문에 사람들은 "왕여마공천하王與馬共天下"라고 하여 왕씨와 사마씨가 천하를 함께한다는 말로 당시 정치권력을 설명했다.

원제는 왕씨가문의 협조 때문에 황제가 되었지만, 훗날 왕씨는 그에게 가장 큰 위협세력이 되었다. 그렇지만 원제는 북방의 명문귀족들을 통해 권력을 장악했고, 그들의 정치권력을 인정하며 왕조의 발전을 도모했던 것이다. 이처럼 특수한 역사환경 속에서 동진은 문벌귀족 정치의 시대를 열었다.

당시 남쪽의 토착세력이든 북방 명문귀족이었든 간에 통치귀족들은 북방민족의 남침을 막아내기 위해 사마예를 황제에 앉혔다. 때문에 동진의 황제들은 왕씨王氏에서 비롯된 명문귀족 즉 사씨謝氏·환씨桓氏·유씨庾氏 같은 귀족들을 제어하지 못하고 이들과 함께 정치권력을 나누는 남조南朝의 문벌정치시대를 열게 되었다. 때문에 남조는 황제가 통치하는 시대였지만 그 형태가 기이하게 변질된 '변태적인 황권정치'의 시기였다고 볼 수 있다. 어쨌든 원제의 동진 건립은 왕도와 왕돈 같은 북방 명문귀족들의 도움으로 가능했던 것이다.

2. 왕씨가문의 별, 왕희지가 떠오르다

동진시대 문벌귀족들은 드넓은 대토지를 소유하고 그 안에서 모든 것을 자급자족할 수 있는 여유로운 경제력을 갖추고 있었다. 또한 문벌들은 본인의 능력과 상관없이 가문의 영예를 발판으로 관직에 나아가 좋은 자리를 독차지했다.

문벌귀족들은 정치권력을 독점하기 위해 혈통의 보전을 매우 중요하게 생각했다. 결혼은 대등한 가문끼리만 했고, 족보를 편찬하여 철저하게 자신들과 다른 가문들을 구분했다. 동진시대부터 귀족의 가문은 대대로 정치와 사회에서 우위를 확보하여 명실상부한 문벌귀족사회를 확립했다.

귀족사회의 성립과 함께 중국은 새로운 문학과 예술의 중흥기를 맞이했다. 중국 근대문학을 대표하는 노신魯迅은 동진부터 시작된 남쪽의 왕조를 '예술을 위한 예술의 시대'라고 극찬했다. 이 시기 진정한 중국의 미를 담아내는 서예와 문학 및 회화사에 독특한 업적이 나타났다.

한자는 고대 은나라의 통치자들이 신에게 길흉화복을 점치는 신정일치神政一致의 정치에서 출현하여 이후 중국의 문자가 되었다. 거북의 등껍질과 동물의 어깨뼈에 새긴 갑골문에서 출발한 한자는 이후 글자를 쓴 매개체가 죽간竹簡 또는 목간木簡으로 바뀌고, 다시 제지술이 발달하여 종이가 등장하면서 글씨체도 다양하게 발전했다.

한자의 서체를 한 분야의 예술로 새롭게 변화시킨 사람은 바로 동진시대를 살았던 왕희지王羲之이다. 왕희지는 회계 사람이고, 그의 아버지 왕광王曠은 왕도의 사촌동생이다. 원제 사마예 통치시기에 우군장군友軍將軍·회계내사會稽內史 등의 관직을 지냈다. 그는 동진 건립에 중요한 역할을 한 왕씨가문의 귀족집안에서 출생하여 어렸을 때부터 좋은 환경에서 교육을 받으며 자랐다.

소년시절 왕희지는 보통 아이들처럼 평범했다. 그러나 그는 끈기와 열정을 마음속에 간직하고 있었다. 그의 머릿속은 늘 글씨에 대한 생각으로 가득했고, 붓을 잡으면 쉴 줄 모르고 연습했다.

　왕희지는 어른이 되어 사람들 앞에서 자신의 생각을 그대로 표현하여 강직하고 말을 잘하는 인물로 주위에 알려졌다. 왕희지가 살았을 당시 동진은 귀족들의 사치와 부패가 극심했다. 명문 왕씨집안에서 태어난 그는 중앙의 높은 관직과 경제적으로 풍요로운 삶을 보장받을 수 있었지만 안일한 삶을 추구하지 않았다. 그는 오히려 상황이 급변하는 변경지역에서 살거나 아니면 아예 한적한 시골에 내려가 백성들과 함께 접촉하는 생활을 즐겼다. 이런 성격은 후에 왕희지가 서예의 대가가 될 수 있도록 한 배경이 되었다.

　351년 왕희지의 나이 45세가 되었을 때, 우군장군과 회계내사의 직책을 맡고 회계지역으로 떠났다. 당시 동진의 남쪽 땅 회계는 경치가 매우 빼어난 곳으로 왕희지의 마음을 사로잡았다. 왕희지는 회계의 경치를 바라보며 "이곳 산수의 아름다움은 실로 눈에 다 담아내기에 모자라는구나!"라며 감탄했다.

　회계지역을 떠나고 싶지 않았던 왕희지는 관직에서 물러나 오직 서법에 심취하여 연구를 거듭하여 이후 중국서예의 새로운 기틀을 마련했다.

　왕희지는 중국서예를 처음으로 예술의 분야로 창조해낸 서성書聖으로 추앙받고 있다. 왕희지의 서체 속에는 정신과 기교가 절묘한 조화를 이루어 우아하면서도 강한 힘이 들어 있어 신선의 기운이 깃들어 있는 것 같다고 사람들은 말한다.

　왕희지가 이룩한 서체는 고문·전서·예서·행서·초서로서 모두 예술적인 경지의 확고한 위치를 확립했다. 특히 그가 완성한 행서와 초서는 현재까지도 가장 완벽한 서체로 인정받고 있다.

동진 원제시기 활동한 대표적인 왕씨가문의 인재 왕희지는 남조의 예술과 문화를 설명할 때 빼놓을 수 없는 인물이다. 그의 재능은 개인의 타고난 능력 또한 부정할 수 없지만 이 시대 가장 대표적인 문벌집안에서 출생하여 어렸을 때부터 학문적인 소양을 충분히 습득할 수 있는 환경이 그에게 주어졌기 때문이다. 왕희지뿐만 아니라 그의 숙부 왕이王廙와 왕순 王洵, 왕희지의 아들 왕헌지王獻之 역시 동진시기 서예의 대가로 이름을 날렸다.

3. 충신 조적을 배척하다

동진왕조는 삼국시대 오나라가 통치한 것처럼 남방 토착호족이 협력해서 세운 왕조였다. 북방의 명문귀족들은 남쪽에 내려와 언젠가 북방영토를 회복한 뒤 다시 고향으로 돌아가겠다는 생각을 품고 있었다.

그러나 북방의 현실은 이민족의 통치가 쉽게 무너질 것 같지 않았고, 동진의 귀족들은 자연스럽게 남쪽생활에 안주해 갔다. 북방귀족들은 입으로는 돌아갈 것이라고 말했지만, 실제로는 진심으로 노력하며 행동하는 흔적을 보이지 않았다.

조적祖逖 같은 일부 뜻있는 자가 목숨을 걸고 북방영토를 회복하려고 혼신을 다했다. 그러나 황제와 귀족들은 조적에게 무관심했으며 오히려 시기와 견제를 하며 그의 활동을 억제했다.

조적은 서진시기 형주지역에서 그리 높지 않은 관직에 있었다. 그러나 조적은 젊은 시절부터 국가대사에 커다란 관심을 갖고 언젠가 그에게 기회가 온다면 큰 공적을 세우겠다는 원대한 뜻을 품고 있었다.

조적에게는 아주 절친한 친구 유곤이라는 사람이 있었는데, 이 둘은 마음이 잘 통했다. 젊은 시절 두 사람은 같은 침상을 사용하면서 장래 자신들의 포부를 밝히곤 했다. 어느 날 밤 조적은 닭 울음소리를 듣고 크게 깨달은 바가 있어 친구 유곤과 함께 미래를 준비했다. 조적은 국가가 편안할 때도 관리들은 항상 앞날을 대비해야 한다고 생각했다. 이때부터 그는 매일 아침 일찍 일어나 무예를 연마하고 신체를 단련하기 시작했다.

서진왕조가 '8왕의 난'으로 혼란을 겪게 되고 그 와중에 북방민족이 침략하여 왕조가 멸망하자 많은 한족들이 북방에서 남쪽으로 이주했다. 조적 역시 혼란을 피해 남쪽으로 피신하여 당시 낭야왕 사마예를 만났다.

영웅은 난세를 만나야 자신의 역량을 충분히 발휘할 수 있다. 남쪽에서 서진왕조의 혈통 사마예를 만난 조적은 자신이 젊은 시절부터 품고 있던 원대한 포부를 실현시킬 기회가 왔음을 알았다.

그는 사마예에게 간청했다. 진왕실이 북방을 이민족에게 **빼앗기**고 멸망한 것은 내부의 정치적인 문제 때문이지 백성들이 진왕조를 버린 것이 아니라고 했다. 북방에 남아 있는 백성들은 누구도 이민족의 통치를 바라고 있지 않으니 자신에게 명령만 내려준다면 북방의 영토를 꼭 수복하겠다고 다짐했다. 감동한 사마예는 조적에게 형주자사의 직책을 내리면서 북방회복의 뜻에 적극 찬성했다.

사마예의 후원을 받게 된 조적은 신속하게 병사들을 모으고, 물자를 준비하여 북방영토를 되찾기 위해 길을 떠났다. 자신을 따르는 병사들을 이끌고 강을 건너면서 조적은 이렇게 외쳤다.

"여러분은 나 조적을 믿고 북방영토를 회복하기 위해 이 강을 건너고 있습니다. 만약 북방의 땅을 되찾지 못한다면 조적은 다시 이 강을 건너 돌아오지 않겠습니다."

조적을 따르는 군사들이 함께 소리치며 죽기를 맹세하고 북방의 땅을 되찾아야 한다고 다짐했다. 조적의 열정은 수많은 사람들을 그의 휘하에 모이도록 했다. 그가 이끄는 군대는 고된 전쟁을 이겨내면서 황하 일대의 땅을 회복해 갔다.

317년 사마예가 건강建康(지금의 남경)을 수도로 삼고 황제에 즉위하여 동진왕조를 열었다. 원제 사마예는 조적의 북방영토 회복의 공로를 인정하고 진서장군이라는 직책을 내렸다. 이 직책을 받은 조적은 더욱 분발할 것을 다짐했다. 그러나 조적이 품고 있었던 원대한 꿈을 실현시킬 수 있는 기회는 더 이상 주어지지 않았다. 원제 사마예는 남쪽에 왕조를 수립한 이후, 적극적으로 북방영토를 회복하려는 의지가 없었다.

어떤 사람이 원제에게 말하기를 조적이 점점 북방백성들 사이에서 신망을 얻고 있으니 훗날 화근이 될지 모른다고 했다. 이 말을 들은 원제는 북방에 관원을 파견하여 조적의 활동에 제약을 가했다.

이후 조적은 자신의 뜻대로 군사를 움직일 수 없게 되었다. 북방

영토 회복의 꿈은 갈수록 멀어졌다. 결국 그는 마음속에 한을 품은 채 병을 얻어 세상을 떠났다.

중국역사에서 조적은 나라가 위기에 처했을 때, 분발하여 자신의 포부를 펼친 인물로 알려지고 있다. 그리고 뜻을 가진 자는 미래를 위해 준비해야 하며, 기회가 왔을 때 자신의 포부를 힘껏 발휘해야 한다는 교훈을 남겼다.

조적은 병사들을 이끌고 북방영토를 회복하기 위해 분투했다. 그리고 황하이남의 땅을 회복하여 동진왕조의 대업에 커다란 공훈을 세웠다. 그는 난세에 열정을 품고 진왕조를 위해 헌신한 인재였다.

그러나 동진의 황제 사마예는 왜 애국자 조적을 끝까지 신임하지 않았을까? 사마예는 서진왕조의 멸망과 함께 남쪽에 내려와 왕도와 왕돈 같은 북방의 명문귀족들에 의해 사마씨 왕조를 재건했다. 그리고 조적처럼 애국심을 가진 인물들도 동진건립 시기에 필요했다. 하지만 원제는 북방을 완전히 회복하여 다시 중국을 통치하는 큰 틀의 정치로 나아가지 못했다.

원제 사마예의 정책은 남쪽의 땅에 안주하는 선에서 그쳤다. 때문에 자신을 황제로 추대한 왕씨세력을 우대하여 문벌귀족정치의 시작을 열었고, 조적과 같이 원대한 꿈을 가진 인물을 적극적으로 중용하여 천하통일을 이룩하기보다는 그 꿈을 접고 말았다. 큰 뜻을 품은 조적 같은 신하는 원제 사마예가 부리기에 벅찬 인재였다.

제16장
아주 특이한 통치력을 보여준
양무제 소연

    양나라는 위진남북조 시기 남방왕조 가운데 동진東晉·송宋·제齊·양梁·진陳으로 이어지는 왕조에 속한다. '8왕의 난'으로 서진 사마씨 왕조가 붕괴되자 북방민족이 만리장성을 넘어와 중국내지에 각각 소수민족 왕조를 수립했다. 반면 북방영토를 소수민족에게 잃어버린 한족은 남쪽으로 내려와 사마씨 일족 가운데 사마예를 황제로 추대하여 동진왕조를 개창했다.

    동진이 멸망한 뒤 남쪽에서는 송·제·양·진의 4개 왕조가 잇달아 세워졌다. 이들 왕조는 건강建康을 수도로 하여 북방 소수민족이 세운 왕조와 대립했다. 중국역사는 이 시기 양자강 일대를 중심으로 통치한 왕조를 남조南朝라고 부른다. 그리고 북쪽에 세워진 북위·동위·서위 시대를 거쳐 북제와 북주로 이어지는 왕조를 북조北朝라고 칭한다.

    남조의 역사는 420년 송나라의 건국에서부터 589년 북주의 귀족 양견이 진陳나라를 멸망시키고 수나라를 건립할 때까지 170여 년 동안 지속되었다.

1. 승려가 황제가 되었다

　남조 가운데 양나라는 제나라 황실의 친척이었던 소연蕭衍이 건립했다. 이가 바로 양무제梁武帝(464~549)다. 양무제는 창업황제이면서 통치기간이 48년이나 된다. 양무제 시기에 남방왕조는 학문과 예술이 크게 발전했다. 양무제는 유학과 불교에 뛰어난 식견을 갖고 있었다. 황제가 된 뒤 그는 적극적으로 학문을 장려하고 불교정책을 실시하여 강남문화의 황금시대를 열었다.

　당시 문화발전의 대표적인 흔적으로, 양무제의 후계자였던 소명태자가 중국 고대의 뛰어난 시문을 모아 편찬한 문선文選을 꼽을 수 있다. 또 유협이 문학론을 모아 문심조룡文心雕龍을 남겼다. 이러한 작품들은 양무제의 통치시기 남조문화의 발달을 반영하고 있다.

　양무제는 특히 불교에 심취하여 왕조를 통치한 황제로 잘 알려져 있다. 황제는 젊었을 때부터 아주 독실한 불교신자였다. 그의 통치시기에 수도 남경에는 수많은 사찰이 세워졌다. 이 시기의 양나라는 마치 불교왕국을 연상케 했다. 현재 남경에 있는 동태사同泰寺는 당시 불교의 발전을 전해주는 대표적인 사찰이다.

　양무제 시기 불교번영의 상황을 당나라 시인 두목杜牧은 이렇게 노래했다.

강남 천 리에 꾀꼬리 울고 꽃은 화사하게 피었구나.
강촌 산골주막에 깃발 펄럭이고

남조시기 건립한 사백팔십 사찰의
수많은 누대가 이슬비에 젖는구나.

양무제의 적극적인 불교정책은 남방왕조의 문화중흥의 시대를 열었다. 그러나 양무제의 지나친 불교집착으로 왕조의 몰락 역시 예견된 것이었다. 황제는 불심을 통해 나라를 통치한다고 백성들에게 말했다. 그리고 스스로 자신이 세상에서 보기 드문 현명한 황제라고 하면서 날마다 백성들을 위해 부처님께 예불을 드리면서 기도한다고 했다.

양무제의 불심이 그가 생각한 백성의 안녕과 축복에 있었다면 통치자로서의 본연의 자세에 마땅히 충실했어야 한다. 그러나 황제의 불심은 정도가 지나쳐서 오히려 백성들에게 버거운 짐이 되었다.

어느 날 황제는 동태사에 이르러 향불을 피우며 예불을 드리고 있었다. 그때 황제는 문득 승려가 되어 더 적극적으로 부처님께 헌신하겠다는 마음을 가졌다. 결정을 내린 황제는 옆에 있던 신하에게 말했다.

"짐의 불법에 대한 마음은 아주 경건하지만, 실제행동은 그에 미치지 못하여 마음이 무겁다. 이제부터 몸을 바쳐 승려가 되려 한다."

황제는 이때부터 동태사에서 승려생활을 시작했다. 승려생활은 아주 경건했다. 그는 직접 승복을 입은 채 채식을 했으며, 여자를 멀리하는 등 승려가 지켜야 할 계율을 따랐다. 역사상 최고의 통치권을 갖고 황제의 자리에 있으면서 승려가 된 사람은 아무도 없었다. 양무제가 유일한 사람이라고 해도 틀린 말은 아니다.

그러나 양무제의 승려생활은 오래가지 않았다. 4년 동안의 승려생활을 마치고 황제는 다시 속세로 돌아왔다. 이후 황제는 여러 차례 승려가 되었다가 다시 환속하기를 반복했다. 황제는 궁중으로 돌아오는 길에 신하들에게 이렇게 말했다.

"속세로 돌아가는 것도 지켜야 할 것이 있다. 황제라고 하더라도 그 규정을 어길 수는 없다."

이 말을 들은 신하들은 환속금을 마련하여 동태사에 바쳤다. 양무제가 승려가 되어 환속할 때마다 지불한 금액은 모두 백성의 세금에서 지출한 것이다. 황제는 불교를 통해 백성들을 축복하고 백성의 평안을 기원한다고 했지만, 오히려 백성들의 세금을 함부로 사용하면서 황실의 재정을 탕진했다.

당시 범진范縝이라는 신하가 이러한 양무제의 불교정책을 신랄하게 비판하면서 신멸론으로 맞섰다. 범진은 인간의 육체가 죽으면 영혼도 함께 소멸한다고 했다. 불교가 윤회설을 통해 내세를 기약하며 현재의 삶에서 선업을 쌓도록 하는 것은 통치자가 백성을 통치하기 위한 수단으로 이용하고 있다고 주장하면서 양무제의 불교정책에 크게 반대했던 것이다.

학문과 불교에 대한 신념이 남달랐던 양무제는 분명 남조시기 문화발전에 기여한 인물이다. 그러나 86세까지 황제자리를 지키면서 말년에는 너무나 불교에 심취하여 왕조의 통치는 제쳐두고 개인적인 불심에만 치우쳐 나라를 혼란에 빠뜨렸다.

양무제가 개인적으로 불교에 심취한 것을 나쁘다고 할 수는 없다. 그러나 그가 지켜야 할 황제로서의 본분을 잊어버리고 왕조와 백성을 생각하지 않은 점에 대해서는 비판을 받아 마땅하다.

2. 혈족을 우대하여 망국을 앞당기다

양무제는 48년 통치기간 중에서 초창기에 개국황제로서의 통치업적을 남겼다. 그러나 중기에 접어들면서 황제는 정치의 중심을 잃고 흔들리기 시작했다.

역사는 양무제의 가장 큰 실책은 잘못된 인사에 있다고 말한다. 황제는 특히 자신의 일족과 신하들에게 너무 관대했다. 그들이 백성들을 수탈하여 재물을 축적하는 등 많은 폐단을 일으켜 왕조에 위험을 초래해도 황제는 그들을 용서했다.

양무제가 어느 정도로 친척들의 비리를 묵인했는가 하는 사실은 다음의 사례에서 알 수 있다.

어느 날 한 사람이 무제에게 황제의 여섯번째 동생 소굉蕭宏의 행동이 의심스럽다고 보고했다. 이 소식을 들은 무제는 매우 긴장했다. 즉시 군사들을 이끌고 소굉의 집에 도착한 황제는 이렇게 물었다.

"최근 소문에 의하면 동생의 집 안에 여러 개의 창고를 지었다고 하는데 짐이 직접 살펴봐도 되겠는가?"

양무제는 아우 소굉이 병기를 모으고 군대를 양성하여 반란을 계획하는 것으로 생각했다.

그러나 막상 소굉이 몰래 만든 창고 안에는 수많은 재물들이 가득 차 있었다. 그 규모가 황실재정과 비슷할 정도로 엄청난 양이었다. 소굉은 백성들을 착취하여 자신의 창고만을 가득 채운. 그야말로 왕조와 백성은 안중에도 없는 무능한 황제의 혈족이었다. 그러나 양무제는 아우 소굉에게 이렇게 말했다.

"동생의 생활이 아주 풍요롭고 편안한 것을 보니 내가 정말 기쁘구나."

황제는 아우가 반란을 일으키기 위해 몰래 창고를 만들어 병기를 감추고 있는 것으로 생각했다. 그러나 소굉이 재물만을 탐하고 있다는 것을 알고 아우를 더욱 소중하게 대했다. 황제의 이러한 태도는 황실친척들과 귀족들로 하여금 자연스럽게 부정을 저지르도록 방치하는 것이 되어 양나라의 정치를 문란하게 하고 백성을 힘들게 했다.

무제는 자신의 정치에 문제점이 있다는 것을 끝까지 알지 못했다. 황제 개인으로 본다면 양무제의 생활은 몹시 검소하고 사치와는 거리가 멀었다. 그가 불교에 귀의하여 승려가 되었을 때는 철저하게 채식과 금욕주의 생활을 했다. 양무제는 자신의 검소한 생활을 아주 자랑스럽게 생각하며 백성들의 통치에 최선을 다하는 황제라고 자부했다.

전제군주의 왕조시대 역시 정치의 큰 틀은 지금과 다를 바 없다. 최고의 통치권자는 가장 이상적인 덕치주의 방법으로 백성들을 통치하고 여론을 잘 살펴야 한다. 황제 혼자서 모든 정치를 주관하기는 불가능하다. 그래서 중국왕조는 아주 일찍부터 정치적으로 중요한 문제를 여론을 통해서 조율해 나갔다. 이때 가장 필요한 것이 신하들의 직언과 간언을 적극 보장하고 의견을 수렴하는 황제의 능력이었다.

양무제에게는 직언과 간언을 하는 인재가 없었다. 혹은 있었지만 황제가 그들의 의견을 듣고 문제점을 바로잡을 생각을 하지 않았다.

545년 하침賀琛이라는 신하가 황제에게 다음과 같은 글을 올렸다.

첫째로 중앙에서 지방으로 파견한 수령들의 수탈이 극심하여 천하의 호구는 계속 줄어들고 있다. 빨리 손을 쓰지 않으면 천하는 큰 혼란에 빠질 것이다.

둘째로 귀족들의 수탈이 너무 심하다. 그들은 백성들의 재물을 빼앗아 날마다 호화롭게 살며 사치를 누린다. 이것 역시 왕조의 문제다. 귀족들의 사치를 금하고 절약하도록 해야 한다.

셋째로 과감한 행정개혁을 실시하고 쓸데없는 지출을 금해야 하며 국고를 충실히 해야 한다.

하침이 양무제에게 올린 건의는 정확하게 양나라의 폐단을 지적하고 있는 말이었다.

황실귀족들의 무능력과 부패를 방관하는 양무제의 태도는 통치자로서의 정치적 리더십에 큰 문제를 가져왔다. 그러나 황제는 하침의 견해를 무시했다. 본인은 극히 검소하게 살고 있고 백성들을 위한 정치를 하고 있다. 그런데 부패한 관료가 어디 있으며 누가 사치를 누리고 왕실의 재물을 탕진하느냐고 화를 냈다.

하침은 더 이상 직언하지 않았다. 그리고 그밖에 신하들은 황제에게 절대 바른말을 하지 않았다.

말년에 양무제는 소인배들을 중용하여 그들에게 정치를 일임했다. 이들은 양무제의 총애를 받으며 군사권과 재정을 장악하고, 일은 하지 않으면서 요직만 차지하고 있었다. 당연히 그들의 머릿속에는 황제의 정치를 보좌해 줄 국정에 대한 의견이 담겨 있지 않았다. 직언과 간언을 할 기백도 없었다. 그저 권력에만 집착하는 소인배들이었다.

양무제의 정치적 실패는 직언과 간언을 통해 황제의 정치를 바로 잡아줄 수 있는 인재를 멀리하고, 황제에게 아첨하며 비위만 맞춰주는 소인배들을 가까이 했다는 점에서 그 원인을 찾을 수 있다.

3. 후경을 총애하여 나라를 멸망시키다

양무제는 군대의 전술과 지휘체계에 밝은 황제는 아니었다. 황제의 군대는 여러 차례 북벌에 나가 북방영토를 회복하려 했지만 전혀 소득이 없었다. 더구나 나라가 안정되어 편안함을 얻게 되니 양무제는 북벌을 포기하고 평화와 안정의 시대를 원했다. 그러나 남조시대 양나라 역시 국경은 북방왕조와 항상 대치상태에 있었다.

양무제의 통치 후반에 북방왕조에서 후경侯景이란 사람이 군대를 이끌고 남쪽 양나라로 항복해 왔다. 역사는 후경을 야심가라고 말한다. 후경은 원래 북방의 핵심세력이었다. 당시 북위는 고환과 이주영의 통치집단으로 분리되어 동위와 서위로 분열되어 있었다. 동위의 핵심인물 고환이 사망한 뒤 동위에서 후경의 입지는 점점 불안한 상황에 빠졌다. 이때 후경은 양나라에 항복하여 남쪽에서 자신의 입지를 강화하려고 했다.

야심가 후경을 황제가 기뻐하며 받아들인 것은 인재정책의 치명적 실패라고 할 수 있다. 황제는 처음에 그를 극진하게 대우했다. 그러나 양무제의 후경에 대한 신뢰는 오래가지 않았다. 양나라에 투항해 온 뒤 북방왕조와 맞서 싸우는 전투에서 후경은 계속 패배했다. 차츰 무제는 후경의 능력을 의심했다. 그리고 포로교환의 대상으로 후경을 북방에 다시 돌려보낼 생각을 하게 되었다.

양무제가 처음 후경을 받아들인 것도 문제였지만 더 큰 문제는 후경을 너무 가볍게 생각했던 것이다. 진퇴양난의 입장에 몰린 후경은 양무제에게 반기를 들었다.

548년에 후경은 군대를 이끌고 수도 남경을 공격했다. 처음 반란을 일으킬 때 후경의 군대는 그리 많지 않아 황제의 군대가 충분히 반란군을 제압할 수 있었다. 그러나 양무제가 소홀하게 여긴 후경의 군대는 갈수록 세력이 불어났다. 반면 각지에서 올라온 황제의 군대는 병력은 많지만 모두 눈치만 보고 전혀 싸울 생각을 하지 않았다. 그 원인은 양무제가 후계자로 정한 태자 소강蕭綱에 대해 모두 불만을 품고 있었기 때문이었다.

황제의 혈족들은 고립무원의 처지에 있는 양무제와 태자를 구하려고 하지 않았다. 자신들이 힘들게 싸워 반란군을 진압한다면 결국 태자에게만 유리할 뿐 아무런 득이 되지 않는다고 여겼기 때문이다. 황제가 그토록 보호하고 배려했던 혈족인데도 그러했던 것이다. 86세 고령의 황제는 성 안에서 후경에게 포위당했다. 식량도 바닥이 났다. 결국 황제는 어쩔 수 없이 후경에게 항복할 수밖에 없었다.

후경에게 궁중을 점령당한 양무제는 명목상 황제자리에 있었지만 얼마 지나지 않아 음식도 제대로 공급받을 수 없을 만큼 철저하게 후경의 감시를 받았다. 역사는 양무제가 후경의 반란으로 대성에 갇혀서 86세의 나이에 굶어죽었다고 전한다.

양나라 건립 초기 양무제 소연은 이전의 남조황제들과는 달리 비교적 유능한 통치를 했다. 널리 인재를 등용하고 학자들의 의견을 존중하며 각지의 여론을 수렴하여 정치를 쇄신하려고 했다. 또한 지방에 파견하는 수령을 선발할 때도 각별하게 신경을 써서 공평하고 청렴한 인재를 채용하려고 노력했다.

또 양무제는 학문의 방면에도 탁월한 재능이 있었다. 그는 수도뿐만 아니라 지방에도 학교를 세워 교육에 힘썼다. 그 결과 양나라는 학문과 문화발전에서 주목할 만한 중흥시대를 맞이했다.

그리고 개인적으로는 소박한 생활을 실천한 황제였다. 채소반찬에 한 끼 식사를 하면서 옷도 아주 검소하게 입었다. 매일 새벽 일찍 일어나 부지런히 정무를 보고, 차가운 겨울날씨에도 자신이 해야 할 일을 소홀히 하지 않았다.

그러나 황제는 나이가 들어갈수록 정치적 결단력과 인재를 곁에 두고 통치하는 능력을 상실했다. 양무제는 황실과 관료들의 정치기강을 바로잡고 잘못을 과감하게 시정하는 책임있는 정치를 소홀히 했다. 예나 지금이나 통치자들에게 요구되는 최고의 덕목은 정에 이끌리는 정치와 인물을 물리치고, 측근들의 부정부패를 바로잡는 능력이다.

양무제는 황제의 중요한 임무 가운데 관료의 횡포로부터 백성의 생활을 보호해야 하는 책임을 무시했다. 황제의 정치는 황실우대가 근본이었으므로 무능력한 인물에게까지 권력을 주어 소인배들과 함께하는 측근정치를 낳았다. 결국 양나라는 무제의 시대를 끝으로 몰락했다.

제17장
북방을 통일하여 전진을 세운
선소제 부견

　316년 사마씨의 서진왕조가 몰락하고, 황하를 중심으로 한 북방 영토에서는 이민족들이 세운 왕조가 흥망성쇠를 거듭하고 있었다. 이른바 이민족 5호五胡로 흉노족匈奴族·선비족鮮卑族·저족氐族·갈족羯族·강족羌族 등이었다. 그들은 중국 북방에 근거하여 16개의 왕조를 세우며 치열한 쟁패를 거듭했다.

　그 시대 중국 북방은 극심한 정치적 혼란을 겪었다. 왕조의 수명은 짧았고, 특히 여러 민족이 북방권력을 쟁탈하는 상황에서 민족 사이의 갈등과 반목이 심했다. 이 즈음 저족이 세운 전진前秦은 부견의 통치시대에 북방의 혼란을 일시적으로 통일하고 민족융합을 시도했다.

　부견은 이민족 통치자였으나 탁월한 지도력을 발휘했다. 그는 능력있는 인재를 중용함으로써 짧은 기간에 전진을 북방의 강력한 왕조로 만들었다. 부견의 통치덕에 북방 여러 민족들은 잠시 투쟁을 멈추고 휴식을 취할 수 있었다.

1. 저족출신 부견은 북방의 이상적인 통치자였다

부견符堅(338~385)은 5호16국 가운데 전진의 세번째 황제에 속한다. 그는 저족출신으로 초대황제 부건의 동생 부웅의 아들로 태어났다. 어렸을 때부터 총명하여 할아버지 부홍의 사랑을 독차지하고 자랐다.

351년에 부건이 부족을 이끌고 섬서성 장안에 들어와 세력을 확장하면서 황제로 즉위했다. 부건이 죽고 그의 아들 부생이 2대 황제가 되었다. 역사는 부생을 이루 말할 수 없을 정도로 포악한 군주였다고 기록하고 있다.

부생은 어렸을 때부터 성격이 거칠었다. 할아버지 부홍에게도 욕을 하며 대들어서 어느 날 부홍이 그를 못마땅하게 여기고 채찍으로 때렸는데 부생이 가만히 있지 않고 또 대들었다.

"차라리 칼이나 창이 더 낫겠다. 채찍보다는 아예 창이나 칼로 나를 죽여라. 채찍으로 나를 때려서 뭐하려고 하느냐!"

부홍은 난폭하고 버릇없는 손자를 보며 아들 부건에게 말했다.

"이런 아이는 우리 가문의 훗날을 위해 죽이는 편이 낫겠다."

성인이 된 뒤에도 부생의 난폭한 성격은 고쳐지지 않았다. 그는 힘이 장사여서 맹수도 맨손으로 때려잡았다. 전쟁터에 나가서는 두려움없이 누구보다도 적을 상대로 용감하게 싸웠다. 그러나 부생은 왕조를 통치할 수 있는 능력이 없었다.

부건은 죽으면서 이러한 아들을 위해 후견인으로 여러 명의 대신을 정하여 부생의 부족함을 돕도록 했다. 그러나 부생은 아버지의 뜻을 저버리고 이 신하들을 귀찮게 여겨 훗날 모두 제거해 버렸다.

부견이 황제가 될 수 있었던 이유는 이런 배경 때문이었다. 부생이 너무 잔혹한 정치를 실시하자 왕실과 귀족 및 백성들 모두 황제를 갈아치우고 싶어했다. 357년 부생은 황제즉위 2년 만에 만취상태에서 불행한 죽음을 맞이했다. 그리고 부견이 19세의 젊은 나이로 황제에 즉위했다.

부견은 황제에 즉위하여 먼저 왕조의 정치기강을 바로잡기 위해 저족출신 호족들의 권한을 강력하게 제한했다. 부견은 많은 인재들을 적극 초빙했다. 한편 농민생활을 안정시키기 위해 농업에 큰 관심을 보였다. 왕조의 법률도 강화했다.

또 부견은 몸소 절약과 검약을 실천하여 백성들의 모범이 되려고 했다. 부견의 출현은 그야말로 참신한 통치자가 북방에 등장한 것과 같았다. 이 시기 전진은 왕조의 기틀을 확립했고, 국력이 강성해져 중국 북방을 점차 평정시켜 갔다.

2. 한족출신의 인재 왕맹을 곁에 두다

황제에 오른 부견은 이후 전연과 전량 등 여러 왕조를 제압하고, 그밖에 소수민족의 수령들을 포용하여 중국 북방을 통일했다. 부견의 정책은 저족중심의 통치에서 벗어나 여러 민족과 단결하여 북방 영토를 안정시키는 것이었다. 그는 필요한 인재들을 소수민족과 한족을 구분하지 않고 골고루 군사방면과 정치요직에 등용했다.

부견의 인재정책에서 탁월한 점은 중국 북방의 통치를 안정화시키기 위하여 한족인물을 관료로 발탁해서 정치적 자문을 구한 것이다. 부견의 이러한 뜻과 가장 일치한 사람이 바로 한족출신 왕맹王猛이었다.

왕맹은 산동성 창락현의 가난한 집안에서 태어났다. 젊은 시절부터 병서를 탐독하여 군대를 움직이는 전략과 전술에도 능력을 갖춘 인재였다. 그는 박학다식하여 주위사람들로부터 능력있는 인물로 알려졌다.

부견이 전진의 법률을 강화하여 호족들의 권력을 강력하게 제어하고, 백성을 위한 정치를 할 수 있었던 것은 바로 왕맹의 역할 때문이었다. 소수민족이 세운 전진은 한족의 제도를 기본으로 하여 황제를 정점으로 하는 중앙집권적인 통치제도를 수립해야 했다. 왕맹은 한족출신이니 당연히 전진의 통치에서 미숙한 부분을 읽어낼 수 있었다.

부견이 왕맹을 만난 것은 마치 유비가 제갈량을 얻은 것과 같다고 할 정도로 두 사람은 서로 의견이 일치했다. 부견은 왕맹을 중히 여기면서 그에게 전진의 정치기강을 바로잡고, 사회를 안정시키는 정책을 실시하도록 힘을 실어 주었다.

초창기 부견은 지나칠 정도로 너그러운 정치로 북방의 소수민족과 한족을 포용했다. 때문에 호족들의 횡포와 부정이 전진의 통치기강을 무너뜨리고 있었다. 이를 해결하기 위해 왕맹은 법을 강력하게 시행했다. 그는 관료들을 법대로 처벌하여 단호하게 단속했다. 당연히 왕맹의 처분에 반대하는 사람들도 생겨났다.

당시 저족출신의 귀족 가운데 번세樊世라는 사람이 있었다. 그는 왕맹을 무척 싫어했다. 그 이유는 번세와 같은 귀족들의 입장에서 볼 때 왕맹은 왕조를 위해 뚜렷한 공적을 세운 것도 없는데 황제의 신임을 독차지하고 있었기 때문이다. 두 사람이 조정에서 만나면 격렬한 비방전이 펼쳐졌다.

당시 중앙귀족들은 대부분 번세의 입장에서 왕맹을 비난했다. 왕맹이 황제를 믿고 가혹하게 법을 집행하여 귀족들을 탄압하고 있다며 불평했다. 이러한 상황에서 부견은 번세를 처형하고 왕맹의 손을 들어주었다. 그리고 왕맹을 중서령·경조윤으로 승진시켰다. 이때부터 중앙의 귀족들은 왕맹을 함부로 대하지 못했다.

왕맹은 황실의 친척과 중앙귀족들이 법을 어기고 백성들을 힘들게 했을 때 절대로 방관하지 않았다. 당시 황실의 친척 및 대귀족 가운데 20여 명이 왕맹에 의해 죽임을 당했다. 이때부터 전진조정의 기강이 크게 확립되고 황제로서의 부견의 권위 역시 위엄을 갖추게 되었다.

왕맹은 또 유학을 장려하여 학문을 발전시키고, 농사와 양잠을 크게 장려하여 백성들의 생활안정에 기여했다. 왕맹은 왕조의 중요업무를 장악하여 부견의 정치기반을 강화시켰다. 그 결과 전진은 급속하게 중앙집권화를 이루고 북방의 강력한 왕조로 등장했다.

372년에 왕맹은 정치뿐만 아니라 군사방면에서도 중책을 맡았다. 이때 승상직과 더불어 총사령관 직함을 받았다. 당시 한족으로서 이민족 정권의 황제에게 이처럼 신뢰를 받고 중용된 사람은 오직 왕맹뿐이었다. 그는 죽을 때까지 부견과 전진왕조를 위해 노력했다.

왕맹은 황제 부견보다 일찍 세상을 떠났다. 부견은 소중한 인재를 잃은 심정을 이렇게 표현했다.

"짐이 천하를 평정하는 것을 하늘은 원치 않는단 말인가? 어찌 이렇게 일찍 왕맹을 빼앗아간단 말인가!"

전진왕조의 부견 통치 아래 왕맹은 한족지식인으로서 그의 능력을 충분히 발휘한 인재였다. 물론 왕맹의 정치는 그를 알아주는 부견이 있었기 때문에 가능했다. 부견은 황제에 즉위하여 온건한 정치를 실시했다. 저족을 중심으로 북방에서 서로 섞여 살고 있는 한족 및 그밖에 소수민족 정권의 특성상 이들을 모두 포용하고 관대한 정치를 실시할 수밖에 없었다. 그러다 보니 황권이 약해지고 귀족들이 권력을 남용했다. 이러한 문제를 해결할 수 있었던 사람이 바로 왕맹이었던 것이다. 왕맹의 단호하고 엄격한 정책은 부견의 온건함과 조화를 이뤄 전진왕조의 도약을 가져왔다.

3. 비수전투는 부견의 결정적인 실수였다

376년 왕맹이 세상을 떠난 다음해 전진은 전량을 멸망시키고 실크로드 일대까지 영토를 확장했다. 이 시기 북방은 거의 부견의 통치에 들어왔고 유일하게 남아 있는 곳은 오직 남쪽의 동진왕조였다.

부견은 드디어 천하통일의 시기가 무르익었다고 생각하고 동진을 공격할 계획을 세웠다. 부견의 입장에서 보면 동진정벌이 꼭 불가능하다고 생각할 이유가 없었다. 즉 당시의 여건들이 그에게 매우 낙관적이었던 것이다.

383년 부견은 즉시 조정회의를 열어 남방정벌 계획을 말하며 중신들의 의견을 물었다. 그러나 부견의 생각과는 달리 신하들은 거의 대부분 동진정벌을 극구 반대하고 나섰다.

그 이유는 당시 이미 세상을 떠난 왕맹의 유언에 잘 나타나 있다. 왕맹이 병석에 누워 있을 때, 부견이 직접 병문안을 가서 앞으로의 일을 묻자 그는 황제에게 이렇게 조언했다.

"지금 동진왕조가 비록 강남의 조그마한 땅에 의지하고는 있으나 중국의 정통을 계승했습니다. 바라건대 신이 죽은 뒤에 절대로 동진을 토벌할 생각은 하지 마십시오. 항상 우리 주변의 선비족과 강족이 근심거리임을 살펴야 합니다. 이들을 제압해야만 왕조가 비로소 안전할 것입니다."

한족출신 왕맹의 입장에서 보면 동진이 비록 남쪽 한 귀퉁이에 의거하고 있으나 어디까지나 중국의 정통을 계승한 왕조였다. 따라서 그는 남방공격의 부당성을 주장했을 것이다. 그러나 무엇보다도 왕맹의 생각은 전진의 북방통치기반이 아직 확고하지 않다고 판단한 것이다.

왕맹의 견해는 정확했다. 당시 부견의 전진은 수많은 소수민족들을 끌어안고 있었다. 이러한 때 만일 왕조의 통치기강이 조금이라도 흔들리면 언제든지 복속되어 있는 소수민족 추장들이 반기를 들 상황이었다. 부견의 저족정권은 체제내의 안정이 그만큼 취약했고 왕맹은 그런 부견정권의 약점을 잘 알고 있었다.

그럼에도 부견은 포기할 수 없었다. 그는 동진공격의 뜻을 품고 자신의 계획을 실현시키기 위해 조정회의를 개최했다. 그때 신하들은 한결같이 반대입장을 표명했다. 동진은 험난한 양자강이라는 천혜의 요새를 끼고 있고, 북방정권의 침입에 대한 방어준비가 철저하지 않을 수 없을 것이라는 주장이었다.

부견은 반대론자들에게 말했다.

"춘추시대 오왕 부차와 삼국시대 오왕 손호가 통치하던 지역도 역시 양자강의 험준한 요새를 끼고 있었지만 결국 멸망했다. 지금 나에게는 수십만 대군이 있다. 그들을 이끌고 전쟁터에 나간다면 흐르는 물도 갈라서 막아낼 수 있을 것이다. 내가 무엇을 두려워하겠는가!"

조정여론이 모두 남방정벌에 반대입장을 밝히자 부견은 그가 총애한 아우 부융符融에게 지지를 호소했다. 부융 역시 황제의 뜻을 따르지 않고 눈물로써 전쟁불가를 역설했다. 아들 부선符詵 또한 동진공격을 만류했다.

그러나 부견은 그 누구의 충고도 받아들이지 않았다. 부견통치 25년째인 382년. 마침내 97만의 병력을 동원하여 동진정벌에 나섰다. 동생 부융과 선비족 추장 모용수慕容垂를 선봉에 세우고, 강족출신 요장姚萇을 용양장군으로 하여 전쟁터로 나갔다. 부융이 먼저 30만 대군을 이끌고 앞장서고 뒤이어 부견군이 출정했다.

당시 동진의 황제는 효무제였다. 효무제는 부견이 수십만 대군을 이끌고 남쪽으로 진군해 온다는 소식을 듣고 황급히 신하들을 불러들이고 대책을 강구토록 했다. 동진은 부견의 남침소식에 조정신하들과 백성들 모두 떨고 있었다.

그러나 황제에게 희망을 주는 한 사람이 있었다. 그는 동진시기

왕씨와 함께 대표적인 문벌귀족이 된 사안謝安이었다. 사안은 자신의 동생 사석謝石을 정토대도독에 임명하고, 조카 사현謝玄을 전봉도독, 아들 사염謝琰과 환이桓伊에게 각기 군대를 통솔하도록 했다.

전쟁 초기의 상황은 부견에게 승리를 안겨주는 듯했다. 전진군대는 동진의 주요 퇴로를 차단하면서 성을 고립시켰다. 이런 기세라면 곧 동진을 멸망시킬 수 있을 것처럼 보였다. 부견은 동진의 장군으로 포로가 된 주서朱序라는 자를 동진병영에 보내 항복을 권유하도록 했다. 주서는 전쟁터에서 포로가 되어 부견의 관료가 되었던 사람이다.

동진진영에 파견된 주서는 사석과 사현에게 중요한 정보를 제공했다.

"전진군이 도착하여 군영을 갖추기 전에 공격해야 합니다. 먼저 전진군의 선봉을 제압한다면 분명히 그들을 물리칠 수 있습니다."

주서의 말을 듣고 난 사석과 사현의 결정은 신중하기 이를데없었다. 그들은 북부병 대장 유뢰지劉牢之에게 동진군내의 가장 용감한 정예병 5천을 선발하여 낙간에 주둔하고 있던 전진군을 공격하도록 했다. 이 전투에서 전진의 대장 양성梁成이 죽고, 1만 5천에 이르는 전진 병사들이 물에 빠져 희생되었다.

383년 10월에 양쪽 군대가 현재의 회수 하류인 비수淝水를 사이에 두고 대치했다. 부견은 동진에게 항복하도록 권유하기 위해 보낸 사자 주서가 좋은 소식을 가지고 돌아오기를 기대하고 있었다. 그러나 부견에게 전해진 소식은 낙간전투에서 전진군이 크게 패하고 장군 양성이 전사했다는 슬픈 소식뿐이었다. 오히려 동진군대가 비수에서 공격을 감행하고 있다는 소리까지 들어야 했다.

부견은 동진군의 동향을 살피기 위해 동생 부융과 함께 망루에 올라가 주위를 살폈다. 시야에 들어온 주위의 산들을 바라보며 그는 망연자실하지 않을 수 없었다. 흔들리는 초목이 모두 수많은 동진병사들이 움직이는 것처럼 보였기 때문이다. '초목개병草木皆兵'이라는 고사가 여기에서 유래되었다.

부견은 동생 부융을 바라보며 탄식했다.

"동진군이 이처럼 강할 줄 미처 몰랐구나. 어느 누가 동진을 약하다고 했는가?"

이때부터 부견의 마음속에는 두려움이 생겼다. 그는 군대를 함부로 움직일 수 없었다. 최선의 방법은 비수를 사이에 두고 대치하면서 후속부대가 도착하기를 기다렸다가 총공격을 하는 길뿐이었다.

당시 부견의 군대는 비수 강안에 바짝 진영을 펼치고 있었다. 그 때문에 동진입장에서는 공격이 불가능했다. 사석과 사현은 계책을 세워 부견에게 편지를 보냈다. 부견에게 전해진 편지내용은 '조금만 강에서 물러나 달라'는 것이었다. 그리하여 동진군이 강을 건넌 뒤 한판 승부를 벌여보자고 했다. 그러면서 동진군과 진정으로 대결할 용기가 있는지 물었다.

편지를 받은 부견은 자신의 약한 모습을 보이고 싶지 않았다. 동진 측에서 제안한 것처럼 살짝 강가에서 후퇴하다가 동진군이 강을 절반쯤 건너오면 그때 총공격을 시도하려고 마음먹었다.

일촉즉발의 전운 속에 양측의 모든 지혜가 총동원되었다. 전투는 장엄하게 개시되었다. 그러나 승리의 여신은 동진 쪽에 있었다. 부견의 계책은 미처 생각지 못했던 곳에서 잘못되어 완전한 실패로 끝났다. 부견의 대군은 지리한 행군 속에 남방으로 내려왔으므로 이미 지쳐서 전투력을 완전히 상실하고 있었다.

이때 강 안쪽에 바짝 진을 치고 있던 전진군대에게 후퇴명령이 내려졌다. 그런데 미처 생각지도 못한 일이 발생했다. 앞쪽 병사들의 후퇴를 본 뒤쪽 병사들은 아군이 패하여 물러나는 것으로 오인했다.

병사들은 순식간에 지리멸렬 아수라장이 되었다. 부융은 사태의 심각성을 깨닫고 수습해 보려고 했지만 이미 돌이킬 수 없는 상황이었다. 혼란스러운 그런 상황 속에서 어이없게도 전진의 상장군 부융은 돌격해 오는 동진군에 밟혀 죽었다.

비수전투는 부견의 완전한 패배로 끝났다. 부견은 소수의 병사들을 이끌고 북방으로 도망쳤다. 흐르는 화살이 그의 어깨를 명중시켰지만 아픈 줄도 몰랐다. 겨우 낙양으로 돌아와 군대를 점검해 보니 남방정벌에 떠났던 병사들 가운데 30%만 살아 돌아와 있었다.

비수전투에서 실패한 부견을 맞이한 것은 권력기반의 상실뿐이었다. 사람들은 더 이상 그를 북방의 맹주로 여기지 않았다. 전진의 중흥 또한 여기에서 끝을 보았다.

동진공격이 실패로 돌아간 이후 전진의 상황은 왕맹이 남긴 유언 그대로였다. 선비족의 추장 모용수가 독립하여 후연後燕을 건립했다. 또 강족의 추장 요장姚萇이 독립하여 후진後秦을 건국했는데 이들은 모두 부견의 통치 아래 있었던 소수민족이었다. 그리고 부견은 요장의 반란으로 인해 목숨을 잃었다.

부견은 현재의 실크로드와 사천지역까지 평정하여 5호16국시대 가장 안정된 나라를 이룬 군주였다. 특히 그는 서진이 몰락한 이후 파괴된 학교를 세우고 유학을 진흥시키는 데 주력했다. 부견의 이러한 업적은 한족출신의 인재 왕맹을 둔 덕분이었다. 왕맹과 함께 한 부견의 통치는 이러했다.

나라는 평온하고 민생은 풍요로웠다. 장안에서부터 지방으로 이어지는 도로 양측에는 회화나무와 버드나무가 줄지어 심어졌고 여행자들이 쉬는 곳도 거리마다 세워졌다. 사람들은 안심하고 길을 떠날 수 있었으며 상공업자들은 거리에서 마음놓고 장사를 할 수 있었다.

북방을 아우른 황제 부견은 나라가 안정되고 수십만의 군대가 있었으며 풍부한 물자와 식량의 비축이 있었다. 그러나 부견은 전진왕조가 안고 있는 문제점들을 소홀히 했다. 적이 안쪽에 있다는 신하들의 반대에도 불구하고 치른 동진과의 비수전투의 패배는 곧 왕조의 몰락으로 나타났다.

역사는 실패한 사람에게 결코 호의적이지 않다. 후세 역사는 부견의 실패를 다음과 같이 기록했다.

일찌감치 자만하여 세상에 스스로를 자랑했다. 신하들의 간언을 듣지 않고 그들의 말을 쓰지 않았다. 또 상대방을 가볍게 판단하여 그들을 자극했으며 무력을 쉽게 일으켜 전쟁을 좋아했다. 이것은 훗날 사람들의 웃음거리가 되었다.

제18장

선비족이 세운 북위의 개혁자
효문제 탁발굉

386년부터 534년까지 중국 북방을 통치한 북위는 선비족 가운데 탁발부拓跋部가 세운 왕조이다. 이들의 선조는 유목민으로 몽골초원 이북의 흥안령 일대에서 살다가 이후 몽골초원을 거쳐 중국의 변방까지 이주해 왔다.

서진西晉 말기 만리장성을 경계로 한 지역에는 많은 수의 소수민족들이 한족과 어울려 살고 있었다. 그러다가 '8왕의 난'을 기회로 중국 내지로 밀려들어와 자신들의 정권을 수립했다. 이러한 때에 선비족의 한 갈래인 탁발부도 흥기하여 중국 북방에 터전을 마련했다.

북위를 건립한 사람은 도무제 탁발규拓跋珪이다. 382년에 부견이 비수전투에서 동진에 패하여 북방의 통치능력을 상실하자 많은 족속들이 경쟁이나 하듯이 독립하여 왕조를 건립했다. 386년, 탁발규도 이 틈에 자립하여 왕위에 올라 대국代國을 세웠다가 이후 다시 위나라를 개창했다. 역사는 선비족 탁발부가 세운 왕조를 북위北魏라고 부른다.

439년에 이르러 세번째 황제 탁발도拓跋燾가 화북지역을 완전히 통일하고 5호16국시대를 마감했다. 이때부터 북위의 통치자들은 황제라는 칭호를 사용하며 진정한 중국 북방의 통치자로 등장했다.

　선비족이 세운 북위는 중국역사상 독특한 시대라고 할 수 있다. 그들은 한족에 비해 비록 문화수준이 낮았으나 고유한 기마민족의 기풍을 버리지 않고 있었다. 그들은 이를 토대로 전진前秦에 이어 다시 중국 북방을 통일했다. 이후 선비족 북위의 역사는 수나라와 당나라로 이어져 그들의 정치나 문화에 막대한 영향을 주었다.

1. 할머니 문명태후의 개혁을 보며 자라다

　북위를 대표하는 황제는 효문제 탁발굉拓跋宏(467~499)이다. 그는 북위의 여섯번째 황제로 네 살에 황제에 즉위했다. 그는 할머니 문명태후文明太后의 양육을 받으며 자랐고 또 나이가 어렸으므로 초창기 정치는 당연히 할머니 문명태후의 결정에 의해 이루어졌다.

　문명태후는 한나라 고조 유방의 아내 여후呂后, 당나라 고종의 황후 측천무후, 청나라 말 함풍제의 비로 들어와 이후 청이 몰락할 때까지 권력을 행사한 서태후와 자주 비교될 만큼 정치수완이 뛰어난 중국역사 속의 여걸이다.

　효문제가 통치할 때까지 북위는 여전히 선비족 고유의 풍속이 강하게 남아 있었다. 북위의 황제들은 일찍 결혼하여 자식이 태어나면 서둘러 통치권을 계승할 태자로 정했다. 그러나 태자를 낳은 생모는 아들이 태자로 정해지면 곧바로 정치적 희생양이 되었다. 태자가 황제에 즉위한 뒤 생모가 아들을 앞세워 권력을 행사할 것이라는 이유에서였다. 원래 이것은 한나라 무제가 만든 법이었으나 오히려 북위 왕조에서 엄격하게 시행되었다.

문명태후는 문성제의 황후이다. 그녀의 성이 풍씨여서 풍태후馮太后라고도 한다. 문성제가 죽고 그의 아들 탁발홍이 12살에 황제에 즉위했다. 이가 바로 효문제의 아버지 헌문제이다. 헌문제의 생모는 그가 세 살이 되어 태자로 책봉되자 죽임을 당했다. 헌문제는 당시 황후이면서 어머니인 문명태후가 양육했다.

역사는 헌문제를 영특한 사람으로 정치적 능력을 갖춘 인물이라고 전한다. 그러나 뜻을 펼치지 못하고 젊은 나이에 죽었다. 문명태후가 그를 싫어하여 독살했을 것이라는 설이 있다. 헌문제의 사랑하는 이부인李夫人이 아들을 낳았는데 문명태후는 그 아들이 세 살이 되었을 때 태자로 세웠다. 이가 바로 효문제이다.

이부인의 아들이 태자가 되자 그녀 역시 북위왕실의 법도에 따라 죽임을 당했다. 헌문제는 이 일로 큰 충격을 받아 정치에 관심을 잃었다. 그는 다섯 살이 된 아들에게 황제자리를 물려주고 자신은 태상황이 되었다. 태상황 헌문제의 나이는 당시 18살이었다. 그리고 5년 뒤 그는 갑자기 죽었다.

효문제 역시 문명태후가 양육했다. 효문제는 철저하게 할머니의 정치적 견해를 따르고 그녀의 뜻을 거스르지 않았다. 효문제의 나이 24살이 되었을 때 할머니가 죽었는데 그때까지 북위의 정치는 문명태후의 차지였다. 그녀는 아들 헌문제부터 손자 효문제 시기까지 20여 년 동안 실질적인 북위의 통치자였던 셈이다.

효문제는 북위황제 가운데 가장 독특한 정치를 실시했다. 역사는 이를 효문제의 개혁정치라고 하며, 전환점의 시대 혹은 한화정치를 실시한 시대라고 한다. 그러나 효문제의 통치 전반부 15년은 문명태후의 시대였다. 이 시기 개혁은 할머니 문명태후가 주도한 것이다.

그녀가 실시한 개혁은 중국의 제도를 받아들여 북위정치를 강력한 황제정치로 전환하는 것이었다. 그녀는 관리들의 직책에 따라 급여를 지불하는 봉록제를 실시하여 관리기강을 바로잡았다. 그리고 농민생활의 안정을 위해 황무지를 개간하여 균전제均田制를 실시했다. 또 당시까지 내려오던 씨족제 위주의 단결을 폐지하고, 황제를 정점으로 하는 중앙집권의 지방통치를 위해 삼장제를 실시했다. 이러한 정책은 모두 북위체제를 한층 강화시켜 안정된 통치기반을 확립하는 데 기여했다.

효문제 초기에 진행된 개혁은 한족 지식인들의 주장을 수렴한 속에서 이루어졌다. 이안세李安世가 균전제를 건의했고 이충李沖은 삼장제를 제안했는데 모두 재능과 기개를 갖춘 한족출신 인재들이었다. 문명태후는 이들의 건의를 적극 수용하여 균전제와 삼장제라는 토지제도와 조세제도를 갖추게 되었다. 이 제도는 북위뿐만 아니라 이후 수·당시대의 제도로 계승되어 더욱 체계화되었다.

문명태후. 역사는 그녀가 덕이 모자라고 권력욕이 강한 여성이라고 부정적으로 평가했다. 그러나 효문제 초기 북위의 제도를 개혁하여 통치기강을 바로잡은 것은 그녀의 풍부한 정치적 경험과 과감한 결단력에서 나왔다. 한족 가운데서 유능한 인재를 선발하여 통치질서를 확립한. 그리하여 효문제의 정치기반을 마련한 그녀는 북위시대 뛰어난 통치자 가운데 한 사람이었다.

2. 외과수술을 하듯 인재를 다루다

효문제는 29년 동안 북위를 통치했다. 그러나 문명태후 시대를 생각한다면 그는 오랫동안 할머니의 그늘에 가려져 있었다.

효문제는 할머니가 세상을 떠나자 진정으로 슬퍼했다고 한다. 그는 할머니를 기리기 위해 거대한 석굴을 만들고 불심으로 할머니에 대한 효심을 표현했다. 이것은 오늘날 중국의 위대한 문화유산으로 대동 운강雲崗석굴, 낙양의 용문龍門석굴로 전해진다.

할머니의 뜻을 받들어 효문제는 더 본격적으로 북위의 개혁을 진행했다. 이 개혁은 선비족 입장에서 볼 때 아주 과격하고 전면적인 것이었다.

493년 수도를 지금의 대동인 평성에서 낙양으로 옮겼다. 당시 북위의 수도 평성은 산서성의 북단에 위치하여 경제적으로 열악한 곳이었고 문화적으로 볼 때도 중국의 변방이었다. 비록 북위시대에 수도가 되면서 인구가 늘어나고 도시규모가 확대되었지만, 여전히 평성의 겨울은 춥고 황량했다.

황제의 뜻은 열악한 평성에서 벗어나 낙양으로 수도를 옮기는 것이었다. 그러나 수도를 이전하는 문제는 옛날이나 지금이나 어려운 일이다. 선비귀족들은 황제의 야심찬 계획에 찬물을 부었다. 반대에 반대가 더해졌다.

귀족들의 반대에는 합리적인 이유가 있었다. 선비족은 본래 유목민으로, 그들의 오랜 관습으로 볼 때 초원에서 멀리 벗어날수록 불리한 상황에 처하게 된다는 것이었다. 또한 오랜 세월 동안 쌓아온 경제적 터전을 버리고 중국 내지로 깊숙이 이동한다는 것도 그들의 마음을 불안하게 했다.

효문제는 선비출신 귀족들의 반대에 직면하자 남방왕조를 토벌한다는 구실을 내세워 군대를 남쪽으로 진군시켰다. 군대가 낙양에 이르자 황제는 이곳에서 귀족들에게 수도를 옮기는 데 찬성할 것인가, 아니면 남방정벌을 그대로 계속할 것인지를 선택하도록 했다.

마음에는 내키지 않았지만 귀족들은 어쩔 수 없이 낙양천도에 찬성했다. 황제는 마침내 낙양에 수도를 정하고 그가 계획한 개혁정치를 계속 실행했다.

수도를 이전하는 계획을 세우고 반대세력을 제압하는 과정에서, 효문제는 자신을 지지하는 몇몇 중요한 인재들을 활용했다. 왕숙王肅·이충李沖·최광崔光 등은 효문제의 개혁정치에 찬성하는 사람들이었다.

황제는 이들에게 개혁의 장단점을 충분하게 인식시켜 주었다. 그리하여 조정여론을 주도하게 하고 반대파들의 주장을 반박할 수 있도록 준비시켰다.

당시 선비귀족 가운데 가장 강력한 반대세력은 목태穆泰였다. 그러나 그는 조정에서 벌어진 개혁세력과 논쟁에서 자신의 주장을 충분히 설명하지 못했다. 마침내 그는 궁지에 몰리고 말았다.

반대세력의 기선을 제압한 효문제는 이후 자신의 개혁의지를 곧바로 관철시키겠다고 선포했다. 그리고 만약 자신의 뜻을 따르지 않는 자가 있다면 관직에서 몰아낼 뿐만 아니라 엄하게 죄로 다스릴 것이라고 했다.

어쨌든 효문제의 개혁은 조절의 묘미 속에 문제점을 제거하여 이루어진 것처럼 보인다. 겉으로 보면 순조로운 진행이었다. 그러나 사실은 그렇지가 못했다. 그들은 면전에서는 개혁에 동의했으나 마음속으로는 딴판이었다. 마침내 선비귀족의 원로였던 목태가 평성에 근거하여 효문제의 태자인 탁발순을 내세우고 반란을 일으켰다.

황제의 조처는 실로 과감했다. 태자를 폐위시켰고 최후에는 반대세력에 빌미를 주지 않기 위해 그에게 사약까지 내렸다. 마침내 평성을 근거지로 한 반대세력은 철저하게 제거되었다. 자식과 맞바꾼 이 조치는 이후 자신이 계획한 개혁정치를 실행해 나갈 수 있는 토대가 되었다.

3. 중원을 통치한 진정한 황제가 되다

수도를 낙양으로 옮긴 뒤 황제의 개혁정치는 거칠 것이 없었다. 그는 선비족의 풍속을 버리고 한족의 문화를 적극적으로 받아들이는 한화정책을 실시해 나갔다. 495년에 황제는 다음과 같은 법령을 반포했다.

조정에서는 선비족의 복장을 금지하고 한족의 복장을 하도록 한다. 선비족의 말을 금지하며 한어를 사용해야 한다.

이때부터 30세 이하의 관리들이 한어를 사용하지 않으면 관직을 강등시키거나 파면조치 할 것이라는 명을 내렸다. 또 30세 이상 관원들에게는 서둘러 한어를 배워 선비어 대신 사용하도록 종용했다.

496년에는 성씨개명을 단행했다. 선비족의 성씨를 한족의 성씨로 바꾸는 것이었는데 이때 황제도 직접 자신의 성을 '탁발拓跋'에서 '원元'이라고 고쳤다. 그 과정에 선비귀족 가운데 8개 성씨를 정하여 북위의 명문귀족으로 정하고 정치상 특권도 부여했다.

성씨개명 이후, 황제는 선비족과 한족의 통혼을 적극 장려하는 식으로 민족융합정책을 추진했다. 이때 효문제뿐만 아니라 그의 형제들, 그리고 선비귀족들은 한족의 명문성씨들과 적극 결혼하여 통혼정책에 모범을 보였다.

이렇게 과감하게 진행된 효문제의 개혁정치에 대해 역사는 두 가지 상반된 평가를 내린다.

중국인들은 그의 개혁에 대해 아주 긍정적으로 평가한다. 선비족은 당시 한족의 입장에서 볼 때, 정치제도와 사회경제 및 문화적으로 매우 낙후한 소수민족이었다. 효문제의 개혁 이후, 선비족은 미개한 풍속을 버리고 발달된 중국문화를 적극적으로 흡수하여 중국 북방의 통치력을 강화했다고 본다. 이런 측면에서 볼 때, 효문제는 이민족 황제 가운데 가장 능력있는 통치자였다.

그러나 선비족 북위의 입장에서 보면 전혀 달랐다. 효문제의 개혁정치는 그들의 정체성을 너무 쉽게 포기했던 것이다. 결국 급격하게 진행된 한족화정책은 북위의 멸망을 앞당겼다고 할 수 있다.

반면에 효문제의 개혁정치는 이후의 이민족 통치자들에게 또 하나의 교훈이 되었다. 이후 중국역사에 등장한 이민족이 세운 왕조들 가운데 거란족의 요, 탕구트족의 서하, 여진족의 금, 몽골족의 원, 만주족의 청은 철저하게 그들 고유의 풍속과 언어, 문자와 행정체제 등을 지키면서 중국을 통치하고자 하게 했다.

훗날 북위와 마찬가지로 북방에서 일어나 중국을 통치한 청의 건륭황제는 효문제의 정책에 대해 혹독하게 비판했다.

"그의 행위는 선조를 무시한 불효였으며 효과도 없이 커다란 손실만 가져온 어리석은 짓이었다."

황제의 한화정책은 진보적인 정책인가 아니면 어리석은 짓이었는가? 간단하게 한 가지 측면만을 강조할 수는 없다. 긍정적인 부분, 부정적인 부분 모두 다 그 나름의 이유를 가지고 있다. 효문제가 왜 그토록 무리하게 한화정책을 추진했는지 그 이유는 충분히 있었다.

서진왕조가 멸망한 이후, 여러 민족이 흥망성쇠를 거듭하며 북방의 패권을 다투었지만 어느 민족도 그 정권을 오래토록 유지하지 못했다. 그 이유는 숫자가 적었기 때문이었다. 그들은 유목민의 장점인 기동성과 결집력을 토대로 순간에 패권을 차지할 수 있었지만 또 어느 한순간 어이없이 무너졌다.

선비족이 마침내 북방을 통일하고 왕조를 세웠지만, 여전히 소수민족이었고 문화적으로도 낙후한 상태였다. 효문제는 이러한 점을 잘 인식한 황제였다. 어쨌든 인구나 문화, 정치제도 모든 면에서 열세인 선비족의 탁발부 왕조가 북방을 안정적으로 통치하기 위해서는 발전된 문화를 가진 중국사회에 깊숙이 들어가 그들과 함께 공존해야 할 필요성이 절실했다.

효문제는 스스로 선비족이 중국화하여 발전된 문화에 적응해야 한다는 비전을 가지고 개혁을 이끌었다. 그리고 이러한 토대 위에서 중국 북방을 통치하는 진정한 황제가 되려고 했다. 정치적 업적과 통치력을 보더라도 그는 분명 중국역사 속의 유능한 황제였다. 후대 역사 속에 그는 이렇게 기록되었다.

지식인들을 아끼고 존중했으며 간절하게 사람을 구했다. 인재가 천거되기를 바랐으며 재능에 따라 그들을 임용하려고 했다.

그런 효문제는 불행스럽게도 33세의 젊은 나이에 세상을 버렸다.

제19장

아주 쉽게 천하를 얻은
수문제 양견

    선비족이 세운 북위왕조도 말기에 이르러 6진六鎭의 군인세력들이 반란을 일으키면서 차츰 쇠퇴의 길을 걷게 되었다. 그 결과 고환高歡이 나타나 동위정권을 세우고 우문태宇文泰가 서위를 건국했다. 우문태는 6진의 하나인 무천진武川鎭 출신이었다. 음산陰山 북쪽 기슭에 위치한 무천진은 장성 이북 유목민의 침입을 방어하는 최전방이었다.

    북위정권도 유목민이었으나 일단 중국내지에 들어와 왕조를 수립한 뒤에는 만리장성 이북에 새롭게 등장하는 유목민의 침입에 시달렸다. 북위는 이들을 방어하기 위해 최전방 지역에 6개의 진을 설치했다. 그곳 6진을 지키는 장군들은 뛰어난 선비족 출신 무인들이었다. 그들은 북위의 귀족출신으로 가족들을 데리고 변방의 임지로 가서 생활했다.

    초창기에는 조정에서 6진을 지키는 장군들을 중요하게 생각했다. 그러나 효문제가 낙양으로 수도를 옮기고 적극적인 한화정책을 실시하면서 북방에서 가족들과 함께 고된 생활을 하며 나라를 지키고 있는 이들을 소홀히 하게 되었다. 그들의 불만은 마침내 반란으로 이어져 북위정권의 몰락을 부추겼다.

1. 천하를 얻기가 이리도 쉽던가?

양견楊堅은 홍농군 화음출신으로, 집안대대로 북방 소수민족 정권에서 고위관직을 지냈다. 아버지 양충楊忠은 북주 우문태가 권력을 장악했을 때 공을 세워 주국 대장군이라는 북위 최고의 귀족이 되었다.

양충이 죽은 뒤, 양견은 아버지의 직위를 그대로 물려받아 북주의 대표적인 귀족으로 성장했다. 그는 당시 북주의 명문귀족 가운데 독고신獨孤信의 일곱번째 딸을 아내로 맞아들였다. 독고신에게는 여러 딸들이 있었다. 첫째는 북주 명제明帝의 황후가 되었고, 넷째딸은 이후 당나라의 초대황제가 된 이연李淵의 아버지와 결혼했다. 그리고 일곱번째가 양견과 결혼한 것이다. 이처럼 양견은 결혼관계를 통해 보더라도 당시 최고의 권력층이었다.

중국역사에서 왕조를 창업한 황제들은 전쟁터에서 말을 타고 죽을 고비를 수없이 겪으면서 경쟁자들을 제압한 뒤 말에서 내려와 천하를 다스렸다. 그러나 수나라를 창업한 양견은 너무 쉽게 북주로부터 권력을 빼앗아 자신의 왕조를 세우고 황제에 즉위한 사람이다. 그가 그렇게 쉽게 황제가 될 수 있었던 이유는 역사의 흐름을 잘 파악하고, 그것을 기회로 여겨 자신의 것으로 만들 수 있는 능력이 있었기 때문이다.

5호16국시대를 거치는 동안 북방왕조들 사이에 권력의 변화가 빠르게 진행되고 있었다. 뒤를 이어 선비족이 세운 북위정권 초기 약 1백여 년의 세월은 안정적 시기였다. 그러나 북위정권은 선비귀족 우문태와 한족 고환이 권력을 차지하면서 자연스럽게 서위와 동위로 분열되었다가 이후 다시 북주정권과 북제정권으로 나타났다.

  이처럼 북방왕조의 정치권력이 변화하는 상황에서 양견의 가문은 북주의 명문귀족으로 성장했다. 북주 선제宣帝시기, 양견은 그의 딸을 황제에게 시집보내고 외척자격으로 조정의 실권을 장악했다. 이어서 580년에 선제가 죽고 어린 황제 정제靜帝가 즉위했다. 이때 양견은 군사권·정치권을 장악하고 반대세력을 제압하면서 수왕隋王이 되어 20개의 군을 통치했다.

  581년에 양견은 마침내 북주왕실의 저항세력을 물리치고 어린 정제를 황제에서 끌어내렸다. 그는 수도를 장안으로 하고 황제에 즉위하여 수왕조를 개창했다. 역사는 그를 수문제隋文帝(541~604)라고 한다. 수나라는 진·한의 통일시대 이후 분열로 지속되어 온 370여 년의 위진남북조 시대를 끝내고 다시 중국을 통일의 시대로 이끌었다.

2. 다시 천하를 하나로 통일하다

  혹자는 수문제 양견의 창업이 가문덕분이었다고 말한다. 그러나 양견은 탁월한 능력을 가진 인물이었다. 황제가 되어 펼친 정책들을 보면, 그가 단순히 역사적 환경, 또는 가문의 배경만으로 황제에 즉위했다고 말하기는 어렵다. 양견의 통치기간에 수나라는 정치제도와 사회·경제정책 및 왕조의 통치근간을 이루는 법률체계를 수립했다.

  수문제는 황제에 즉위한 뒤, 민심을 안정시키고 통치력을 공고히 하기 위해 먼저 법령을 정비하여 반포했다. 이것을 개황율령開皇律令이라고 한다. 이때 정비된 율령제도는 이후 당왕조의 법률제도에 그대로 반영되었다.

수문제는 선비족 북위시대에 마련된 균전제를 전국적으로 확대 실시하여 수왕조의 사회경제 기반을 확립했다. 균전제의 토지제도와 함께 조용조租庸調라는 조세제도를 정비했다.

특히 수문제 시기 주목할 만한 것은 과거제도의 출현이라고 할 수 있다. 587년에 수나라는 위진남북조시대까지 실시된 9품중정제(9품관인법)를 폐지했다. 그리고 객관적인 시험을 통해 인재를 선발하는 관료선발제도의 기준을 마련했다.

원래 9품중정제는 개인의 재능과 덕성을 평가하여 관료를 선발하는 제도였는데. 점차 귀족들의 자제들만 혜택을 입는 제도로 변질되어버렸다. 수문제는 관료선발제도의 불합리한 점을 인식하고 귀족이 종전까지 인정받았던. 즉 능력보다는 가문에 의해 관료로 나아가는 특권을 폐지하고, 대신 중앙정부에서 시험을 실시했다.

수나라의 과거는 문과중심으로 수재과·명경과·진사과의 시험과목이 있었는데. 이후 당나라를 거쳐 더욱 완비된 과거제도는 1,300여 년 동안 중국의 관료채용시험으로 중요한 역할을 했다.

수문제의 또 하나의 대표적인 치적이라고 하면 그것은 천하를 다시 하나로 통일했다는 점이다. 당시 남조에서는 후경의 난으로 양나라가 멸망하자. 하급군인 출신 진패선陳覇先이 진陳나라를 세웠다. 이 나라가 남조의 마지막 왕조이다. 진나라는 강남을 기반으로 호족세력과 연대하여 북방왕조를 막아내며 그 명맥을 유지해 왔다. 그러나 황제가 된 진숙보陳叔寶가 무능한 정치를 하자 진왕조 역시 지탱할 수 없는 상황이 되었다.

진나라 후주後主라고 불리는 진숙보는 황제로서의 역할을 제대로 하지 못했던 인물이다. 그렇다고 그는 무지한 백치는 아니었다. 글재주도 있었고 풍류를 알았으며 나라 안의 토목공사도 일으킬 정도의 능력이 있었다. 그러나 진숙보는 날마다 궁중에서 잔치를 벌이고, 술과 여자를 가까이하며 정치에 관심이 없어져 버렸다. 그의 행동은 백치와 전혀 다를 바 없는 자격없는 황제가 되어갔다.

진숙보가 방탕한 생활에 빠져 있을 때, 수문제는 남방정벌의 때가 왔다고 생각했다. 그는 먼저 여러 차례 군대를 파견하여 진나라 조정을 시험했다. 이렇게 몇 년이 지난 뒤, 수문제는 진나라의 힘이 고갈되어 공격해도 방어태세를 취하지 못한다는 사실을 알았다.

589년 수문제의 아들 양광楊廣이 거느린 수군이 양자강 하류에서 물길을 따라 진왕조의 수도 건강을 공격했다. 양광의 군대는 쉽게 건강을 함락시키고 총애하는 두 명의 비와 함께 우물 속에 숨어 있는 진숙보를 사로잡았다. 이렇게 하여 수문제는 손쉽게 남방의 진나라를 정벌하여 천하통일을 완성했다.

3. 인재는 아끼고 믿어야 얻는다

수문제는 왕조를 개창하기 이전부터 유능한 인재들을 자기편으로 끌어들여 천하를 통일하려는 계획을 세웠다. 그가 북주정권을 탈취하여 수왕조를 개창하고 이후 쉽게 천하를 통일할 수 있었던 배경은 그의 뛰어난 인재정책에 있었다. 인재를 알아보고, 그 인재를 끝까지 자기사람으로 만들어 그의 능력을 최대한 발휘하도록 하는 것은 통치자가 갖추어야 할 덕목이다. 수문제에게는 그런 덕목이 있었다.

수문제의 인재 가운데 가장 대표적인 인물이 고경高熲이다. 고경은 귀족집안에서 태어나 어렸을 때부터 좋은 환경에서 교육을 받고 자랐다. 그는 군사방면에 뛰어난 전략가였다. 17살에 북주가 북제를 멸망시킬 때의 전쟁에 참가하여 그 능력을 발휘했다. 양견은 당시 북주의 재상이었는데, 고경의 그런 능력을 알아보고 즉시 자기사람으로 만들어버렸다.

수문제에게 발탁된 고경은 이후 자신의 능력발휘에 최선을 다했다. 수왕조의 건립에 앞장섰던 그는 왕조가 건립된 뒤 상서좌복야에 임명되었다. 그러나 고경은 자신을 낮추고 그 자리를 사양했다. 그러면서 당시 명망있는 소위蘇威를 그 자리에 추천했다.

그럼에도 일단 고경의 재능을 알아본 황제는 결코 생각을 포기하려 하지 않았다. 황제는 얼마 지나지 않아서 다시 고경을 상서좌복야의 자리에 임명했다. 그리고 신하들에게 말했다.

"예로부터 뛰어난 인재들이 천거되어 그 역할을 다함은 조정에서 그들에게 상을 내려 그 능력을 인정했기 때문이다. 고경은 조정에 인재를 추천할 때 다른 마음을 갖지 않았다. 그는 항상 백성을 위해 일했기 때문에 충분히 이 자리를 맡을 자격이 있다."

수문제의 고경에 대한 기대는 확실히 특별했다. 또한 고경이 능력을 발휘할 수 있도록 계속해서 그에게 중요한 임무를 부여했다. 급기야 수문제는 고경에게 인물천거직이라는 요직을 맡기면서 또한 군사

통솔권을 함께 부여했다.

589년 수나라는 남쪽의 진나라를 정벌하기 위해 군사행동에 나섰다. 이때 군사전략에 능통한 고경이 자연스럽게 통수統帥에 임명되었다. 고경이 전선에서 분전하고 있을 무렵 조정에서는 일부 대신들이 그를 모함하며 분명히 반란을 일으킬 것이라고 했다.

당시 고경은 50만 대군을 이끌고 전쟁터에 나가 있었다. 만일 그가 다른 마음을 품고 반란을 일으킨다면 수문제는 그 난을 진압하는 데 상당한 곤란을 겪었을 것이다. 황제는 이 점을 잘 알았으므로 오히려 몇몇 대신들을 제거하여 자신의 믿음을 확실하게 보여줌으로써 그를 안심시켰다.

수문제는 역시 인재를 부릴 줄 아는 통치자였다. 고경을 모함하는 사람들에 대해 그가 신속한 조치를 취한 것은 자신이 믿는 신하에 대한 절대적인 신뢰의 표시였다. 그러한 행위는 고경뿐만 아니라 다른 사람들에게도 한번 신뢰한 사람은 절대 의심하지 않는다는 것을 행동으로서 보여준 사례이다. 수문제의 용인술은 이처럼 확고한 신념으로 상대방에게 더욱 최선을 다하도록 격려하는 것이었다.

사람이 처음의 마음을 끝까지 유지한다는 것은 매우 힘든 일이다. 황제의 위치에 있으면 시종일관하기가 더 힘든 것일까? 통치자로서 덕목을 갖추었던 수문제는 그러나 나이가 들면서 의심이 많아지고 변덕을 자주 부렸다.

황제는 결국 통치말기 초심을 잃고 매우 중요한 실수를 범했다.

수문제에게는 독고황후가 낳은 다섯 아들이 있었다. 그 중에서 첫째아들 양용楊勇은 재능과 덕이 있었고 정치적 안목을 가진 인물이기도 했다. 수문제는 양용을 신임하고 태자로 책봉했다. 그러나 훗날 둘째아들 양광楊廣(隋煬帝)의 속임수에 빠져 양용을 폐위시키고 양광을 태자로 삼았다.

수문제는 병석에 누운 뒤에야 후계자 선택의 실수를 알았지만 권력은 이미 그의 손에서 떠난 뒤였다. 그가 세운 수나라는 아들 양광의 실정 때문에 38년의 단명한 왕조로 끝났다.

제20장 폭군으로 불린 수양제 양광

양광楊廣은 수문제의 다섯 아들 가운데 둘째로 태어났다. 위로는 형 양용楊勇, 그 아래 양준楊俊·양수楊秀·양양楊諒이라는 동생들이 있었다. 581년 수나라가 건립된 뒤 양용은 태자가 되고 양광은 진왕晉王이 되었다.

양광은 인물이 반듯했고 어렸을 때부터 학문에도 소질을 보였다. 그는 수문제 시기에 병사들을 거느리고 전쟁터에 나가 용맹을 떨치기도 했다. 남쪽 진나라를 공격하여 큰 공훈을 세웠고, 북방의 위협 세력 돌궐을 방어하는 전선에서 두각을 나타냈다. 그러나 양광은 권력욕이 강한 인물이었다. 그는 영리한 계산으로 철저하게 자신을 감추며 태자의 자리를 차지하기 위한 음모를 꾸몄다.

양광을 비롯하여 다섯 형제들은 모두 어머니가 같았다. 그의 어머니는 북방선비족의 명문귀족 가운데 독고씨 집안에서 태어나 수문제의 황후가 된 여자이다.

양광은 정세를 파악하고 권력을 차지할 수 있는 상황을 절대로 그냥 버리지 않았다. 태자의 자리를 차지하기 위해 양광은 모든 수단과 방법을 가리지 않았다. 그는 계책을 세워 수문제가 신임하는 신하들과 사랑하는 비들을 매수하여 태자 양용을 비방토록 했다. 600년 마침내 양광은 형을 몰아내고 태자의 자리에 올랐다.

그리고 604년 수문제가 세상을 떠나자 수나라의 두번째 황제로 즉위했다. 이가 곧 수양제隋煬帝(569~618)이다.

1. 양광은 시대를 앞서간 황제였다

수양제는 중국역사 속에서 가장 대표적인 폭군으로 알려지고 있다. 분명 그는 중국 고대 정치사상에서 요구하는 인덕을 지닌 통치자는 아니었다. 역사는 그를 음흉하여 본심을 숨기고 많은 사람들을 속여 태자의 자리를 찬탈했으며 황제가 되어서는 무모하고 독단적인 성격으로 남의 충고를 절대 받아들이지 않았으므로 조정에서 진정한 인재들이 사라졌고 권력을 탐하는 소인배들에 둘러싸여 결국 왕조의 몰락을 부추겼다고 혹평했다.

수양제의 정치에서 가장 주목할 만한 점은 토목공사를 실시하여 남북의 교통을 운하로 연결한 것과 낙양을 제2의 수도로 조성한 사업이었다. 또 하나는 북방의 돌궐을 제압하기 위한 군사행동으로, 돌궐과 화친하여 수나라를 위협하는 고구려를 정벌하고자 했던 점이다.

중국하면 운하. 운하하면 수양제를 먼저 떠올릴 수 있다. 그만큼 중국역사에서 수양제와 운하는 깊은 인상을 준다. 수양제가 실시한 운하건설은 엄청난 물자와 인력을 동원한 대토목 공사였다. 운하건설은 그 시대가 필요로 하는 사업이었다. 수나라는 이전 통일왕조보다 훨씬 더 넓은 영토를 확보했다. 그러나 남방지역은 여전히 지리적인 여건과 교통문제로 인해 지역적인 차이가 존재했다.

한편 왕조의 수도 장안은 서쪽에 치우쳐 있기 때문에 동쪽과 남쪽에서 물자를 옮겨올 때 매우 불편했다. 반면에 낙양은 물길을 통해 각 지역으로 교통을 연결하기 편리한 입지조건을 갖추고 있었다. 황제는 낙양을 중심으로 대규모 토목공사를 일으켰다. 낙양이 정비되자 수양제는 이곳을 제2수도인 동도東都라고 칭했다.

수양제는 4개의 운하를 개통하여 물길로 중국의 교통을 정리했다. 운하건설은 4단계로 나누어 통제거·한구·영제거·강남하 순으로 진행되었다. 605년에 낙양에서 산양에 이르는 통제거를 완성했다. 이 공사는 6개월에 걸쳐 백만 명의 백성이 동원되었다. 운하 양쪽에는 방어막을 축조하고 느릅나무와 버드나무를 심었는데 규모가 매우 웅장했다.

회하와 양자강 사이에 한구가 있었는데. 여러 차례 물길을 고치다 보니 큰 배가 왕래할 수 없게 되었다. 양제는 605년에 다시 수십만의 백성을 이곳에 동원하여 한구의 폭을 확장시켜 회하에서 한구를 거쳐 양자강에 이르는 물길을 하나로 이었다.

608년에는 영제거를 건설했다. 영제거는 남쪽 황하에서 북방의 탁군에 이르렀다. 그리고 610년에는 강남하를 개통했는데, 이 운하는 양자강에서 태호太湖를 거쳐 전당강을 관통하도록 하여 남쪽의 중요한 물길을 잇는 사업이었다.

대운하는 6년 만에 모두 완공되었다. 운하는 동도 낙양을 중심으로 중국 서쪽의 중심지역을 관통하여 북방에 이르고, 남쪽으로는 양자강 하류 태호유역까지 도달하여 2천7백km가 넘는 세계에서 가장 규모가 큰 공사였다.

수나라는 38년의 통치로 단명했다. 수양제가 이 거대한 운하를 개통한 뒤, 얼마만큼 운하의 득을 보았는지 알 수 없다. 사실 양제에게 운하건설은 득보다 왕조의 몰락을 부추기는 원인을 제공하여 정책적으로 본다면 엄청난 실수였다고 할 수 있다. 그러나 수양제가 건설한 운하는 당나라부터 교통의 중심역할을 했고, 이후 중국의 근대화와 함께 철로가 등장할 때까지 가장 대표적인 교통수단이 되었다.

사람들은 '폭군 수양제가 어떻게 이러한 대규모 운하건설을 생각했을까'라고 의문을 갖는다. 어떤 사람들은 수양제가 왕조의 교통을 바로잡기 위해 운하를 건설했다기보다 황제가 현재의 양주인 남쪽 지방 강도江都를 좋아하여 개인적인 취미를 즐기려고 운하건설을 시작했다고 한다.

어쨌든 운하가 개통된 이후 남북의 물자운송과 인력이 오가는 운송시스템이 변하여 남북교류를 한층 촉진시켰다. 남쪽의 곡물이 쉽게 운하를 타고 북방으로 운송되어 북방경제에 도움을 주었다. 또 운하가 지나가는 주요지역의 도시들이 발달하여 주변지역의 상업발달에 영향을 주었다. 그리고 운하건설 이후 황하의 분류分流효과를 가져와 홍수피해를 줄일 수 있게 된 것도 큰 혜택이었다.

오늘날 일부 역사학자들은 수양제에 대해 시대를 앞서간 통치자였다고 평가한다. 역사기록에 의하면 수양제는 젊은 시절 패기있고 문학적인 재능도 있었으며 가슴속에 큰 뜻을 품은 인물이었다. 또한 황제는 상상력이 풍부하고 모험정신이 강하며 결단력을 가진 인물이었다. 단지 그가 실시한 커다란 정책들이 실효를 거두지 못하고 왕조 멸망의 원인이 된 것은 시기의 완급을 조절하지 못했기 때문이다.

수양제는 시대를 앞서간 정책을 추진했지만 그가 진정으로 중요하게 생각해야 하는 백성들을 소홀히 함으로써 모든 것을 잃었다고도 평할 수 있겠다.

2. 황제가 능력있는 신하를 질투하다

수양제는 통치 후반에 이르러 변덕스럽고 의심이 많아졌으며 신하들의 충고를 귀담아 듣지 않았다. 조정신하들 가운데 일부 강직한 자들은 황제에게 간언을 고하다가 파직당하거나 목숨을 잃었다. 마침내 조정에는 점차 충신과 인재가 사라지고 듣기 좋은 말만 하는 소인배들만 남게 되었다.

수양제의 큰 실책 가운데 하나가 소인배들을 중용하여 정치를 그르쳤다는 것이다. 대표적인 예로 황제가 총애하는 신하 중에 우문술宇文述이라는 사람이 있었다. 그는 선비귀족 출신으로 수왕조가 남방 진나라를 공격할 때 3만의 군대를 거느린 장수였다.

그는 육합六合에서 강을 건너 당시 진왕이었던 양광의 군대와 함께 큰 공훈을 세웠다. 이후 양광이 태자자리를 차지하려고 음모를 꾸밀 때, 우문술은 원로대신 양소楊素 등을 움직여 그를 태자에 앉히는 데 공헌했다. 우문술은 계책이 뛰어났고, 특히 군사방면에 두각을 나타냈다. 일찍이 토곡혼을 공격하여 큰 승리를 얻기도 했다.

우문술은 이러한 능력 외에 수양제의 비위를 잘 맞추었다. 황제가 좋아하는 진귀한 물건들을 진상하여 환심을 얻었으며 황제의 말에 무조건 따랐으므로 수양제는 누구보다도 그를 총애했다.

수양제의 총애를 받은 우문술은 전형적인 간신의 길을 걸었다. 그가 비록 책략과 군사적 재능을 갖고 있었다 하더라도 황제의 정치를 보좌할 수 있는 인재는 아니었다. 그는 권력을 이용하여 뇌물을 받고 정당하지 못한 방법으로 재물을 축적했다. 집안에는 재물을 산처럼 쌓아두고 천 명이 넘는 노비를 거느리며 사치스런 생활을 했다.

612년에 수양제가 고구려 정벌에 나섰을 때 우문술은 통수統帥의 직책을 맡았다. 우문술 부대는 압록강을 건너 고구려를 공격해 갔으나 평양 근처에서 고구려의 유인책에 걸려들어 포위당한 채 크게 패했다. 당시 35만 1천 명의 병사 가운데 2천 7백 명만 겨우 몸을 피하여 요동으로 돌아왔다.

전쟁에서 크게 패하여 돌아온 우문술은 평민으로 강등되었다. 그러나 다음해 고구려 정벌 때 황제는 다시 그를 불러 전쟁터로 보냈다. 이 전투에서 우문술은 비교적 순조롭게 전투를 진행해 갔지만 국내에서 양현감이 반란을 일으켰던 까닭에 철군할 수밖에 없었다.

우문술은 황제가 무엇을 좋아하고 원하는지 누구보다도 먼저 파악하고 있었다. 그는 황제에게 남쪽의 강도유람을 적극 권했다. 이 여행은 운하를 이용하는 방식이었다. 들뜬 마음으로 강도에 도착한 황제는 물론 조정신하들은 모두 향락에 빠져버렸다.

수양제는 우문술의 아들 둘을 자신의 호위대장으로 중용했다. 첫째아들은 우문화급宇文化及이었고, 둘째아들은 우문지급宇文智及이었다. 수나라 말기 농민봉기가 진행되는 과정에 황제는 강도로 피난했다. 이곳에서 황제는 친위대장인 우문술의 아들 우문화급에게 살해되었다. 수양제와 우문술은 생각지도 못했을 것이다.

수양제의 또다른 면모는 그가 문학적인 재능을 타고났다는 점이다. 그럼에도 불구하고 그는 재능을 엉뚱한 곳에 사용했다. 예를 들어 신하들이 올린 글을 살필 때에는 글 속의 깊은 뜻을 찾아내어 못마땅하게 생각되는 점이라도 있으면 반드시 보복을 했다. 태사령 유질庾質같이 "지방순시를 금하고 백성들에게 휴식할 여유를 주어야 한다"라고 간언하다가 죽은 신하도 있었다.

수양제는 간언과 직언을 올리는 신하들의 말을 절대로 용납하지 않았다. 중국 역대황제들의 정치에서 가장 정치를 잘했다고 평가받는 황제들은 신하들의 간언과 직언에 귀를 기울였다. 이것은 곧 황제의 정치에서 가장 기본적인 덕목이었다. 그러나 수양제는 신하들의 충고를 받아들일 마음이 없었다. 그는 우세남虞世南이란 사람에게 이렇게 말했다고 한다.

"나는 신하들의 충고를 듣고 싶지 않다. 높은 관직에 있으면서 입으로 바른소리를 하여 명예까지 얻으려는 자들을 나는 절대 용서할 수 없다."

수양제 앞에서 바른말을 하는 신하들은 목숨을 부지하기가 힘들었다. 그러니 황제 곁에 남아 있는 인재들은 숨을 죽이고 있어야만 했다. 이때부터 황제 앞에서는 아무도 말을 하지 않았다. 이후 황제 주위에는 얼굴빛이나 살펴서 아첨이나 하는 우세기虞世基 · 왕세충王世忠

과 같은 소인배들만 남았다.

3. 왜 수양제를 폭군이라 하는가?

수양제의 가장 큰 정치적 오점은 토목공사를 일으켜 백성들의 생활을 피폐하게 한 점이다. 운하건설 당시 수많은 농민들이 요역에 징발되었다. 그때 수왕조의 인구를 4천만 정도로 예상하는데 낙양성을 건축하고 운하를 건설할 때마다 보통 백만 명 정도를 징발했다고 한다.

운하 통제거가 완공되었을 즈음에는 징발된 백성 3분의 2가 희생되었다. 운하건설은 이후 중국인들에게는 혜택이었지만 당시 수왕조의 백성들에게는 오직 고통뿐이었다. 수양제는 그 점을 알지 못했다.

수양제는 강남을 아주 좋아했다. 특히 그는 강도江都를 자주 유람했는데 605년 운하 통제거가 착공되자 수십 척의 호화로운 배를 타고 여행길에 올랐다. 당시 수양제가 타고 간 용주龍舟는 45척 높이에 넓이가 50척, 길이가 300척에 이르는 4층으로 된 크고 호화로운 배였다. 2층과 3층은 모두 방으로 꾸몄는데 매 층마다 80개의 방을 만들었다. 또한 황후가 타고 간 용주와 비와 빈들이 타고 간 배도 별도로 만들었다. 수십 척의 배들로 이루어진 유람행렬은 호화롭기가 이루 형언할 수 없을 지경이었다.

운하를 따라 황제의 용선이 지나갈 때 지방백성들은 음식과 물품을 제공해야 했다. 더구나 지방관리들은 출세의 기회인 이때 황제의 비위를 맞추기 위해 온갖 짓을 다했다. 백성들을 쥐어짜서 마련한 산해진미들은 줄줄이 관리들을 따라 황제의 용선으로 올랐다.

그러나 백성들이 굶주리면서 바친 음식과 물품들은 황제의 유람에서는 기껏 한두 끼의 식사공궤에 불과했다. 반면에 이 행사는 백성들에게는 너무 큰 부담이 되었다. 가산이 탕진되어 급기야 생활이 파탄에 이르게 하는 원인이 되기도 했다.

수양제의 운하건설이 남쪽 강도의 경치를 즐기기 위한 것이라고 설명하기는 어렵다. 그러나 운하건설 이후 세 번이나 거대하고 화려한 여행을 하여 주변백성들을 피폐하게 하고 왕실재정을 함부로 낭비하게 만들었다는 것은 분명한 사실이다.

또 수양제에 대한 부정적인 평가 중에서 고구려 정벌을 빼놓을 수 없다. 어떤 사람은 수양제의 고구려 정벌은 스스로를 과시하기 위해 일으킨 전쟁판이었다고 말들을 한다. 그러나 수양제가 고구려 원정에 나선 이유는 분명했다. 고구려를 제압하여 돌궐의 위협을 막고 동북지역의 안정을 이루고 싶었기 때문이다.

중원의 중국왕조들에 있어서 북방민족들은 어느 시대나 엄청난 부담이었다. 수나라 시대에도 마찬가지여서 고구려가 동북에서 세력을 확장하고 있었고, 마침 돌궐까지 흥기하고 있었다. 수양제는 우선 이들을 방어하기 위해 10만의 인력을 동원하여 장성을 축조했다.

그리고 돌궐과 고구려가 연합할 것을 우려하여 대규모 고구려 원정을 시작했다. 즉 수양제의 고구려 원정은 돌궐과 고구려를 동시에 제압하겠다는 목적이 있었다.

611년, 수양제는 북방 탁군에 병력을 총집결시켰다. 그리고 다음해 113만의 대군을 동원하여 고구려 원정에 나섰다. 그러나 이 원정은 우문술이 고구려 장군 을지문덕의 계책에 빠져 수많은 병력을 손실하고 실패로 끝났다. 수양제의 고구려 원정은 여기에서 끝나지 않고 614년까지 두 차례에 걸쳐 계속되었다. 이 세 차례 대 고구려 전쟁은 수나라의 정세로 볼 때 엄청난 무리수였다.

결국 수양제는 고구려 원정의 실패 이후 통치력을 잃어가게 되었다. 농민봉기는 각지에서 진행되고 조정에 반기를 든 무장세력들의 움직임이 힘을 얻기 시작했다.

그럼에도 황제는 이반된 백성들에 대한 대책을 세우지 않았다. 오히려 이러한 난국을 수습할 생각이 전혀 없는 듯 행동했다. 혼란한 상황 속에서 수양제가 선택한 방법은 현실에서 도피하여 어지럽고 복잡한 상황을 잊어버리는 데 있는 것 같았다.

전국적으로 무장할거 세력들이 등장하여 천하쟁패에 나섰다. 마침내 617년에 태원의 유수 이연李淵이 거병하여 장안을 점령했다. 그리고 수양제의 손자 대왕代王을 황제에 즉위시켰다. 다음해 수양제가 친위대장 우문화급에게 살해되자 이연은 이 소식을 듣고 곧바로 황제에 즉위하여 당나라를 세웠다. 이로써 양견이 세운 수나라는 38년의 단명으로 멸망하고 말았다

나라를 잃었다고 해서 여타의 왕조 마지막 황제들처럼 수양제를 무능하고 향락만을 추구하다가 왕조의 멸망을 초래한 사람이라고 말할 수는 없다. 수양제는 오히려 너무 유능하여 아버지 수문제를 속이고 형으로부터 태자자리를 빼앗았다. 그는 능력과 패기가 있었다. 13살의 나이에 진왕에 임명되어 남쪽정벌과 돌궐전쟁에 나가서 뚜렷한 공적을 세우기도 했다. 초창기 수양제는 유능한 인재들을 자기 사람

으로 만들어 마침내 황제의 자리에 올랐다. 어떤 점에서 그는 시대를 앞서간 황제였던 것이다.

반면에 그의 가장 큰 실수는 자신의 능력을 너무 과신했고 다른 사람들의 말을 듣지 않았던 점이다. 황제가 된 뒤 인재들을 멀리하기 시작했고 모든 일은 독단에 의해 진행했던 점도 있다.

열정을 갖고 추진한 사업이 실패했을 때 황제는 의욕을 상실하기 시작했다. 그가 일으킨 사업 때문에 백성들은 거의 절망상태에 있었지만 황제는 그들을 안타깝게 여기지 않았다. 이렇게 하여 자신의 왕조를 멸망에 이르게 한 황제! 이것이 오늘날까지 수양제가 폭군의 명칭을 벗을 수 없는 이유가 아닐까?

제21장
당왕조를 창업한
고조 이연

수왕조의 양씨, 당왕조를 세운 이씨는 모두 북방이민족의 통치하에서 오랫동안 생활해 왔다. 때문에 이들을 순수한 한족혈통으로 보기는 어렵다. 즉 생활전반에 깊숙이 이민족의 풍속을 흡수한 호족화된 한족으로 보는 것이 타당하다.

당나라를 건립한 이연李淵(566~635)은 감숙성 임조臨洮 사람이다. 그의 선조는 이민족 북방왕조에서 정치기반을 쌓아 할아버지 이호李虎 때에는 마침내 서위西魏의 공신이 되었으며 팔주국대장군의 한 사람으로 임명되었다.

본래 북위에서 북주, 그리고 수나라와 당나라로 이어지는 시대는 모두 무천진武川鎭 출신의 군인세력이 지배했던 시대였다. 즉 이곳 출신은 능력만 있다면 이미 막강한 끈을 가질 수 있는 조건이 갖추어진 셈이다. 그다지 상층귀족이 아니었을 이호 일가도 그 곳 군인출신으로 능력을 인정받아 우문태의 서위시대부터 장군으로 성장했던 것이다.

이연은 그런 그의 선조로부터 훌륭한 유산을 물려받았다. 아버지가 죽은 뒤 이연은 곧 팔주국의 최고귀족으로서의 특권을 세습받을 수 있는 몸이었다.

1. 인재들이 모여들어 이연을 따르다

　북방의 정치권력이 변화하여 수왕조가 개창된 이후에도 이연의 정치적 입지는 여전히 최고의 특권층에 속해 있었다. 그것은 이연일가가 수왕실과 인척관계에 있었기 때문이다. 수문제가 북주를 찬탈하고 쉽게 자신의 왕조를 열 수 있었던 배경이 황실과 외척관계에 있었기 때문이라는 점과 매우 닮은꼴이다.
　이연의 어머니는 수문제 독고황후의 언니였다. 이 때문에 수문제는 이연을 몹시 아끼고 그를 여러 차례 등용하여 지방자사로 파견하기도 했다.
　고구려 원정이 실패한 뒤, 전국적으로 농민봉기가 발생하여 위급한 지경에 빠졌을 때 수양제는 이연을 태원유수太原留守에 임명하여 농민봉기를 진압하도록 했다. 한편으로는 북방의 돌궐족 방어를 맡기기도 했다.
　이연은 태원지역에서 수양제가 맡긴 임무를 충실히 수행했다. 그러면서 그는 지역인사들과 친분관계를 깊게 하여 차츰 명성을 얻기 시작했다. 학식과 능력을 갖춘 인물들을 예의를 다하여 대하는 이연의 태도를 본 많은 사람들은 진심으로 그를 따랐다.
　수양제 통치 말기 황제는 조정대신들을 모두 의심하여 그들의 말을 진심으로 들으려고 하지 않았다. 조정신하들 또한 그런 황제를 보며 대부분 신변의 위험을 느끼고 있었다. 이연도 마찬가지였다. 그런 터에 수왕조는 농민봉기까지 난무하여 급기야 멸망 직전에 이르렀다.

이연은 그런 난국을 살피며 기회가 왔음을 알았다. 그러나 그는 가볍게 행동하지 않았다. 모든 상황을 주도면밀하게 파악하고 시기가 더 무르익기를 기다리고 있었다.

이연은 가문의 영향을 받아 노련한 정치가로서의 자질을 갖추고 있었다. 각 곳의 영웅호걸들이 난세를 틈타 큰 뜻을 품고 비상하려는 움직임이 있었지만, 그는 전혀 관심이 없는 듯 몸을 적극 낮추고 있었다.

수양제가 강도에서 아무런 대책도 세우지 못한 채 멸망 직전에 이르렀을 때, 이연은 조심스럽게 움직이기 시작했다. 이때 이연은 그가 평소 친분을 쌓고 지낸 인재들을 적극 활용했다. 이연은 그렇게 중원 쟁패에 뛰어들었다.

당시 이연의 인물 가운데 진양晉陽현령을 지내다가 감옥에 갇혀 있던 유문정劉文靜이라는 사람이 있었다. 유문정은 정세를 파악하고 뜻을 함께할 수 있는 자들을 불러모으는 재주가 있었다. 그는 수나라 말기 농민봉기로 유명한 와강군을 이끌고 수왕조에 큰 타격을 입힌 이밀李密이란 사람과 친척관계였다. 그가 감옥에 갇힌 이유는 이밀 때문이었다.

이연의 아들 이세민이 감옥으로 찾아가 유문정을 만났다. 이세민이 천하의 대세에 대해 묻자 유문정은 이렇게 대답했다.

"지금 천하는 매우 혼란스럽습니다. 만약 상왕조의 성군 탕임금, 주나라를 세운 주무왕, 한왕조를 건립한 한고조 유방과 같은 사람들이 없었다면 천하는 아마 태평성세를 누릴 수 없었을 것입니다."

이세민은 유문정의 말을 듣고 그 의미를 물었다.

"지금 와강군이 낙양을 곧 함락시킬 상황인데 황제께서는 먼 강도에 있으니 와강군을 진압할 힘이 없습니다. 이때가 바로 가장 좋은 기회가 아니겠습니까? 지금 군사를 일으키지 않으면 어느 때를 기다리겠습니까?"

유문정은 계속하여 이세민에게 자신이 적극적으로 힘을 다해 돕겠다고 하며 말했다.

"저는 평상시에 사방의 영웅호걸들과 친분을 쌓고 지냈습니다. 지금 제가 분발하여 큰 소리만 한 번 내도 10만의 군대는 쉽게 모을 수 있습니다. 이런 좋은 기회에 어찌 천하를 얻지 못하겠습니까?"

유문정은 이연에게 다른 봉기군이 수나라 군대와 싸우는 틈을 이용하면서 황제의 명령으로 제후들을 제압하면 반년도 걸리지 않고 천하를 얻을 수 있을 것이라고 했다. 이연은 유문정의 제안을 듣고 천하를 얻겠다는 포부를 확실히 했다.

계획을 진행시키며 좀더 상황을 주시하고 있을 때, 마침내 이연에게 절호의 기회가 찾아왔다. 당시 응양부鷹揚府의 교위로 있던 유무주劉武周라는 사람이 개인적인 문제로 태수 왕인공王仁恭을 살해하는 사건이 발생했다. 그는 수왕조에 반기를 들며 스스로 천자라고 칭하고 양楊이라는 왕조를 세웠다.

유무주가 반란을 일으키고 산서지역까지 그 영향을 미치게 되자 이연은 그를 토벌한다는 명목으로 군사행동에 들어갔다. 하늘이 이연에게 절호의 기회를 내린 것이다. 진양을 기반으로 한 이연은 이

기회를 이용하여 마침내 천하의 패권을 차지하는 쟁패의 길에 들어섰다.

이연의 군대는 지나가는 곳마다 백성들의 환영을 받았다. 낙양과 수도 장안을 향해 군대가 진군할 때, 그 세력은 이미 20만으로 불어나 있었다. 이연의 군대는 수도 장안을 점령하고, 수양제의 손자 양유楊侑를 황제에 즉위시켰다. 그는 결코 서두르지 않았다.

이연은 강도에 머무르고 있던 수양제를 태상황으로 삼은 뒤 본인은 대도독 대승상 당왕唐王이라고 칭했다. 수왕조는 명맥은 유지하고 있었지만 이때부터 모든 권력은 이연의 수중에 들어왔다.

이연의 군대가 장안을 점령할 때 수도 장안은 파괴되지 않은 온전한 모습 그대로였다. 장안은 오랜 기간 동안 여러 왕조의 수도였기 때문에 귀중한 문화유산이 축적된 곳이었다. 수왕조가 비축해 둔 재화와 식량, 무기들이 그대로 창고 안에 가득 차 있었다. 이러한 조건은 이연이 당왕조를 개창하고 통치력을 확립할 때 더없이 중요한 기반이 되었다.

618년 강도에 있던 수양제가 친위대장 우문화급에게 피살되었다는 소식을 들은 이연은 이제 지체할 필요가 없었다. 그는 선양의 명분으로 양유를 퇴위시키고 황제에 즉위했다. 이렇게 하여 이연은 수도를 장안으로 하고 당왕조를 개창했다. 역사는 그를 당고조라 칭한다.

태원지역의 유수로 지내면서 그곳 백성들에게 관대한 정치를 베풀어 인심을 얻었던 이연. 수왕조에 반기를 계획하면서 관가의 창고를 열어 가난한 백성들에게 나누어 주었던 이연. 자신이 통치하고 있던 지역의 가혹한 세금을 폐지했던 이연. 법률을 가볍게 하여 덕의 정치를 실시하겠다는 뜻을 보여줌으로써 많은 사람들의 인심을 얻었던 이연. 평소에 뛰어난 인물들과 마음을 다하여 친분관계를 맺은 이연. 훗날 그들을 주저없이 중용했던 이연. 이것이 이연이 황제에 즉위할 수 있었던 배경이다.

이연을 도운 인재들은 유문정 이외에도 배적裵寂·이정李靖·방현령房玄齡·두여회杜如晦 등이 있는데 모두 학식이 뛰어났고, 군사적 지략까지 갖추고 있었다. 그들 가운데 방현령과 두여회는 태종 이세민의 통치시기 재상의 역할을 충실히 하여 오늘날까지 중국역대 재상들 가운데 가장 뛰어난 인물들로 평가받는다.

2. 재능있는 아들들이 오히려 비극이었다

당고조 이연은 두황후寶皇后 사이에서 네 명의 아들을 낳았다. 처음 진양에서 천하를 쟁패하겠다고 나섰을 때, 장남 건성은 28세였고, 둘째 이세민은 18세, 막내 원길은 14살이었다. 네 아들 가운데 셋째 현패는 젊은 나이에 죽었다.

이연이 늦은 나이에 천하를 얻을 수 있었던 것은 아들들의 역할이 컸다. 특히 그 가운데 첫째 이건성과 둘째 이세민은 계책을 세우고 인재들을 끌어들여 아버지 이연의 든든한 후원자 역할을 했다.

장남 이건성은 재주가 있고 학식과 무예를 갖춘 인물이었다. 이연이 황제에 즉위하자 건성은 태자의 자리에 올랐다. 그는 인품과 재능을 겸비하여 당왕조 건립 후, 아버지 이연을 도와 일상업무를 처리하고 전국의 생산력을 회복하여 민생을 안정시키는 등 상당한 정치적 능력을 발휘했다.

그러나 역사는 당나라 두번째 황제가 된 이세민에게 더 호의적인 평가를 남겼다. 아버지 이연으로 하여금 적극적으로 수왕조에 반기를 들고 군사행동을 하도록 촉구한 것은 이세민이었다. 이세민이 유문정 같은 걸출한 인물의 도움을 받을 수 있었던 것도 평소 재능있는 인사들을 아끼며 친분을 쌓았기 때문이다.

이연이 병사를 일으키는 일을 매우 신중하게 생각한 반면, 이세민은 아버지의 생각과는 조금 달랐다. 수왕조의 몰락은 이미 예고된 것이었다. 그의 생각은 먼저 일어나서 기세를 잡는 자가 천하를 차지한다는 말처럼 빨리 움직여서 다른 무장세력에게 기회를 빼앗기지 않아야 한다고 여겼다.

이세민이 유문정을 찾아갔을 때, 두 사람은 뜻이 통했다. 유문정은 당시 이세민의 마음을 읽었다. 진양에는 황제가 행차했을 때 머무르는 궁전이 있었는데 당시 배적裵寂이라는 사람이 그 곳 책임을 맡고 있었다. 배적은 이세민·유문정과 뜻을 같이하고 이연을 진양궁에 초대하여 술을 마셨다. 궁궐 안에는 수양제를 위해 전국각지에서 선발되어 온 미녀들이 있었는데 배적은 의도적으로 두 명의 미녀를 술취한 이연에게 보내 함께 밤을 지내도록 했다.

이연은 다음날 정신을 차린 뒤 놀라서 잽싸게 집으로 돌아갔다. 배적은 이것을 빌미로 이연을 책망했다.

"어찌하여 이렇게 큰일을 벌인 것입니까? 목이 달아나고도 남을 일입니다. 둘째아들 이세민이 지금 상황을 파악하고 군대를 모으고 있습니다."

이연은 어쩔 수 없이 군사행동을 하지 않을 수 없는 막다른 길에 들어섰다는 생각이 들었다. 그는 꼬박 이틀을 고민하다가 마침내 반란을 결심했다. 이 상황을 근거로 한다면 이세민은 계책을 내서 신중한 이연에게 행동하지 않을 수 없는 계기를 만들어 준 것이다.

618년에 당왕조가 건립되자 고조 이연은 자식들에게 권력을 배분했다. 첫째아들 건성은 태자가 되었고, 둘째 세민은 진왕, 막내 원길은 제왕으로 임명되었다.

당왕조가 건립된 뒤, 조정에서는 태평스러운 봄날처럼 아무 일도 없는 듯했다. 그러나 고조의 세 아들은 그렇지 못했다. 특히 태자 건성과 진왕 세민 사이에 보이지 않는 권력투쟁이 치열하게 전개되고 있었다.

역사는 세민을 지혜와 능력을 겸비한 인물이며 이후 황제가 되어서는 황제정치에서 가장 바람직한 성군의 정치상을 만들어낸 인물이라고 평가하고 있다. 젊은 나이에 아버지를 도와 당왕조 건국에 결정적인 역할을 한 그의 업적을 보면 비범한 인물임에는 틀림없다.

그러나 세민은 둘째로 태어났다. 당시 상황에서 볼 때, 세민의 능력이 아무리 뛰어났다고 하더라도 결코 태자의 자리를 형 건성으로부터 빼앗을 방법이 없었다. 둘째로 태어난 것이 세민에게는 더없이 나쁜 조건이었다.

세민을 따르는 사람 중에는 학문과 무예를 갖춘 젊은 인재들이 많았다. 그들을 아우르며 그는 전쟁터에 나아가 자주 공훈을 세웠다. 당왕조 초기 서방지역에 위치한 진국秦國이 있었는데 설거薛擧라는 사람이 세운 지방세력이었다. 이 세력은 한때 장안을 공격해 오면서 당왕조의 위협이 되었다. 설거가 죽고 그의 아들 설인고薛仁果가 통치할 때 세민은 군대를 이끌고 이들의 근거지 경주군성涇州軍城을 격파했다.

이때 세민은 적을 유인하여 포위한 뒤에 전면전을 벌였다. 그리고 패하여 도망하는 군대를 추격한 뒤 경주군성을 겹겹이 에워쌌다. 사기가 크게 떨어진 설인고의 군대는 식량이 바닥나면서 결국 세민에게 항복할 수밖에 없었다.

이 전투에서 세민은 군인으로서의 천재성을 발휘했다. 이후 세민은 여러 전투에 참가하여 뛰어난 계책으로 당왕조의 적대세력을 제압했다. 그의 전략과 전술은 아무나 흉내낼 수 없는 고도의 기술이었다고 한다. 이처럼 세민은 당왕조 건립 이후에도 여전히 중요한 역할을 하며 자신의 입지를 더욱 강화하고 있었다.

이같이 세민의 휘하에 인재들이 모이고 또 전쟁터에서 승리를 할 때마다 더욱 불안을 느끼는 사람은 태자 건성이었다. 당시 막내 원길은 형 건성과 결탁하여 세민에게 대항했다. 당시 왕자들의 무력충돌은 아주 위험한 상황으로 치닫고 있었다.

이때 고조 이연은 건성과 세민 사이의 분쟁을 알고 있었지만 손을 쓸 수 없었다. 고조의 입장에서 볼 때 태자 건성의 자리는 지켜주어야 되었고, 그렇다고 세민의 권력을 빼앗을 수도 없었다.

결국 고조가 황제에 즉위한 지 9년째가 되었을 때, 세민이 먼저 행동을 개시하여 태자 건성과 아우 원길을 궁중의 현무문에서 살해했다. 역사는 이 사건을 '현무문의 변'이라고 한다.

아들들의 갈등관계를 알고는 있었지만 현무문의 사건을 보고 받은 고조는 너무나 놀라서 몸을 가눌 수가 없었다. 고조는 이 일을 어떻게 수습해야 할지를 몰랐다. 허둥대는 그의 주위에 있던 대신들은 '일이 이렇게 된 이상 순리대로 따라서 처리하는 것이 좋겠습니다'라고 제안했다.

당고조는 결국 '건성과 원길이 먼저 여러 차례 세민을 제거하려는 음모를 꾸몄기 때문에 발생한 사건'이라고 하여 두 사람의 죄명을 세상에 알린 다음 6일이 지난 뒤 세민을 태자에 책봉했다. 그리고 두 달이 지난 뒤에는 아들 이세민에게 황제를 물려주고 자신은 태상황이 되어 권력에서 물러났다.

현무문의 사건은 당나라 초기에 벌어졌던 가장 큰 변고였다. 고조는 능력있는 아들을 둔 덕분에 천하를 얻는 데 성공했다. 특히 둘째아들 세민은 고조를 도와 당왕조 건립에 결정적인 역할을 했다. 그러나 고조는 둘째아들 때문에 다른 아들을 잃는 비참한 상황을 겪어야 했다. 그리고 그가 원하지 않는 상황에서 황제자리를 아들에게 물려주고 자신은 권력에서 물러나야 했다.

3. 고조의 인재활용술이 태종을 만들었다

당왕조를 건립한 고조 이연은 통치자로서 덕목을 갖춘 황제였다. 또한 당나라의 역사에서 고조는 분명 뛰어난 업적을 세운 황제이다. 그는 백성들을 위한 정치를 펼치면서 국가의 생산력을 회복하는 데 적극 힘썼다. 그리고 법률을 간소하게 하여 백성들의 범죄를 줄였다.

또 황실과 관리들의 사치와 낭비를 억제하여 백성들의 세금을 가볍게 했다.

고조는 수왕조의 멸망원인을 너무도 잘 알고 있었다. 그는 당왕조의 근간은 백성이며, 백성이 있어야만 황제도 존엄을 갖추고 통치할 수 있다고 여겼다. 때문에 황제는 당연히 사치와 낭비를 멀리하여 백성들에게 부담을 주지 않으려고 노력했다. 그는 절제와 근검의 정치로 솔선수범하는 통치자가 되려고 했다.

고조의 통치는 개인적인 감정에 치우침이 없었다. 특히 황제나 관료의 위치에서 가장 불편하고 곤란한 경우는, 친인척들이 권력을 행사하여 비리를 저지르거나 백성들을 수탈할 때이다. 이럴 때 어떤 처벌을 내려야 할지 난감하다. 고조는 이러한 점을 분명히 했다.

고조의 공신 가운데 숙부 이신통李神通이란 사람이 있었다. 당시 이신통은 자신의 공적을 스스로 자랑하며 조정에서 늘 방현령房玄齡·두여회杜如晦 등의 공신들과 언쟁을 벌였다.

고조는 숙부 이신통李紳通에게 말한 적이 있다.

"방현령·두여회는 조정의 인재들입니다. 그들은 왕조건립 이전에는 전쟁터에서 나에게 뛰어난 계책을 세워주었습니다. 그리고 지금은 왕조의 기틀을 안정시키고 정책을 수립하는 데 가장 큰 역할을 하고 있으니 당연히 그 공로가 큽니다."

고조는 인재를 채용할 때도 출신을 구별하지 않고 능력을 중요시했다. 또한 그와 적대적인 관계에 있었던 사람이라도 그 당시의 상황을 참작하여 용서하고 사사로운 감정으로 복수를 하지 않았다. 특히 고조의 정치에서 가장 두드러진 점은 능력있는 인물들을 임용하여 이후 아들 당태종의 정치를 빛나게 했다는 점이다.

고조를 이어 당나라의 두번째 황제가 된 이세민은 정치적으로 뛰어난 업적을 남긴 황제다. 그러나 당태종의 정치업적은 대부분 아버지 이연으로부터 받은 유산이었다. 이세민이 현명한 정치를 할 수 있었던 것은 고조가 물려준 좋은 인재들이 있었기 때문에 가능했다.

고조에서부터 태종 이세민 시기에 활동한 가장 대표적인 인재 가운데 이정李靖을 들 수 있다. 이정은 경조 삼원三原[지금 섬서성 삼원] 사람이다. 어렸을 때부터 학문과 군사방면에 재능이 있었다. 당나라 군대가 장안을 점령한 뒤, 이정은 포로가 되어 죽임을 당할 처지가 되었다. 그러나 이세민이 그의 재능을 알아보고 석방했다. 당나라 초기 이정은 이세민을 따라 왕세충王世忠 등 위협적인 지방세력들을 토벌할 때 뛰어난 계책을 세워 매번 승리를 안겨주었다.

일찍이 고조는 이정을 매우 아끼면서 이렇게 그를 칭찬했다.

"공격하면 반드시 무너뜨리고, 전쟁터에 나가면 반드시 승리한다. 고대의 명장 한신韓信·백기白起·위청衛靑·곽거병霍去病의 능력도 이정을 당하지는 못한다."

이정은 고조를 도와 전쟁터에서 수많은 업적을 남겼다. 621년에 고조는 이연을 행군총독에 임명하여 조군왕趙郡王 이효공李孝恭과 함께 양자강 하류를 근거로 하여 세력을 확보하고 있는 소선蕭銑을 공격하도록 했다. 이정은 군대를 이끌고 양자강의 수위가 급격하게 불어나는 틈을 이용하여 강을 타고 신속하게 내려가서 순식간에 강릉성을 공격했다. 소선은 할 수 없이 이정의 군대에 항복했다. 이 소식을 들은 강남일대의 지방세력은 당왕조의 통치에 따랐다. 이정의 뛰어난 계책으로 당나라 군대는 큰 손실없이 강남을 평정할 수 있었다.

　그밖에 고조시기에 등용되어 능력을 발휘한 인재들은 이적李勣·방현령·두여회 등이 있다. 이들은 모두 당왕조 초기 고조의 뛰어난 인재들이었다. 전쟁터에서 전략을 짜거나 또는 직접 군대를 이끌고 전투에 참여한 명장들이다. 특히 방현령·두여회는 태종 이세민 통치 시기에 활동한 재상들이다. 이들은 중국역사에서 태종이 성군의 정치를 할 수 있도록 보필한 명재상들로 칭송된다.

　고조가 능력을 알아보고 중용한 신하들은 훗날 태종에게 그대로 계승되었다. 태종은 고조시대의 인재들을 더욱 중시하여 그들이 재능을 다 펼칠 수 있도록 정치환경을 조성했다. 훗날 태종이 이룬 성군의 정치는 고조가 물려준 인재들 덕분이었다고 해도 지나친 말은 아닐 것이다.

제22장

현명한 황제
당태종 이세민

당태종 이세민(599~649)은 당나라의 두번째 황제이며 고조 이연의 둘째아들로 태어났다. 이연이 천하를 차지하기 위해 병사를 일으켜 수나라에 반기를 들었을 때, 가장 큰 역할을 했던 아들이 바로 이세민이었다.

수나라 말기 각지에서 농민봉기가 발생하고 그와 함께 무장할거 세력이 등장하여 전국이 혼란에 빠졌을 때, 이세민은 시세를 관망하고 결정을 내리지 못하고 있는 아버지를 적극 설득하여 천하쟁패에 뛰어들도록 함으로써 마침내 당나라를 개창하도록 했다.

1. 쿠데타를 일으켜 황제자리를 차지하다

왕조건립 초창기 당나라는 여전히 각지의 군웅할거 세력을 완전히 제압하지 못한 상태였다. 이 시기 가장 대표적인 세력으로, 현재 감숙성 일대를 중심으로 한 설거정권이 있었고, 산서지역은 유무주(劉

武周의 세력이 강력했다. 또 낙양 일대는 왕세충王世忠 세력이 있었고, 하북지역은 두건덕竇建德의 세력이 강하여 당왕조에 위협이 되었다.

이러한 무장세력을 제압해야만 하는 것이 초창기 당왕조가 직면한 문제들이었다. 이세민은 고조를 도와 각 지역에 도사리고 있는 이러한 세력들을 차례로 제거하여 당왕조의 창업기반을 공고히 하는 데 큰 역할을 했다.

이세민은 당시 수도 장안과 맞물려 가장 위협이 된 설거와 설인고 부자의 정권을 무너뜨리고 서쪽지역을 안정시켰다. 또 산서성 태원 일대를 근거로 하여 북쪽지역을 위협하고 있던 유무주의 지방세력을 제압하여 북쪽의 문제도 해결했다.

또 하북과 낙양일대를 장악한 두건덕과 왕세충 세력도 이세민에 의해 해결되었다. 이세민은 이들과의 전쟁에서 뛰어난 전술과 작전으로 상대방을 제압하고 전쟁을 승리로 이끌었다.

그는 적을 공격하기 전에 항상 적과 대치하는 장기전을 준비했다. 그리고 상대방을 항상 정확하게 파악한 뒤 작전을 세웠다. 먼저 적진을 교란시켜 사기를 저하시키고, 한편으로 가장 중요한 식량보급로를 차단하여 상대방을 위기에 빠뜨렸다. 그리고 적의 허점을 파악한 뒤 전면적인 공격을 가하여 승리를 얻었다. 전쟁터에서 이세민은 그의 천재성을 유감없이 발휘했다. 고조는 아들 이세민의 공적을 칭찬하며 천책상장天策上將이라는 특별한 칭호를 내렸다.

아버지를 도와 당왕조를 건립하고, 남아 있던 각 지역의 무장세력들을 제압하여 왕조의 기반을 확고히 한 이세민의 능력은 이후 그가 황제계승권을 노리게 되는 계기가 되었다.

당시 태자 건성은 이처럼 뛰어난 동생 세민에 대해 갈수록 위기의식을 느끼고 있었다. 건성 역시 당왕조 건국에 충분한 자기역할을 했다. 그리고 정치적인 능력 또한 갖추고 있어서 다음 황제를 계승할 자격을 갖고 있었다.

그러나 세민은 확실히 그보다 더 뛰어났다. 세민은 그 자신의 능력뿐만 아니라 문무에 뛰어난 인재들을 많이 거느리고 있었다. 당시 세민을 따르던 인재들은 신분이 그다지 높지 않았지만 젊고 패기가 있으며 무엇이든지 세민과 함께한다는 뜻을 가진 사람들이었다.

이러한 상황에서 건성은 능력있는 아우가 자신을 물리치고 태자 자리를 차지할지 모른다는 걱정을 할 수밖에 없었다. 이때부터 건성은 자기 사람을 더욱 확보함은 물론 세민을 모함하여 제거하려는 계획을 꾸몄다. 막내동생 원길도 태자 건성 편에 서서 세민과 적대세력이 되었다.

건성은 아버지 고조가 사랑하는 궁중의 비빈들에게 진귀한 보물을 주면서 환심을 샀다. 그리고 고조 앞에 나아가면 항상 세민의 단점을 말하도록 했다. 세민에게 유능한 인재들이 모여 있었듯이 태자 건성의 휘하에도 역시 뛰어난 인재들이 있었다. 건성이 자신의 권력에 불안을 느끼고 있었듯이 건성을 따르는 무리들도 세민의 세력이 강력해지면 강력해질수록 더욱 초조함을 느낄 수밖에 없었다.

건성과 원길, 그리고 그들을 둘러싸고 있던 인물들은 더 완벽한 방법으로 세민을 제거하려는 움직임을 보였다. 어느 날 건성은 세민을 초대하여 술자리를 함께했다. 이 술자리는 건성과 원길을 중심으로 한 세력이 세민을 제거하기 위해 마련한 자리였다. 건성 측에서는 세민에게 술잔을 권하며 기회를 노리고 있었다. 그런데 갑자기 세민이 심한 복통을 호소하여 주위의 부축을 받으며 술자리를 떠나게 되었다. 결국 건성이 계획한 세민살해의 음모는 실패로 끝났다.

또 한번은 고조의 사냥길에 세 아들들이 함께 동행했다. 이때 태자 건성은 훈련이 안된 말 한 필을 세민에게 주면서 타도록 했다. 세민은 내막을 알지 못하고 그 말을 탔다가 사냥터에서 낙마하여 하마터면 목숨을 잃을 뻔했다.

태자 건성 측에서 이처럼 여러 차례 세민을 제거할 계획을 세웠지만 일이 순조롭지 못했다. 어떤 사람은 태자 건성이 마음만 먹었으면 얼마든지 세민을 제거할 기회는 있었을 것이라고 한다. 건성의 측근들이 일을 도모하고 계속 그를 부추겼을 것이다. 그러나 친형제를 죽이고 권력을 장악하는 것이 그로서도 결코 쉬운 일은 아니었다.

이러한 상황에서 세민 측에서도 대책을 강구하기 시작했다. 당시 세민이 거느리고 있는 인재들 가운데 전쟁터에서 세민을 도와 활약한 무장출신의 위지경덕尉遲敬德과 훗날 중국역사에서 탁월한 재상으로 이름을 남긴 방현령 등이 적극적으로 세민을 부추겼다. 이들이 세민에게 먼저 행동을 취하여 태자 건성의 세력을 제압하도록 권했다.

세민은 생명에 위협을 느끼고 있던 상황이었지만 태자 건성처럼 형제 사이에 벌어질 엄청난 분쟁에 쉽게 결정을 내리지 못했다. 방현령은 세민에게 강력하게 제안했다.

"먼저 행동한 자가 대세를 제압하고, 나중에 행동한 자는 제압당하게 되어 있습니다. 진왕(이세민)께서는 다른 환상을 가져서는 안됩니다."

위지경덕 역시 세민에게 단호하게 말했다.

"진왕께서 만약 여전히 기회만 엿보고 계신다면 저는 산 속에 들어가 비적이 되겠습니다. 그렇지 않으면 제가 조만간 태자 앞에 목을 내놔야 될 것 같습니다."

사실 태자 건성은 위지경덕에게 사람을 계속 보내 자기편이 되도록 회유했다. 위지경덕이 뜻을 굽히지 않자 자객을 보내 살해하려고까지 했다.

이러한 상황에서 세민은 자신을 위해서, 또 그를 지지하고 따르는 자들을 위해서 결정을 내리지 않을 수 없었다.

"모두의 의견이 같다면 나도 그대들의 뜻을 따르겠소. 상황이 이렇게 되었으니 우리 모두 뜻을 합하여 행동을 취하도록 합시다!"

626년 6월, 세민은 위지경덕에게 군사 천 명을 거느리고 황궁 북쪽 현무문 안팎에 배치하도록 했다. 그리고 밤에 고조에게 가서 태자가 계속 자신을 제거하려는 음모를 꾸민다고 말했다. 고조는 아들들의 분쟁을 이미 알고 있었지만 어떻게 문제를 해결해야 할지 방법을 찾지 못하고 있었다.

고조는 건성을 불러서 사실을 확인하겠다며 세민을 돌려보냈다. 다음 날 고조는 건성과 원길을 황궁으로 불러들였다. 명을 받은 두 사람은 현무문에 이르러 말에서 내렸다. 그때 위지경덕이 수하의 군사들에게 명하여 현무문을 봉쇄했다. 상황을 판단한 건성과 원길은 다시 말을 잡아타고 문쪽을 향해 달아났다. 달아나는 건성을 향해 세민이 화살을 쏘아 명중시켰다. 위지경덕의 화살 또한 원길을 명중시키자 숨어 있던 병사들이 일시에 튀어나와 건성과 원길을 난자질했다.

현무문의 사건이 발생한 지 6일이 지난 뒤, 세민이 태자에 책봉됐다. 그리고 두 달 뒤 아버지 고조로부터 황제자리를 물려받아 당왕조의 두번째 황제가 되었다. 역사는 그를 당태종이라고 부른다.

2. 현명한 신하들은 별처럼 많았다

중국역사에서 태종의 통치시기에 이름을 남긴 신하들이 가장 많다. 그들은 태종을 잘 보필하여 가장 이상적인 황제정치를 실현하도록 했으므로 당나라의 정치와 사회는 안정되어 갔다.

중국역사 속에 뛰어난 인재들은 수없이 많았다. 그러나 그들이 모두 자신의 능력을 충분히 발휘하고 활동했는가 하면 꼭 그렇지만은 않다. 아무리 뛰어난 인재라고 하더라도 시대가 그를 요구해야 하며, 또 자신의 뜻과 부합하고 그 능력을 인정해 주는 군주를 만나야만 비로소 정치적 꿈을 실현할 수 있었기 때문이다. 강태공은 주족周族의 능력있는 통치자 서백을 만났기 때문에 역사에 이름을 남겼고, 춘추시대 제나라의 정치가 관중은 친구 포숙아 덕분에 환공에게 발탁되어 자신의 능력을 펼칠 수 있었다. 삼고초려의 유비와 제갈량의 만남 역시 통치자가 가장 이상적인 인재를 알아보고 발탁했기 때문이다.

통치자가 지혜와 능력을 갖추고 도덕적인 자질까지 겸비한 인재를 중용하여 백성을 위한 이상적인 정치를 실시하는 것은 필수적인 요소라고 생각하겠지만 역대 중국의 황제 가운데 이런 통치능력을 갖춘 황제는 그리 많지 않았다. 그런 측면에서 생각한다면 당태종 이세민은 특히 인재정책에서 성공한 가장 대표적인 황제라고 할 수 있다.

태종의 정치를 도운 인물들로 방현령·두여회·왕규·위징·이정·이세적 그리고 장손황후 등이 있다. 방현령과 두여회는 태종이 진왕으로 있을 때부터 활약한 인재들이다. 태종이 황제가 된 뒤, 두 사람은 재상의 직분으로 태종의 정치를 도왔다. 두여회는 결단력이 뛰어나 큰일을 할 때 필요한 사람이었고, 방현령은 일을 시작할 때 계획하고 수립하는 능력을 갖춘 사람이었다. 그래서 두 사람은 각기 다른 능력으로 태종에게 정치자문을 할 수 있었다.

위징과 왕규는 직언과 극간으로 시책을 올리고 황제의 정치를 바로잡는 역할을 했다. 하루는 태종이 위징에게 물었다.

"역사상 수많은 군주들이 있었다. 그 중에 어떤 군주는 현명한 정치를 펼쳤지만 왜 어떤 군주는 우둔한 정치로 나라를 망쳤는가?"

위징은 태종에게 이렇게 대답했다.

"폐하, 한 곳으로 치우치지 않고 고루 들으면 밝아지고, 가려서 들으면 어두워지는 법입니다. 옛날 성군들은 허심탄회하게 여러 의견을 고루 들었습니다. 그렇게 하면 아래의 상황이 위로 전달되어 어떤 사람도 잘못을 숨길 수가 없습니다. 그러나 어리석은 군주들은 듣고 싶은 것만 듣고 믿고 싶은 것만 믿었습니다. 그렇게 하면 아래의 일이 위로 전달되지 않아 잘못된 것을 은폐하기 쉽습니다."

위징은 태종시기 뛰어난 신하 가운데 한 사람이다. 본래 그는 태종의 경쟁자였던 건성의 신하였다. 626년에 태자 건성이 현무문의 사변으로 죽임을 당하자 위징은 태종 앞에 붙들려 왔다. 태종은 위징이 건성에게 건의하여 자신을 제거하려고 한 사실을 알고 이를 추궁했다.

"이전에 네가 태자를 위해 나를 죽이려고 하지 않았느냐?"

태종의 물음에 위징은 조금도 흐트러지지 않고 대답했다.

"그렇습니다. 안타깝게도 태자가 제 말을 듣지 않았습니다. 태자가 제 말을 귀담아 들었다면 아마 폐하의 오늘은 없었을 것입니다."

태종은 황제 앞에서조차 이렇게 당당한 모습을 잃지 않는 위징의 사람됨을 즉시 알아차리고 그를 자신의 신하로 중용했다. 그에 부응하여 위징은 태종에게 2백여 종의 시책을 올렸는데, 대부분 채택되어 태종의 정치에 크게 기여했다.

태종에게 위징 같은 신하는 꼭 필요한 인재였지만 또 한편으로는 달갑지 않은 신하이기도 했다. 절대권력을 가진 황제는 언제든지 마음만 먹으면 자신의 뜻대로 권력을 행사할 수 있었다. 그러나 위징은 황제의 사생활까지도 세세하게 간섭하여 무엇이든지 그 도가 지나칠 때면 자제를 촉구했다.

한번은 어떤 사람이 태종에게 애완용 매를 선물했는데 황제는 그 매를 손에서 놓지 않을 정도로 좋아했다. 어느 날 태종이 매를 가지고 한참 재미있게 놀고 있을 때 위징이 갑자기 들어왔다. 태종은 너무 당황하여 위징이 볼까봐 재빨리 옷소매에 매를 감추었다. 위징은 매를 보았지만 어디에 감추었는지는 알지 못했다. 그는 태종의 마음은 생각하지 않고, 아주 느긋하게 할 말을 다하고 나갔다. 위징이 나간 뒤 황급히 소매자락에서 매를 꺼냈지만, 매는 이미 질식해서 죽어 있었다.

위징은 황제가 어떤 특정한 놀이나 오락에도 너무 심취해서는 안 된다고 여겼다. 태종이 애완용 매에 집착하는 것도 위징에게는 황제를 간섭할 수 있는 구실이 되었다.

위징처럼 황제에게 직언을 할 수 있었던 신하 가운데 또 한 사람은 급사중 장현소張玄素였다. 한번은 태종이 궁전을 축조하려고 하자 그는 과감하게 태종에게 반대하는 상소를 올렸다.

"지금 백성들의 삶이 힘들어 천하가 회복되기를 기다려야 하는데 황제께서 궁전을 건축하는 것은 백성들을 다시 힘들게 하는 것입니다. 이것은 수양제가 저지른 잘못보다 더 지나친 것입니다."

태종은 이 말을 듣고 크게 노하여 이렇게 물었다.

"내가 수양제보다 못하단 말인가? 그렇다면 걸주桀紂와 비교하면 그래도 좀 나은 편이 아닌가?"

장현소는 조금도 주저하지 않고 태종의 질문에 이렇게 답했다.

"만약 폐하께서 그런 정치를 계속 펼친다면 걸주의 처지에서 결코 벗어나지 못할 것입니다."

장현소의 날카로운 직언을 듣고 태종은 마음속으로 무척 화가 났지만 그를 처벌할 수 없었다. 태종은 장현소가 하는 말을 충분히 이해했기 때문이다. 그리고 그의 말을 기꺼이 받아들여 궁전건축의 뜻을 접었다.

어느 날 중서사인 이백약李百藥이 태종에게 건의했다.

"지금 황궁 안에 궁녀들이 너무 많아 음기가 범람하고 있습니다. 이 때문에 하늘이 재앙을 내릴까봐 저는 두렵습니다."

이백약의 건의는 황실의 사치와 궁중 내의 기강을 바로잡기 위함이었다. 태종은 이 건의를 받아들여 3천이 넘는 궁녀들을 내보냈다.

하루는 태종이 신하들과 함께 인물에 대한 평가를 놓고 논쟁을 벌였다. 그때 왕규王珪가 다음과 같은 말을 했다.

"진정으로 나라를 위하여 옳은 입장을 견지하며 일을 추진하는 면에서는. 저는 방현령을 따라가지 못합니다. 또 직언과 극간으로써 황제를 보필하면서 자신이 모시는 천자가 요임금과 순임금의 인덕에 미치지 못하는 것을 부끄러워하는 것에서는 위징을 따라갈 수 없습니다. 문무의 능력을 고루 갖추어 전쟁터에 나가 장군의 직책을 다하고 조정에 나와서는 재상의 직책을 다하는 점에서 이정을 따라가지 못합니다. 또 세세한 부분까지 살피고 챙겨서 윗사람과 아랫사람의 의견이 서로 통하도록 돕는 점에서는 온언박溫彦博을 당할 수가 없습니다. 그러나 저에게도 남보다 뛰어난 점이 있습니다. 그것은 악을 싫어하고 선한 것을 좋아하는 것입니다."

방현령·두여회·위징·왕규 등은 문신으로서 태종의 정치를 도운 인재들이다. 무신으로서 대표적인 사람은 이정과 이세적李世勣을 들 수 있다. 이 두 사람은 처음부터 태종을 따른 것은 아니었다. 태종이 그 능력을 알아보고 자신의 신하로 발탁하여 중임을 맡긴 사람들로 그들은 기대에 부응하여 훗날 태종을 위해 헌신했다.

태종의 인물 중에서 장손황후長孫皇后 역시 유명하다. 그녀는 북방 선비족 가운데 대표적인 장손씨 가문에서 출생하여 태종의 황후가 되었다. 장손황후는 이후 명태조 홍무제 주원장의 황후인 마황후와 함께 중국의 황후 가운데 지혜와 덕망을 갖춘 인물로 평가받는다.

유명한 일화 중에 어느 날 태종이 위징의 태도를 못마땅하게 생각하며 황후 앞에서 중얼거렸다.

"내가 언젠가는 저 시골뜨기 노인네를 꼭 없애겠어!"

장손황후는 그 말을 듣고 태종에게 물었다.

"폐하. 누구를 없애려고 합니까?"

태종은 이렇게 대답했다.

"위징이오. 그는 항상 조정에서 나를 난처한 상황으로 몰아붙이고 있소."

황후는 그 말을 듣고 아주 공경스럽게 태종에게 절을 올렸다. 그리고 웃으면서 이렇게 말했다.

"옛 사람들이 성군에게만 충직한 신하가 있다고 했습니다. 위징이 폐하에게 직언할 수 있는 것은 폐하가 성군이라는 뜻입니다. 저는 그 점을 축하드리고 싶습니다."

이렇듯 장손황후는 태종의 조언자이며 현명한 신하의 역할을 했다. 태종과 고종 초기 권력을 누린 장손무기長孫無忌는 황후의 형제였다. 태종이 장손무기를 재상으로 승진시키려고 했을 때도 황후는 적절한 조치가 아니라고 반대했다. 그러나 가장 가까이에서 태종의 심중을 헤아리고 조언을 할 수 있었던 황후는 아쉽게도 젊은 나이에 세상을 떠났다.

어떤 사람들은 태종이 인재를 중용하여 바른 정치를 펼친 까닭은 다분히 계산된 정치적 의도가 있었다고 말한다. 태종은 부정적인 방법으로 형제를 죽이고 아버지 고조를 압박하여 황제자리를 차지했다. 이것은 그의 생애에서 커다란 마음의 짐이었고, 죽어서도 역사에서 지워지지 않을 오점이었다. 태종은 이 점을 잘 알고 있었다. 때문에 어떤 때는 불쾌하고 당장 제거하고 싶은 신하들도 있었지만 그들의 말을 수렴하고 정치에 반영할 수밖에 없었다.

그러나 아무리 태종이 자신의 과오를 덮기 위해 가식적으로 본성을 숨기고 위선적인 정치를 했다 하더라도 분명 변하지 않는, 부정할 수 없는 사실은 그가 통치하는 기간 동안 백성들은 차츰 안정을 찾아 갔고, 당나라가 발전의 길로 향했다는 것이다.

3. 태종이 성군의 정치를 펼치다

동양에서 말하는 성군의 정치는 유가사상이 제시한 이상적인 정치를 말한다. 일찍이 공자를 비롯한 유가사상가들은 중국역사에서 가장 바람직한 통치자의 모델을 제시했다. 그것은 아직 뚜렷한 역사시대는 아니지만, 요임금과 우임금이 통치한 시대였다.

요임금은 자신의 백성을 진심으로 아끼고 사랑한 통치자였다. 전설에 의하면 요임금이 덕으로써 천하를 통치하니 그의 은혜가 만물에 고루 미쳤고, 백성들은 해바라기가 태양을 향하듯이 그를 따랐다고 전한다.

공자孔子는 주나라 춘추시대에 살았다. 주나라 초창기에는 봉건정치를 통해 주천자의 통치질서가 천하를 지배한다는 정치이념이 지켜졌다. 그러나 주왕조 후기부터 봉건정치가 점점 붕괴되면서 역사는 강자위주의 제후국을 중심으로 분열과 혼란의 상황으로 전개되었다. 공자는 이러한 혼란의 시대를 살았기 때문에 『주례周禮』를 만들어 주나라의 정치를 바로잡은 주공周公의 시대를 칭송했다. 이 시대는 가장 이상적인 시대였다.

중국역사에서 성현의 정치는 군주가 지켜야 할 가장 큰 덕목으로 제시되었다. 그러나 백성들이 바라는 요순과 같은 성현의 시대는 중국역사에서 그리 많지 않았다. 태종은 그 가운데 가장 대표적인 인물이라고 할 수 있다.

　태종은 겸허하게 신하들의 간언을 받아들여 정치에 반영했을 뿐만 아니라 자기절제를 통해 천하에 모범을 보인 황제였다. 특히 그는 관리임용을 중요하게 생각했다. 각 주에 파견한 도독과 자사의 이름을 병풍에 기록해 두고 수시로 그들의 공적과 과실을 기록하여 관료들의 능력을 공정하게 평가했다.

　그의 인재정책은 신분과 형식에 얽매이지 않고 다양한 인재들을 선발하여 조정의 관료로 두루 임용했다. 태종시대에는 능력있는 인재들이 그들의 재능을 한껏 발휘할 수 있는 기회가 주어졌다.

　태종이 추구한 정치사상과 통치방침은 이후 『정관정요貞觀政要』로 정리되어 지금까지 전해져 온다. 그 내용은 태종이 신하들과 토론하고 결정한 당시 정치적인 문제들과 상황을 중심으로 기록한 것이다. 이 기록을 통해 태종과 그의 신하들이 어떻게 하면 당왕조의 통치를 공고하게 확립할 수 있는가를 고민한 흔적을 엿볼 수 있다.

　태종은 28살에 황제에 즉위하여 20여 년을 통치했다. 그가 통치하는 동안 당왕조의 정치와 사회경제는 계속 발전하고 문물과 제도의 기틀이 마련되었다. 당고종과 측천무후의 시대를 거쳐 현종시대 당왕조는 세계에서 가장 발전된 제도와 문화를 갖춘 제국을 건설했다. 이러한 결과는 당태종 이세민이 그의 신하들과 함께 이룩한 정관의 치세가 남긴 유산이었다.

제23장

중국역사에서 유일한 여황제
무측천

    무측천(624~705)은 산서성 문수현에서 출생했다. 아버지 무사확武士彠은 산서성의 목재상인에서 출발하여 장안의 신흥세력으로 성장한 부유한 상인이었다. 특히 그는 수나라 말기 목재사업을 통해 큰돈을 벌었는데, 고조 이연이 천하를 얻고자 병사를 일으켰을 때 많은 자금을 댔다. 당왕조가 개창된 뒤 무사확은 그 공로를 인정받아 개국공신의 대우를 받았다.

    무측천이 태어난 624년에 무사확은 공부상서의 직위를 받았다. 어머니는 수나라 재상이었던 양달楊達의 딸이었는데 학식과 교양을 두루 갖춘 여성이었다. 무사확이 첫째부인을 병으로 잃고 재혼하여 양씨 사이에서 무측천을 얻었다. 전통적인 귀족집안에서 태어난 것은 아니었지만 무측천은 넉넉한 아버지와 교육받은 어머니의 영향 아래 어린 시절을 보냈다.

    이러한 환경에서 자란 무측천이 태종의 궁녀로 입궁하게 된 배경은 정확하지는 않다. 아버지 무사확은 고조의 통치시기 지방관료를 지냈다. 그는 부임하는 지역의 백성들을 잘 통치하여 고조로부터 능력을 인정받았다.

그러나 아버지가 죽은 뒤 집안살림은 갑작스럽게 먹구름이 덮여왔다. 그녀의 이복오빠들이 어머니 양씨와 무측천을 냉대했던 때문이다. 이후 무측천은 어머니 양씨, 그리고 언니와 함께 수도 장안으로 이주하여 새로운 터전을 마련했고, 이후 태종의 후궁으로 선발되어 황궁에 들어왔다.

1. 반대세력을 누르고 황후자리를 차지하다

무측천은 14세 때 미인美人으로 선발되어 당태종의 후궁이 되었다. 빼어난 미모를 타고난 무측천은 태종으로부터 무미武媚라는 칭호를 받았으나 황제의 총애를 얻지는 못했다.

훗날 전하는 말에 의하면 태종이 어느 날 여러 명의 비빈과 궁녀를 거느리고 궁정을 거닐고 있었다. 마침 그때 조련사가 외국사신이 태종에게 선물로 보낸 사자총이라는 말을 훈련시키고 있었다. 사자총은 뛰어난 말이었지만 아직 길들여지지 않아 매우 난폭했다.

조련사가 힘들게 사자총을 길들이고 있는 광경을 보고 태종은 주위를 둘러보며 농담으로 말했다.

"너희들 가운데 누가 이 말을 제어할 수 있느냐?"

이때 놀랍게도 어린 무미 즉 무측천이 태종에게 말했다.

"폐하, 신첩에게 방법이 있습니다."

태종은 어린 무측천의 대답을 듣고 깜짝 놀라서 물었다.

"네가 무슨 방법으로 이 난폭한 말을 다스릴 수 있느냐?"

무측천이 대답하기를

"폐하, 신첩에게 세 가지 물건을 주신다면 사자총이 아니라 그보다 더 난폭한 말도 제어할 수 있습니다."

태종은 무측천의 말을 듣고 세 가지 물건이 무엇인지 물었다. 무측천은 무쇠로 만든 채찍과 망치, 그리고 비수匕首라고 했다. 다시 태종이 그것을 가지고 어떻게 할 것이냐고 묻자 무측천은 진지하게 대답했다.

"폐하, 말이 말을 듣지 않으면 쇠로 만든 채찍으로 후려치고, 그래도 말을 듣지 않으면 망치로 머리를 내려치고, 그래도 역시 말을 듣지 않을 경우에는 비수로 말의 목을 자르겠습니다."

실제로 무측천이 태종에게 이러한 말을 했는지는 의심스럽다. 사람들은 태종과 무측천 두 사람의 관계를 이 사례를 들어 자주 말한다. 무측천은 아름다운 용모덕택에 태종의 후궁으로 뽑혀서 궁중으로 들어왔지만 끝내 태종의 총애를 받지는 못했다. 그 원인은 그녀가 비록 아름다웠지만 황제의 총애만을 받고 살기에는 너무나 성격이 강한 여성이었다는 것이다.

무측천의 나이 26세가 되었을 때, 태종이 죽고 아들 고종이 황제가 되었다. 궁중의 관습에 의하면 황제가 죽은 뒤, 자식을 낳지 못한 궁녀들은 모두 궁궐 밖으로 나가야 했다. 이때 무측천도 궁궐 밖으로 나가 감업사의 비구니가 되었다. 그런데 훗날 그녀는 다시 궁중으로 들어와 고종의 황후가 되었다.

고종과 무측천의 관계에 대해 이전부터 사람들은 무성한 말을 남겼다. 정확한 진실은 알 수 없지만 고종이 태자였을 때부터 4살 연상인 무측천을 좋아했다고 한다. 태종이 살아 있을 때부터 두 사람의 로맨스가 있었던 것이다.

그렇지만 무측천이 다시 궁궐로 들어와 정식으로 고종의 비빈이 되고 황후의 자리까지 오를 수 있었던 원인은 고종의 황후였던 왕황후의 질투심에서 비롯되었다. 조정의 대신들을 중심으로 한 최고의 권력층은 모두 왕황후를 지지했다. 역사기록에 의하면 그녀는 아름다웠고 교양과 학식을 갖춘 명문집안에서 태어났다고 전한다.

그러나 완벽한 배경을 가진 왕황후에게도 단점이 있었다. 그녀는 너무 거만하여 아랫사람들로부터 신망을 얻지 못했다. 그런 까닭에 고종은 왕황후보다 소씨 성을 가진 숙비를 더 총애했다. 당시 황후에게는 자식이 없었지만 소숙비는 고종의 자식을 낳았다.

이러한 상황은 왕황후의 질투심을 불러일으켰다. 황후는 예전에 고종이 태자로 있을 때 무측천을 좋아한 사실을 알고 있었으므로 이를 활용하기로 했다. 그녀는 황제에게 선심쓰듯 무측천을 다시 입궁시키도록 권했다. 이렇게 하여 무측천은 고종의 소의昭儀가 되어 궁중으로 돌아왔다.

영리한 무측천은 황후가 왜 자신을 황궁으로 불러들이도록 고종에게 건의했는지 잘 알고 있었다. 그녀는 철저하게 자신을 낮추며 왕황후와 소숙비 두 사람 모두에게 예의를 다하여 처신했다. 그러는 동안 얼마 지나지 않아 소숙비보다 더 고종의 총애를 입게 되었다.

그녀는 고종과의 사이에서 4명의 아들과 한 명의 딸을 낳았다. 갈수록 고종은 무측천을 총애했다. 이제 그녀에게 남은 장애물은 왕황후였다. 하지만 황후는 무측천에게 절대 가벼운 상대가 아니었다. 당시 고종의 외삼촌 장손무기長孫無忌와 원로대신 저수량褚遂良·한원韓援·내제來濟 등은 왕황후를 지지하는 막강한 권력층이었다. 고종은 무측천을 황후로 삼고 싶었지만 이들의 반대를 무릅쓰고 독단으로 처리할 수는 없었다.

고종과 무측천은 이들을 회유하고 강압하여 왕황후를 폐위시키려 했지만 역시 쉽지 않았다. 무측천은 아랫사람들에게 친절하고 절대 그들을 가볍게 대하지 않았다. 그런 까닭에 처음 전혀 지지세력이 없었던 그녀였지만 차츰 조정신하들 가운데 지지하는 사람들이 생겨났다. 고종과 무측천은 이들을 지지기반으로 하여 반대세력을 제압해 나갔다.

무측천을 지지하는 세력은 장손무기와 저수량처럼 명문귀족층은 아니었다. 이적·허경종·이의부·최의현·왕덕검·원공유 등이 무측천을 지지했는데, 이들은 대부분 출신이 낮은 관료들이었다.

655년에 왕황후가 폐위되고 무측천이 황후가 되기까지 그녀는 수많은 반대세력과 싸워야 했다. 한원이 고종에게 올린 상소문을 보면 무측천에 대한 반대파들의 공격이 얼마나 거셌는지 알 수 있다.

서민들조차 배우자를 서로 선택하는데 하물며 천자는 더 말할 필요가 있겠습니까! 황후는 모든 어머니의 모범으로 천하의 선악이 모두 황후에 의해서 결정됩니다. 모모姆母는 못생겼으나 황제黃帝를 훌륭하게 보필했습니다. 그러나 달기妲己는 그 아름다움 때문에 은왕조를 멸망시켰습니다. 『시경』에 의하면 '성대한 주나라가 포사褒姒 때문에 멸망했다'고 했습니다. 예로부터 여자에게 중요한 것은 용모가 아니라 덕이라고 했습니다. 신이 글을 읽을 때 이러한 이야기가 나오면 항상 읽는 것을 그치고 탄식했는데 오늘날 이런 일이 발생하리라고는 생각지도 못했습니다. 폐하께서 위험에 처한 뒤에야 정신을 차리는 웃음거리를 세상에 남기지 않기를 바랍니다. 옛날 오나라 왕은 오자서(伍子胥)의 말을 듣지 않아 결국 나라를 잃었습니다. 만약 폐하께서도 신의 말을 듣지 않는다면 아마 천하가 실망하여 머지않아 왕조가 위태로워질 것입니다."

반대세력들은 고종과 무측천이 왕황후를 폐위하려고 하는 상황에서 죽음을 각오하고 강력하게 대응했다. 그러나 655년에 무측천은 이 모든 어려운 상대를 제압하고 황후자리를 차지했다. 역사는 무측천이 황후가 될 수 있었던 원인을 몇 가지로 설명한다.

첫째로 당시 정치적인 상황이 그녀에게 유리했다. 태종을 거쳐 고종시기에 이르러 정치에 큰 뜻을 품었으나 가문이 낮아서 고위관직으로 나아가지 못하는 관료들이 있었다. 무측천은 이들을 이용하여 하늘처럼 높은 장손무기와 저수량 같은 대신들의 권력에 도전장을 던질 수 있었다. 그녀가 아무리 뛰어난 재주와 용모를 갖고 있었다 하더라도, 그리고 황제의 총애를 받았다고 하더라도 이들의 지지가 없었다면 황후자리를 감히 넘볼 수 없었을 것이다.

둘째로 고종은 확실히 무측천을 총애하여 그녀에게 절대적인 신뢰를 보냈다. 조정의 원로대신들이 격렬하게 반대하며 고종의 뜻을 꺾으려 했지만 황제의 무측천에 대한 신뢰는 끝까지 변하지 않았다.

셋째는 무측천이 미모와 지혜를 겸비한 여인이었기 때문이다. 만약 그녀에게 이러한 매력이 없었다면 고종으로부터 받은 총애도 오래가지 못했을 것이다. 그녀는 총명하고 지혜로우며 문학과 시에도 능통했다. 정치에도 탁월한 안목을 갖고 있어서 충분히 고종에게 조언을 할 수 있는 가장 가까운 황제의 신하였다. 이것은 모두 무측천이 황후가 될 수 있는 조건이 되었다. 그리고 이후 중국역사에서 유일하게 여자로서 황제가 될 수 있었던 배경이 되었다.

2. 여황제의 용인술이 예사롭지 않다

　무측천의 정치적 능력 가운데 가장 탁월한 점은 사람을 부리는 능력이 남성 못지않게 뛰어났다는 점이다. 조정의 중신들을 제압하고 황후자리에 오른 뒤 그녀는 오랫동안 고종과 함께 조정의 정치에 직접 관여했다.
　중국역사 속에 무측천 외에 정치일선에서 직접 권력을 행사하는 여성들이 여럿 있었다. 한나라 고조의 황후 여후呂后는 아들 혜제의 집권시기 조정의 모든 권력을 장악하고 황제의 정치를 간섭했다.
　여후가 정치에 관여했던 시대 한왕조의 개국공신들이 아직 살아 있었지만 아무 소리도 내지 못하고 침묵했다. 사마천은 여후의 통치시기 하마터면 유씨의 한왕조가 여씨의 왕조로 바뀔 뻔했다고 이 시기의 상황을 표현하고 있다.
　여후 역시 자신의 정적에게 가혹했다. 그러나 그녀가 통치하는 시대에 한왕조는 매우 안정적인 시대로 향하고 있었다. 백성들의 삶은 풍요로워지고 왕조는 발전했다고 사마천은 여후의 시대를 긍정적으로 묘사했다.

여후 외에도 정치에 나서서 두각을 나타낸 여성으로 북위 선비족 통치시기 문명태후(풍태후)가 있다. 문명태후의 정치적 업적은 중국 중세의 정치와 사회경제 발전에 커다란 영향을 주게 되는 제도를 마련해 주었다는 점이다.

이후 우리에게 가장 잘 알려진 중국역사 속의 여걸은 서태후(자희태후)를 들 수 있다. 서태후는 청나라 말 함풍제의 비로 자금성에 들어와 아들 동치제를 낳은 공로로 태후가 되었다. 함풍제가 죽은 뒤 아들을 황제로 세우고 권력을 장악했다. 그러나 젊은 나이에 동치제가 세상을 떠나자 황족 가운데 어린 사람을 선택해 황제로 즉위시켰다. 그가 바로 광서제이다.

광서제는 평생 동안 서태후의 정치그늘에서 황제의 역할을 하지 못하고 울분을 품은 채 세상을 떠났다. 그리고 태후가 죽음으로써 청왕조는 마침내 멸망했다. 그녀는 중국의 마지막을 장식한 실질적인 통치자였다.

여후·풍태후·서태후 등은 중국 전통시대. 여성의 권력이 억압된 시대를 살았다. 그럼에도 불구하고 그녀들은 정치일선에서 남성 위에 군림하여 조정대권을 장악하고 황제정치에 참여했다. 이들은 뛰어난 정세파악과 정치능력을 가진 여성들이었다.

그러나 무측천은 이들보다 더 특징적인 인물이다. 고종이 살아 있을 때 그녀는 이미 정치에 참여하여 권력을 장악했다. 고종과 함께한 정치경력은 모두 20여 년이었다. 고종이 죽자 무측천은 이미 장성한 아들이 황제가 되었음에도 불구하고 정치일선에서 떠나려고 하지 않았다. 셋째아들 중종은 어머니의 뜻을 헤아리지 못했다. 고종 사후 황제에 즉위한 그는 위황후의 외척들을 데려와 중용했다. 그것이 어머니 무측천의 마음에 들지 않았다. 결국 고종은 황제에 오른 지 두 달 만에 퇴위당했다. 이후 막내아들 예종이 황제에 즉위했지만 권력은 여전히 무측천의 손에 있었다. 6년 동안은 무측천도 아들을 앞에 세운 섭정자로 권력을 행사했다.

황제가 되기까지 무측천의 반대세력은 너무나 많았다. 그녀는 어떻게 그 난관을 극복해 나갈 수 있었을까? 그녀의 통치기간 중에 가장 대표적인 사건은 684년에 일어난 서경업徐敬業의 반란이었다. 서경업은 당시 재상 배염裵炎과 장군 정무정程務庭을 중심으로 무측천을 정치에서 끌어내리고 이씨에게 권력을 돌려줘야 한다는 명분을 내세웠다. 그러나 반란은 실패로 끝나고 반대세력들은 남김없이 제거되었다.

당시 무측천은 조정신하들을 소집하여 무섭게 호통을 쳤다.

짐은 세상사람들의 기대를 저버린 적이 없는데 그대들은 아는가? 짐은 고종을 20여 년 동안 모시면서 천하를 근심하느라 힘이 들었다. 그대들의 부귀는 모두 짐이 준 것이고 천하의 안락함도 짐이 오랜 세월 동안 잘 다스렸기 때문에 얻은 것이다. 고종께서 세상을 떠나시면서 내게 천하를 맡기셔서 짐은 그 책임을 다하느라 스스로를 소중히 여기지 않고 백성들을 아꼈다. 지금 반란을 일으킨 자들은 모두 조정대신들인데 어떻게 짐의 기대를 저버릴 수 있단 말인가! 그대들 중에 배염 이상으로 자기주장이 강한 사람이 있는가? 서경업 이상으로 목숨을 내걸고 세력을 규합할 자가 있는가? 군대를 장악한 무장으로서 정무정 이상으로 전쟁터에서 승전을 올릴 수 있는 자가 있는가? 이 세 사람은 군신들 가운데 가장 명성을 가진 자들이었다. 하지만 짐이 이롭지 않다고 여겼기 때문에 모두 그들을 죽였다. 그대들 가운데 이 세 사람을 능가할 자가 있다면 일찌감치 반란을 일으키든가 아니면 마음을 고쳐먹고 짐을 받들어 세상사람들로부터 조소와 멸시를 받지 않도록 하라!

이때 조정의 신하들은 감히 무측천을 쳐다보지 못했다. 남성중심의 전통사회에서 무측천만큼이나 대담하게 사람을 부릴 수 있는 담력을 가진 여성은 찾기가 어렵다.

690년에 무측천은 정식으로 황제에 즉위하여 무주武周시대를 열었다. 무측천의 정치능력 가운데 가장 대표적인 것은 소인배들을 이용하여 자신의 정적들을 제거하는 수단이 뛰어났다는 점이다. 정치에서 소인배는 다루기가 쉽다. 이들은 목적을 위해 신의를 쉽게 저버리고 수단과 방법을 가리지 않고 무고한 사람까지 다치게 하여 사회에 해악을 끼치는 무리들이다.

무측천은 이러한 소인배들의 심리를 읽을 줄 알았다. 또 그들이 무엇을 원하는지 알았기 때문에 어떻게 정치에 이용해야 하는지도 정확하게 파악했다. 소인배들을 이용한 무측천은 정치에서 부정적인 결과를 낳기도 했다. 이 때문에 그녀는 오랫동안 부정적인 평가를 받았다.

무측천이 통치하는 40여 년 동안 소인배들을 중용한 때는 그리 많지 않다. 이들은 주로 서경업이 반란을 일으킨 시점에서 크게 등장했다. 그리고 황제에 즉위하여 권력이 안정될 무렵에 모두 정치무대에서 사라졌다.

가장 대표적인 소인배들은 색원례索元禮·내준신來俊臣·주흥周興 등이다. 특히 내준신과 주흥은 밀고안을 작성하여 수많은 사람들을 죄에 연루시켰다. 당시 관료뿐만 아니라 일반백성들까지도 이들의 횡포에서 벗어날 수 없었다. 이들은 죄인들을 심문하기 위해 상상할 수 없는 무서운 형구들을 만들기도 했다.

무측천은 이들을 적절하게 이용했다. 이후 자신의 정적들이 다 제거되었다고 생각했을 때 그들을 모두 반역죄로 몰아 권력을 빼앗고 유배 또는 살해했다. 그녀는 절대 소인배들에게 농락당하는 정치를 하지는 않았다.

3. 후대인들은 무측천을 어떻게 평가하는가?

무측천은 중국역사에서 유일하게 여성으로서 황제가 된 인물이다. 중국의 역대황제 중에서 명성·업적, 그리고 정치적 영향력을 볼 때, 아마 무측천만큼이나 두드러진 활약을 한 여성은 없을 것이다.

무측천은 약 50여 년 동안 당왕조의 정치에 관여했다. 그 시기를 크게 구분하면, 고종의 황후로서 정치에 참여한 시기, 고종이 죽은 뒤 아들 중종과 예종을 황제로 세우고 섭정한 시기, 이후 자신의 왕조(武周)를 개창하고 황제에 즉위하여 통치한 기간으로 나눌 수 있다.

가부장적 제도와 남존여비사상이 지배적이었던 당시 사회여건 속에서 황제로서 남성 위에 군림하며 전중국을 통치했다는 것만으로도 그녀는 중국역사 속의 가장 대표적인 여성이라고 할 수 있다.

그러나 이후 사람들은 무측천에 대해 매우 부정적인 평가를 내렸다. 당왕조 시대를 다룬 대표적인 사서 『구당서舊唐書』와 『신당서新唐書』

는 무측천을 이렇게 기록했다.

> 권력을 차지하기 위해 자신의 친딸까지도 서슴지 않고 죽이는 잔인한 여성이었다. 그녀는 악행을 저지르고 음란한 짓을 하면서도 부끄러워하거나 두려워하지 않았다.

17세기에 와서도 무측천에 대한 평가는 여전히 부정적이었다. 이 시대의 지식인 왕부지王夫之는 이렇게 평가했다.

> 요사스럽고 음탕하며 흉악하고 잔인한 무씨이다.

18세기의 역사가 조익趙翼 역시 왕부지와 같은 견해였다. 20세기의 지성인 임어당林語堂은 무측천에 대해 "중국역사에서 가장 교만하고 명성이 나쁜 황후 가운데 한 사람이다"라고 혹평했다.

이들 평가를 종합해 보면 크게 두 가지로 요약된다. 하나는 여자가 남성 위에 군림하여 황제노릇을 했다는 점이다. 남성중심의 봉건시대에 여권은 절대로 용납할 수 없는 것이었다. 무측천은 황궁에 들어와서 황후의 자리에 오를 때까지 뚜렷한 정치배경이 없었다. 그럼에도 전통적인 법이나 제도의 틀을 완전히 벗어나서 최고의 통치권자인 황제가 되었다.

또 하나는 자신의 권력을 위해 자식마저도 죽일 정도로 잔인했다는 점이다. 그녀가 고종의 총애를 얻어 황후가 되기까지는 험난한 과정을 거쳐야 했다. 황후의 자리를 굳게 확보한 다음에는 아들들을 앞에 세우고 정치에 관여하면서 끝까지 권력을 떠나려고 하지 않았다.

나중에는 아들이름으로 통치하는 것도 불편했다. 그래서 그녀는 직접 황제에 즉위하여 남성 위에 군림하는 통치자가 되었다.

무측천은 권력을 장악하기 위해서 매우 잔인하고 냉혹한 정치를 실시했다. 그녀가 통치하는 동안 이씨황족들과 중앙의 전통귀족층은 무측천의 정치를 좋아하지 않았다. 무측천은 자신을 반대하는 세력들을 잔혹하게 제거했다. 그녀가 많은 남성들을 물리치고 황제까지 될 수 있었던 것은 치밀한 계획을 세우고 포악한 관리들을 중용하여 정적들을 무차별하게 제거했기 때문이다.

시대가 변하여 오늘날은 무측천의 정치를 있는 그대로 평가하거나 혹은 좀더 과장하여 대단한 통치자였다고 추켜세우고 있다. 무측천 시대에 당왕조의 사회경제가 크게 발전했다. 그리고 변경이 비교적 평화로운 시대여서 민족 간의 화합을 이룰 수 있었다. 또 외국과의 경제와 문화교류가 활발한 시대였다.

최근 들어 무측천에 대한 글들을 보면 "고대의 대담한 개혁가 무측천", "무측천이 황제가 될 수 있었던 객관적 요인들", "무측천의 용인用人정책", "무측천의 언로言路를 넓힌 정치", "여황 무측천의 심성", "무측천과 혹리" 등인데 그 내용을 보면, 대부분 긍정적인 업적을 중심으로 무측천을 평가하고 있다.

이제 무측천은 고종의 황후 측천무후가 아니라 중국역사에서 황제의 한 사람으로 인정받고 있다. 이러한 경향은 어쨌든 무측천을 중국역사에서 유일무이한 여성황제로 인정하고 그녀의 업적을 다시 평가하고 있는 부분이다.

대부분 지금까지 알려진 그녀에 대한 평가는 전통적인 여성통치자로서의 역할. 그리고 정치부분에서는 탁월한 점이 있었다는 것만 인정했다.

다음은 모택동이 무측천에 대해 평가한 글이다.

나 역시 무측천에 대해 말한다면 간단하게 평가를 내릴 수 없다. 그녀는 대단한 여성이었다. 중국 전통사회에 여성은 지위를 인정받지 못했다. 특히 여자의 몸으로 황제가 될 수 있다는 것에 대해 사람들은 상상조차 할 수 없는 시대였다. 내가 본 야사에 의하면 "그녀는 요사스럽고 음탕하다"고 기록했는데 다시 한번 생각해 봐야 할 문제이다. 무측천은 나라를 통치할 수 있는 능력을 타고난 여인이었다. 그녀는 사람을 받아들이는 도량이 있었으며. 지혜를 가진 인물을 알아보는 재능이 있었고. 또 사람을 쓸 줄 아는 기술이 있었다.

제24장 양귀비를 사랑한 당현종 이융기

당나라의 황금기를 통치한 제6대 황제 현종(685~762)은 685년 예종의 셋째아들로 태어났다. 무측천의 시대가 끝나고 중종이 다시 황제에 즉위했다. 그러나 중종은 황후 위씨에게 독살당하여 당왕조의 권력은 위황후에게 넘어갔다. 위황후는 그녀의 시어머니 무측천의 성향을 본받아 권력에 야심이 많은 여인이었다.

710년 당시 임치왕臨淄王이었던 이융기는 무측천의 딸 태평공주와 연합하여 위황후 및 위씨세력을 제거하고 아버지 예종을 황제에 즉위시켰다. 그 공로로 이융기는 태자가 되었다. 예종이 다시 황제에 즉위하게 된 배경은 아들 이융기와 태평공주 때문이었다. 그 때문에 이 시기 정치는 두 사람의 세력으로 압축되었다. 초창기 태평공주의 권력은 이융기를 능가했다. 예종시기 재상들은 대부분 그녀가 추천한 인물들로 채워졌다.

태평공주 역시 앞서간 어머니 무측천과 위황후처럼 정치와 권력에 커다란 관심을 보였다. 그녀는 오빠인 예종을 조종하여 조정에서 권세를 휘둘렀다. 『자치통감』에는 당시 태평공주의 권력을 다음과 같이 기록했다.

재상이 상소를 올릴 때마다 황제는 태평공주에게 물어본 뒤. 다시 황태자에게 말한 다음에 결정했다. 황제는 공주가 허락하는 것을 모두 들어주었다. 재상보다 낮은 관직의 인사문제는 공주의 말 한마디에서 모두 결정되었다.

1. 현명한 신하들과 함께 황금기를 통치하다

712년에 예종이 태상황이 되고 이융기가 황제로 즉위하여 현종의 시대가 열렸다. 그러나 황제에 즉위한 현종은 여전히 태평공주 때문에 정치적으로 불안한 상황에 처해 있었다. 713년에 현종은 먼저 행동을 취하여 태평공주의 세력을 제거했다. 사실 당왕조 전반부는 이씨황제의 통치가 위협받는 시대였다. 무측천에서부터 시작된 여성의 권력쟁탈은 이후 태평공주를 끝으로 완전히 사라졌다.

현종은 중국역사에서 가장 흥미로운 통치자 가운데 한 사람이다. 그는 44년의 치세 동안에 당나라를 번영의 시대로 이끌었으며, 또 쇠퇴의 길로 접어들게 하는 전환점을 만들었다.

당왕조의 역사를 기록한 『구당서』에서는 현종을 이렇게 표현했다.

다양한 예능에 소질을 갖고 있었으며, 음악에 능통했고 글씨에도 뛰어났다. 또 예의범절을 갖추었고 용모가 아름다웠다.

현종은 통치 초기에 정치기강을 바로잡는 개혁을 실시했다. 그는 지방관을 임명할 때 아주 신중하게 결정했다. 지방관들은 백성을 직접 통치하는 관료들이기 때문에 그들이 잘해야만 나라의 근본이 바르게 된다고 생각했다. 때문에 현종은 지방관을 부임지로 보내기 전에 그들을 직접 만나서 적절한 조언과 대책을 언급하기도 했다.

현종은 전국의 지방호족 세력들을 제압하고 균전제를 실시하여 농민생활을 안정시키고 왕조의 조세수입을 증가시켰다. 또 황무지를 개간하고 수리시설을 크게 확대하여 농업생산력을 향상시켰다.

현종의 시대에 당나라는 학문과 예술분야에서도 최전성의 시대를 맞이했다. 문학과 예술에도 재능이 뛰어났던 황제는 장안과 낙양에 학교를 세우고 유명한 학자들을 불러들였다.

또한 이 시기에 당나라 수도 장안은 상업과 수공업이 번창하여 세계에서 가장 발전된 국제도시가 되었다. 여러 나라에서 당나라의 발전된 정치와 문화를 배우기 위해 수도 장안으로 유학생을 파견했다. 번영의 시대 장안의 모습은 두보의 시 「억석(憶昔)」에 남아 지금도 그 풍요로움을 상상해 볼 수 있다.

옛 개원의 전성시대를 기억해 보면
작은 마을에도 만 가구가 살고 있었네.
희고 기름진 쌀이
관청과 민가의 창고를 가득 채웠네.
천하의 길에는 승냥이와 호랑이가 없었고
사람들이 먼 길을 떠나도 좋은 날을 택할 필요가 없었네.

제나라와 노나라 땅의 비단을 실은 수레가 길에 가득차고
남자는 밭 갈고 여자는 누에치는 시기를 놓치지 않았네.

현종이 전반부 통치기간에 이룩한 이와 같은 업적은 훗날 '개원의 치'라고 불린다. 개원의 시대에 현종은 특히 유능한 인재들과 함께 이상적인 군주정치를 실시했다. 이 시기 현종은 뛰어난 인물을 중용하여 그들의 의견을 정치에 적극 반영했다.

현종시대 개원의 치를 만든 신하들 가운데 대표적인 사람은 요숭姚崇과 송경宋璟이다. 이 두 사람은 무측천 시대부터 활동하여 현종시대 재상으로 중용되었다. 요숭이 재상으로 있을 때, 그는 현종에게 10가지 방침을 올리고 황제가 이를 실천하도록 요구했다. 요숭이 올린 시책은 당시 정치적 폐단을 시정하고 황제의 정치를 올바른 방향으로 나아가게 하는 가장 기본적인 문제를 지적한 것이다.

현종은 요숭을 신뢰하고 그의 뜻을 존중했다. 한번은 요숭이 병이 들었을 때 원건요源乾曜라는 인물이 그를 대신해서 중요한 일들을 처리했는데, 현종은 그의 일처리가 마음에 들 때면 요숭의 지시에 따라서 일을 처리했다고 여길 정도였다.

요숭이 71세로 세상을 떠나고 그의 추천에 의해 송경이라는 인물이 그의 후임자가 되었다. 송경은 요숭의 뒤를 이어 현종을 잘 보좌했다. 그는 특히 법에 따라 매사를 바르게 처리하고 올바른 자세를 지키려고 했다. 또 항상 현종의 곁에서 가장 바른말을 하는 신하였다. 그는 16년 동안 재상의 자리를 지켰는데 강직한 성품을 끝까지 유지하여 청렴한 관료의 자세를 잃지 않았다.

한휴韓休라는 인물도 빼놓을 수 없다. 한휴는 황제 앞에서 늘 직언을 하여 현종을 난처하게 했다. 현종의 조그마한 실수도 그냥 넘어가는 법이 없었다. 어느 날 현종이 거울 앞에서 자신의 마른 얼굴을 보며 조금 언짢은 표정을 지었다. 이때 곁에서 지켜보던 신하가 이렇게 말했다.

"한휴는 늘 폐하의 잘못을 지적합니다. 그래서 요즘 폐하의 심기가 불편하여 수척해지신 겁니다. 왜 한휴를 쫓아내지 않습니까?"

이 말을 들은 현종은 말했다.

"내 용모가 비록 수척해지더라도 천하가 풍요로워지면 좋소. 한휴는 재상이 되어 모든 일에 자신의 능력을 발휘하고 있소. 내가 한휴를 중용하는 것은 국가의 안녕을 위한 것이지 나를 위한 것이 아니오."

현종은 진정 탁월한 정치감각을 가진 황제였다. 그는 신하들의 장점과 단점을 충분히 파악하고 있었고, 어떻게 인재들의 능력을 활용해야 할 것인지도 잘 알고 있었다.

사마광의 『자치통감』은 현종이 중용한 재상들의 특징을 다음과 같이 기록했다.

요숭은 인정을 중요하게 여겼고 송경은 법을 잘 따랐다. 장가정張嘉貞은 문학적인 재능이 있었고, 이원굉李元紘과 두섬杜暹은 검소한 덕목을 갖춘 신하들이었다. 또 한휴韓休와 장구령張九齡은 올바른 태도를 지녔다.

이들은 개원의 시기 재상을 맡은 신하들이다. 현종은 이들에게 항상 예의를 갖추고 존중했다. 요숭과 송경이 재상이었을 때, 현종은 젊은 황제였다. 황제는 조정에 들어오는 그들을 항상 나가서 맞이했고, 일을 마치고 돌아갈 때는 정중하게 예의를 다하여 전송했다. 이처럼 이상적인 군주와 재상정치를 실현한 황제였지만 현종 역시 통치 말년에 이르러 개원의 치세에 가졌던 통치이념을 지키지 못했다.

2. 나라가 황혼기에 접어들면 간신들을 총애한다

현종은 개원이라는 통치연호 외에 통치 말기 15년 동안 천보天寶라는 연호를 사용했다. 이 시기 현종의 정치는 개원의 치세를 만든 황제의 능력을 찾아보기 힘들 정도로 변해 가고 있었다. 원래 그는 문학을 사랑하고 풍류를 즐길 줄 아는 성격이었다. 젊은 시절 황제는 이런 능력을 좋은 방향으로 활용하여 뛰어난 정치를 펼칠 수 있었다.

노년기에 접어든 현종은 점점 정치에 염증을 느끼며 향락에 젖어들었다. 이때 그는 중국역사에서 가장 빼어난 미모를 가졌다고 하는 양옥환이라는 여인을 만났다. 그녀는 훗날 귀비貴妃의 품계를 받았기 때문에 양귀비라는 명칭을 얻었다.

양귀비는 현종의 정치를 문란하게 만든 여성으로 오랫동안 그녀에 대한 평가는 부정적이었다. 중국역사에서 아름다움으로 군주의 정치를 어지럽히고 왕조를 멸망시키게 한 여인들이 있다. 양귀비도 그러한 여인 가운데 한 사람으로 평가되었다.

현종이 천보연간 통치를 잘못한 것은 절대 양귀비의 탓으로만 돌릴 수 없다. 물론 양귀비는 당태종 장손황후나 명태조 마황후와 같이 덕을 갖춘 현모양처의 여성은 아니었다. 그렇지만 무측천과 위황후처럼 정치에 나서서 권력을 탐했던 것도 아니다. 현종은 초창기 권력에 관심을 갖는 황궁의 여인들 때문에 어려움을 겪었고 그 폐단을 잘 알았다. 어떤 사람은 현종이 양귀비를 그토록 사랑했던 것은 그녀가 정치에 전혀 관심이 없었기 때문이라고 한다.

그러나 현종이 양귀비를 사랑한 것 때문에 부정적인 현상들이 발생했다. 현종은 점점 정치를 멀리하고 향락만을 추구했다. 당연히 조정의 신하들 가운데 현명한 인물들은 그 자리를 지킬 수 없게 되었다. 조정의 인재들은 하나 둘 떠나고 그 자리에는 적당하게 황제의 비위만 맞추는 인물들로 채워졌다.

천보의 시기 조정권력을 장악한 인물로는 이임보李林甫·양국충楊國忠·고력사高力士·안록산安祿山 등이 대표적이다. 역사는 이임보를 처세에 능하여 입으로는 꿀과 같은 말을 하지만 뱃속에는 칼을 품고 있는 인물이라고 하였다. 『자치통감』에는 그의 처세술을 다음과 같이 표현했다.

이임보는 아첨을 잘하고 교활했다. 환관 및 비빈들의 집안과 교제를 맺고 황제의 마음을 잘 살펴서 모르는 것이 없었다. 그는 이러한 정보를 이용하여 황제를 대할 때마다 아첨하는 말로 기쁘게 했다.

장구령이 재상이 되어 조정의 중책을 맡고 있을 때, 현종은 이임보를 어떻게든 재상으로 승격시키고 싶어 했다. 그러나 장구령은 현종의 뜻에 반대했다.

"재상은 나라의 안위와 직결되는 자리입니다. 폐하! 이임보를 재상으로 삼으면 언젠가 종묘사직에 큰 근심거리가 될 것입니다."

장구령의 반대로 이임보는 바로 재상의 자리에 오를 수 없었다.

그러나 이임보는 쉽게 포기하지 않았다. 그는 술수에 뛰어난 인물이었다. 이후 그는 자신이 그토록 원하던 재상이 되었다. 그리고 16년이라는 오랜 세월 동안 그 자리를 지킬 수 있었던 것도 권모술수에 탁월했기 때문이다. 그러나 그의 권세도 양귀비의 외척 양국충楊國忠이 등장하자 몰락하기 시작했다.

3. 양귀비를 사랑하다가 마침내 모든 것을 잃다

현종의 정치에서 가장 문제를 일으킨 신하는 양국충과 안록산이다. 이임보가 재상이 되어 국정을 좌우할 무렵 현종은 양귀비를 더욱 총애했다. 양귀비 본인은 권력에 관심이 없었다 하더라도 집안에서 한 사람이 부귀하게 되면 주위사람들은 그로 인해 후광을 입게 마련이다.

양국충은 현종이 사랑하는 양귀비 때문에 부귀하게 된 인물이다. 그는 정치적 능력은 부족했지만 풍채가 있고 말을 잘했다. 현종 말기 이임보를 물리치고 재상이 되어 조정의 권력을 장악했다. 그러나 재상직의 행운은 그에게 오래 주어지지 않았다. 양국충을 위협하는 변경의 절도사 안록산이 반란을 일으켜 당왕조를 혼란에 빠뜨렸기 때문이다.

현종시대 당나라는 세계에서 가장 강력한 제국을 형성했다. 문화와 경제가 발전하여 주변국들은 당나라의 선진문물을 흡수하기 위해 사신을 파견하거나 지식인들이 당나라로 유학하는 시대였다. 멀리 서쪽으로 가는 실크로드 지역부터 서쪽지역의 문화와 문물이 계속 당나라 수도 장안으로 들어왔다. 물론 이때 중국이 자랑하는 가장 우수한 제품들이 서쪽으로 수출되었다.

번영의 시대였기에 당나라의 정치체제는 매우 개방적으로 변화했다. 안록산은 돌궐계 소수민족 출신이었지만 당왕조의 개방적인 정치풍토 때문에 성공한 인물이다. 그는 현종과 양귀비의 총애를 얻고 변경일대에서 15만의 군대를 통솔하는 실력자가 되었다.

그러나 수도 장안의 황제 곁에서 조정을 장악하고 있는 양국충과 갈등을 일으키면서 안록산의 불만은 커져갔다. 그리고 변경에 있는 자신의 입지가 불안하다고 생각한 그는 마침내 반란을 시도했다.

755년에 당왕조는 커다란 혼란에 직면했다. 안록산은 "황제 곁에 있는 간신 양국충을 토벌한다"는 명분을 걸고 수도 장안을 향해 진군했다. 황제의 군대는 안록산의 반란을 진압하지 못했다. 756년에 장안 근처의 마지막 방어선 동관潼關이 함락되자 현종은 할 수 없이 사천으로 피신을 떠났다.

현종의 피난행렬은 관료들 및 호위군대가 함께하여 수천 명에 달했다. 피난 중에 가장 큰 문제는 식량을 구하는 것이었다. 천하가 혼란에 직면했다는 소식을 듣고 사람들은 황제의 피난행렬이 도착하기 전에 이미 도망을 가고 없었다.

어렵게 마외馬嵬라는 지역까지 피난을 했으나 식량문제는 갈수록 심각해졌다. 황제가 먹을 음식도 없어서 말을 잡아 배를 채울 정도였다. 이때 황제와 황태자를 호위하는 금군들 사이에서 불만이 터져나왔다. 그리고 그 불만은 이러한 혼란이 누구 때문에 발생했는가로 이어졌고 그 책임을 양국충에게 돌렸다.

당시 태자 이형李亨은 양국충을 신임하지 않았다. 군대에서 원성이 터져나오자 이를 양국충 제거명분으로 삼았다. 그런데 문제는 양국충뿐만 아니라 양귀비를 비롯한 모든 양씨세력도 안록산의 난에 책임을 져야 한다는 것이었다.

현종은 양귀비를 죽여야 한다는 병사들의 말을 듣고 너무나 놀랐다. 그러나 방법이 없었다. 마외에서 군대가 일으킨 정변으로 양귀비는 목을 매고 죽었다. 한 시대를 풍미한 그녀는 안록산의 난에 대한 책임을 지고 세상을 떠났다.

마외에서 양귀비를 잃은 현종은 사천으로 피신했다가 757년에 장안이 회복되자 돌아왔다. 그러나 그는 이미 황제가 아니었다. 피난 중에 태자 이형이 영하지역 영무靈武에서 사람들의 추대로 황제에 즉위했다. 그리고 10여 년 동안 진행된 안록산의 난을 평정했다.

뛰어난 정치적 안목으로 인재를 중용하여 당나라를 중흥의 시대로 이끌었던 현종은 태상황의 자리에 만족하며 지내다가 762년에 78의 나이로 세상을 떠났다.

제25장
중원을 넘본 거란[요]의
태조 야율아보기

　10세기 중엽 중국은 역사에서 가장 번성한 왕조 당나라가 멸망하고 5대10국의 분열현상이 나타났다. 군사력을 배경으로 각 지역을 장악한 무장세력들이 등장했기 때문이다. 960년에 조광윤이 진교역에서 쿠데타를 일으켜 후주後周의 어린 황제 공제恭帝를 폐위시키고 송나라를 개창했다.

　군인출신 조광윤이 황제에 즉위하여 가장 심각하게 여겼던 부분은 군권을 장악하고 있는 장군들에 대한 문제였다. 조광윤은 지혜를 써서 장군들의 병권을 회수하고 군대통솔권을 황제가 장악함으로써 군대문제를 해결했다. 그리고 그는 문치주의를 표방하여 과거제도와 관료제도를 정비했다.

　송나라는 통일왕조였다. 그러나 송나라의 통치영역은 비교적 좁았고 북방민족에 대해 군사·정치적으로 매우 불안정한 상태에 있었다. 당시 송나라를 위협한 가장 대표적인 나라가 요遼나라이다. 이 나라는 북방민족의 하나인 거란족이 세운 나라이다. 태조 야율아보기가 정치와 군사개혁을 단행하여 초원 일대의 지배자로 등장했던 것이다.

아보기 시대에 이룩한 업적은 이후 요나라가 성종의 시대에 이르렀을 때 절정기를 맞이했다. 이때 요나라는 송왕조와 대등한 정치관계를 이루며 제국을 형성했다.

1. 거란족에 영웅이 출현하다

야율아보기耶律阿保機(872~926)는 거란족을 통일하여 요나라를 건립한 인물이다. 그는 요나라 역사에서 가장 뛰어난 통치자이며, 그가 이룩한 업적은 중국역사에 깊은 영향을 남겼다.

거란족은 본래 선비족의 한 갈래로 대대로 그 선조들은 요수遼水의 상류에 위치한 황수潢水 일대에 거주하며 목축을 위주로 생활했다. 전체 거란족 부족은 8개 부락으로 형성되어 있었는데 각각 부락에서 대인大人을 선발하여 추장으로 삼았다. 당나라 초기에 거란의 8개 부락이 연맹하여 대인들이 8부를 통솔하는 최고의 통치자를 뽑아 가한可汗이라고 칭했다.

아보기의 집안은 8대조 아리雅里에 와서 강성해지기 시작했다. 아리는 부족의 체제를 정비하고 8부를 중심으로 한 연맹의 통치권을 장악했다. 아리 이후 그의 선조들은 계속 거란연맹의 실질적인 자리를 차지했다. 그의 선조들 중에는 유목민의 후예답게 군사방면에 뛰어난 인재들이 많았다.

아보기는 이처럼 강력한 부족집안에서 출생했다. 또 선조들의 무예를 이어받아 부족을 통솔하는 탁월한 능력이 있었고 군사방면에 재능이 있는 인물이었다. 아보기의 조부대에 이르러서는 농업을 장려하여 부족의 생활을 안정시켰다. 그리고 그의 아버지는 소금과 철 생산을 적극 장려하여 부족의 경제기반을 확립했다. 아보기의 선조들은 착실하게 거란족의 요나라 성립에 기반을 구축했다. 그는 선조들이 닦아놓은 기반 위에서 자신의 능력을 토대로 거란연맹에서 최고의 통치권을 장악할 수 있었다.

그러나 초원의 부족국가 권력은 안정적이지 못했다. 몽골족의 영웅 칭기즈칸에서 보듯이, 부족들 사이에 권력쟁탈은 항상 숨어 있는 복병과 같이 언제 어느 때 분쟁으로 튀어나올지 알 수 없다. 아보기에게도 처음부터 보장된 권력은 없었다. 그가 태어났을 무렵 부족연맹 내에서 심각한 권력투쟁이 진행되고 있었다.

아보기의 집안은 이 분쟁에서 큰 화를 입었다. 조부는 같은 부족 야율한덕耶律狼德에게 살해되었다. 이때 아버지와 백부는 겨우 몸을 피해 다른 부족으로 피신했을 정도로 어려운 시기였다.

아보기가 각고 끝에 힘을 축적하여 거란족을 통솔할 수 있을 정도로 성장했을 무렵, 당나라는 쇠퇴기에 접어들고 있었다. 아보기는 군대를 이끌고 주변의 여러 민족들을 차례로 제압해 갔다. 그리고 하북지역의 번진세력들이 서로 무력충돌하는 사이에 그들과 외교를 하거나 또는 전쟁에 개입하여 이득을 챙겼다. 그리고 동북지역의 발해가 약해지는 틈을 이용해 군사를 일으켜 동쪽으로 진출했다.

907년에 마침내 아보기는 부락의 대인들에 의해 가한으로 추대되었다. 그리고 916년에는 용화주龍化州를 중심으로 거란契丹왕조를 건국하고 황제에 즉위했다.

그러나 그가 장악한 초원은 한족의 풍요로움과 비교하면 너무나 열악했다. 아보기는 거란족과 자신의 권력을 안정시키기 위해 개혁의 필요성을 느꼈다. 그는 한족출신 가운데서 유능한 인재를 적극 선발하여 관료로 채용하고 그들과 함께 개혁을 추진해 갔다.

아보기의 인재정책은 한족지식인을 아끼고 그들을 거란족의 정치에 적극 포용하는 것이었다. 이러한 아보기의 인사정책 뒤에는 황후 술률씨述律氏가 큰 도움이 되었다. 그녀는 정치적 식견이 높은 인물로 아보기에게 한인 중에서 재주있는 자를 중용하도록 했다.

아보기의 개혁이 없었다면 거란족은 오랫동안 고수해 왔던 유목생활에서 벗어나지 못했을 것이다. 그리고 북방 초원지역을 재패하고 강력한 요제국을 건설한 거란족의 역사는 실현되지 않았을 것이다.

2. 성공한 남자의 뒤에는 현명한 여인이 있었다

아보기의 황후 술률씨는 뛰어난 재능의 소유자였다. 그녀의 재능은 아보기의 성공에 큰 영향을 미쳤다. 술률씨는 아보기의 황후이지만 또 가장 가까이서 그의 정치를 도운 인재였다. 특히 그녀는 한족 중에서 재능을 가진 자들을 많이 천거했다. 이들 한족 지식인들은 아보기의 개혁에 큰 힘을 실어주었다. 한연휘韓延徽는 이때 그녀가 알아보고 천거한 대표적인 한족지식인이다.

또한 술률황후는 아보기가 전쟁터에 나가면 후방에 남아 나라를 안정시키고 또 적의 기습에 현명하게 대처하여 전선에 나가 있는 남편이 나라를 걱정하지 않도록 어려운 일들을 감당해냈다.

그녀는 군사방면에서도 뛰어난 전략가였다. 여러 차례 자신의 견해를 아보기에게 제안하여 거란족이 송나라의 유주지역을 차지하는 데 큰 역할을 하였다.

당시 거란족은 유주幽州지역을 공략할 계획을 세우고 있었지만 그 일은 쉽지 않았다. 술률씨는 유주를 공격하기 전에 3천의 병력을 유주 일대에 주둔하도록 하고, 유주성 사방에서 식량과 물자의 공급을 차단하도록 한 뒤 그들을 활용하는 작전을 펴보자고 아보기에게 권했다.

이렇게 하면 유주성 사람들이 물자와 식량부족으로 몇 년을 버티지 못할 것이고, 이때 군대를 보내 총공격을 하면 쉽게 유주성을 취할 수 있을 것이라는 생각이었다.

또 제안하기를, 군사행동을 할 때 속전속결을 취해야 한다. 그렇지 않으면 전략이 노출되어 실패할 가능성이 매우 높다. 만약 공격하여 실패하면 적들에게 조소를 당할 뿐만 아니라 우리 부족이 해체될 가능성도 있으니 신중하게 군대를 움직이라고 조언했다.

아보기는 처음에는 황후의 계책을 받아들이지 않았다. 그러나 여러 차례 군대를 이끌고 유주성을 공격했으나 모두 실패로 끝나자 황후가 제안한 계책을 받아들일 수밖에 없었다. 술률씨의 계책은 정확하게 성공하여 아보기에게 승리를 안겨주었다. 이후 유주일대는 차즘 거란족의 통치하에 들어왔다.

3. 한족 인재들을 활용하여 개혁정치를 하다

  아보기는 거란족의 후예로서 선조들의 용맹스러운 정신을 항상 자랑스럽게 생각했다. 그는 중국어를 할 줄 알았고 중원의 정치와 문화에도 익숙한 인물이었다. 척박한 북방의 특성을 생각한다면 유목민족의 지도자들은 풍요로운 중국을 생각하지 않을 수 없었다. 중원을 정복하여 왕조를 수립하거나 또는 그 왕조를 지키고 더욱 발전시키려는 통치자들은 항상 고민해야 하는 것이 있었다. 그것은 한족의 문화와 제도를 받아들여 자신의 부족이 갖고 있는 열악한 정치와 문화를 변화시켜야 하는 문제였다.

  아보기 역시 거란족의 발전과 자신의 권력을 확립하기 위해서는, 부족특유의 정치체제로는 통치하기 힘들다는 사실을 잘 알고 있었다. 개혁은 꼭 필요했다. 하지만 그는 중국의 제도를 받아들여 개혁정책을 펼 경우 거란족 특유의 용맹성이 위축될까 걱정하였다. 그리고 또 부족들의 반대에 직면할 것도 염려하였다.

  이런 상황에서 아보기는 독특한 개혁을 시도했다. 그는 거란의 민족문화를 수립하는 방침을 세웠다. 그리고 신하들에게 한자를 참조하여 거란문자를 만들도록 했다. 이후 거란문자는 요나라의 공식문자가 되었다. 중국 주변의 여러 소수민족 중에서 거란족은 마침내 자신의 문자를 가진 나라가 되었다.

아보기는 한지고韓知古·한연휘韓延徽·조사온趙思溫 등 한족지식인들을 중용했다. 아보기는 이들을 통해 중국의 발달된 정치제도와 문화를 받아들여 유목질서의 부족정치를 탈피하고 군주국가의 통치기틀을 마련했다. 이후 한족지식인들은 요나라 정권에 지속적으로 참여하여 대대로 요나라 조정에서 중추적인 역할을 담당했다.

아보기의 개혁은 거란족의 군사활동으로 인한 영토확장과 인구증가로 인해 더 가속화되었다. 그 동안 이어진 정벌을 통해 거란족의 영토와 인구가 확대되고 가축과 재산도 많이 늘었다. 확대된 영토와 인구를 효과적으로 다스릴 제도를 세워야 했다.

이때 아보기는 거란부족을 개혁하여 '태조太祖 20부'를 조직했다. 원래 있었던 8부를 중심으로 촌장을 세우고 새로 편입된 인구를 관리하도록 맡겼다. 그리고 이들을 강력하게 통제하여 전체 거란족의 세력균형과 안정을 강화했다.

거란 통치지역에 한족의 인구도 점점 증가했다. 아보기는 상황에 맞게 적절한 대책을 세워 한족을 효과적으로 통치하도록 한아사漢兒司라는 제도를 만들었다. 그리고 여기에 한족출신 관리를 배치하여 업무를 효율적으로 처리하도록 했다. 또한 그는 정치개혁뿐만 아니라 거란족에게 교역과 상공업을 장려하여 재정을 증가시켰다.

918년에 아보기는 한족의 도움으로 수도 상경上京을 축조했다. 상경은 농경민족의 정치형태를 반영한 도시로서 당연히 중국을 모방한 양식이었다. 도성 북쪽에는 황궁을 배치하고, 그 안에 궁전의 건축물과 관청 및 사원을 건축했다.

도성 서북쪽에는 거란족의 풍속을 유지하기 위해 큰 터를 비어두고 천막을 칠 수 있도록 설계했다. 이곳에는 유목민의 삶을 반영한 천막집을 세우도록 배려했다. 남쪽에는 백성들의 거주지역이 형성되고, 수공업장이 배치되었다. 또한 발해 및 회골족과 같은 소수민족의 주거지도 조성되었다. 아보기가 통치하는 시기에 수도 상경은 거란족의 발전을 상징하듯이 규모를 갖춘 국제도시로 발전했다.

거란족의 뛰어난 통치자 아보기는 진취적인 기상과 탁월한 안목으로 자신의 통치권을 강화시켰다. 군사력을 강화하여 영토확장과 인구증가를 통해 거란족은 중국 북방을 통치하는 강력한 민족으로 대두했다. 아보기의 통치는 당시 거란부족 내에서 어떤 지도자도 흉내낼 수 없는 과감한 개혁을 통해 항상 앞서가는 정치를 실시했기 때문에 성공할 수 있었다.

그의 정치에서 또 두드러진 점은 중국의 제도와 문화를 수용하여 유목세계의 통치자에서 벗어나 군주국가의 틀을 마련한 점이다. 아보기가 이룩한 업적은 이후 송나라 시대에 이르러 확실하게 나타났다. 거란족의 요나라는 북방의 연운16주 땅을 차지하고 송나라의 변경을 압박하여 중국을 위협하는 강력한 세력으로 발전했다.

제26장
역성혁명을 통해 개국한
송태조 조광윤

송나라를 건국한 조광윤趙匡胤은 중국역사에서 '5대10국五代十國'이라 부르는 시대에 태어났다. 이 시대는 당나라가 멸망하고 송나라가 건국하기 전까지의 50여 년을 가리키는데, 후량後梁·후당後唐·후진後晉·후한後漢·후주後周 같은 5왕조가 건국되었다가 멸망했다. 5왕조 외에도 전촉前蜀·후촉後蜀·오吳·남당南唐·민閩·형남荊南·남한南漢·오월吳越·북한北漢·초楚 등의 10개 나라가 있었다.

1. 조광윤이 진교에서 황제가 되다

무관출신인 조광윤은 957년에 낙양의 군영軍營인 협마영에서 태어났다. 그가 태어날 때 향기가 나고 금빛으로 빛났다고 해서 어릴 때 향해아香孩兒라고 불렸다는 말이 있다.

무관집안 출신이기 때문에 조광윤은 어릴 때부터 군사교육을 받았고, 승마와 궁술에 비범한 재능을 보였다. 이러한 무관적인 교육

외에도 학문에 힘써 문무를 겸비한 인재로 성장했다.

청년시절 조광윤은 자신의 출세를 위해 여러 지역을 돌아보았다. 양양襄陽(지금 호북성 양번시 북부)에 갔을 때 밤을 지낼 곳을 찾던 조광윤은 한 사찰을 발견하고 하루를 묵게 되었다. 그 절의 스님이 조광윤의 관상을 보며 업도鄴都 유수를 지내는 곽위郭威를 만나면 인생이 바뀔 것이라 말했다. 이에 조광윤은 곽위를 찾아가 그의 부하가 되었다.

후한의 절도사였던 곽위는 부하들의 추대로 새로이 후주왕조를 건국한다. 조광윤은 곽위의 밑에서 권력을 어떻게 키우며, 왕조를 어떻게 건국하는지 배우게 된다.

곽위의 양자인 시영柴榮은 조광윤이 비범한 인물임을 알고 자신의 직속부하로 삼았다. 북한의 유숭이 거란군과 함께 후주를 공격하자 곽위를 계승하여 황제가 된 시영(시호는 世宗)은 조광윤과 함께 이 전쟁에 참여하여 승리했다.

조광윤이 장군으로 참전했던 전쟁은 많지만 그 가운데서 대표적인 것은 고평高平 전쟁과 남당원정이다. 후주는 북한의 침략으로 고평에서 전투가 벌어졌다. 전쟁과정에서 후주의 전군前軍을 지휘하던 번애능樊愛能이 갑자기 겁을 먹고 도주하자 시영이 적군에 포위되는 매우 위험한 상황이 되었다. 이때 조광윤은 시영을 구하기 위해 근위대를 이끌고 적진으로 돌격하여 위기를 넘기면서 전세를 후주에 유리하게 만들었다. 이 기회를 놓치지 않은 시영은 군대를 잘 지휘하여 전쟁을 승리로 이끌었다.

조광윤은 상처를 입고도 끝까지 전쟁에 참여하려 했으나 시영의 만류로 후방으로 가게 되었다. 시영은 전쟁에서 큰 공을 세운 조광윤을 엄주嚴州자사로 임명했다. 이로 인해 조광윤은 권력의 핵심자로 점차 부상하게 된다.

남당원정은 조광윤이 장군으로서의 명성과 필요한 인재를 얻는 중요한 계기가 된다. 조광윤의 남당원정은 모두 세 번 있었다. 첫번째 원정에서 조광윤은 회하유역의 수주壽州를 공격했다. 그런데 남당의 수비가 튼튼하여 쉽게 공략하지 못했다. 이에 조광윤은 수주를 고립시키기 위해 저주滁州를 따로 공격하게 된다.

그러나 저주 역시 쉽게 함락시킬 수 없었다. 그렇게 되자. 이 지역에 지략이 밝은 인물이 있다는 소식을 듣고 곧 수소문에 나섰다. 이리하여 얻게 된 인물이 조보趙普라는 사람이다. 조광윤은 이 사람을 만나 계책을 듣고 그를 등용하여 저주를 쉽게 공략하게 된다. 이후 조보는 조광윤의 중요한 참모가 되었다.

세번째의 남당원정에서 남당은 조광윤을 매수하려 했으나, 조광윤은 오히려 이 매수에 관한 내용을 시영에게 보고하여 더 깊은 신임을 얻는 계기가 되었다. 결국 조광윤은 3차례 남당원정의 승리로 정국절도사로 임명되며 전전사殿前司라는 일종의 근위대에서 중요한 직책을 얻게 되었다.

조광윤은 전전사의 총책임자인 장영덕에게 고평전쟁에서의 전공으로 신임을 얻게 되었고, 전전사를 강화하라는 시영의 명령을 따라 전전사를 더욱 확대시켰다. 이 과정에서 조광윤은 정치에 눈을 뜨게 되어 '의사십형제義社十兄弟'라는 개인조직을 만들고 장군으로서의 명성과 정치가로서의 발전을 이루게 된다.

후주의 시영은 5대10국시기에 뛰어난 군주였다. 그는 천하를 다시 통일하고자 했으나 황제에 등극한 지 5년 만에 지병으로 사망했다. 그의 후계자인 시종훈柴宗勳은 7세의 어린 나이였기에 시영은 조광윤에게 모든 군권을 맡기며 후사를 돌보라고 유언을 남겼다. 마침내 조광윤은 군권과 정치권을 모두 장악한 후주왕조의 최고실권자가 되었다.

시영이 사망한 뒤의 조광윤의 태도에 대해서는 여러가지 의견이 있다. 대표적으로 조광윤이 막후에서 군사쿠데타를 직접 지휘했다는 주장과 조광윤의 부하들이 조광윤을 위해 자진해서 군사쿠데타를 벌였다는 주장이다. 조광윤이 부하들의 의견을 결사적으로 반대하지 않고 받아들인 점으로 보아 조광윤이 군사쿠데타를 막후에서 지휘했다는 주장이 더 신빙성이 있다.

군사쿠데타 과정을 살펴보면, 시영이 사망한 다음해에 요나라와 북한이 연합하여 공격한다는 소식이 전해지자 7세의 어린 황제는 어찌할 줄을 몰라 당황했다. 결국 군권을 장악한 조광윤에게 출전을 명하니 조광윤은 자신의 심복들을 부하장수로 삼아 출전했다. 추운 날씨에 병사들의 불만이 높아졌지만 조광윤은 오히려 이런 분위기를 더욱 고조시켰다.

조광윤의 의도를 알게 된 참모인 조보와 동생인 조광의는 군사들의 이런 불만을 이용하여 구체적인 계획을 준비했다. 조보와 조광의의 준비를 위해 조광윤은 일부러 천천히 진군했으며, 진교에 도착하자 술을 마시며 하루를 쉬었다.

이날 밤에 조보와 조광의는 수도를 방어하는 석수신石守信과 왕심기王瀋琦에게 연락하여 구체적인 쿠데타 계획을 세웠다. 석수신과 왕심기는 조광윤의 심복이었기에 이 계획을 찬성했고, 조보와 조광의는 참전했던 장수들을 설득하면서 군사들에게도 조광윤이 황제가 되어야 한다며 선동했다. 이런 계획을 조광윤은 모른 척하며 술을 마시고 잠자리에 들었다.

다음날 조보와 조광의는 황제의 의복을 준비하고, 조광윤을 억지로 깨워서 황제의 자리에 오르기를 청하자 많은 장수와 군사들이 모두 호응했다. 조광윤은 어쩔 수 없다는 듯이 장수들과 군사들에게 "첫째로 태후와 어린 황제를 보호한다. 둘째로 조정의 신하들을 보호한다. 셋째로 도성의 약탈을 금지한다. 이와 같은 내용의 3가지 맹세를 한다면 황제에 오르겠다"라고 주장하니 장수들과 군사들은 조광윤에게 충성을 맹세하며 수도로 돌아왔다.

진교에서 조광윤의 쿠데타는 성공했으며 시종훈[시호는 恭帝]은 모든 권력을 장악한 조광윤에게 황제의 자리를 넘겨줄 수밖에 없었다. 결국 조광윤은 황제가 됐고 나라의 이름을 송宋으로 정했다. 역사적으로는 이 사실을 '진교병변陳橋兵變'이라 부른다.

2. 술자리에서 권력을 얻다

조광윤은 황제가 된 뒤 이중진李重進과 이균李筠의 반란을 토벌하고 정권의 안정을 꾀했다. 쿠데타를 통해 황제가 되었기에 조광윤은 참모인 조보와 국가안정에 대해 논의를 했다.

이 논의과정에서 조보는 당나라 시대에 만들어진 절도사제도의 문제점으로 인해 국가가 불안하다고 주장했다. 그는 절도사가 각 지역의 군사권뿐만 아니라 경제권까지 가지고 있어 그들이 가진 권력의 역량에 의해 황제권은 상대적으로 약해지며, 그 결과로 국가가 불안해진다고 주장했다.

이러한 문제를 해결하기 위해서는 절도사의 군사력과 경제력을 약화시키면서 황제의 권력을 조금씩 키워나가야 황제권이 강화되고 국가가 안정된다고 했다. 조보의 의견에 따라 조광윤은 강간약지強幹弱支 즉 '중앙을 강화하면서 지방의 권력을 약하게 하는' 정책을 실시하게 된다.

조광윤이 이 정책을 시행하기 위해서는 중앙의 근위군을 강화해야 하는데, 5대10국 시기를 거치면서도 계속되어온 절도사의 군사권을 약화시키기란 쉽지 않았다. 또한 후주를 건국한 곽위나 송을 건국한 조광윤 자신도 절도사 출신으로 황제가 되었기 때문에 함부로 해결할 수 있는 문제가 아니었다.

강간약지정책을 실행하기 위해 조광윤은 좋은 계책을 준비했다. 조광윤은 근위군의 장수들과 술자리를 만들었다. 대부분의 근위군 장수들은 조광윤이 후주의 전전사에서 만든 '의사십형제'라는 사조직 출신이었다. 조광윤은 술자리에서 편안하게 그들과 이야기를 나누다 말했다.

"그대들의 공으로 내가 황제가 되었지만 황제가 된 뒤에 오히려 마음이 불안하다. 그 이유는 군사권이 강한 자라면 누구나 황제가 될 수 있다고 생각하기 때문이지."

술자리에 참석한 장수들은 조광윤의 말을 듣고 모두 한목소리로

"무슨 그런 말씀을 하십니까? 이제 천하가 안정되었으니 그런 생각을 가진 자는 한 사람도 없습니다"라고 말했다. 이에 조광윤은 "그대들은 절대 그런 인물들이 아니야. 그러나 그대들의 부하는 어떤가? 그대들은 황제가 되고 싶지 않더라도 그대들의 부하가 억지로 그대들에게 황제의 옷을 입히면 어떻게 되느냐?"라고 물었다.

장수들은 모두 그런 상황은 벌어지지 않을 것이라 맹세하며 이 문제의 해결방법을 물었다. 조광윤은 "우리가 살면 얼마나 더 살겠는가? 우리가 권력이나 부귀를 찾는 것은 우리 자신 때문이기도 하지만 자손들 때문이 아니겠는가? 그대들도 힘든 지위를 버리고 편안히 살면서 자손들에게도 그 편안함을 전하는 것이 어떻겠는가? 이런 즐거운 술자리를 같이하면서 그대들과 편안하게 만나고 싶네"라며 넌지시 사직을 권고했다.

그 다음날 근위대의 장수들은 병을 핑계삼아 차례로 사직했다. 조광윤은 이들의 사직을 받아들이며 경제적으로 부유한 생활을 할 수 있도록 조치를 취했다. 이러면서 근위군은 황제의 직속부대로 다시 만들어졌고. 황제의 권력은 점차 강해지기 시작했다. 이렇게 술자리에서 권력문제를 해결한 것을 '배주해병권杯酒解兵權'이라 하는데, 이 사실은 억지로 강압하면 오히려 반발하기 때문에 때로는 진심을 통해 상대방의 인정을 얻은 조광윤의 정치적인 모습과 인간적인 매력을 보여준다.

근위군을 완전히 장악한 조광윤은 조보의 계책에 따라 절도사의 권력을 조금씩 축소하기 시작했다. 이 계책에 따르면 역량이 강한 절도사들을 중앙으로 불러들이면서 그들의 권력을 축소시키고, 그들의 후임으로 문관을 파견했다.

또한 파견한 문관들 역시 정해진 임기에 따라 다른 곳으로 옮기게 하여 예전의 절도사들과 같이 그 지역의 군사권이나 경제력을 완전히 장악하지 못하게 했다. 그밖에 다른 관리를 파견하여 권력의 독점을 막게 했다.

송태조 조광윤이 시행한 강간약지정책의 성공으로 송나라는 황제를 중심으로 하는 중앙정권의 강화가 이루어졌다. 그러나 중앙정부만을 위한 편파적인 군사편제는 국경을 지키는 지방군의 약화를 초래하여 결국 송나라는 외국의 침략을 자주 당하는 계기가 된다.

3. 조광윤은 인간미가 돋보인 개국황제였다

일반적으로 한 왕조를 개국한 인물들은 다른 사람들에 비해 남다른 면모가 있다. 후세의 역사가가 미화한 부분도 적지 않겠지만 송태조 조광윤은 왕조를 개국했던 인물 가운데서 인간적인 측면이 가장 돋보인다.

조광윤에 대한 여러 평가가 있는데, 그 중에서 그는 성급한 성격 때문에 자주 후회하는 모습이 여러 일화로 전해진다.

황제가 된 조광윤은 어느 날 황궁의 정원에서 참새사냥을 하고 있었다. 신하 한 명이 중요한 사안이 있다고 하여 황제를 찾았다. 이에 사냥을 하던 조광윤은 사냥을 멈추고 그 사안을 살펴보았다. 그러나 그 사안은 그다지 중요한 것이 아니었다. 사냥을 방해받았다고 생각한 조광윤은 화가 나서 신하를 꾸짖었다. 그 신하가 "국가사안은 참새 사냥보다 중요합니다"라고 대답하였다.

조광윤은 더욱 화가 났다. 이에 조광윤은 홧김에 그 신하를 때렸는데 그 신하는 말없이 물러나려고 했다. 조용히 물러나는 신하의 반응을 본 조광윤은 "어찌 물러나는가?"라고 물었다. 신하는 "이 사실을 사관史官에게 알리려 합니다"라고 대답했다. 사관에게 기록토록 하려 한다는 말을 들은 조광윤은 적이 당황스러웠다. 그는 홧김에 저지른 일을 후회하면서 그 신하에게 사과했다고 한다.

사냥을 좋아했던 조광윤은 교외로 토끼사냥을 나갔다. 사냥 중에 그가 탄 말이 조그마한 웅덩이에 빠져 갑자기 쓰러졌다. 이에 화가 난 황제는 그 말을 죽여버렸다. 그러나 말을 죽이자마자 바로 후회스러운 마음이 일었다. 이후로 조광윤은 사냥에 나가지 않았다고 한다.

이러한 성급한 성격은 그의 젊은 시절에도 보인다. 그가 집을 나와 외지를 전전할 때 도박에 빠졌는데, 승부욕과 급한 성격 때문에 항상 졌다. 도박이 끝난 뒤에는 항상 후회했다고 전해진다. 이러한 성급한 성격은 조보를 만나면서 어느 정도는 고쳐졌지만 가끔씩 했던 행동에 대해 후회하는 일화가 있다.

조광윤은 『송사』 태조본기에 의하면 술을 매우 좋아했음을 알 수 있다. 즉위 2년의 기록에 따르면 조광윤은 신하들에게 "황제가 술에 취하는 것은 황제답지 않다. 그러면서도 짐은 술에 취한 경우가 많다"라고 후회하는 말이 전해진다. 그가 진정으로 술을 좋아하기도 했지만 신하들에게 후회한다는 말을 한다는 것은 지도자로서는 그다지 좋은 점이 아니다. 그러나 이런 말을 한다는 점에서 조광윤은 인간미가 돋보이는 황제라고 할 수 있다.

이밖에 조광윤에게 인간적인 측면이 돋보이는 부분은 도성을 미복잠행微服潛行 즉 '옷을 바꿔 입고 황궁 밖을 돌아보는 행동'을 했다는 점이다. 미복잠행의 중요목적은 백성들의 삶을 살펴보는 것이지만 때로는 신하들의 집도 방문했다. 이런 경우 신하들을 감시한다는 목적도 있겠지만 조광윤은 황제의 자리를 잠시 벗어나 술자리를 통해 신하들과 허심탄회하게 대화하는 등 인간적으로 가까워지려는 측면이 더욱 강하다고 할 수 있다.

그 대표적인 예로 미복잠행을 하면서 승상인 조보의 집을 자주 방문했다. 조보의 집을 방문할 때 조보의 아내에게 형수라고 부르기도 하면서 친근감을 표시하고, 때로는 개인적인 문제에 대해 이야기를 나누거나 국가의 중요한 일을 사사로이 논의하기도 했다.

이러한 사사로운 술자리나 만남은 '배주석병권'의 고사에서 보이듯 국가에 문제가 있을 때 인간적으로 접근하여 그 문제들을 조용히 해결하는 힘이 되었다.

조광윤의 생활은 근검절약했다고 전해진다. 그는 의복을 색이 바래지도록 오래 입었으며 궁중의 장식도 소박하게 했다. 조광윤은 자신뿐만 아니라 그의 자식에게도 근검절약을 실천하게 했다. 역사적으로 국가재정을 위해 황실에서 근검절약하는 경우는 가끔씩 있지만 황제자신이 검소하게 지내는 경우는 드물었다.

조광윤은 근검절약을 몸소 실천했지만 신하들에게나 필요할 때는 아낌없이 베푸는 황제였다. 이런 점에서 그는 인간적인 면이 돋보이는 황제였다.

조광윤은 신하를 대하면서도 인간적인 모습을 보였다. 특히 신하들의 잘못을 현명하게 경중을 가려 덮어주었다. 한번은 승상인 조보가 오월吳越의 군주에게서 편지와 선물을 받았던 적이 있었다. 공교롭게도 조광윤이 갑자기 그의 집을 방문했다.

이에 놀란 조보는 받았던 선물을 감추지 못했다. 조광윤은 짓궂게 그에게 "이것이 무엇인가?"라고 물었다. 조보는 당황한 표정으로 "이것은 오월에서 보낸 해산물입니다"라고 대답했다. 황제는 "그래? 오월의 해산물은 유명하니 그 선물을 한번 보자"라고 했다. 선물을 열어 보니 그 속에는 해산물이 아니라 금은보화가 들어 있었다. 이에 조보는 벌벌 떨면서 "이것들은 제가 지금 막 받아서 무엇이 들어 있는지 몰랐습니다"라고 말했다.

그러나 조광윤은 이미 조보가 매우 유능한 인물이지만 금전적인 욕심이 있음을 알고 있었다. 이에 조광윤은 웃음을 지으며 "기왕 보내온 선물이니 잘 쓰게나!"라고 말하면서 자리를 떴다. 황제의 말과 행동에 감격한 조보는 더욱 그에게 충성을 다하게 되었다.

또 조광윤은 북방을 책임지는 이한초李漢超의 잘못을 덮어준 적이 있었다. 이한초는 거란군을 방어하는 유능한 장수였는데 사사로운 욕심이 많았다. 이한초는 백성에게 돈을 빌렸으나 갚지 않고 오히려 그 백성의 딸을 첩으로 삼았다. 이에 그 백성은 도성으로 와 이한초의 부당함을 알렸다. 조광윤은 이한초가 잘못했음을 알았지만, 그의 능력을 매우 아끼고 있었다.

조광윤은 이한초의 능력과 백성의 청원 사이에서 고민했다. 잠시 뒤 황제는 백성에게 이한초가 어떤 인물인지 알려주는 한편 그 백성을 설득하면서 보상을 해주었다. 그 뒤에 바로 이한초를 황궁으로 불러들였다.

이한초가 어전에 도착하자 황제는 "돈이 필요하면 짐에게 고할 것이지 어찌 백성에게 빌렸는가?"라고 화를 내며 말했다. 이한초는 몸을 엎드리면서 "죽을 죄를 지었습니다"라고 떨리는 목소리로 대답했다. 조광윤은 "그대는 짐이 믿고 북방을 맡기는 장수야. 그러니 앞으로 돈이 필요하면 언제나 짐에게 말하게나"라고 타이르며 적지 않은 금은보화를 이한초에게 하사했다. 이에 이한초는 감격하여 "폐하의 은혜에 소신은 죽음으로써 북방을 책임지겠습니다"라고 맹세했다.

조보와 이한초의 경우에서 보이듯, 신하들이 저지른 잘못을 황제가 덮어주는 것은 그 신하들의 충성을 요구하는 일종의 통치술이라고도 볼 수 있겠다. 하지만 유능한 신하들의 잘못을 이해하고 덮어주는 행동은 결코 쉽지 않다. 조광윤은 스스로가 잘못을 저지르고 바로 후회한다는 것을 잘 알고 있었기에 신하들도 잘못을 저지를 수 있다고 생각했다. 그렇기에 잘못을 저지른 신하에게 인간적으로 용서를 해주는 경우가 있었다.

조광윤은 후주의 공제(시종훈)를 보호하는 인간미를 보인다. 진교병변은 역사적으로 드물게 보이는 성공한 무혈쿠데타이다. 일반적으로 군사쿠데타가 성공하면 자신의 정통성을 위해 기존의 황제나 황족을 모조리 처단한다. 그러나 조광윤은 황제가 된 뒤에도 여전히 공제를 보호했다.

진교병변은 조광윤의 책략에서 비롯되었다는 주장이 있다. 이 주장에 의하면 황제로 즉위한 공제가 7살에 불과한 어린아이여서 모든 권력을 가진 조광윤이, 거란군이 침략한다는 유언비어를 퍼트려 자신을 따르는 장수들을 이끌고 진교에서 황제가 되기 위해 연극을 했다고 한다. 만일 이 주장에 따른다면 당시의 5대10국시기는 하극상이 빈번하게 발생하는 시기였기에 자신의 정통성이나 권력을 위해서 전대의 황제와 황족은 전부 처결을 했어야 했다.

그러나 조광윤은 황제가 된 뒤 공제를 보호하고, 맹세까지 남겼다. 이 맹세의 내용은 첫째로 시씨의 자손을 보호하며 그들이 죄를 지어도 형벌을 내리지 말 것과 둘째는 사대부와 언관言官을 중시할 것. 그리고 셋째로 농지農地에 무거운 세금을 내리지 말 것 등이다. 이 맹세는 역대 송나라의 황제가 즉위할 때 태묘에서 반드시 외우게 했다.

그렇다면 조광윤은 왜 시씨를 끝까지 보호한다는 맹세를 했을까? 시영이 유언에서 자신의 후예를 보호해 달라는 부탁을 남겼기 때문일 것이다. 조광윤은 시영의 은혜로 높은 권력을 얻게 되었다. 비록 부하들의 권유로 황제가 되었지만 시영의 유언을 어기기 힘든 상황에서 그가 할 수 있는 일은 시씨를 보호해 주는 것이었다.

조광윤은, 이기면 왕이 되고 지면 역적이 되는 시기의 지도자이다. 그 또한 쿠데타로 권력을 얻었지만, 같은 상황에서의 지도자들과는 달리 상대방을 포용했다. 이는 지도자로서 대단한 능력이라 할 수 있다. 무한경쟁 시대에 승자와 패자만이 존재하는 현재에도 조광윤과 같이 상대방과 함께하는 행동은 쉽지 않다. 그렇기에 조광윤을 인간적인 면이 돋보이는, 화합하는 지도자로 부를 수 있다.

제27장

변법시행으로 부국강병을 꾀한
송나라 신종

조광윤이 개국한 송나라는 5대10국의 분열시대를 안정시키며 통일국가를 완성했다. 조광윤의 정책은 당나라에서 시작되었던 절도사의 거대권력을 축소시키며 황제권력의 강화를 이룩했다. 또한 41년 동안을 통치한 송나라의 4대 황제인 인종仁宗시기에 경제가 빠른 속도로 발전했다. 그러나 중앙을 강화하고 지방을 약화했던 송태조 조광윤의 군사정책은 국방력에 문제를 초래하여 북방에서 일어선 국가들과 굴욕적인 외교관계를 맺게 되었다. 또한 문관보호정책은 인종시기의 경제발전으로 인해 그들이 점차 귀족화하는 계기가 되었다.

1. 황제는 위기의 시대에 서 있었다

6대 황제인 신종神宗이 즉위했을 무렵 송나라의 문제점은 밖으로 노출되기 시작했다. 이 문제들은 신종의 전대황제들인 4대 황제와 5대 황제 때 생긴 것도 있지만, 근본적으로는 송태조 조광윤의 정책과 유언으로 인해 발생한 것이다.

문제들은 크게 정치문제와 국방문제로 나눌 수 있다. 우선 정치문제를 살펴보면 이는 송나라의 문관우대정책 실시에서 비롯되었다고 할 수 있다.

5대10국시기의 혼란을 끝낸 송태조 조광윤은 국가의 안정과 황제권력의 강화를 위해 노력했다. 더구나 송태조 조광윤은 무武만을 숭상한 무관출신이 아니라 어려서부터 문文에 대한 소양도 높았던, 문무를 겸비한 인재였다.

당나라 시대에 시작된 절도사제도는 군사적으로는 효율적인 제도이지만, 황제의 권력이 약화되면 반란이 발생할 가능성이 높은 제도였다. 당나라는 결국 절도사에 의해 멸망했고, 5대10국시대 역시 절도사들의 군사쿠데타로 왕조가 바뀌는 혼란한 시기를 겪었다.

조광윤 또한 절도사 출신으로 송나라를 개국했다. 이 때문에 태조는 무관들의 권력을 약화시킴과 동시에 황제권을 강화하기 위해 문관을 우대하는 정책을 실시했다. 이러한 내용은 태조의 유언에 따라 이후의 송나라 황제들의 문관우대정책으로 계승되었다.

송나라의 4대 황제인 인종은 재위기간이 41년에 이르렀던 황제이다. 인종의 긴 치세 동안 송나라는 경제적으로 급속하게 발전했다. 이러한 경제발전은 문화를 발전시키는 계기가 되었고, 문화가 발전하면서 송나라 사회는 문文의 중시가 더욱 심화되었다. 이 때문에 문관은 더욱 중시되었으며 우대받았다.

인종은 아들이 없는 까닭에 조카를 양자로 들여서 황자로 삼았다. 인종이 사망하고 황자가 황제로 즉위하니, 이가 5대 황제인 영종英宗

이다. 영종은 황제로 즉위할 때부터 인종의 황후인 조황후曹皇后와 문제가 있었다. 영종이 즉위하고 나서 얼마간은 조황후가 섭정을 했지만, 신하들이 설득하여 영종이 직접 정무를 보기 시작했다.

영종이 즉위한 2년에 '복의濮議' 문제가 발생했다. 복의는 영종의 친아버지였던 복왕濮王의 제사에서 어떤 호칭을 쓸 것인가에 관한 문제였다. 영종과 조정대신들은 복왕을 제사지내면서 '황친皇親' 즉 황제의 친아버지이라고 표현했다. 하지만 많은 젊은 관료들은 영종이 이미 인종의 양자가 되었으니 법적으로는 '황백皇伯' 즉 황제의 큰아버지라고 해야 한다고 주장했다.

황친·황백 논쟁은 겉으로 보기에 영종의 친부에 대한 호칭다툼으로 보이지만 사실은 문관들이 서로 편을 나눠 정권을 장악하려는 정치분쟁이다. 이 문제는 영종이 재위한 4년 동안 계속되었으며, 결국 양측에서 약간의 양보를 통해 타협했지만 완전히 해결되지는 않았다. 이 복의문제는 송나라를 정치적 혼란에 빠트리는 당쟁이 시작되는 계기가 되었다.

국방문제 또한 송태조 조광윤의 정책에서 비롯되었다. 태조는 무관들의 권력을 약화시키고 황제의 권력을 강화하면서 5대10국을 완전히 통일하려고 했다. 그런데 조광윤이 갑작스럽게 사망하고 동생인 조광의가 송나라의 2대 황제 태종이 되었다.

황제로 즉위한 태종은 태조의 뜻을 계승하기 위해 북한을 멸망시켜 실제적으로 완전한 통일을 이룩했다. 태종은 통일한 기세를 살려 요나라가 점령한 연운16주 즉 지금의 북경지역을 획득하려 했지만 오히려 패하고 말았다. 태종은 이 패배에도 불구하고 다시 연운16주

획득을 위한 전쟁을 벌였지만 또다시 패배당했다. 이 두 번의 패배로 송나라는 공격하는 입장에서 방어하는 입장이 되었다.

송나라의 3대 황제인 진종眞宗은 태조의 정책을 계승하여 문관우대와 지방군권은 약화하고 중앙의 군권만을 강화하는 정책을 실시했다. 이로써 국경의 방어력이 약화된 낌새를 알게 된 요나라의 성종은 20만 대군을 이끌고 송나라를 공격했다.

요나라가 침략하자 송나라 조정은 주전主戰과 주화主和의 두 가지 주장이 팽팽하게 대립하여 국론통일을 보지 못했다. 그 사이 요나라가 빠른 진격으로 쇄도하여 수도가 위험에 처하자 진종은 주전파의 주장에 따라 중앙군을 이끌고 황하를 경계로 요나라를 방어했다.

문관위주의 송나라는 야전승리의 가능성이 적다고 판단하고 오로지 전주澶州성벽에 의지하는 식으로 방어에만 몰두했다. 요나라는 전주를 3면에서 공격했지만 별 성과가 없었고, 진종은 본래 화친에 뜻이 있었기에 두 나라는 '전연지맹澶淵之盟'을 맺었다.

이 맹약의 주요내용은 송나라는 요나라에 매년 은 10만 량과 비단 20만 필을 제공하고, 요나라는 송나라를 침략하지 않겠다는 것이다. 이 맹약은 두 나라가 멸망할 때까지 준수되었고, 송나라는 겨우 북방 문제를 잠재울 수 있었다.

그러나 이 맹약으로 인해 요나라의 군주는 북방의 유목민 출신임에도 황제라는 호칭을 사용하게 되었다. 이는 천하유일 황제국으로 능동적인 외교관계를 맺어왔던 중국왕조가 우월성을 상실했음을 의미한다.

전연지맹이 체결된 뒤 송나라의 국방력은 더욱 약화되었지만, 국가경제는 계속 발전했고 요나라와의 교역을 통해서 무역이 발전하게 된다. 송 인종은 선대의 정책을 계승하여 나라를 순조롭게 발전시켰지만, 국방문제는 여전히 취약했다.

송나라의 지방국방력이 약화되자 서북지역의 탕구트족은 서하西夏를 건국했다. 서하는 송나라의 군사적 약점을 잘 알고 있었기에 실크로드 무역을 독점하며 나날이 세력을 넓혀갔다. 결국 송나라는 서하 정벌에 나섰지만 번번이 패배했고, 서하의 건국을 인정할 수밖에 없었다. 이로 인해 송나라는 지금의 감숙지역 지배권을 서하에 넘겨주고 말았다. 실크로드를 통한 무역경제의 이익도 송나라에서 서하로 옮겨졌다.

실크로드 무역의 상실은 송나라의 국가경제가 쇠퇴하는 계기가 됐다. 송나라의 국방력 약화는 외국의 잦은 침략과 계속되는 전쟁에서의 패배로 말미암아 국가재정에 큰 영향을 미치게 되었다.

2. 왕안석을 중용하여 변법을 시행하다

영종에 이어 황제로 등극한 신종은 문관들의 관료화와 소모적인 논쟁뿐인 정치문제, 서하와의 전쟁에서 패전으로 인한 군사문제, 그리고 재정적인 문제들로 총체적인 위기상황에 직면했다. 신종은 국가위기를 극복하기 위해 문제들을 조금씩 해결하려 했지만 신하들의 지지를 받기가 힘들었다.

문관들은 이전시기의 문관과는 달랐다. 이전시기의 문관들은 자신의 능력으로 입신양명하는 경우가 많았다. 그러나 송나라 시대에는 당나라 말기의 지주들이 비교적 부유한 경제력을 바탕으로 과거를 통해 문관으로 변화해 있었다.

또한 인종시기의 경제발전은 이러한 형태의 새로운 문관들이 대규모로 출현하는 것을 가능하게 했는데, 이들은 자신들의 세력권을 형성했다. 이런 문관관료 집단은 기존체제를 유지하려 할 뿐 새로운 변화를 원하지 않았다.

신종은 이러한 문관관료들 속에서 국가위기를 극복하기 위해 왕안석을 등용했다. 왕안석王安石은 유학자이면서 현실적인 문제를 정확히 인식한 합리적인 인물이었다. 그는 인종시기에 이미 「만언서萬言書」라는 상소를 통해 송나라의 현실적인 문제를 언급하면서 그 해결방안을 제출했다. 왕안석의 상소는 비록 받아들여지지 않았지만, 그는 지방관을 지내면서 민생문제를 합리적으로 해결했다.

왕안석과 교류하던 한유韓維는 국가위기를 고민하는 신종에게 왕안석의 의견을 말했다. 왕안석의 의견을 들은 신종은 크게 기뻐하며 왕안석을 수도로 불러들였다. 신종은 왕안석을 갑자기 등용할 때 일어날 문관관료들의 반발을 피하기 위해 원로 부필富弼을 동평장사同平章事 즉 총리로 임명하고 왕안석을 참지정사參知政事 즉 부총리로 임명했다. 그리하여 왕안석을 국가문제를 해결하는 실질적인 책임자로 삼았다.

신종의 신임을 얻은 왕안석은 새로운 법령을 제정하여 국가문제를 해결하려 했다. 왕안석의 변법은 크게 재정방면과 군사방면으로 나눌 수 있다.

재정문제를 해결하기 위해 왕안석은 균수법·청묘법·모역법·시역법 등의 법령을 제정했다. 균수법은 국가재정을 합리화하기 위한 조치였다. 균수는 물가조절을 뜻하는데, 시기적인 물가 차이와 지역적인 물가 차이를 조절한다는 의미이다. 균수법은 이미 한나라 무제와 신新나라의 왕망이 실행했던 제도이지만 왕안석은 예전과 달리 시기적인 차이와 지역적인 차이를 철저하게 파악했다. 이렇게 파악된 결과를 바탕으로 국가예산을 세워 재정의 낭비를 막았다.

청묘법은 자경농을 보호하기 위한 법령이다. 송나라가 건국되면서 전란의 시기가 끝났기에 자경농들은 안정적인 생활을 할 수 있었다. 자경농의 안정과 확대는 국가경제의 중요한 원동력이었다. 인종 초기에는 경제발전이 이루어졌으나 서하와의 전쟁에서 패배한 뒤에 농촌경제는 가중되는 세금과 문관 지주세력의 확대로 자경농들의 숫자가 점차 줄어들게 되었다. 자경농의 축소는 국가재정의 위기를 초래했기에 왕안석은 자경농을 보호하기 위해 청묘법을 실시한 것이다.

모역법 역시 자경농을 보호하기 위한 법령이다. 고대 중국에서는 농민들이 납세와 요역을 부담했다. 조세에 대한 부분은 어느 정도 법적으로 규정되었지만 요역은 현실적인 상황에 따라 유동적이었다. 때로는 요역 때문에 농민들이 파산하는 경우가 있었다.

왕안석은 이러한 불합리한 요역을 바꾸기 위해 모역법을 제정했는데, 이 법령은 균수법과 같이 예산제도를 도입하여 요역에 필요한 인원과 경비를 계산했다. 화폐경제의 발전으로 농민들은 일정량의 금액으로 요역을 대신했고, 이 금액으로 요역에 필요한 노동자와 금액을 확보했다.

시역법은 국가경제의 활성화를 위해 실행되었다. 송나라 초기의 급속한 경제발전은 상업도 발전시켰다. 그러나 경제력이 있는 상인들이 독과점을 통해 대상인으로 변하면서 국가경제에는 오히려 문제가 되었다. 이에 왕안석은 수도와 대도시에 상업을 관리하는 관청을 설치하여 대상인의 독과점 활동을 막았다. 시역법의 실시로 중소상인들이 활동하는 상업이 발전하면서 국가경제 발전에 큰 도움이 되었다.

군사방면으로는 장병법·보갑보마법·군기감 등이 있으나 대표적인 것은 보갑보마법이다. 당나라 말기부터 모병제도는 중요한 군사제도였다. 모병제도는 군사적으로 여러가지 장점이 있지만, 군대를 유지하기 위해서 많은 재정이 필요하다는 단점도 있었다.

송나라는 건국된 뒤 태조의 정책으로 중앙군을 강화하고 상대적으로 지방군을 약화시켰다. 요나라나 서하와의 전쟁에서 패배한 후에도 중앙군을 더욱 강화 확대했기 때문에 이들을 유지하기 위해서 많은 재정이 필요했다. 왕안석은 국가재정과 군사적인 문제를 동시에 해결하기 위해 모병제에서 예전의 병농일치제로 바꾸려 했다.

왕안석은 보갑법을 실행했는데, 농민을 '보保'라는 단위로 10가구의 농민을 1보, 50가구를 대보大保, 10대보를 도보都保로 조직했다. '갑甲'은 일반농민이 보병이 되었을 때를 의미한다. 보갑법에 따라 농민들은 농한기에 훈련을 하고 그 지역의 치안을 담당하며 전쟁이 발생하면 지역을 방어하기도 했다.

고대의 전쟁에서 기병은 중요한 역할을 했다. 그러나 송나라는 대부분 지역이 이미 개간되어 말을 기를 수 있는 목장을 구하기가 힘들었다. 그러나 군대를 유지하기 위해서는 대규모의 군마가 필요했다. 왕안석은 군마의 문제를 해결하기 위해 보마법을 실시했는데 이 법령은 군마를 확보하기 위해 지역에 따라 보갑에 군마를 사육하도록 하며 필요시에 이 군마를 징발하여 사용하게 하는 것이다.

왕안석의 변법으로 인해 농업생산량은 증가하여 백성들의 생활은 점차 안정되었고, 재정수입이 증가하여 국가재정 문제를 해결할 수 있었다. 또한 국방력의 강화로 국경지역은 안정되었다. 서하의 침략을 막아냈음은 물론 2천 리의 영토를 회복했다.

3. 자리에 연연한 보수세력이 변법을 좌절시키다

왕안석 변법은 문관관료 같은 가진 자들을 위한 개혁이 아니라 농민과 중소상인들을 위한 개혁이었다. 이 때문에 통치계층들은 기득권을 잃었다고 느껴 그들 중에 왕안석의 변법을 반대하는 세력이 생겨났다. 그러나 왕안석을 깊이 신임한 신종에 의해 기존의 보수파들은 세력을 점차 잃어갔다. 그럼에도 그들은 신종에게 왕안석의 변법을 철회하도록 계속 상소를 올렸다.

가랑비는 옷을 적시는 법이다. 신종이 왕안석을 신임하기는 했지만, 끊임없이 올라오는 상소는 황제의 마음을 흔들기 시작했다. 불안한 마음이 생긴 신종은 왕안석을 불러 "많은 이들이 변법에 대해 말하기를 '경이 다른 이들의 의견을 듣지 않고, 기존의 법칙을 지키지 않을 뿐 아니라 세상이 바뀌는 것을 두려워하지 않는다'고 하는데 정말 그런가?"라고 물었다. 왕안석은 "폐하! 신은 그런 주장들을 알고 있습니다"라고 신념에 찬 목소리로 대답했다. 신종은 여전히 걱정된 표정으로 "정말 그러한 것인가?"라고 하니, 왕안석은 "예, 폐하! 신의 생각으로는 폐하께서 오로지 정사에만 힘쓰신다면 이러한 문제는 자연히 소멸될 것입니다"라고 대답했다. 신종은 왕안석의 대답을 듣고 비로소 안심했다.

1074년에 북방에서 10개월 동안 비가 오지 않는 가뭄이 발생했다. 보수세력들은 이 가뭄은 왕안석의 변법 때문에 하늘이 노하여 비를 내리지 않는 것이니 그를 파면해야 한다고 주장했다.

신종은 연이어지는 이런 주장에 반신반의했다. 그때 보수세력과 손잡은 신종의 할머니 조태후와 어머니 고태후는 이때가 왕안석을 몰아낼 수 있는 기회라 판단하여 신종에게 울면서 호소했다. 조정대신뿐만 아니라 황실에서도 왕안석의 변법을 폐지해야 한다는 압력이 거세지자 신종은 결국 왕안석을 잠시 지방관으로 파견할 수밖에 없었다.

왕안석을 지방으로 내려보내는 데 성공한 보수파들은 변법시행 이전의 체제로 돌아가려 했다. 보수파의 대표적인 인물은 사마광司馬光·구양수歐陽修·소동파蘇東坡 등이었다. 이들 가운데 사마광은 보수세력의 우두머리로 왕안석과는 철저하게 대립했다.

사마광은 왕안석과 같은 시기에 한림원 학사를 지내며 친밀한 관계를 가졌으나, 정치적인 태도는 서로 달랐다. 왕안석이 실질적인 정책을 중요시하는 것과는 다르게 사마광은 황제의 주변에서 주로 원론적인 입장을 간언하는 위치에 있었다.

젊은 시기에 왕안석은 인종시기 범중엄范仲淹이 주장했던 변법실패로 인해 그의 주장이 받아들여지지 않았고 결국 지방관 생활을 하게 되었다. 그렇지만 사마광은 왕안석과는 달리 중앙관직에 계속 머물면서 보수세력의 중심에 있게 되었다.

더욱이 사마광은 인종에게 태자책봉에 관한 상소를 올린 것으로 인해 뒤에 영종이 되는 태자에게 깊은 신임을 얻었다. 사마광은 정치생활을 하면서도 저술활동에 힘써 학문적으로도 중요한 역할을 했다.

신종의 왕안석 등용과 사마광의 왕안석 변법실행 반대는 동시대를 장식하는 하나의 정쟁의식이었다. 왕안석의 변법 중에서 청묘법이 실행되자 사마광은 신종에게 청묘법에 문제가 있다고 상소를 올렸다. 왕안석에게는 변법의 문제점에 관해 자신의 의견을 편지로 전했다.

왕안석은 사마광의 의견에 조목조목 반박하는 내용의 답장을 보냈다. 신종이 자신의 의견을 받아들이지 않아 낙심한 사마광은 왕안석의 답장을 받고 분개했다. 결국 그는 관직을 버리고 낙향하여 저술활동에만 힘쓰게 되었다.

보수세력의 영수라 할 수 있는 사마광이 관직을 버리자 보수세력은 자신들을 보호하기 위해 황후들에게 의지하여 왕안석의 변법을 반대했다. 마침내 두 황후의 호소로 신종이 왕안석을 지방으로 보내자 기회를 잡은 보수세력은 변법을 철저하게 폐지시켰다.

신종은 다시 왕안석을 등용하여 변법을 시행하려 했으나 보수세력의 강력한 반대로 결국 성공하지 못했고 그 과정에 사망했다. 새로 즉위한 철종은 8세의 어린 나이였기에 고태후가 섭정을 하게 됐고, 고태후와 연합한 보수세력은 모든 변법을 폐지하도록 주장했다.

그들은 예전의 보수세력의 영수였던 사마광을 재상으로 임명하면서 모든 변법을 폐지하는 데 성공했다. 보수세력이 정계를 장악하자 지지세력이 없어진 왕안석은 낙향할 수밖에 없었고, 고향에 돌아온 왕안석은 나라 걱정 속에서 사망했다.

왕안석의 변법은 단기적으로는 보수세력의 이익과 기득권을 침해하는 것으로 볼 수 있지만, 장기적으로는 통치세력의 유지와 강화로 볼 수 있다. 보수세력이 반대한 다른 원인은 통치세력의 변화이다.

송나라가 건국한 이래 신종 이전시기의 통치세력들은 주로 화북 출신이었지만 왕안석을 중심으로 한 세력들은 강남출신이었다. 화북 출신들이 왕안석의 변법을 반대한 이유는 자신들이 경제적인 이익을 잃었다는 데도 있지만, 더 큰 원인은 강남출신들의 정계진출로 인해 자신들이 정계에 진출하기 어렵게 되었기 때문으로 볼 수도 있다. 이로 볼 때 신종의 인재등용은 중요한 문제점이 있어보인다.

첫째로 신종은 국가위기 상황에서 나라를 부강하게 해보겠다는 신념 하나로 왕안석을 등용했지만 변법을 지지하는 세력은 왕안석 외에 장순張順과 채확蔡確뿐이었다. 이 때문에 보수세력에 대항할 정치세력이 없었다. 둘째는 변법실행 과정에서 기득권을 상실한 보수세력들의 반대는 반드시 나타날 문제였다. 더구나 국가위기 상황은 송나라가 건국한 이래로 발생한 문제였기에 단기간에 해결할 수 있는 문제는 아니었다.

이런 점을 알고 있었던 신종은 끝까지 자신의 신념을 지켜야 했으나 태후까지 연합한 보수세력의 압박에 결국은 신념을 지키지 못했고, 왕안석을 지방관으로 보내게 되었다. 신종은 다시 왕안석을 등용했으나 자신이 가지고 있었던 원래의 신념을 잃었기에 변법은 실질적으로 실패했다고 볼 수 있다.

그래서 지도자에게는 신념이 반드시 필요한데, 신념이 존재하기 위해서는 지도자가 추구하는 목적이나 목표가 뚜렷해야 한다. 만약 그렇지 못하면 신념은 좌절될 수밖에 없고, 결국은 시도했던 모든 일들이 실패로 끝나기 쉽다.

이런 점에서 송나라 신종은 신념을 지탱해 줄 뚜렷한 목표나 목적이 없었고, 국가의 위기를 해결하기 위해 왕안석을 중용하고 변법도 실행했으나 결론적으로는 실패하게 된 것이다.

제28장
거대한 제국을 개창한
칭기즈칸

몽골족은 지금의 몽골 동북부에서 있었던 부족으로, 본래는 세력이 그다지 강하지 못했다. 그러다가 13세기에 몽골고원을 통일하면서 그들의 역량은 더욱 강해졌다. 또한 그들은 주변의 부족과 국가를 정복하면서 유라시아 대륙을 대부분 통치하여 동쪽으로는 극동지역, 서쪽으로는 중부유럽, 남쪽으로는 인도의 서북부와 인도네시아까지 통치하는 세계역사상 최대의 제국을 형성했다. 이런 세계제국의 기초를 만든 이가 바로 칭기즈칸이다.

1. 칭기즈칸이 초원의 맹주가 되다

1162년 예수게이는 대대로 원수였던 타타르족과의 전쟁에서 용맹했던 적장 테무친을 죽이고 승리를 거두었다. 집에 돌아온 예수게이는 막 태어난 아들을 보고 적장이었지만 용맹한 장수 테무친을 생각하며 아들의 이름을 테무친으로 지었다.

테무친이 9살이 되던 해, 예수게이는 타타르족의 계략 때문에 독살당했다. 예수게이가 죽자 구심점을 잃은 부하들은 강자를 따르는 몽골의 풍습으로 타이치오드 부족의 타르고타이를 따르게 되었고, 예수게이의 부족은 테무친과 어머니 그리고 다섯 형제만이 남게 되었다.

어린 나이에 가장이 된 테무친은 거친 환경에서도 어머니를 도우며 가족의 생계를 책임져야만 했다. 어느날 넉넉하지 못한 생활 때문에 형제간에 식량문제가 생겼다. 어렵게 구한 물고기를 동생인 벡테르가 혼자 독차지하려 하자 화를 참지 못한 테무친은 벡테르를 활로 쏘아 죽이고 말았다. 어머니는 테무친에게 "이제 우리는 가족밖에 남지 않았다. 집안을 책임지는 네가 어떻게 먹을 것 때문에 동생을 죽일 수 있느냐!"라며 크게 꾸짖었다. 테무친은 눈물을 흘리며 "어머니, 제가 잘못했습니다. 가장인 제가 앞으로는 항상 가족을 아끼고 사랑하겠습니다"라고 맹세했다. 이 맹세를 지키기 위해 테무친은 온갖 노력을 아끼지 않았고, 인내심과 책임감이 강한 인물로 성장했다.

세월이 흘러 자리를 잡아가던 테무친에게는 아버지의 원수를 갚아야 하는 숙원이 있었다. 그러나 자신의 역량만으로는 부족함을 느낀 테무친은 아버지의 의형제인 케레이트부의 우두머리 토오릴칸을 찾아갔다. 토오릴칸은 평판이 좋은 테무친이 투항하자 매우 기뻐하며 그의 후원자가 되었다.

토오릴칸 밑에서 테무친은 자신의 세력을 조금씩 키우고 있었다. 그러던 중에 메르키트족의 공격을 받아 아내를 빼앗겼다. 테무친은 토오릴칸의 후원을 받고 의형제인 자무카와 연합하여 메르키트족을 공격했다. 결과는 승리였고 아내를 되찾았다. 이 전쟁은 테무친이 승리한 첫 전쟁이었고, 자신의 세력을 확대하는 계기가 되었다.

메르키트족과의 전쟁에서 테무친과 연합했던 자무카의 부하 중에는 예수게이의 옛 부하들이 있었다. 테무친의 용맹함에 반한 이들은 다시 테무친에게 가려고 했으나, 떠났던 주군의 아들에게 돌아가기에는 면목이 없어 주저하고 있었다. 이런 사정을 알게 된 테무친은 그들에게 "살기 위해 어쩔 수 없었던 당신들의 사정을 이해하오. 나는 괜찮소. 나는 이제부터 아버지의 원수를 갚기 위해 더욱 노력할 것이오"라고 말했다. 예수게이의 부하였던 이들이 "주군의 복수에 저희들도 참여하게 해주십시오. 반드시 참가하고 싶습니다"라고 외치니, 테무친은 이들을 다시 부하로 삼았다.

예수게이의 부하들은 테무친의 소식과 자신들을 변호해 주는 말을 듣고 테무친에게 모여들기 시작했다. 예수게이의 부하들이 모두 모여든 뒤 테무친은 치엔족을 다시 결성하여 부족의 지도자인 '칸'으로 선출되었다.

이 소식을 들은 토오릴칸은 자신의 일처럼 기뻐했지만 의형제인 자무카는 달랐다. 그는 자신의 부하 가운데 예수게이의 옛 부하였던 자들이 그 자식인 테무친에게 돌아가니 불만이 생기지 않을 수 없었다.

자무카는 개인적으로 용감하고 뛰어난 인물이지만, 성격이 너그럽지 못해 주변의 신망을 얻지는 못했다. 예수게이의 부하였던 자들이 테무친을 따르자, 자무카의 원래 부하 중에서도 테무친을 따르는 자들이 생겼다.

이것은 심한 갈등의 전조였다. 마침 그때 자무카의 동생이 테무친의 말을 약탈하다가 생명을 잃었다. 이를 계기로 자무카는 테무친을 공격하기로 결정하고 테무친을 경계하던 타르고타이와 연합했다.

그 전쟁에서 자무카와 타르고타이 연합이 승리했다. 그런데 자무카에게서 승리자의 아량을 전혀 찾아볼 수 없었다. 그는 테무친의 부하들을 너무도 끔찍하게 살해한 것이다. 이것은 오히려 이 모습을 지켜본 자무카의 부하들마저 그를 증오하게 만들었다.

많은 부족들이 자무카의 잔인한 심성과 자신만을 위하는 행동을 보고 오히려 전쟁에 진 테무친에게 투항했다. 이로 인해 테무친은 전쟁에서 졌음에도 전력손실을 보지 않은 채 자신의 세력을 유지할 수 있었다.

테무친은 아버지의 원수인 타타르족에게 복수하기를 원했지만 공격기회를 잡지 못하고 있었다. 그때 타타르족이 금나라의 국경을 침범하자, 금나라가 타타르족을 정벌하려 한다는 소식이 전해졌다. 소식을 들은 테무친은 토오릴칸에게 금나라와의 연합을 제의하여 함께 타타르족을 공격하기로 한다. 이 전쟁의 승리로 테무친은 아버지의 복수에 성공했을 뿐만 아니라 금나라의 전략전술과 내실을 알게 되었다. 이를 계기로 테무친의 세력은 빠르게 확대되었다.

테무친이 강력해지는 것을 늘 걱정하던 자무카는 타이치오드·메르키트·타타르 등 테무친과 사이가 나쁜 부족들을 연합하여 테무친을 공격했다. 그러나 자무카의 부하 하나가 그 기밀을 가지고 투항하니, 테무친은 이 기밀을 역으로 이용하여 대승을 거두었다.

자무카와의 전쟁에서 승리한 테무친이 토오릴칸과 대등할 정도의 강력한 세력을 만들자, 우군인 토오릴칸 세력에서도 테무친을 시기하고 경계하는 의견이 나오기 시작했다.

토오릴칸의 아들인 셍쿰은 테무친을 견제할 수 있는 자무카를 부하로 삼았다. 자무카는 의심이 많은 셍쿰을 설득하여 테무친을 공격했고 테무친은 전쟁에서 패했다. 대결에서 패한 테무친은 부하들을 다독이며 미래에 대한 희망 아래 다시 세력을 확대하려 했다.

그러나 강력한 경쟁자였던 테무친을 이긴 자무카는 셍쿰을 대신하여 토오릴칸의 자리를 차지하려 했다. 이로 인해 케레이트부는 분열되기 시작했고, 테무친은 이 기회를 이용하여 케레이트부를 공격하여 복속시켰다.

1206년에 테무친은 몽골부족들을 모두 통합하여 '칭기즈칸'이라는 호칭을 사용하는 초원의 맹주가 되었다.

2. 인재의 등용에는 이해관계를 따지지 말라

몽골이 역사상에 처음 출현한 시기는 당나라 시대였다. 당나라는 북방민족들이 통합하는 것을 막기 위해 기미정책羈縻政策을 시행했다. 기미정책은 상대 무리의 유력한 지도자와 개별적으로 접촉하면서 부족 사이의 경쟁을 요구하기도 하고, 또한 서로를 이간질시켜 부족을 통합할 수 있는 가능성을 최대로 억제하려는 정책을 말한다.

이런 정책으로 인해 몽골의 각 부족에서 유능한 지도자가 있는 부족이 출현하면 다른 부족이 연합하여 견제하거나 부족 간의 대립이 발생하여 통합이 이루어지지 않았던 것이다. 또한 몽골의 부족들은 생존을 위해 자신의 세력이 강해지면 다른 부족을 철저하게 약탈하여 흡수하였고, 세력이 약해지면 결혼 등의 방법을 통해 다른 부족과 연합하는 생활을 했다.

테무친이 태어난 치엔 부족은 하늘에서 내려온 푸른 이리와 흰 사슴의 전설이 있어서 부족 내부의 자부심이 대단했다. 테무친의 아버지인 예수게이는 용맹한 부족의 전사들을 잘 통합하여 몽골의 여러 부족 중에서도 강력한 역량을 발휘했다. 그러나 예수게이가 갑작스럽게 사망하자 부족은 몰락했고 말았다.

테무친은 아버지의 원수인 타타르족에게 복수하기 위해서는 강력한 힘이 필요하다는 것을 깨달아 먼저 자신의 세력을 확보하려 했다. 그러나 실제 그를 둘러싼 환경은 결코 쉽지 않은 상황이었다. 푸른 이리의 후예라는 자부심이 가득한 테무친은 자신의 환경을 극복하기 위해 끊임없이 노력했다. 그 결과 용맹하면서도 책임감이 강한 인물로 주변에서 평가되기 시작했다.

테무친이 인재를 등용할 때 중요하게 생각했던 몇 가지 있다.

첫째로 자신에게 도움을 준 이들에게는 그 은혜를 잊지 않았다. 이런 유형의 대표적인 인물로는 적로온赤老溫이 있다. 타고르타이의 견제로 어려운 시절을 보낼 때 한번은 그가 테무친을 죽이려고 했다. 이를 안 테무친은 도망칠 수밖에 없었고, 그 과정에서 쇄아한실자와 적로온 부자가 적극적으로 도와 간신히 위기를 넘길 수 있었다.

어느 정도 세력을 갖춘 테무친은 은혜를 갚기 위해 적로온을 찾았고, 적로온은 테무친의 이러한 인품에 감격하여 부하가 되었다. 이후에 일어난 전투에서 적로온은 테무친을 위해 많은 전공을 세웠고, 테무친은 이런 그를 더욱 믿었다.

둘째로 테무친은 신의가 있는 인물을 중요하게 대우했다. 이런 유형의 대표적인 인물로는 박이술博爾術과 철별哲別이 있다. 테무친은 박이술을 어린 시절에 만났다. 테무친의 인품에 반한 박이술은 테무친의 부하가 되어 많은 전공을 세웠다.

한번은 박이술이 큰 전공을 세웠으나 대우는 그다지 좋지 않았다. 미안한 마음이 든 테무친은 박이술을 찾다가 그들 부부의 말싸움을 듣게 되었다. 박이술의 부인은 남편에게 "당신께서 테무친을 위해 무수한 공을 세웠는데, 당신에게 이런 대우를 하다니 테무친은 정말 너무하십니다"라고 불만을 터트렸다. 박이술은 "당신, 도대체 무슨 소리요? 나는 좋은 대우를 받기 위해 주공을 따르는 것이 아니요. 주공은 진정한 영웅이기에 충성을 다하는 것이 내 임무요. 이런 말을 다시 한다면 그대라도 결코 용서하지 않을 것이요. 알겠소?"라고 대답했다. 이 대화를 들은 테무친은 박이술이 진정으로 신의있는 인물이라고 여겨 더욱 신임했다.

철별의 경우는 더욱 특별하다. 철별은 본래 테무친과 적대하던 부족의 장수였다. 철별은 테무친과의 전투에서 몇 번이나 만났고, 궁술에 능숙한 철별은 테무친의 목에 상처를 입히기도 했다. 그러나 철별은 자신이 속한 부족이 테무친에게 멸망당하자 포로가 되었다.

포박되어 테무친 앞에 선 철별은 "이제 나를 죽이시오"라고 큰 소리로 외쳤다. 철별의 궁술에 감탄한 적이 있던 테무친은 상처가 있는 목을 만지며, "그대를 드디어 만나게 됐군. 어떤가? 이제 나를 따르는 것이…"라고 설득했다. 철별은 "나는 초원의 전사요. 나를 욕보이지 말고 어서 죽이시오"라고 대답했다.

테무친의 부하장수들은 모두 "철별 때문에 주공께서 상처를 입으셨습니다. 이런 자는 반드시 죽여야 합니다"라고 주장했다. 부하들의 주장을 들으면서 테무친은 철별이 신념있는 인물이라고 생각하고는 "그대가 진정한 초원의 전사라면 나와 함께 말을 타고 진정한 전사가 무엇인지를 알려주지 않겠는가?"라고 다시 설득했다. 부하들은 "철별은 반드시 죽여야 합니다"라고 소리를 높였고. 철별은 테무친의 말을 듣고 "나를 용서해 주려는 배포에 정말 감탄했소. 그대가 진정한 초원의 용사라면 부하들의 말도 들을 줄 알아야 하오. 그대의 원수인 나를 어서 죽이시오"라고 대답했다.

테무친과 부하장수들은 철별의 이런 신념있는 모습에 감탄하며 여러 번 철별을 설득했다. 결국 테무친의 부하가 된 철별은 금나라와의 전쟁에서 선봉을 맡으며 큰 전공을 세웠고, 테무친을 따라 서정西征에 참가했을 때도 큰 전공을 세웠다. 그러나 애석하게도 그는 돌아오는 길에 질병으로 사망했다.

3. 테무친이 군신제도를 완성하다

중국 북방에 위치한 몽골은 유목생활로 인해 씨족이나 부족을 중심으로 하는 생활형태를 가지고 있었다. 당나라에서 시작된 기미정책은 요나라와 금나라 시대에 더욱 활성화되었다. 거란족이 세운 요나라와 여진족이 세운 금나라는 자신들이 유목민족 출신이었기에 유목민족의 통합이 어떤 결과를 초래하는지를 잘 알고 있었다. 이 때문에 몽골지역에서 통합의 움직임이 보이면 상대세력을 지원하여 부족의 통합을 막고 분열상태를 유지하도록 힘썼다.

이로 인해 몽골의 각 부족들은 서로가 대립과 약탈이 빈번히 발생했고 그로 인해 부족전쟁이 끊이지 않았다. 이런 전쟁은 지나친 약탈로 부족이 멸족되기도 하고, 패배한 부족들은 승리한 부족의 노예생활을 하면서 간신히 생명을 유지할 수 있었다. 더구나 유목민족의 특성상 농업을 주로 하는 정착생활과는 달리 미래에 대한 확실성이 부족하기 때문에 여러가지 제도가 생겨나도 지도자가 바뀌면 기존의 제도는 유지할 수 없었다.

몇백 년 동안 계속되어 온 부족 사이의 전쟁은 생존문제가 달린 중요한 문제였기에 부족의 안정과 방어를 위해 '의형제'와 '맹우'제도가 출현했다. 몽골의 각 부족은 신뢰할 수 있는 것은 혈연중심의 관계라고 생각했었다. 빈번한 부족 간의 이합집산에서 혈연관계만이 중요한 역할을 했다.

그런데 요나라나 금나라가 몽골의 통합을 막기 위해 침략을 해오면 각 부족들은 연합해서 이들을 물리쳐야만 했다. 이런 과정에서 혈연관계 외에도 상대방을 신뢰하는 인간관계가 성립하게 되고, 가족구성원에 버금가는 의형제제도가 몽골에서 중요한 인간관계가 되었다.

의형제라는 관점에서 볼 때 테무친과 자무카는 함께 어려움을 이겨나간 사이였다. 비록 아무런 세력도 없는 상태에서 의형제라는 이유로 테무친을 도운 자무카는 몽골에서 의형제 관계가 어떠한 인간관계인지 잘 알려준다.

결국엔 테무친과 자무카가 적대세력이 되었지만 테무친은 의형제 관계를 쉽게 포기하지 않았다. 예수게이와 토오릴칸의 경우에서 보이듯 의형제 관계는 때로는 친형제 관계보다 더 친밀하고 부족 간의 동맹을 굳건히 하는 제도이다.

맹우관계는 의형제 관계에서 시작되었다. 의형제 관계가 개인과 개인 사이의 관계라면 맹우관계는 부족과 부족 사이의 관계이다. 몽골은 완전한 부족통합이 이루어진 적이 없었고, 부족 사이의 연합이 자주 발생했기에 그 역량의 차이에 따라 부족 사이의 불평등한 관계도 있지만 때로는 동등한 입장에서 맹우관계를 맺기도 한다.

몽골의 맹우관계는 농업국가에서도 보이는 제도이지만, 농업국가에서는 보통 결혼이 맹우관계의 매개체가 되는 반면 몽골에서는 약탈혼 때문에 농업국가와는 상황이 조금 다르다.

테무친은 유년시절 몹시 어려운 생활을 했지만, 의형제와 맹우관계 덕분에 성장할 수 있었다. 그러나 자신의 세력이 확대되면서 몽골의 전통제도만으로는 부족들을 통솔할 수 없었다. 금나라와 연합하여 타타르족을 공격하는 과정에서 테무친은 요나라나 금나라 같은 유목민족국가가 어떻게 농업국가를 통치할 수 있었는지를 알게 되었다.

케레이트부를 복속시키고 초원을 통일한 테무친은 금나라의 맹안모극제와 같은 제도를 몽골에 도입하려 했다. 이 과정에 등용한 중요인물이 야율초재耶律楚材(1190~1244)이다.

야율초재는 거란족 출신으로 전통 중국사회와 금나라의 상황을 잘 알고 있었다. 야율초재는 테무친에게 인재의 중요성을 강조하면서 몽골에게 필요한 각종 사회제도를 소개했다.

테무친은 야율초재의 의견을 존중하여 몽골의 전통관습을 기본으로 하되 변화하는 사회에 필요한 제도를 만들었다. 대표적인 것이 효율적인 통제방법이다. 이를 위해 테무친은 몇 가지 제도를 시행했다.

첫째는 '천호제千戸制'를 새롭게 정비했다. 몽골부족은 씨족생활을 중심으로 하는 사회형태를 가지고 있었기에 '호戸'라는 기본적인 사회구성단위가 있었다. 테무친은 이런 씨족중심의 호제戸制를 폐지하고, 몽골의 전부족을 95개의 '천호'로 나누었다. 천호의 상위조직은 만호萬戸이며, 하위조직은 백호百戸와 십호十戸가 있다.

테무친이 직접 천호장과 만호장을 임명했기에 이 제도는 몽골에서 거행된 최초의 군신관계라고 할 수 있다. 테무친은 각 부족의 유력자를 임명한 것이 아니라 자신의 부하나 혈연관계가 있는 이들을 임명하여 부하들의 충성을 받았기 때문에 통치적인 측면에서도 효율적인 결과가 있었다.

둘째로 테무친은 자신의 친위대를 조직했다. 이는 예전의 몽골사회에도 있었지만 더욱 발전시킨 형태였다. 친위대의 수장은 자신이 신임하는 부하들로 구성되었으며, 각 부족의 유력자와 관계있는 자들로 친위대를 구성하여 자신에게 충성을 하게 하면서도 인질의 역할까지 포함하고 있었다. 이들은 단순히 테무친을 호위하는 업무 외에도 테무친의 여러가지 일을 처리하기도 하여 일종의 가신과 같은 역할을 했다. 때문에 이들을 '막우幕友'라고도 한다.

셋째로 사법기구를 만들었다. 몽골의 전통사회는 특별한 법령이 있는 것이 아니라 전통적인 풍습에 어긋나지 않는다면 지도자의 결정에 따라 형벌이 집행되었다. 초원을 통합한 테무친은 각 부족의 서로 다른 풍습으로 발생하는 범죄에 대응하는 법률이 없었기에 중국 왕조나 금나라의 상황을 참고하여 '대단사관大斷事官'을 설치했다. 대단사관의 주요업무는 형법집행이었는데, 많은 하부조직을 구성하여 형법의 집행에 큰 역할을 했다.

테무친이 새롭게 만든 군신제도는 몽골의 전통적인 풍습을 기본으로 중국왕조와 금나라의 제도를 가미한 것이다. 거란족의 요나라나 여진족의 금나라 초기상황이 비슷했다. 그러나 테무친은 중국왕조의 문화를 적극적으로 수용하면서 몽골이 세계적인 제국으로 발전하는 기초를 제공했다.

온갖 역경을 다 이겨온 테무친은 지도자로서 뛰어났다. 그는 원수까지도 인재라면 인정하고 포용하는 배포가 있었던 것이다. 또한 외부의 문화나 제도를 받아들임에 있어서도 무조건적인 것이 아니라 장단점을 먼저 자세하게 파악하여 외부문화를 받아들였다. 이러한 문화 간의 조화를 통해 새로운 문화를 만들었으며 항상 문화적으로 개방적인 모습을 보였다.

이런 점에서 테무친은 지도자로서 역량이 뛰어났다고 할 수 있다.

제29장 정복왕조를 완성한 쿠빌라이

칭기즈칸에 의해 초원을 통합한 몽골은 세계적인 대제국으로 발전했다. 칭기즈칸을 계승한 오고타이(1185~1241)는 정복전쟁을 계속하여 중부유럽까지 진격했다.

오고타이가 사망하자 몽케(1208~1259)가 칸의 지위를 계승했으나 몽골제국은 이미 여러 나라로 나뉘게 되었다. 몽케를 계승한 쿠빌라이는 중국문화의 영향으로 원나라를 열었다. 쿠빌라이는 몽골의 칸이면서 원나라를 세운 개국황제로도 볼 수 있다.

1. 한족 지식인들이 중원문화를 묻혀오다

쿠빌라이는 칭기즈칸의 넷째아들인 톨루이의 둘째아들로 태어났다. 칭기즈칸이 사망한 뒤 칸의 지위는 셋째아들인 오고타이가 계승했다. 둘째아들인 차가타이는 이에 불만을 품었지만, 칭기즈칸의 유지를 받들어 오고타이와 함께 정복전쟁을 멈추지 않았다.

오고타이는 10년 동안 칸의 위치에 있었으나 계승자를 정하지 못했다. 이는 몽골의 전통풍습에서 칸의 지위는 혈연으로 계승하기는 하지만 쿠릴타이에 참여하는 부족장들의 지지를 얻어야만 칸의 지위를 획득할 수 있었기 때문이다.

오고타이가 사망한 뒤 장자인 구육이 칸의 지위를 계승하기는 하지만 서자였다는 이유로 쿠릴타이회의에서 높은 지지를 받지 못했다. 구육은 오고타이의 정책을 계승하려 했으나 2년 만에 사망하고, 톨루이의 장자인 몽케가 쿠릴타이회의를 통해 칸의 지위를 계승했다.

몽케는 칸의 경쟁자였던 바투가 러시아를 정복하고 중부유럽까지 진격했기에 몽골을 동서로 나누어 서북쪽은 바투에게 통치하도록 하며, 동북쪽은 다가차르에게 통치를 맡겼다. 몽케는 이 두 지역 외에 몽골지역을 통치하며 서남쪽은 셋째동생인 훌라구, 동남쪽은 둘째동생인 쿠빌라이, 몽골의 서북쪽은 막냇동생인 아릭부케에게 각각 통치를 명했다. 몽케는 자신과 긴밀한 관계를 통해 몽골제국을 통치하려 했다.

몽케의 명을 받은 쿠빌라이는 황하유역을 통치하면서 중국문화를 조금씩 이해할 수 있었다. 북중국을 통치하던 쿠빌라이는 통치방식을 중국식으로 바꾸었다. 몽골의 통치방식은 일정한 영토를 받아 그 지역의 조세수입을 자신의 수입으로 하는 방식이다.

정복전쟁 당시 약탈을 허용했기에 지역주민들은 자신들을 통치하는 몽골인에 대한 공포심이 많았다. 또한 유목이 주된 생활이었기에 농업 자체를 이해하지 못한 경우도 많았다. 몽골이 처음으로 황하유역을 지배했을 때 몽골의 한 전사는 "우리에게 한인漢人은 쓸모가 없다.

우리에게 농사가 무슨 소용이 있느냐? 차라리 이 지역을 모두 소와 양을 방목하는 초원으로 만들자"라고 했다는 일화가 있을 정도였다.

쿠빌라이는 지금의 호북성인 형주지역에 1만 호를 영지로 받았다. 그 역시 처음에는 다른 몽골통치자와 비슷하게 농업이나 중국문화에 관심이 없었다. 1만 호의 대영지를 가진 쿠빌라이는 자신의 수입이 나날이 감소하자 수하의 관리들에게 "네 놈들이 죄를 알렸다. 어째서 내 수입이 점점 줄어드는가? 모두 죽어야지 사실을 말하겠는가?"라고 화를 냈다. 관리들은 부들부들 떨면서 대답을 하지 못했다.

관리로 있던 장문겸張文謙이 용기를 내어 "대인, 형주는 원래 풍요로운 지역입니다. 더구나 대인께서 소유한 1만 호는 절대로 적지 않은 영지입니다. 그러나 대인과 대인을 모시는 군대가 오자 백성들이 두려워하여 도망쳐서 지금은 수백 호에 불과합니다"라고 대답했다. 쿠빌라이는 더욱 화를 내며 "도망친 놈들을 모두 잡아죽여라!"라고 명을 내리니, 장문겸은 쿠빌라이에게 "대인, 화를 푸시고 제 말을 들어주십시오. 옛말에 '백성을 자식처럼 아끼라'라고 했습니다. 대인께서 백성을 아끼신다면 백성들은 모두 돌아올 것입니다"라고 대답했다.

쿠빌라이는 공포분위기에서도 끝까지 말을 한 장문겸을 인재라고 여겨 "그래! 내가 어찌하면 되는가, 네 말에 책임질 수 있는가?"라고 물었다. 장문겸은 "대인께서 우선 조세를 낮추시고, 모든 일은 법에 따라 집행하시면 됩니다"라고 대답했다.

쿠빌라이는 반신반의하면서 장문겸의 의견에 따랐다. 1년이 지나자 형주의 소식을 들은 백성들이 다시 돌아왔으며, 다른 백성까지 쿠빌라이의 영지로 오니 백성들은 크게 증가했고, 이에 따른 조세수입은 두 배 이상으로 늘어났다. 이후 쿠빌라이는 장문겸을 통해 지식이 풍부한 여러 학자들을 알게 되었고, 이런 지식인들은 쿠빌라이에게 중국문화를 알려주고 여러가지 조언을 하여 큰 도움을 주었다.

쿠빌라이는 몽케의 명에 따라 남송정벌을 준비하면서, 남송이 다른 나라와 연합하는 것을 막기 위해 우선 대리국을 정벌했다. 대리국 원정에서 쿠빌라이는 한인출신의 지식인들을 참모로 임명했다. 참모들의 건의로 쿠빌라이는 몽골특유의 약탈전쟁을 금지하고 먼저 항복을 권하는 사절을 보냈다.

대리국에서 실권을 가진 고상高祥은 사절을 죽이고 끝까지 항전하려고 했다. 사절이 죽자 화가 난 쿠빌라이와 부하장수들은 성 안의 모두를 죽이려고 했다. 한인참모 중에서 장문겸은 쿠빌라이에게 "대인, 잠시 화를 거두시고 제 말을 먼저 들어주십시오. 사절을 죽이는 것은 대리국의 잘못입니다. 전쟁의 명분은 우리에게 있습니다. 며칠만 기다리시면 쉽게 승리할 것입니다"라고 장담했다. 한인참모들은 "고상은 사절까지 죽이는 부도덕한 인물이다", "고상 때문에 몽골군이 우리 대리백성을 모두 죽인다고 하더라"라는 소문을 퍼트렸다.

이 소문은 대리국의 내부분열을 가져왔고, 몽골군은 비교적 쉽게 대리국을 정복할 수 있었다. 이같이 쿠빌라이는 한인지식인의 도움으로 각종 일들을 효율적으로 처리할 수 있었다.

쿠빌라이가 남송정벌을 준비하던 중에 몽케가 갑자기 사망했다. 몽케는 남송정벌을 위해 수도를 막냇동생인 아릭부케에게 맡겼다. 몽케의 사망소식을 들은 쿠빌라이는 칸의 지위에 욕심이 생겼다. 그래서 남송에 대한 정벌을 도중에 멈추고 몽골로 향했다.

쿠빌라이는 마음이 급했지만 다른 방법이 없었다. 한인참모들은 쿠빌라이에게 "지금 대인께서 수도로 가셔도 별 소용이 없습니다. 먼저 대인을 지지하는 세력을 만들어 대인이 유리한 지역에서 쿠릴타이 회의를 하시고 그 결과를 살펴보시는 것이 어떠신지요?"라고 건의했다. 쿠빌라이는 참모들의 건의에 따라 자신에게 유리한 쿠릴타이 회의를 통해 칸의 지위를 획득했다.

한인참모들은 "이제 아릭부케를 서서히 압박하시면서 군사적인 행동을 취하시는 것이 순서입니다. 전쟁에서 저희 한인은 이 지역을 방어하기만 하겠습니다"라고 건의했다. 쿠빌라이는 역시 이 건의를 수용하여 아릭부케와의 경쟁에서 유리한 위치를 차지하게 되었다.

한인출신의 참모와 관료들의 도움으로 쿠빌라이는 4년에 걸친 권력투쟁에서 승리했다. 승리에도 불구하고 각 지역 통치자들이 쿠빌라이의 행동에 불만을 표시하기 시작했다. 그러나 모두를 감당하기엔 역량이 부족했던 쿠빌라이는 1271년에 자신의 본거지를 안전하게 확보하기 위해 중국문화를 따라 원나라를 개국하고 초대황제가 되었다.

2. 출신을 묻지 않고 인재를 등용하다

몽골제국은 세계적인 대제국이었기에 민족·인종 등이 매우 다양하게 존재했다. 칭기즈칸 테무친의 인재등용방법은 필요한 인재를 출신에 상관없이 적재적소에 사용하는 것이다. 쿠빌라이 역시 인재등용에 있어서 출신에 구애받지 않았다. 또한 쿠빌라이는 한인참모들의 의견을 자주 경청하면서 중국문화에 깊은 관심을 가지게 되었다.

인재를 등용하기 위해 쿠빌라이는 한림학사원과 집현관을 설치하여 인재들이 활동할 수 있는 공간을 제공했다. 수도를 찾은 유사儒士들은 쿠빌라이의 이런 정책에 크게 만족하며 쿠빌라이에게 국가에 필요한 정책에 대해 많은 조언을 했다.

유사들의 여러가지 조언이 국가통치에 확실히 도움이 되는 것을 알게 된 쿠빌라이는 집현관에서 유사들을 더욱 융숭하게 대접하라고 명을 내렸다.

집현관에서 유사들을 좋게 대우하자 능력도 없는 사람들까지 모여들어 집현관에서 사용되는 비용이 크게 늘어났다. 집현관의 재정을 담당하는 관리는 능력과는 상관없이 모여드는 사람 때문에 재정 문제를 걱정해야 했다. 따라서 관리는 쿠빌라이에게 "폐하, 집현관은 폐하께서 원하시는 의도와는 달리 능력이 없는 자들까지 모여들어 지출이 크게 늘었습니다. 우선은 능력있는 인재들을 구분하시어 지출을 줄이시는 것이 좋을 듯합니다"라고 간언했다. 쿠빌라이는 관리의 의도를 알면서도 오히려 관리에게 말했다.

"네가 걱정하는 것을 알겠다. 그러나 지출을 줄이면 재정적으로는 좋아지겠지만. 인재인지 아닌지 구별할 방법이 있겠느냐? 네가 생각하는 인재는 어떤 능력을 가졌는가?"

관리가 아무런 대답을 하지 못하자. 쿠빌라이는 대답했다.

"짐의 조부이신 칭기즈칸께서는 현자를 매우 중요하게 대우하셨다. 짐도 따라서 현자를 존중하고 우대하고자 한다. 현자라고 불리는 사람은 너희 한인들이 중시하는 유교에서의 성인만이 아니다. 문제를 해결함에 있어서 조언이나 대책을 가지고 있는 이도 현자라고 볼 수 있다. 또한 너희들의 주장에 따르면, 군주의 자애로움은 모여드는 사람들을 최소한 균등하게 대우하는 것이라 생각한다."

이 말을 들은 더 많은 유사들이 집현관으로 몰려들었고, 원나라 초기의 여러가지 국가문제 해결에 큰 역할을 했다.

출신을 가리지 않은 쿠빌라이에게 중요한 역할을 담당한 대표적인 인물은 유병충劉秉忠(1216~1274)과 마르코 폴로(1245~1324)이다. 유병충은 학문이 뛰어났다고 전해지지만 하급관리 출신이다. 유병충은 주위의 상황이 자신의 뜻을 펼치기에는 적합하지 않음을 알고 관직을 버리고 학문에 더욱 정진했다. 1242년에 북중국의 총독을 맡게 된 쿠빌라이는 유병충에 대한 소문을 듣고 초청하여 천하에 관해 의견을 나누었고, 유병충을 자신이 찾던 현자라고 여겼다.

쿠빌라이의 신임을 얻은 유병충은 「만언서萬言書」를 올렸는데, 그 내용은 관료제도를 도입해야 한다는 주장이었다. 유병충은 쿠빌라이에게 "군주가 모든 일을 할 필요는 없습니다. 군주의 역할은 전반적인 계획을 세우고 진행되는 과정이나 그 결과를 지켜보시면 됩니다. 세부적인 부분은 유능한 자를 등용하여 그들에게 맡기면 됩니다"라고 주장했다.

쿠빌라이는 유병충에 의견에 따라 신하들의 관복을 만들고, 관리들에게 봉록을 지급하는 등 중국식 관료제도를 시행하니 원나라 초기의 혼란한 정국은 빠른 속도로 안정되었다.

쿠빌라이는 한인참모들의 건의에 따라 쿠릴타이회의를 통해서 칸의 지위를 얻었으나 자신이 얻은 칸의 지위는 일종의 쿠데타를 통했기에. 후대에 이런 문제가 발생하지 않도록 쿠릴타이회의를 잠정적으로 폐지하고 중국식 제도를 채용했다.

쿠빌라이가 중국식으로 새로운 왕조를 여니 유병충은 『주역』에서 "대재건원大哉乾元[커다란 것은 '건'과 '원']"이라는 문장에서 '원'이 '시작', '근원'의 의미를 갖고 있기에 '원元'을 나라이름으로 건의했고 쿠빌라이는 이 건의를 받아들여 나라이름을 '대원大元'으로 삼았다.

또한 쿠빌라이는 중국방식을 따라 수도를 정해야 했는데, 금나라의 수도였던 지금의 북경인 중도가 적합하다고 느꼈지만 중도는 이미 몽골과의 전쟁에서 폐허가 되었기에 새롭게 수도를 건설해야만 했다. 쿠빌라이의 명을 받은 유병충은 『주례』 고공기의 건축방식에 따라 수도를 건설했다.

원나라의 수도인 대도大都는 두 차례에 걸쳐 건설되었다. 1차건설을 책임진 유병충은 우선 황성과 궁전을 완공했다. 그렇지만 그는 얼마 되지 않아 질병으로 사망했다. 유병충이 사망한 뒤에 대도는 유병충의 유지에 따라 나머지 부분을 완공됐다.

유병충이 계획하고 건설한 대도는 유교 건축방법을 따랐기에 당나라의 수도였던 지금의 서안인 장안과 비슷한 모습이지만 세계적인 대제국의 수도인 만큼 엄청난 규모로 건설되었다.

쿠빌라이가 채용한 인재 중에서 특이했던 인물은 마르코 폴로라고 할 수 있다. 마르코 폴로에 대해서는 아직까지 논란이 있는 인물이다. 이 논란의 주요관점은 마르코 폴로라는 인물이 실존인물인가 하는 문제이다.

14세기 북부 이탈리아에서는 마르코 폴로라는 이름을 가진 상인이 있었지만 평범한 자선가라고 전해진다. 이 마르코 폴로가 『동방견문록』의 저자인 마르코 폴로인지는 아직까지 완전히 규명되지 않았다.

또한 『동방견문록』에서 보이는 내용은 쿠빌라이의 최측근이 아니면 알 수 없는 내용이 있다. 그러나 원나라의 중요사료인 『집사』와 『원사』에서는 마르코 폴로라는 이름을 찾을 수 없다.

『동방견문록』의 내용을 따르면, 마르코 폴로는 이탈리아의 상업도시인 베네치아에서 무역상의 아들로 태어났으며, 15세 되던 해에 보석상이었던 아버지 니콜로 폴로를 따라 원나라에 도착했다. 이들이 간 이유는 아직까지 명확하지는 않다. 보석상이기에 상업적인 이익을 얻기 위해 동방으로 갔다는 주장도 있고, 로마 교황청에서 동방 탐사를 위해 파견했다는 주장도 있다.

더구나 마르코 폴로가 17년 동안 원나라에서 관직생활을 했는데, 마르코 폴로가 어떻게 쿠빌라이에게 신임을 얻었는지는 정확하게 알려지진 않았다. 다만 마르코 폴로는 상인이기에 쿠빌라이의 환심을 살 순 있었을 것이다. 그렇지만 그것이 관직을 얻을 만큼 신임을 받았다고 보기는 힘들다.

이밖에 종교적인 측면에서 바라보는 주장도 있다. 원래 몽골제국은 종교에 관해 관대한 국가였다. 원나라도 불교·도교·유교·이슬람교·크리스트교 등의 종교가 있었고, 종교인들은 존경을 받는 대상이었다. 쿠빌라이가 인재를 등용한다는 관점에서 본다면 마르코 폴로가 관직을 얻게 되는 중요한 원인은 그가 크리스트교와 깊은 관계가 있었기에 등용한 것이라 볼 수 있다.

17년 동안의 지방관 생활을 한 마르코 폴로는 중국 각지를 통치하면서, 때로는 여행을 한 경험을 기록으로 남겼고, 이 책이 서방사회에서 동방사회에 관한 관심을 유발시키는 중요한 역할을 한 사실은 부인할 수 없는 사실이다.

3. 쿠빌라이가 강력한 정복왕조를 완성하다

한인출신의 인재를 등용하는 등 중국문화를 이해가 깊었던 군주인 쿠빌라이는 재야에서 명성이 높은 요추(姚樞)를 불렀다. 쿠빌라이는 요추에게 "천하를 다스리려면 어찌해야 하오?"라고 물었다. 요추는 "중원에서는 예전에 2제와 3왕이라는 명군이 천하를 잘 다스렸습니다"라고 대답했다. 쿠빌라이는 "2제와 3왕이 누구요?"라고 물었다. 요추는 "2제는 요임금과 순임금을 가리키고, 3왕은 하나라의 우왕, 상나라의 탕왕, 주나라의 문왕을 가리킵니다"라고 대답했다. 쿠빌라이는 "그럼 2제와 3왕은 어떤 식으로 천하를 다스렸소?"라고 다시 물었다. 요추는 유교적인 입장에서 나라와 천하를 다스리는 방법을 쿠빌라이에게 자세히 설명했다.

또 쿠빌라이는 두묵(竇黙)이란 재야학자가 뛰어나다는 소식을 듣고 초청했다. 두묵은 몇 번이나 사양했지만 결국 쿠빌라이를 만나 천하에 관해 의견을 나누었다. 쿠빌라이는 "다스림이란 무엇이요?"라고 물었다. 두묵은 "다스림은 인간의 도리를 다한다면 저절로 행해질 것입니다"라고 대답했다. 쿠빌라이는 "그럼 인간의 도리는 무엇이요?"라고 물었다. 두묵은 "인간의 기본도리는 삼강오륜입니다"라고 대답했다. 쿠빌라이는 두묵의 자세한 설명을 듣고 유교식의 사고방식을 이해할 수 있었다.

그러나 쿠빌라이가 이해했던 중국식 통치방법은 실제로 시행된 통치방식과는 달랐다. 쿠빌라이는 한인출신 참모들의 건의를 참고하기는 했지만 몽골의 전통적인 통치방식을 바꾼 것은 아니었다. 그 중요한 원인은 쿠빌라이를 지지하는 세력이 무력을 갖춘 몽골부족이었기 때문이다. 한인참모들의 건의도 물론 필요했지만 칸의 입장에서는 몽골제국의 다른 지역을 통치하는 세력과 끊임없이 경쟁해야만 했다.

쿠빌라이는 아릭부케와의 권력투쟁에서 승리를 얻었지만. 오고타이의 아들인 카이두와 20여 년을 대립했다. 그때 지지하는 세력은 동생인 훌라구뿐이고 나머지 몽골부족은 모두 카이두를 지지했다. 이런 상황에서 쿠빌라이는 완전하게 복속하지 못한 한인보다 자신이 완전하게 통제할 수 있고 무력까지 갖춘 몽골출신을 대우하며 몽골의 전통방식을 기본 통치방식으로 삼을 수밖에 없었다.

몽골의 전통적인 통치방식은 유목민족의 방식에서 기원한다. 가장 기본적인 형태는 복속한 순서대로 인간관계가 가까워지는 방식이다. 몽골은 서역을 먼저 정벌하고 금나라를 정벌했기에 몽골식의 방식에 따르면 색목인 즉 서역출신이 북중국의 사람들보다 관계가 가까웠다. 남송을 멸망시킨 뒤에 원나라는 몽골방식으로 4개의 계급이 만들었는데 그 형태는 몽골인·서역인·한인·남인 등의 순서이다.

이 형태에서 각각의 역할은 달랐다. 몽골인은 전쟁. 서역인은 재정. 한인은 하급관리를 담당했으며, 남인은 관직에 진출할 기회조차 없었다.

　중국역사상 북방 유목민족들이 중원왕조를 멸망시키고 중원에 진출한 적이 있었다. 남북조 시기에 5개의 민족들이 중원에서 나라를 건국하기도 했다. 그러나 그들은 자신들의 고유한 것을 모두 잃고 중국에 흡수되는 한화漢化현상이 발생했다. 거란족의 요나라 여진족의 금나라는 국가가 성립했지만 유목민족적인 특성이 여전히 남아있었다. 그러나 이 두 국가는 완전히 중국을 통일하지 못하기에 '침투왕조'라고 표현하기도 한다. 쿠빌라이의 원나라는 유목민족적인 특성을 유지하면서도 중국을 완전히 통일했기에 '정복왕조'라고 부르기도 한다.

　쿠빌라이는 중국문화를 적절히 수용함으로써 통치자의 지위를 획득했는데, 이는 테무친의 개방적인 문화관을 이은 것으로 볼 수 있다. 그러나 쿠빌라이는 테무친과는 달리 중국문화를 국가가 아닌 자신만을 위해 받아들였고, 근본적으로 몽골출신이라는 자부심 때문에 대다수의 백성인 한인을 단순히 통치대상으로만 보아 새로운 계층제도를 만들었다. 황제로 등극한 뒤에는 오히려 한인백성들을 핍박했다. 이로 한인들이 봉기를 하게 됐고, 원나라가 백여 년의 비교적 짧은 시간 만에 멸망했다.

　쿠빌라이는 원나라를 개국하는 업적을 남겼지만, 몽골제국이 분열하는 계기를 만들었다. 이 때문에 원나라의 입장과 몽골제국의 입장에서 다른 역사적 평가가 있다. 그렇지만 능력있는 인재를 적절하게 등용하는 측면에서는 비교적 좋은 평가를 받는 지도자이다.

제30장 밑바닥에서 황제가 된
명태조 홍무제

중국역사에서 평민출신으로 황제가 된 인물이 몇 명 있다. 그들 가운데 대표적인 인물은 한나라를 건국한 유방, 촉한을 건국한 유비, 명나라를 건국한 주원장을 들 수 있다. 이 세 명 가운데 진정한 평민출신의 황제는 주원장이다.

주원장은 고아가 되어 유랑하는 승려생활을 지냈으며 원나라에 대항하는 홍건군에 참가하여 자신의 능력을 통해 지위가 점차 높아졌고, 결국에는 1368년에 명나라를 개국하여 황제의 자리에 올랐다.

1. 밑바닥 생활 끝에 황제가 되다

1328년 주원장은 회하강변의 작은 마을에서 태어났다. 그의 집안은 원래 강소성 패현에서 대대로 농사를 지었으나 가정형편이 넉넉하지 않았다. 주원장의 부친은 결국 회하지역으로 이주했으나 경제적으로 나아지지 않았다.

주원장은 어려서부터 욕심이 많았다고 한다. 잠시 동안 서당에서 글을 배웠지만 대부분의 시간은 목동생활을 했고, 군대놀이나 황제놀이를 하면 지도자나 황제역할을 하기를 좋아했다고 한다.

주원장이 17세가 되던 해에 큰 가뭄과 메뚜기떼에 의한 피해, 그리고 전염병으로 많은 이들이 사망했다. 주원장의 가족 역시 이 시기에 모두 사망하여 주원장은 고아가 되었다. 당시에 출가하여 승려가 되면 목숨을 간신히 연명할 수 있었기에 주원장 역시 살기 위해 황각사라는 절에서 출가하여 승려가 되었다.

갑작스레 많은 이들이 승려가 되니 많은 절에서도 경제적으로 문제가 생겨났고, 이를 해결하기 위해 막 출가한 승려들에게 외지로 탁발을 보냈다. 주원장도 황각사에서 겨우 50여 일을 보내고, 여러 지역에서 탁발생활을 해야만 했다.

주원장은 3년 동안 탁발생활을 하면서 중국의 각 지역을 돌아보았다. 주원장 본인도 굶주림을 해결하기 위해 승려가 됐으나, 원나라 말기에 자연재해, 관리들의 가혹한 수탈, 그리고 민족차별로 인한 일반백성들의 어려움을 알게 되었다.

황각사로 다시 돌아온 주원장은 승려생활을 계속하다가 각지에서 일어난 농민봉기의 소식을 듣게 되었다. 주원장은 자신과 백성들을 위해 홍건군에 참가했다. 대부분이 문맹인 홍건군에서 글을 알고 있던 주원장은 부대의 지휘자인 곽자흥郭子興의 신임을 얻게 되었다. 주원장의 재주를 높이 평가한 곽자흥은 그에게 양녀를 시집보내니 주원장의 지위는 점차 높아졌다.

세력을 확장하던 곽자흥은 병사와 군마를 확보해야만 했다. 주원장은 곽자흥의 명을 받아 고향에서 병사와 군마를 모았다. 주원장은 이런 과정에서 자신의 세력을 만들기 위해 고향친구인 서달徐達·주덕흥周德興을 불러들였다. 병사와 군마 수급의 공을 인정받은 주원장은 곽자흥 휘하의 부대지휘자가 되었고, 원나라와의 전쟁을 통해서 그의 세력은 점점 커졌다.

예전 유목국가 시절에 전쟁에서 약탈하는 관습이 있었던 원나라 군대는 반란을 진압하면서 일반백성들을 끊임없이 약탈했다. 농민봉기군 역시 원나라의 관리나 군대처럼 일반백성들을 약탈하기 시작했다.

주원장은 자신이 어려웠던 예전생활을 잊지 않았고, 백성들의 편안한 생활이 자신의 세력을 확대할 수 있는 것이라 생각했다. 이에 주원장은 다른 봉기군과 달리 군기를 엄격하게 세워 약탈을 방지했다. 혹시라도 자신의 부하나 병사들이 백성들을 약탈하면 그들의 지위에 상관없이 엄격하게 처벌했다.

이런 소식이 알려지자 백성들은 주원장의 부대를 '인의의 부대'라고 불러 주원장의 부대가 도착하기만 하면 성문을 열고 항복했다. 이로 인해 주원장은 피해없이 여러 지역을 빠르게 확보하여 세력을 넓혀나갔다. 마침 곽자흥이 사망하자 주원장은 그의 지위를 계승하여 봉기군의 최고지휘자가 되었다.

지금의 남경인 집경集慶을 중심으로 세력을 갖춘 주원장은 당시의 여러 봉기세력 가운데 세력이 그다지 크지 않았다. 그러나 주원장은 백성을 보호하고 엄격한 군기를 세웠기에 초기에는 비록 규모가 작았지만 빠른 속도로 세력을 확장할 수 있었다.

주원장의 세력이 점차 강해지자 다른 봉기군들은 그를 견제하기 시작했고, 주원장은 이런 상황에서도 백성들의 지지를 받으며 세력을 오히려 조금씩 확대시켜 나갔다.

결국 주원장은 진우량陳友諒 세력과 장사성張士誠 세력 사이에서 집중적으로 견제를 받게 되었고, 마침내 진우량과 장사성의 세력과 충돌했다. 주원장은 진우량과 장사성 중에서 먼저 공격할 대상을 선택해야 할 때 장사성을 먼저 공격해야 한다는 부하들의 주장과는 달리 진우량을 먼저 공격하기로 결정했다. 주원장은 부하들에게 "너희들의 주장대로 장사성을 먼저 공격한다면 야망이 큰 진우량이 이런 시기를 놓치겠는가? 반대로 진우량을 먼저 공격한다면 물론 쉬운 일은 아니겠지만 야망이 크지 않은 장사성은 우리들의 후방을 공격하지는 않을 것이다"라고 부하들을 설득했다.

주원장과 부하들은 수군이 강한 진우량을 공격하기 위해 여러가지 대책을 세웠는데, 그 대책은 기동력을 이용한 화공火攻이었다. 진우량 세력은 큰 선박을 이용한 공격방식을 쓰기에 상대적으로 규모가 작은 주원장을 겁내지 않았다.

주원장은 이런 진우량의 방심을 이용하여 기동력이 좋은 작은 배들을 써서 진우량의 대선을 발목잡을 수 있었고, 화공으로 진우량의 대선을 공격하여 대승을 거두었다.

군사적인 열세에서도 승리를 거둔 주원장은 곧바로 장사성을 공격하여 봉기군의 세력을 모두 물리칠 수 있었다. 봉기군 세력을 통합한 주원장은 서달을 총사령관으로 삼아 원나라의 수도인 대도를 공격하게 했다. 원나라의 순제는 북방으로 도망쳤고 주원장은 실질적으로 중국을 다시 통일했다. 1368년에 주원장은 지금의 남경인 응천부에서 황제로 등극하고 명나라를 열었다.

2. 천하의 백성을 살리고 싶기 때문입니다

주원장은 농민봉기군에 참가하면서 봉기군의 현실적인 문제를 알게 되었다. 봉기군의 목표는 관리들의 가혹한 수탈과 민족차별에서 시작된 생존문제를 해결하는 것이었다. 봉기군이 어느 정도 성공했으나 그들은 새로운 통치세력에 불과했고, 근본적으로 민생문제를 해결하지는 못했다. 주원장은 봉기군의 병사에서 시작했으나 그의 견문과 판단력을 좋게 평가한 곽자흥에 의해 지위가 점차 높아졌다.

주원장은 자신의 세력을 만들기 위해 고향 친구인 서달·주덕흥·상우춘常遇春을 자신의 주변에 배치했다. 어렸을 때 글을 배웠던 주원장은 다른 봉기군의 지도자와는 달리 지식인의 중요성을 알고 있었다. 주원장은 서달·상우춘·주덕흥 등이 충성심이 강하고 장수로서의 소질이 있었지만 참모역할을 하기에는 부족한 것을 알고 인재를 구하기로 결정했다.

인재를 찾던 중에 절동산에 재능이 뛰어난 유사劉士들이 있다는 소식을 듣고 이들을 영입하려 했다. 이들 가운데 유기劉基(1311~1375)가 가장 뛰어나다고 판단한 주원장은 선물을 유기에게 보내며 자신을 도와달라고 청했다.

유기는 주원장이 단순한 봉기군의 지도자라 판단하여 거절했다.

주원장은 유비의 삼고초려를 흉내내어 유기에게 "나는 단순하게 부귀영화를 누리기 위해 봉기한 것이 아니라 천하의 백성을 살리고 싶기 때문입니다. 선생께서 제게 어떻게 하면 천하의 백성들을 편안하게 할 수 있는지 알려주시길 바랍니다"라고 정성스런 편지를 보냈다. 편지를 읽은 유기는 주원장에게 호감을 갖게 되어 주원장 진영에 합류했다. 유기가 도착하자 주원장은 유기의 의견을 듣고 따랐다.

이런 소식을 들은 명사名士들은 하나둘씩 주원장의 진영에 합류했다. 주원장은 명사들을 예로써 대우하고 그들의 의견을 존중했다. 주원장은 명사들에게 "제가 어떻게 하면 천하의 백성들을 편하게 지낼 수 있겠습니까? 선생들께서 방법을 알려주시면 그대로 따르겠습니다"라고 말했다.

이선장李善長이 대답했다.

"공께서는 한고조의 고사를 알고 계십니까? 우선 백성들을 내 자식처럼 아껴야 합니다. 공께서는 원나라 관리뿐만 아니라 봉기군도 백성들을 약탈하는 것을 알고 계십니까? 공께서도 만약에 다른 봉기군과 같이 백성을 약탈한다면 천하백성들은 더욱더 고통의 시간을 보내야 합니다. 공께서는 병사들에게 약탈을 금지시키시고 이를 어기는 자를 군법에 따라 처결하시길 바랍니다. 백성들을 안정시키시면 백성들은 공을 믿을 것이고, 백성들이 공을 믿는다면 공의 세력은 저절로 커질 것입니다."

일부 장수들이 이 의견을 반대했지만 주원장은 이선장의 의견을 따르니, 백성들이 주원장의 부대를 '인의의 군대'라고 칭송하면서 싸우지도 않았는데, 많은 지역의 성들이 스스로 항복하여 주원장은 피해없이 세력을 크게 확장할 수 있었다.

　주원장의 진영에 합류한 주승(朱升)은 주원장이 세력을 다른 봉기군과 비교하면서 그의 세력을 자세히 분석했다. 주승은 자신이 분석한 결과를 알리면서 주원장에게 미래를 대비한 전략을 건의했다.

　"제가 생각하기로는 공의 세력은 다른 봉기군과 비교했을 때 경제적이나 군사적으로 문제가 있습니다. 그래서 무작정 세력을 확대하기보다는 우선은 내부를 안정시키고 난 뒤에 세력을 확대시키는 것이 좋겠습니다. 먼저 근거지를 확보하고 군량을 비축한 뒤에 다른 세력을 공격하는 것이 순서입니다. 공께서는 먼저 칭왕(稱王: 왕의 칭호를 사용)을 하지 마시옵소서. 칭왕을 하시면 다른 봉기군과 대결에서 조금은 유리할 수 있지만 원나라 조정에서 우리를 주시하여 공격대상으로 삼을 수 있기 때문에 마음을 느긋하게 가지시는 것이 좋겠습니다."

　주원장은 이 건의를 받아들여 주위의 세력들을 흡수하면서 세력을 서서히 확대했다.

　주원장은 자신의 근거지를 정하는 것에 대해 명사인 풍국용(馮國用)의 의견을 반영했다. 원래 안휘성이 근거지였던 주원장은 북쪽의 원나라와 남쪽의 장사성 세력 사이에 위치하여 세력을 확대시킬 때 문제가 컸다. 풍국용은 주원장에게 "집경은 풍수지리적으로도 좋은 위치에 있으며 장강의 수운을 이용하기에 편리하고, 또한 곡창지대면서도 소금을 얻기가 유리한 지역입니다. 더구나 삼국시기 오나라의 수도였다는 점으로 볼 때 공께서 집경을 근거지로 삼으시면 좋을 듯합니다"라고 건의했다. 주원장은 풍국용의 건의에 따라 집경을 확보하고 나서 주승의 의견을 반영하여 자신의 세력을 안정시키면서 세력확장에 힘썼다.

인재들의 의견을 허심탄회하게 받아들인 주원장은 세력의 열세를 극복할 수 있었고, 상대적으로 세력이 강했던 다른 봉기군들은 약간의 성공에 안주하다 결국 주원장에게 모두 패배했고 원나라 역시 북방으로 도주했다. 평민출신이었던 주원장은 인재의 필요성을 느껴 재야의 이름있는 유사(儒士)의 등용에 성공했고, 그들의 의견이나 건의사항을 충분히 수용했을 뿐만 아니라 그들을 적재적소에 활용하여 결국에는 황제가 되었다.

3. 독재를 위해서는 대규모 숙청도 불사하다

명나라를 개국한 주원장은 명사들을 적극적으로 활용하여 황제가 되었지만, 황제가 되고 나서는 권력을 독점하려 했다. 명사들과 허심탄회하게 대화한 주원장은 역대왕조의 개국과 멸망에 관심이 많았다. 특히 왕조의 멸망은 황제권이 약해지고 신하들의 권력이 커졌을 때라고 생각한 주원장은 황제권을 강화하기로 결심했다.

명나라가 건국된 뒤 원나라는 북방으로 도주했지만 완전히 멸망한 것은 아니었다. 당시 원나라는 다시 남하하기 어려운 상황이었고 명나라 역시 완전히 원나라를 멸망시킬 여력이 없었다. 이로 인해 북방은 소강상태가 되어 명나라와 원나라는 규모가 작은 전투가 산발적으로 발생했으나 국력이 필요한 대규모 전쟁은 발생하지 않았다. 일반적으로 국가의 외부에 문제가 생기면 상대적으로 국가내부는 단결되어 외부적인 문제에만 집중하여 대처하는데, 이 시기는 외부적인 문제가 상대적으로 작아지니 내부적인 문제가 발생하기 시작했다.

주원장은 명나라를 개국하면서 천하를 안정시키는 정책을 실시했다. 그러나 주원장을 따랐던 봉기군 출신의 공신들과 유사출신의 공신들은 새로운 통치계층이 되어, 원나라의 부패한 관리들처럼 권력에 빠져, 백성들을 여전히 수탈의 대상으로 여겼다. 또한 자신들의 공적으로 명나라가 건국되었다고 생각하여 주원장이 반포한 법률을 겉으로는 따르는 척하면서 실제로는 무시하는 행동을 했다. 이들은 점차 세력을 모아 행동하여 새로운 권력계층을 형성하니, 북방문제가 소강상태의 국면이 되자 주원장은 이런 새로운 권력계층을 정리해야만 했다. 그러나 이들은 군사권을 가지고 있어 쉽게 해결할 수는 없었다.

1380년에 주원장은 새로운 권력계층을 정리하기 위해 재상인 호유용(胡惟庸)을 비롯하여 대규모의 숙청을 진행했다. 호유용은 안휘성 출신의 유사로 재상을 지내고 있었다.

호유용은 유교적인 사고방식을 가지고 있었다. 그는 자신의 제자들과 무관출신의 관료를 모아 이루어진 세력을 기반으로 유교에서 주장하는 이상세계를 원했다. 유교적인 이상세계는 이상적인 면만을 추구하기 때문에 세계관이기에 현실적으로 적용하기에 문제가 발생할 수밖에 없었다.

호유용은 자신을 지지하는 세력을 더욱 확대하여 황제인 주원장에게 자신의 주장을 끝까지 고집하니 결국에는 황권과 신권이 대립하는 상황이 발생했다. 주원장은 국가안정과 황권강화를 위해 호유용을 반란의 주동자라 규정하고 곧바로 사형을 집행했다.

또한 호유용과 친분이 있던 신하들 역시 반란세력으로 규정하여 관련된 1만 5천 명을 모두 사형에 처하고 재산을 몰수했다. 이를 '호유용사건'이라 부르는데 주원장은 이 사건을 계기로 재상제도를 폐지하고 실무부서인 6부를 황제의 직속으로 삼아 황권을 더욱 강화했다.

1393년에 주원장은 문관들을 대규모로 숙청한 호유용사건을 이어서 무관들을 대규모로 숙청했다. 남옥藍玉은 명나라 초기에 공적이 많은 장수였기에 양국공에 봉해졌다. 남옥이 가진 군권이 커지자 주원장은 남옥이 반란을 준비한다는 소문을 내고서 남옥과 일가친척을 사형에 처하고 또한 남옥과 친분이 있던 장수들과 일가친척 1만 5천여 명을 전부 사형시켰다.

주원장은 호유용 같은 무리들이 다시는 나타날 수 없게 하기 위해 황제의 호위조직을 이용하여 금의위를 설치하고 신하들을 감시했다. 금의위의 활동으로 신하들의 모든 행동이 황제에게 보고됐고, 주원장은 자신에게 반대하거나 대립하는 신하들을 법률규정과는 상관없이 즉시 사형에 처했다.

이런 공포분위기에서 신하들은 아침조회에 참석하기 전에 유서를 작성하고 무사히 집으로 돌아가면 아침에 작성했던 유서를 불태우면서 오늘도 무사했음을 다행으로 생각했다. 공포분위기를 견디지 못한 고계高啓가 황제에게 사직을 요청했는데, 주원장은 "천하의 사대부가 군주를 위하지 않는다"라고 억지를 부리며 고계를 사형에 처해버렸다.

주원장이 진행한 두 차례의 대규모 숙청과 공포정치는 주원장의 권력에 대한 욕심과 잔인한 성격 때문이라는 말도 있지만 유약한 태자 때문이라는 주장도 있다.

주원장을 평가하는 의견에서 청나라의 조익趙翼은 "명태조는 성현·호걸·도적의 성격을 한 몸에 지녔던 인물이다"라고 했다. 이 말을 다시 살펴보면 성현은 자애, 호걸은 호탕, 도적은 욕심을 의미하는 것으로, 주원장은 자신과 남을 확실히 구별하여 자신의 것은 아끼고, 상대방을 함부로 믿지 않으며, 남에게 뺏기지 않으려는 성격이라 할 수 있다. 이런 성격은 일반적인 인물의 성격이라면 문제가 있겠지만, 지도자의 성격으로 본다면 그다지 나쁘다고는 할 수 없다. 물론 주원장의 행동은 과한 점이 적지 않지만, 자신을 아끼고 후계자를 위한 것이라면 가능할 수도 있다고 생각된다.

유약한 성격인 태자는 아버지 주원장의 공포정치를 걱정했다. 주원장은 태자에게 가시가 가득한 몽둥이를 들어보라고 시켰다. 가시 때문에 몽둥이를 들지 못한 태자에게 주원장은 가시를 뽑으면서 태자에게 "네가 가시를 두려워하여 들지 못했구나. 짐이 너를 위해 가시를 뽑아놓으면 네가 몽둥이를 들 수 있겠구나"라고 했다.

이 대화에서 몽둥이는 천하를, 가시는 황제의 권력에 대항하는 세력으로 볼 수 있다. 주원장은 훗날 태자가 황제로 즉위하더라도 유약한 성격 때문에, 황권에 도전하는 세력을 제압하지 못해 황권을 지키지 못할 것이라 생각하였다. 따라서 태자의 미래를 위해 황권에 도전할 가능성이 있는 세력을 미연에 방지하기 위해 공포정치를 진행한 것으로 볼 수 있다.

그러나 공포정치의 영향으로 많은 인재들이 조정에 진출하지 못했다. 더구나 태자가 제위를 계승하기 전에 병으로 사망했기에, 황손으로 새로운 황제로 즉위한 건문제는 어린 나이였을 뿐만 아니라 그런 황제를 보호해 줄 신하들도 없었다. 결국 강력한 황권을 유지하려던 주원장의 의도는 실패했다.

주원장은 전형적인 독재자라는 평가가 일반적이다. 주원장은 자신의 필요에 따라 스스로를 낮추어 인재를 등용했지만, 황제가 된 뒤에 인재들은 가차없이 숙청했다. 개국공신의 숙청은 대부분의 개국 황제들이 했었지만, 주원장의 경우는 매우 극심했다. 이런 전형적인 토사구팽兎死狗烹은 주원장이 강력한 황권을 갖춘 주씨천하朱氏天下가 지속되길 바랐기 때문이다.

제31장
정통성이 필요했던
명성조 영락제

강력한 황권을 유지하기 위해 주원장은 모든 노력을 다했지만 태자가 일찍 사망하고 손자인 건문제가 황제로 즉위했다.(1398) 젊은 황제를 보필하던 신하들은 주원장의 유지를 계승하려 했지만 군권을 장악한 숙부들 때문에 황권을 강화하기가 힘들었다. 그에 따라 황권을 강화하기 위해 삭번책을 진행하였고 군사권을 장악한 연왕 주체朱棣는 오히려 '정난靖難의 역'을 일으켜 황제가 되었다.

1. 주체가 쿠데타를 일으켜 황제가 되다

주원장의 넷째아들인 주체는 태자의 유약한 성격과는 달리 용맹한 성격을 가지고 있었으며 군사적인 재능도 뛰어났다. 1380년에 주원장은 넷째아들의 재능을 살려 원나라 수도였던 대도에 군사를 주둔시키고 북방 원나라의 공격을 방어하게 했다.

주체는 주원장의 명에 따라 북방을 방어하면서 때로는 몽골을 토벌하는 등 공격적인 방어정책을 사용했다. 이로 인해 주원장은 주체를 더욱 아끼게 되었다. 더구나 남옥의 사건으로 많은 장수들이 숙청당하자 주체의 군사적 능력은 더욱 돋보이게 되었다.

유약한 태자 때문에 주원장은 강력한 황권을 유지하기 위해 넷째 아들인 주체를 태자로 삼기로 결정했다. 그때 마황후는 주원장에게 "폐하, 예전에 황제가 되기 위해 형제간에 골육상쟁이 벌어진 사실을 알고 계신지요?"라고 물었다. 주원장은 "들어보았소"라고 대답했다. 마황후는 "폐하, 그러면 그 결과도 아시는지요?"라고 물었다. 주원장은 "잘 알고 있소"라고 대답했다. 마황후는 "우리 대명大明이 천하를 막 안정시켰습니다. 그런데 형제간의 골육상쟁이 벌어진다면 대명의 앞날을 상상하기가 무섭습니다"라고 말했다. 마황후의 의도를 깨달은 주원장은 유사들이 주장하는 '장자계승'에 대해 다시 한번 고민한 후 "황후, 걱정 마시오! 절대로 태자가 바뀔 일은 없을 것이오"라고 대답했다.

그러나 마황후가 사망하자 주원장은 태자문제를 다시 걱정해야만 했다. 태자가 병으로 갑자기 사망하여 주원장은 후계문제를 다시 생각해야 했기 때문이다. 장자계승을 따른다면 손자인 주윤문朱允炆이 후계자가 되지만, 주윤문은 아버지인 태자와 같이 학문을 좋아하는 유약한 성격을 가지고 있었다. 주원장은 후계자를 주체로 하자니 유교를 신봉하는 관료들이 장자계승원칙을 들어 반대할 것이고, 손자인 주윤문을 후계자로 삼자니 유약한 성품으로 고민할 수밖에 없었다.

한림학사 유삼오劉三吾가 관료들의 주장을 반영하여 장자계승을 원칙으로 삼자는 내용의 상소를 올리자 주원장은 아들들이 각 지방의 군사권을 장악하고 있었기에 관료들이 주윤문을 잘 보좌한다면 문제가 없다고 판단하여 주윤문을 후계자로 삼았다.

주원장의 사망한 소식을 들은 연왕 주체는 장례식에 참가하려 했지만 새롭게 황제가 된 건문제[주윤문]와 그의 측근들은 연왕을 무서워하여 주원장의 유언을 핑계로 도성에 들어오지 못하게 했다. 이로 인해 건문제 측과 연왕은 불편한 관계가 되었다.

주원장의 대규모 숙청으로 노련한 문관들은 제거되었고, 건문제를 보좌하는 신하들은 패기는 있지만 국정경험이 적었기 때문에 문제해결 능력이 부족했다.

건문제와 신하들은 강력한 황권을 위해서는 군사력을 장악해야 하는데, 이 군사권들은 모두 숙부들이 장악하고 있었다. 그래서 군사권을 장악하기 위해 삭번책削藩策 즉 각 지역의 번의 역할을 축소하여 중앙집권을 강화하는 계책을 실시하기로 했다.

삭번책은 숙부들의 권력을 약화시키고, 숙부들이 장악한 군사권을 황제가 장악하도록 하는 정책이다. 그런데 신하들이 국정경험이 없었기에 정책을 진행하는 적절한 시기를 파악하지 못하고 허둥대는 바람에 여러 곳에서 문제가 발생했다. 이 삭번책은 강력한 황권을 유지하기 위해 반드시 필요한 정책이었지만 미숙한 정책운용으로 오히려 숙부들의 경각심을 불러일으켰다.

건문제의 최종목표는 군권이 가장 큰 연왕이었지만 쉽게 정책을 집행할 수는 없었기 때문에 군권이 비교적 작은 지역부터 시행되어 어느 정도는 성과를 거둘 수 있었다.

건문제의 최종목표가 자신임을 안 연왕은 미친 척하며 상황을 지켜보았다. 건문제 측에서 연왕의 속임수를 알게 되자, 연왕의 참모인 도연道衍은 연왕에게 "전하, 이제는 군사를 일으켜 정면대결을 해야 합니다"라고 건의했다. 연왕은 "내게는 명분이 없네. 민심이 황제 쪽을 따르면 우리는 단순한 반란군이 될 뿐일세"라고 대답했다. 도연은 "제가 하늘을 살펴보니 천도天道가 우리에게 있습니다. 민심은 걱정하지 마십시오"라고 대답했다. 연왕은 도연의 건의도 있었지만 자신의 생존을 위해서라도 거병할 방법밖에 없었다.

거병을 한 연왕은 병력이 많지 않았지만, 책략을 써서 자신을 감시하던 현지사령관을 죽이고 병사들을 확보하고서 간신들을 물리친다는 뜻의 '정난靖難'이라는 명분을 세웠다.

병사의 수는 적었지만 연왕의 군대는 몽골과의 전쟁경험이 있는 병사들이었고, 건문제의 군대는 주원장의 숙청으로 뛰어난 장수가 없는 부대였다. 3년여 동안 연왕의 정난군과 건문제의 토벌군은 몇 차례 전쟁을 치렀고, 연왕은 초기의 어려움을 극복하고 토벌군에게 대승을 거두었다.

연왕은 비록 전쟁에서 승리했지만 수도까지 진격할 명분은 없었고 더구나 병사도 부족했다. 이에 연왕은 도연의 계책에 따라 "우리는 황제 곁에 있는 간신들을 처벌하기 위한 정의의 군대다"라는 명분을 내세워 민심을 얻기 시작했다. 시간이 지날수록 명분에 의해 민심도 얻고 병사도 늘어난 연왕은 도성으로 진격할 결심을 했다.

지난날 주원장은 환관 때문에 국가가 망했던 역사적 사실을 잘 알고 있었기에 명나라에서 환관들이 권력을 잡지 못하게 했다. 건문제 또한 이 정책을 계속 유지했는데, 이에 불만을 품은 환관들이 연왕에게 투항하여 조정의 내부비밀을 알렸다. 조정의 약점을 알게 된 연왕은 수도를 공격하여 쿠데타에 성공했고, 드디어 황제의 자리에 올랐다.

2. 정복전쟁과 문화사업을 병행하여 시행하다

영락제는 군사쿠데타로 황제가 되었기에 정통성이 약했다. 더구나 건문제를 따르는 많은 문관들을 죽였기에 지식인층에서는 영락제에 대해 좋은 시각을 갖고 있지 않았다. 정난의 역으로 영락제를 반대하는 6부의 많은 관리들이 희생당했기 때문이다.

영락제는 그나마 남아 있는 인물들조차 지조가 없다고 생각하여 신임하지 않았다. 황제는 관료의 공백문제를 해결해야만 했다. 더구나 군사쿠데타였기에 수도의 많은 백성들조차 영락제에 대해 깊은 반감을 가지고 있었다. 결국 영락제는 자신의 근거지인 지금의 북경 즉 연경으로 천도해야 했고, 천도한 뒤에야 명나라는 약간의 안정을 회복했다. 그러나 관료문제만큼은 쉽게 해결되지 않았다.

영락제에게 해진解縉(1369~1415)이라는 인물이 있었다. 해진은 주원장 때 진사로 출사했다. 해진은 주원장의 공포정치 아래에서도 죽음을 두려워하지 않고 간언을 했다. 주원장은 해진에게 "너의 재주는 나도 감탄할 지경이다. 그러나 네 재주만으로는 세상을 알지 못하니 10년 동안 세상을 보는 눈을 키우거라"라고 명을 내리니 해진은 명을 받아 10년 동안 학문에 다시 열중했다.

학문에 열중한 지 8년이 되는 해 주원장이 사망했다는 소식을 들고 수도로 돌아왔다. 건문제는 해진을 시험하면서 그의 재주에 감탄했으나, 그의 재주를 시기하는 간신들로 인해 해진은 지방관과 낮은 관직생활을 했다.

영락제가 황제로 즉위한 뒤 인재를 찾던 중 해진을 알게 되었다. 해진의 재주에 대해 이미 들었던 영락제는 해진을 곧바로 한림원의 관리로 등용했다. 해진이 등용되자 젊은 지식층에서 몇몇이 호응을 하여 출사했다. 그들은 영락제의 측근으로 발탁되었지만 6부를 담당하기에는 경륜이 모자랐다. 어쨌든 영락제의 초기 정치제도는 기존 내각중심의 체제에서 비서정치의 모습을 보였다.

해진이 등용된 뒤 영락제 시기의 정치체제가 어느 정도 안정국면을 보였으나 내부불만은 완전히 해결할 수가 없었다. 이 때문에 영락제는 대규모의 정복전쟁을 벌여 국내의 불만을 해소하려 했다. 정복전쟁 과정에서 영락제는 남쪽으로는 베트남을 복속시키려 하였고, 북쪽으로는 몽골족을 정벌하여 명나라의 영향력을 크게 확장했다.

영락제의 대외관계에서 가장 중요한 것은 몽골원정이다. 영락제의 몽골원정은 다섯 번이나 진행됐고, 모두 영락제가 직접 참전한 친정親征이다.

중국의 여러 왕조들에서 대부분의 문제는 북방과 관련되는 것이 많다. 북방문제는 북방 유목민족이 침략하고 중국왕조가 방어하는 입장이었기에 북방으로 진격할 엄두도 내지 못했다.

그러나 영락제는 연왕시절 몽골의 침입을 막으면서 몽골의 전술이나 전략을 많이 알고 있었다. 또한 몽골군에 대응하기 위해서는 중국식 방법이 효율적이지 못한 것을 알게 되어 자신의 군사체제를 몽골의 체제에 따랐다. 또한 몇 번의 몽골토벌을 통해 몽골의 장단점을 잘 파악해서 승리를 자주 거두었다. 또 그 과정에서 자신이 지휘하는 부대의 전투력은 일취월장 향상되었다.

영락제가 황제에 즉위할 때 몽골 동쪽의 타타르족이 강대한 세력으로 성장했다. 영락제는 명나라 내부의 문제를 해결해야 했기에 사신을 파견하여 양국의 평화를 희망했다. 타타르족은 예전에 토벌당했던 기억이 있어서 명나라의 사신을 사형시켜버렸다. 영락제는 이 소식을 듣고 크게 화를 내며 구복(丘福)을 사령관으로 삼아 10만의 병력으로 타타르를 공격했다.

구복은 용맹하기는 하나 지략이 부족한 인물이었다. 결국 그는 타타르족의 전략에 말려들어 대패하고 대부분의 병력을 잃었다. 영락제는 스스로 자신만한 무장이 없다고 생각했기에 1410년에 몸소 50만의 병력을 이끌고 북방으로 향했다.

그들의 본거지로 진격한 명군은 타타르족을 크게 물리치고 수도로 개선했다. 영락제의 친정은 비록 위험한 행동이었지만 원정에서 승리를 거두었다. 그리하여 타타르족의 세력이 미약해졌다. 그러자 그 틈을 이용하여 몽골 서부의 오이라트족이 세력을 확대했다.

세력이 강해진 오이라트족은 명나라에 조공을 바치지 않을 뿐만 아니라 북방지역을 약탈하기 시작했다. 북방의 안정을 위해 영락제는 오이라트족을 정벌하기로 했다.

1414년 영락제는 두번째 친정을 거행했다. 영락제는 몽골의 전략과 전술을 잘 알고 있었기에 새로운 무기로 오이라트족을 상대하기로 결정했다. 오이라트족은 궁기병의 기동력을 최대한으로 활용하는 전략을 구사했기에 영락제는 명군이 기병에서는 몽골족을 따라갈 수 없음을 알고 화포를 동원하여 그들의 기동력에 맞설 수 있는 전략을 채용했다.

전략적 승리로 대승을 거둔 영락제는 오이라트족을 서쪽으로 몰아내고 수도로 개선했다. 영락제의 두번째 친정도 성공했고, 내부의 불만도 조금씩 수그러들었다.

1422년에 타타르족은 다시 세력을 키워 명나라의 북방을 침략했다. 갑작스런 침략을 당한 명나라 국경수비대는 전멸하고 말았다. 패전소식은 조정분위기를 침울하게 했고 영락제가 다시 친정한다는 소식이 터져나왔다. 소식을 들은 조정신하들은 서둘러 건의했다.

"폐하. 폐하께서는 이미 친정하여 큰 승리를 거두었습니다. 이제 또다시 친정하실 필요는 없습니다. 적당한 인재를 선택하여 그에게 모든 것을 맡기시는 것이 옳습니다."

영락제는 건의를 듣고 신하들에게 "이번 기회에 타타르족을 완전히 없애야 한다. 그렇지 않는다면 타타르족은 계속해서 우리 명나라를 침략할 것이다. 이번 기회가 북방을 안정시킬 수 있는 아주 좋은 기회다"라고 강조하고 스스로 병사들을 이끌고 진격해 나갔다.

명나라의 대군이 온다는 소식을 들은 타타르족은 겁을 먹고 다른 지역으로 도망쳤다. 영락제가 그들의 근거지에 도착했을 때 그곳에는 이미 아무도 없었고, 영락제는 타타르족이 남긴 물자만을 획득하여 대도로 돌아왔다.

이 3차원정은 신하들의 반대에도 불구하고 영락제의 강력한 의지로 진행되기는 했으나 정벌은 이루어지지 않았고 오히려 경제적인 손실만을 초래했다.

　타타르족은 영락제의 친정 때문에 도망을 갔지만 세력을 유지할 수 있었다. 이에 타타르족을 완전히 복속하지 못한 영락제는 1423년에 4차원정, 1424년에 5차원정을 각각 벌였지만 3차원정과 비슷하게 정벌은 모두 성공하지 못하고 국가재정만을 낭비하게 되었다.

　영락제는 여러 차례의 몽골원정 외에도 대규모의 문화정책을 진행하여 내부의 불만을 해결하려 했다. 영락제의 문화정책 가운데 가장 대표적인 것이 『영락대전永樂大典』의 편찬이다. 『영락대전』 편찬은 영락제 자신이 정통성 문제를 해결하기도 하고 불만을 가진 지식인층을 참여시킴으로써 정국의 안정을 얻기 위해 시행되었다.

　"예로부터 천하에는 많은 서적들이 있었지만 정리된 적이 없어 필요한 내용을 여러 책에서 찾아보아야만 했다. 이에 짐은 후학後學들이 편리하게 서적을 볼 수 있도록 했으면 한다. 그리고 편찬되는 서적에는 천하의 모든 것을 포함해야 하고 천문과 지리는 물론 음양·복술·종교·예술 등의 내용까지 모두 빠짐없이 넣도록 하라."

　영락제의 명을 받은 한림학사 해진은 서적편찬의 수장이 되어 150여 명의 학자들을 모아 1년 만에 완성했다. 해진이 바친 서적을 본 영락제는 『문헌대성』이라는 이름을 하사했다.

　그러나 서적의 내용에는 빠진 부분이 있을 뿐 아니라 서술도 간략하게 구성되었음을 보고 내심 실망한 영락제는 해진에게 "이번에 완성한 서적은 어떤가?"라고 물었다. 해진은 "폐하, 이 서적에 무슨 문제가 있습니까?"라고 물었다. 영락제는 내심을 감추고 해진에게 "그대가 큰 수고를 했네만. 짐이 볼 때는 글쎄 …. 그대 생각은 어떤가?"

라고 물었다. 해진은 영락제의 의도를 파악하지 못했기에 대답을 할 수가 없었다.

영락제는 서적을 다시 편찬하기로 결정하여 요광효姚廣孝·유계호劉季虎·해진을 공동책임자로 삼고, 천하에 서적편찬의 사실을 알려 지식인층이 참여하도록 명을 내렸다. 지식인층에서는 영락제의 명도 있었지만 편찬할 서적에 관심이 있었기에 많은 학자들이 참여했다. 그런 그들에게 영락제는 많은 학자들이 서적편찬에 불편함이 없도록 숙소와 음식 등을 제공하여 지식인층의 호감을 얻게 되었다.

3천여 학자가 참여하여 4년의 시간이 지난 뒤에『영락대전』이 완성되었다.『영락대전』은 8천여 종의 서적을 인용, 또는 참고하면서 고증부분에서도 완성도를 높였고, 모두 22,937권의 분량으로 종합적인 성격을 갖춘 백과사전이다.

영락제는『영락대전』의 완성을 크게 기뻐하며 직접 서문을 작성하고, 참여한 학자들의 노력을 모두 칭찬하니 지식인층에서도 영락제를 다시 평가하게 되었다. 이로써 영락제는 자신의 정통성에 관한 문제도 어느 정도 해결했고, 지식인층의 지지를 받음으로써 명나라가 내부적으로 안정을 얻게 되었다.

3. 쓰지 말라는 유지에도 환관을 중용하다

명태조 주원장은 환관 때문에 나라가 멸망당한 왕조의 역사적인 교훈을 잊지 않았다. 이 때문에 황궁에 철비를 세워 후대황제들이 잊지 않기를 바랐다. 철비의 내용에는 두 가지가 있다.

첫째는 환관에게 글을 읽게 해서는 안된다.

둘째로 환관은 정치에 참여할 수 없다.

건문제는 황제로 즉위한 뒤에 주원장의 유지를 계승하여 환관이 정치에 참여할 수 없게 했다. 더욱이 그는 유교사상을 통치이념으로 삼았기에 환관들을 좋게 보지 않았고 때로는 그들을 무시하기도 했다. 결국 건문제의 이런 조처에 불만을 느낀 환관들은 연왕에게 각종 정보를 제공했고. 이런 정보 중에는 국가의 중요기밀까지 포함되어 있었다. 연왕의 승리는 이런 정보의 활용에 힘입은 바 있다 해도 과언이 아니었다.

정권을 잡은 연왕은 '정난'이라는 명분으로 건문제를 보좌했던 많은 신하들을 죽였다. 그렇게 사형에 처해진 사람은 수만 명에 달했다.

당대의 대학자 방효유方孝儒를 처리할 때는 논란이 일었다. 방효유는 건문제를 보좌한 측근신하였으나 연왕의 핵심참모인 도연陶硯조차도 그를 죽이면 안된다고 주장할 정도의 큰 인물이었다.

연왕은 방효유를 우선은 옥에 가두고 황제 즉위조서의 초안을 그에게 준비토록 명했다. 방효유가 연왕의 명을 계속 거절하니. 연왕은 방효유를 불러 "나는 황제를 옛날의 주공周公처럼 보필하고 싶었소"라고 방효유를 설득하기 시작했다. 방효유는 연왕의 말을 듣고 "황제폐하는 지금 어떠신지요?"라고 물었다. 연왕이 "황제께서 불타는 궁전으로 뛰어들어 가셨다고 하오"라고 대답하니. 방효유는 눈물을 흘리면서 연왕에게 "연왕전하께서는 진정으로 주공처럼 하시겠습니까?"라고 물었다. 연왕이 그러겠다고 하니 "그럼 황제폐하의 동생을 새로운 황제로 모시고 연왕전하께서는 주공처럼 행동하시지요"라고 말했다.

이 말은 듣고 연왕은 내심으로 황제의 자리에 욕심이 있었기에 방효유의 말을 따를 수 없었다. 연왕은 여러가지 핑계를 통해 자신이 황제가 되어야 한다고 주장했다. 결국 붓을 잡은 방효유는 연왕이 황제로 즉위하는 조서에 연적찬위燕賊簒位 즉 '연나라의 도적이 황제의 자리를 뺐었다'라고만 썼다. 조서를 보고서 화가 난 연왕은 방효유를 죽였을 뿐만 아니라 그에 관계된 사람은 모두 사형에 처했다.

황제로 즉위한 영락제는 지식인층에서 자신에 대한 불만이 많은 것에 대응하기 위해 자신의 주변에 있는 환관들을 적극적으로 활용했다. 명나라 환관기관은 원래 이부吏部에 속했으나 영락제는 환관을 중용함으로써 그들로 구성된 독립관청을 만들었다. 이 관청은 12감監·4시寺·8국局이라는 24아문으로 구성됐고, 사례감에서 환관들을 관할하도록 했다.

사례감의 수장인 사례태감은 환관 중에서 가장 높은 직책으로 종4품의 관직에 해당하지만 실질적인 권력은 더 높았다. 1420년에 영락제는 동창東廠을 건립하여 사례태감을 동창의 수장으로 임명하니 이로써 환관들은 군대를 감시하고 조세징수에 관계하며 관리와 백성을 감찰하는 등 정치에서 중요한 역할을 하게 되었다.

사례감은 수장인 장인태감[사례태감이라고도 함]과 10인 이내의 병필태감으로 구성되었다. 병필태감의 역할은 신하가 황제에게 올린 상소를 전달하거나, 황제가 교지를 내리면 신하들에게 전하는 등의 단순한 서신전달만을 담당하는 것이었다.

영락제가 환관을 중용하면서 병필태감은 단순한 서신전달자에서

서신정리자로 역할이 바뀌었다. 이는 환관에게 글을 읽지 못하게 하라는 주원장의 뜻을 어긴 것이었다. 이제 황제는 병필태감의 정리한 내용만을 보게 되니 병필태감은 서서히 자신의 의견을 상소에 넣기도 하고, 황제의 교지를 자신에게 유리하게 바꾸기도 했다. 따라서 영락제 이후에 환관의 권력은 강해져 갔다.

영락제 시기의 환관 중에서 중요한 환관은 정화鄭和이다. 정화는 운남성 출신으로 원래의 성씨는 마馬이다. 그는 어릴 때부터 영락제 밑에서 환관생활을 했다. 정화는 재치있는 언행으로 영락제에게 신임을 얻었고, 영락제가 제위에 오를 때 큰 공을 세워 '정화'라는 이름을 하사받았다.

건문제는 황궁에서 불에 타서 사망했다고 하지만 그의 죽음에는 수상한 점이 많았다. 또한 건문제의 죽음에 관해 여러가지 소문이 생겨 영락제는 정통성의 문제로 불안했다. 이런 소문 가운데 건문제가 황궁에서 죽은 것이 아니라 죽음을 가장한 채 바다로 도망쳤다는 주장이 있었다. 그래서 영락제는 심복 정화를 바다로 보내 건문제의 소식에 관해 알아보도록 명을 내렸다.

정화는 영락제에게 "폐하, 저 혼자 건문제의 죽음에 대해 알아본다면 다른 소문들이 생길 것입니다. 제 생각에는 대규모의 사절을 파견하여 폐하의 위엄을 천하에 알리고 한편으로는 건문제의 소식을 남들 모르게 알아보는 것이 좋을 듯합니다"라고 건의했다. 영락제는 정화의 건의에 기뻐하며 그를 수장으로 삼아 대규모의 사절단을 파견하기로 결정했다.

1405년에 정화는 2백여 척의 선박과 2만 7천여 명을 사절단으로 구성하여 항해를 시작했다. 여러 나라를 둘러본 정화는 건문제에 관한 소문이 거짓이었음을 알고 안심하면서 명나라의 위상을 높였다. 첫번째 항해에서 돌아온 정화는 영락제에게 "폐하. 제가 몰래 알아본 결과 건문제에 관한 소문은 거짓이었습니다. 안심하셔도 됩니다. 그리고 제가 여러 나라를 둘러보면서 폐하의 위엄을 천하에 알렸습니다"라고 보고했다. 영락제는 정화의 보고 외에도 각국 사절단이 준비한 진귀한 예물을 받고 크게 기뻐했다.

정화는 "폐하. 건문제의 행방에 대해서는 다시 한번 확실하게 살펴보시는 것이 좋을 듯합니다"라고 건의했고, 영락제는 정화에게 두번째 항해를 명했다. 모두 7차에 걸친 항해를 책임진 정화는 동남아시아·인도네시아·인도·동아프리카까지 항해했고, 이런 과정에 명나라와 여러 나라 사이에 왕래가 시작됐으며, 해상무역 역시 발전하는 계기가 되었다.

영락제는 분란의 씨앗이 될 환관을 중용했지만 정화 같은 환관은 국가발전에 도움이 되는 역할을 했다. 이는 정화가 환관이지만 능력 있는 인재임을 알았기에 영락제가 중용하였고 항해 또한 가능하였다.

영락제가 사망한 뒤. 어린 나이의 선덕제는 정화에 대해 잘 알지 못했고 관료들은 항해에 따른 경제적인 손실을 이유로 항해를 반대했다. 그래서 정화의 항해는 더 이상 이루어지지 않았다.

영락제는 쿠데타에 성공한 지도자이다. 일반적으로 쿠데타를 통해 권력을 잡으면 그 뒤에 발생하는 것은 대략 두 가지 형태로 구분할 수 있다. 첫번째는 내부적으로 강력한 숙청을 벌이거나 문화행사에 여론을 집중시킨다. 두번째는 관심을 외부로 돌려 전쟁을 벌인다. 영락제는 내부적으로 『영락대전』을 간행했고, 외부적으로 5차에 걸쳐 몽골원정을 했다.

영락제는 연왕시절에 후계자 문제로 고심했던 주원장이 태자로 삼아야 하는지 고민했을 정도로 지도자로서 자질이 뛰어났다. 황제로 등극한 뒤에 정통성 문제 때문에 당시의 인재들에게 좋은 평가를 받지 못했지만, 강력한 황권을 수립하고 국가를 안정시켜 명나라가 발전할 수 있는 계기를 만든 점은 부인할 수 없는 사실이다.

제32장
나라의 몰락을 가져온
명신종 만력제

명나라는 '토목보의 변'으로 쇠퇴하기 시작했다. 또한 환관들이 정치에 나섬으로써 국가가 발전하기 힘든 상황이었다. 물론 효종시기에 정치를 안정시켜 '홍치중흥弘治中興'을 이룩했지만, 황제들의 환관총애가 지나치면서 나라가 기울게 됐다.

융경제의 유지를 받은 장거정張居正은 어린 나이에 등극한 신종(연호는 만력)을 보좌하면서 국가를 개혁하도록 노력했다.

1. 오직 믿음 하나로 변법을 시행하다

장거정(1525~1582)은 어려서부터 총명했다. 13세에 지방의 과거시험에 합격했고, 가정제 26년(1547)에 23세의 나이로 진사가 되었다. 학문이 뛰어나 한림원에서 관리를 지냈지만 당시 내각에서 당쟁이 발생하여 가정제의 신임을 받지 못했다. 엄숭嚴嵩이 권력을 잡자 반대세력으로 몰렸던 까닭이다.

결국 장거정은 낙향하여 고향에서 학문에 전념했다. 3년여의 이 기간 동안 그는 백성들의 어려움을 알게 되었다. 1557년에 장거정은 다시 한림원에서 관리생활을 하면서 융경제隆慶帝의 태자시절에 태자의 스승을 지냈다.

융경제가 즉위한 뒤 장거정을 이부좌시랑과 문연각대학사를 겸직하도록 임명하니 그는 이때에 이르러 정치에 참여할 수 있었다. 그는 정치개혁에 전력을 다했다. 또 타타르족이 침략했을 때는 직접 참전하여 전공을 세우기도 했다. 황제는 그를 깊이 신임했기에 태자의 교육을 맡겼으며, 또한 유언으로 수보대신으로 임명하여 어린 만력제萬曆帝를 보좌하도록 명했다.

새로 즉위한 만력제는 고작 10세의 어린아이였기에 장거정은 황제의 교육에 모든 노력을 아끼지 않았다. 장거정은 만력제를 위해 역대제왕의 역사적인 교훈이 담긴 『제감도설帝鑑圖說』이라는 책을 만들어 어린 만력제에게 좋은 황제의 의미를 가르치고 좋은 황제가 되도록 교육했다. 장거정의 노력으로 만력제는 장거정을 스승으로 여기며 그의 의견을 존중했다.

어느 날 장거정은 만력제에게 "폐하! 대명大明은 태조 홍무제께서 건국하신 이래 계속해서 발전했지만 오늘에 이르러서는 많은 문제점이 생겼습니다"라고 말했다. 황제는 어린 나이였기에 걱정되는 표정을 지으며 "우리 대명에 어떤 문제가 있습니까?"라고 물었다. 그는 황제에게 "대명이 영원하기 위해서는 국가의 전반적인 개혁이 필요합니다"라고 대답했다.

장거정이 국가개혁의 필요성과 세부적인 개혁내용을 말했다. 이에 만력제는 그의 의견을 반영하여 개혁을 시행할 것을 명했다. 그는 국가개혁을 위해 정치·경제·군사·사상 등 여러 방면에서 변법을 실시했다.

정치방면으로는 '고성법考成法'을 실시했다. 명나라는 환관정치의 영향으로 부정부패한 관리들이 많았다. 장거정은 이 문제를 개혁하기 위해 관리들을 정기적으로 감찰하는 고성법을 반포했다. 고성법이 시행되면서 황족이나 지방유지들과 결탁한 부정한 관리들이 모두 적발되어 파면당했다. 또한 장거정은 유능한 인재들을 출신과는 상관없이 파격적으로 등용했다. 정치적인 개혁은 성공적으로 진행되었으며, 이로 인해 명나라의 정치가 안정되어 갔다.

경제방면으로는 철저한 토지조사와 '일조편법一條鞭法'을 시행했다. 당시 부정부패한 관리들과 지방지주들은 서로 결탁하여 국가법령을 어기고 농민들의 토지를 강탈하였으며, 자신들이 보유한 토지에 대한 세금을 납부하지 않았다. 장거정은 고향에 있을 때부터 이런 정황을 보아서 알았기에 철저한 토지조사를 실시했다. 이 조사로 그는 명나라 전체토지의 1/3에 해당하는 230만 경이 누락되었음을 밝혀냈다.

또한 장거정은 새로운 부세제도를 만들었다. 중국의 전통적인 부세제도는 납세와 부역으로 나뉜다. 백성들은 세금이 무겁기도 하지만 부역 때문에 농사를 짓지 못해서 지주들에게 자신의 토지를 쉽게 뺏겼다. 장거정은 이런 문제를 해결하기 위해 '일조편법'을 시행했다. 일조편법은 납세와 부역을 모두 은銀으로 계산하여 국가에 납부하는 방식이다. 백성들은 부역시간을 은으로 납부하면 되었기에 생업에 종사할 수 있었고, 국가에서도 일괄적인 재정수입으로 국가예산을 예측하여 관리들의 부정부패를 막고 재정을 효율적으로 집행할 수 있었다. 더구나 일조편법이 시행되면서 화폐경제는 더욱 발전하게 되었고, 국가재정 또한 증가하여 명나라는 경제적으로 크게 발전하게 되었다.

그러한 즈음 북방의 타타르족이 계속해서 명나라의 국경을 약탈했다. 장거정은 타타르족와의 전투에 직접 참전한 적이 있었기에 그 상황을 잘 알고 있었다. 그 경험으로 군사방면의 개혁을 시도했다.

장거정은 주위의 반대에도 불구하고 왜구정벌에 큰 공을 세운 척계광戚繼光을 북방방어의 책임자로 삼았다. 이는 장거정이 군사적으로 유능한 인재인 그의 능력을 인정했기에 가능한 일이었다. 또한 이는 그의 원칙인 유재시용唯才是用 즉 '유능한 인재만을 등용한다'라는 신념에 따른 것이다. 이러한 타타르족에 대해 군사적인 대응방법 외에도 사신을 파견하여 그들의 지도자를 '순의왕順義王'으로 책봉하는 등 화평책을 사용하여 북방의 안정을 시도했다.

사상방면으로는 실무적인 사상을 중시했다. 남송시기에 성립된 주자학은 이론적인 면에서 수준이 높았다. 이 때문에 주자학을 연마한 지식인들은 이상적인 면을 주장하면서 현실문제에 대해서는 원론적인 부분만 언급하고 실제로 문제를 해결하지는 못했다. 장거정은 이런 이상적인 주자학을 비판하면서 지식인들에게 실무적인 지식을 요구했다.

이러한 장거정의 여러 개혁은 만력제의 굳은 신임을 바탕으로 이루어졌다. 황제는 그의 개혁이 성공적으로 진행되면서 국가가 활력을 되찾는다는 사실을 깨닫고 개혁이 계속 시행될 수 있도록 그를 지지했다.

2. 사욕을 구하는 세력이 있는 한 변법은 없다

　10년 동안 진행된 장거정의 개혁은 쇠퇴기에 있던 명나라가 다시 발전할 수 있는 계기가 되었다. 만력제는 장거정을 자신의 스승으로써 존경하고 신임했기에 그의 개혁에 반대가 없었다. 장거정은 대권을 가지고 있으면서도 항상 만력제와 상의했고 개혁의 결과를 보고하므로 황제는 더욱 그를 신임했다.
　만력제는 성인이 되면서도 장거정을 계속 신임했지만. 그의 개혁은 많은 이들의 불만을 초래했다. 그들은 황족·관리·환관 등으로 이들은 크게 세 부류로 나눌 수 있다.
　장거정은 개혁과정에서 황족들이 정치에 참여하는 것을 막았다. 황족들이 정치에 참여했을 때는 청탁하는 무리들이 많았고. 황족들은 이들을 세력삼아 정치역량을 키워나갔다. 이들 무리는 대부분 능력있는 인물이 아니었다. 이들은 결탁한 황족을 배경으로 부정을 저지르고 또 그런 방법으로 재물을 모아 황족에게 바치며 기생했다. 그들은 장거정의 정치개혁에서 가장 먼저 파면대상이 되었다.
　황족들은 기생세력이 점차로 파면당하자 정치역량을 잃게 되었고. 장거정은 이 기회를 이용하여 황족세력을 더욱 약화시키기 위해 그들의 세습을 막았다. 장거정은 만력제에게 "폐하. 대명이 건국한 지 이미 2백 년이 되었습니다. 이 기간에 황실종친들은 수도 없이 많았지만 종친으로서 그 책임을 다하는 분들은 거의 없었습니다. 반면에 황실종친이면서도 폐하께 얼굴을 들지 못할 만한 행동을 하는 분들이 있었습니다"라고 말했다. 만력제는 이 이야기를 듣고 "그럼 어찌해야 하오?"라고 물었다. 장거정은 "이 기회에 혈연관계가 먼 황족은 세습을 금지시키고, 가까운 황족들에게는 황실의 품위를 지키도록 명하셔야 합니다"라고 대답했다. 황제는 그의 건의에 따라 황족을 정리하니 그들은 자연히 장거정에게 불만과 원한을 품었다.

그리고 장거정이 고성법을 시행하여 관리들을 감찰하자 장거정에 대한 관리들의 불만이 생겼다. 감찰결과 무능한 관리들은 파면·좌천되었고, 지방유지들과 결탁했던 부정한 관리들 역시 파면대상이 되었다. 더구나 현직의 관리나 새로이 출사하는 관리들은 모두 주자학을 신봉했는데, 장거정이 주자학을 비판하자 학문적으로 장거정과 대립하게 되었다. 장거정의 정치·경제 방면의 개혁으로 기득권을 잃어버렸다고 생각한 관리들은 장거정이 대권을 가지고 있었기에 황족들과 같이 마음속으로 불만과 원한을 품게 되었다.

장거정이 모든 정무를 책임지고 있었기에 만력제는 남는 시간이 비교적 많았다. 그런 황제에게 환관들은 여러가지 놀이를 동원하여 환심을 사기 위해 노력했다. 이 소식을 들은 장거정은 만력제에게 "폐하! 우리 대명은 왕진王振이나 유근劉瑾 같은 환관 때문에 국가적인 위기를 당했습니다. 폐하 곁에 있는 이런 환관들이 폐하의 총애를 얻고자 폐하를 올바르지 않은 길로 가게 합니다. 또한 이들이 폐하의 총애를 얻으면 제2의 왕진과 유근 같은 환관이 됩니다"라고 단호히 말하고 이런 환관들을 모두 궁 밖으로 추방했다.

자신을 즐겁게 해주던 환관들이 모두 쫓겨나자 황제는 마음속으로부터 장거정에 대한 불만이 서서히 생기기 시작했다. 궁에 남아 있던 환관들도 많은 환관들의 추방소식에 그에게 원한을 품었다.

그럴 무렵인 만력 10년(1582)에 장거정이 병으로 사망하자 모든 신하들이 "폐하께서 이미 성년이시니 직접 정무를 보시옵소서"라고 건의했다. 20세가 된 만력제는 10년 동안 황제의 지위에 있었지만 그동안 장거정이 모든 정무를 처리하여 왔으므로 실제적인 정무경험이 전혀 없었다.

황제는 지난날 장거정에 대한 불만이 조금은 있었지만 그의 개혁정책으로 국가가 부강해졌음을 알았기에 그 개혁을 계속 진행했다. 의욕적으로 정무를 보았던 만력제는 오래지 않아 정무에 싫증이 났다. 또 그를 보좌해야 할 신하들은 오히려 장거정의 죽음을 기회로 삼아 그에 대한 각종 유언비어를 퍼트렸다. 정무에 지친 만력제는 이런 유언비어에 장거정을 반신반의하게 되었고, 사실여부를 파악하려고 해도 모든 이들이 원한을 품고 있었기에 장거정의 나쁜 소식만을 듣게 되었다.

결국 만력제는 장거정에게 내렸던 시호와 관직을 모두 삭탈하고 재산을 몰수했다. 반대세력들은 이에 그치지 않고 그의 장자를 고문하고 자살하도록 핍박했으며 남은 가족들 중에서 직계는 굶겨죽이고 나머지는 유배를 보냈다. 또한 그의 개혁사안을 모두 철회하도록 했으며 심지어 업적에 관한 기록을 모두 삭제했다. 이로써 장거정의 개혁은 실패했다.

만력제와 장거정의 관계는 제자와 스승의 관계로 시작했다. 융경제의 유지를 계승하여 두 사람은 서로를 존중하며 신뢰하는 관계에서 명나라의 개혁을 시행했고, 어느 정도의 성공을 거두었다. 유교적인 관점에서 만력제는 장거정을 끝까지 믿었어야 했지만. 결과는 그렇지 않았다. 이것은 두 사람 모두에게 책임이 있지만 군주인 만력제에게 더 큰 책임이 있다고 할 수 있다.

여기에서 장거정이 사망하고 모든 책임을 짊어진 만력제를 지도자로서 다시 한번 살펴볼 필요가 있다. 일반적으로 동양에서는 진정으로 대역무도한 죄가 아니면 사망한 인물의 죄는 언급하지 않았다. 그런데 장거정이 사망한 지 4일 뒤부터 그에 대한 탄핵이 시작된 것이다.

만력제가 10년 이상을 신임하고 의지한 장거정에게 그의 사후에 행한 행동은 두 가지로 볼 수 있다. 첫째로 만력제의 장거정 신임은 시간이 흐를수록 정도가 약해졌다. 둘째로 탄핵세력에 대응할 만한 세력이 없었다.

이 두 가지 측면에서 만력제의 지도력은 문제가 있다고 보인다. 신하를 신임하는 것은 신하만의 문제가 아니라 황제와 신하가 모두가 서로 굳은 믿음의 관계여야 한다. 신하가 황제에게 충성하는 만큼 황제는 그 신하를 신뢰해야 하고, 황제가 신뢰하는 만큼 신하는 황제에게 충성을 다해야 한다. 이런 점에서 두 사람의 초기관계는 어느 정도 서로가 신뢰하였다고 볼 수 있지만. 장거정의 사망 직후에 만력제의 행동은 그를 신임한 것으로 볼 수 없다.

또한 만력제는 장거정의 개혁에 반대하는 세력이 형성될 수 있었음에도 그의 개혁을 지지 옹호하는 대응세력을 만들지 않았다. 장거정 역시 만력제로 하여금 지속적으로 개혁정책을 펼 수 있도록 이를 뒷받침할 만한 세력을 형성해 놓지 못하고 사망했다.

장거정의 개혁정책은 그의 사망으로 아깝게도 끝이 나고 말았지만 개혁실패의 책임은 만력제에게 더 크다고 할 수 있다.

3. 3대 정벌로 명나라의 멸망을 재촉하다

장거정의 개혁은 경제방면에서 일조편법의 시행으로 화폐경제가 발전했고 국가재정은 나날이 충실해졌다. 10년간의 개혁결과로 10년을 사용할 수 있는 식량을 국고에 모을 수 있었고 그만큼 국가경제는 발전해 있었다. 그 결과 장거정의 개혁은 끝이 났지만 개혁의 성과가 남았기에 명나라는 곧바로 쇠퇴기로 접어들지 않았다.

만력제의 친정이 시작되면서 관리들은 다시 부정부패해졌으며 환관들은 만력제에게 총애를 얻기 위해 노력을 아끼지 않았다. 그 결과 황제는 정무에 관심을 잃게 되었고, 명나라의 중앙통제는 지속적으로 약화되었다. 이런 상황에서 두 차례나 대규모의 반란이 발생하여 토벌해야 했고, 조선을 돕기 위해 군대를 파견해야 했다. 이를 역사적으로 '만력3대정萬曆三大征'이라 부른다.

만력3대정의 첫번째는 만력 20년(1592)에 발생한 영하寧夏에서의 반란이었다. 영하를 통치하던 발배哱拜는 원래 몽골출신으로 가정제 시기에 명나라에 항복하여 관직을 얻었다. 만력제 초기에 전공을 세운 발배는 영하지역을 통치하게 되었고 장거정의 죽음 이후 중앙의 통제가 약해진 틈을 이용하여 반란을 일으켰다.

이 소식을 들은 만력제는 대규모 군사를 파견하여 반란을 토벌하도록 명을 내렸다. 토벌군 수장인 이여송李如松은 반란군의 약점을 파고들어 반란군을 고립시켰고 그렇게 고립된 반란군에서 내부분열이 발생하여 반란진압에 성공했다. 그러나 반란이 신속하게 진압되지 못하여 그 지역 백성들의 원성이 샀고 군수물자를 많이 사용하여 국가재정을 낭비했다.

두번째 군사행동은 같은 해 조선에서 발생했다. 일본의 전국시대를 통일한 토요토미 히데요시가 군사적 자신감으로 조선을 침략했다. 당시 조선에서는 아무런 준비가 되어 있지 않았기에 일본군은 파죽지세로 보름 만에 한양까지 진격했다. 조선의 요청을 받은 만력제는 영하반란의 진압에 공을 세운 이여송을 수장으로 4만 3천의 병력을 파견했다.

임진왜란은 7년 동안 벌어진 장기간의 전쟁이었기에 명나라가 지속적으로 원군을 보내기는 어려운 상황이었다. 만력제는 이 문제를 해결하기 위해 요동을 통치하던 이성량李成梁에게 조선을 도우라는 명을 내렸다.

본래 이성량의 요동군은 여진족을 경계하고 있었으나 황제의 명에 따라 조선에 병력을 출동시켰다. 이렇게 이성량이 자리를 비운 사이에 요동에 변화의 조짐이 생겼다. 이성량이 통치할 때 여진족은 그의 힘에 밀려 통합하기 어려웠으나, 이 틈에 족장 누르하치는 여진족을 통합할 수 있었던 것이다. 만력제의 조선파병은 승리를 거두었지만 오히려 국가재정을 크게 약화시키고 변경에서 문제가 발생하는 계기가 되었다.

세번째 군사행동은 파주播州에서 일어난 반란 때문에 발생했다. 파주는 사천·호북·귀주의 중간에 위치한 지역으로 교통이 불편한 지역이다. 이 지역은 당나라 이래로 양楊씨가문에서 대대로 통치해 왔다. 명나라 때에 이르러서도 양씨가문에서 계속 이 지역을 통치했는데, 만력제의 통치력이 미치지 못한 상황이 되자 관리를 지내던 양씨가문의 양응룡楊應龍이 사천과 호북지역으로 자신의 세력을 확장했다. 그럼에도 중앙정부의 아무 대응이 없자 그는 만력 27년(1597)에 마침내 반란을 일으켰다.

반란소식을 들은 만력제는 사천성·호북성·귀주성의 병력을 모아 반란을 진압하려 했다. 그러나 파주지역이 통행이 불편하고 양씨가문의 통치가 견고하여 쉽사리 진압이 이루어지지 못했다. 명나라 정부는 그 지역을 포위하고 병력을 8개의 부대로 재편성하여 1598년에야 진압에 성공했다.

반란의 진압에는 성공했으나 이 변란은 명나라 정부에 큰 고통을 안겨주었다. 사실 호북성과 사천성은 명나라에서 중요한 경제지역이었다. 그런데 양응룡의 반란으로 이 지역의 경제가 파괴되어 국가재정에 큰 문제가 되었던 것이다.

이 3대정의 결과로 명나라의 국가재정은 심히 고갈되었다. 만력제는 이 재정문제를 해결하기 위해 전국적으로 광산을 개발하고 상세를 걷기로 결정했다. 정무에 관심을 잃은 만력제는 환관들에게 이를 해결하도록 명했다. 그러나 환관들은 부정부패한 관리들과 결탁하여 가렴주구만 일삼아 일이 제대로 이루어질 까닭이 없었다. 국가재정만이 점점 고갈되어 갈 뿐이었다.

환관들은 또한 이러한 사실을 만력제에게 제대로 보고조차 하지 않았다. 황제가 궁전에서 나와 정부를 보지 않으니 그들은 자신들에게만 유리하게 보고할 뿐이었다. 한편 관리들은 '국본國本'문제로 파당을 형성하여 당쟁을 벌였고 그 결과 명나라는 혼란에 빠져들었다.

만력제는 망국亡國황제와 비슷한 지도자이다. 이런 황제들은 국가의 중대사를 제대로 인식하지 못했고, 오로지 향락에만 빠져 생활한다. 만력제는 명나라의 발전과 쇠퇴의 기로에 있었던 지도자였으나 자신의 역할을 다하지 못하여 명나라가 멸망하는 빌미를 제공한 황제로 평가된다.

제33장
태평성세를 이룩한
청나라 강희제

청나라와 원나라는 강력한 무력으로 중원왕조를 정복한 정복왕조였던 점은 동일하나 통치형태에서 다른 점을 볼 수 있다.

원나라는 중원왕조를 정복한 이래 중원을 통치하면서 유목민족의 성격을 버리지 않는 정책을 고수했다. 그들은 정복된 중국인을 노예나 재산으로 취급하는 경향이 있었다. 그러기에 그들은 단명한 왕조가 되었다.

청나라는 이러한 원나라의 역사적인 교훈을 거울삼아 정책을 시행했다. 그들은 만주인을 우위에 두면서도 중국인과 서로 협력할 수 있는 정치체제를 갖추었던 것이다.

이런 통치체제는 강희제에 의해 만들어졌으며 이를 바탕으로 그는 태평성세를 이룰 수 있었다.

1. 어린 황제를 지극히 보좌하라

누르하치는 여진족을 견제하던 요동의 통치자인 이성량의 부하로 지내면서 중원의 문화와 전략·전술 등을 습득했다. 그러다가 이성량의 군대가 조선으로 파견되어 감시가 소홀해지자 그는 여진족의 통합에 성공하고 주변세력들을 차례로 흡수하면서 세력을 키워나갔다.

명나라에서는 이러한 여진족의 통합을 견제하기 위해 정벌하려 했다. 그러나 누르하치는 오히려 사르후에서 명군을 이기고 '후금後金'이라는 나라를 건국했다. 누르하치에 이은 홍타이지는 나라이름을 후금에서 '청淸'으로 바꾸었다.

홍타이지는 청나라의 내부를 안정시키며 중원진출의 야망을 키워나갔다. 그러나 아직 명나라는 청나라가 치기에는 너무 강력하여 여러 차례 공격했으나 승리할 수는 없었다. 홍타이지의 동생 도르곤은 조카인 푸린福林을 황제로 보좌하면서 기회를 엿보고 있었다.

그러던 차에 명나라의 내부혼란이 계속되었고 마침내 이자성의 농민군이 명나라를 멸망시키고 말았다. 이때 산해관을 지키던 명나라 장수 오삼계가 청나라에 투항해 왔다. 도르곤은 오삼계의 투항을 기회삼아 누르하치 이래로 공략에 실패했던 산해관을 큰 어려움없이 진입했다.

청나라는 명나라 마지막 황제인 숭정제의 복수를 명분삼아 중원을 향해 진격했고, 이자성의 농민군에 대한 전쟁에서 승리하면서 북경에 입성했다. 청나라는 수도를 북경으로 정하고 황제 푸린은 연호를 순치順治로 하니, 순치제는 중원 청나라의 첫번째 황제가 되었다.

순치제의 셋째아들로 태어난 현엽玄燁은 어려서부터 매우 총명하여 5세에 이미 많은 책을 읽고 중원의 문화를 잘 이해하고 있었다. 순치제는 현엽을 계승자로 삼은 뒤 유언으로 색니索尼·소극살합蘇克薩哈·일필륭逸必隆·오배鰲拜 등 4명의 대신에게 어린 황제를 보좌하도록 명했다. 1661년에 8세의 나이로 황제에 즉위한 현엽은 연호를 강희康熙로 했다.

그런데 이 네 명의 대신들은 순치제의 고명을 잊은 채 어린 강희제를 보좌하지 않고 자신들의 권력을 위해 정쟁을 벌였다. 오배는 특히 자신의 권력을 강화하기 위해 때때로 강희제에게 협박에 가까운 요구를 했다.

강희제는 14세에 친정을 선포했으나 신하들은 오히려 모두 오배의 눈치만을 보았으므로 오배를 몰아낼 때까지 황제는 참을 수밖에 없었다. 이렇게 참기만 하는 강희제를 별볼일없는 황제로 오해한 오배는 방심하기 시작했다. 강희제는 오배의 방심을 이용하여 조용히 수도의 군사권을 장악하면서 결정적인 기회를 기다리고 있었다. 마침내 강희제는 계략으로써 오배를 처리할 수 있었다.

황제는 조정의 대권을 장악한 뒤 자신의 정치적인 재능을 살려 청나라가 발전하는 기틀을 마련했다. 직접 정무를 보기 시작한 강희제는 국가에서 해결해야 할 목표를 먼저 설정했다. 첫째는 삼번의 문제를 해결한다. 둘째로 치수에 힘쓴다. 셋째로 물자의 유통을 중시한다.

강희제는 이러한 목표를 궁전의 기둥에 써서 매일 읽으며 목표달성을 위해 노력했다.

강희제가 정무를 시작하면서 가장 문제가 된 것은 삼번문제였다. 일반적으로 유목민족은 항복한 자들을 대우해 주는 풍습이 있었다. 여진족 역시 유목민족이었으므로 이런 풍습이 있었다. 더욱이 중원진출을 원했던 청나라는 항복한 명나라 장수들의 협력을 매우 필요로 했기에 그들에게 좋은 대우를 하고 있었다.

청나라의 중원통치 과정에서 명나라 장수출신 오삼계吳三桂·상가희尙可喜·경중명耿仲明은 특히 큰 공을 세웠다. 그런 까닭에 청나라 조정에서는 통치가 미치지 못한 남방지역을 그들에게 분봉하여 통치를 맡겼다. 운남지역에는 오삼계를 평서왕平西王으로, 광동지역에는 상가희를 평남왕平南王으로, 복건지역에는 경중명을 정남왕靖南王으로 각각 임명했다. 이들은 역사적으로 '삼번'이라 부른다.

삼번은 지역의 군사권과 독자적인 관리임명권을 가지고 있었다. 그들은 중앙정부에 세금을 납부하지 않았고 오히려 재정을 중앙정부에 요구했다. 마침 오배의 전횡으로 흐트러진 국가를 안정시키기 위해서는 국가재정이 먼저 확보되어야 했던 터에 삼번에서 요구하는 금액은 약 2천만 냥이나 되었다. 이 금액은 청나라 전체 조세수입의 1/2에 해당했다.

삼번이 막강해져 가면서 독립하려는 낌새를 보였고 재정문제도 있어 이를 고심하던 강희제는 마침내 삼번을 정리하기로 결심했다. 이리하여 강희제가 기회를 살피고 있을 때 상가희가 자신의 지위를 자식에게 계승시키고 고향으로 돌아가려고 상소를 올렸다. 강희제는 삼번에 삭번책을 실시하려는 결심이 굳었으므로 상가희가 고향으로 돌아가는 것은 허락했지만 평남왕의 계승은 반대했다.

이 소식을 전해 들은 오삼계와 경중명은 강희제의 의도를 파악하기 위해 거짓상소를 올렸다. 그리하여 강희제의 의도를 파악한 삼번은 1673년 오삼계를 중심으로 각지의 유력자들과 연계를 한 뒤 반란을 일으켰다.

강희제는 삼번의 반란과 동시에 각 지역에서도 반란이 발생하자 강력한 진압명령을 내렸다. 청나라의 기본전략은 기동력을 최대로 활용한 공격전술이었다. 그러나 청나라의 전략과 전술을 잘 알고 있던 오삼계는 오히려 진압군을 물리치고 호남성까지 세력을 확장했다.

각 지역의 반란으로 진압군의 분산이 어쩔 수 없었던 상황에서 강희제는 전략과 전술을 바꿀 수밖에 없었다. 여러 지역을 동시에 진압하기 위해서는 먼저 방어에 중점을 두면서 반란지역의 연결을 끊는 것이 급선무였다. 그리하여 반란세력을 고립시키면서 차례로 진압하는 전략이었다. 병사들도 한족병사들을 중심으로 하는 부대를 편성했다.

1678년에 오삼계가 병으로 사망하자 삼번은 내부에서 분열이 시작되었다. 강희제는 이 기회를 틈타 적극적인 진압에 나서서 3년 뒤 삼번의 반란을 완전히 진압하였다. 비록 8년이 걸린 진압이었지만 강희제는 자신의 첫번째 목표를 달성했다.

반란이 모두 진압되어 국가통치에 문제가 없어지자, 강희제는 치수를 위해 노력했다. 중국에서 예로부터 치수에 성공한 군주는 명군明君으로 인식될 만큼 치수는 단순한 수리공사를 뜻하지 않는다. 강희제는 중원문화를 잘 이해했기에 만주족뿐만 아니라 한족에게서도 명군이라는 칭호를 받는 군주가 되고 싶었다. 그런만큼 그의 치수정책은 적극적이었고 끝내는 성공을 거두었다. 결과는 농업생산의 증가와 국가재정의 확충으로 나타났다.

북경은 명나라 영락제 이래로 정치중심지와 경제중심지가 분리된 형태의 수도였다. 경제가 발달한 장강 이남지역에서 수도에서 필요한 물품을 제공하기 위해서는 수운이 매우 적합한 교통형태이다. 이 때문에 수운이 발달하면 물류를 촉진시켜 경제가 발전하는 원동력이 된다.

강희제는 수운의 중요성을 잘 알고 있었기에 수운의 보수와 유지를 위해 노력했다. 그는 강남 즉 양자강 이남지역을 여섯 번이나 순행했는데, 어떤 때는 수운을 이용하기도 하였다. 이는 강희제가 수운을 매우 중요하게 생각했음을 보여주는 예이다.

강희제는 61년의 재위기간에 자신이 목표한 것을 모두 달성했음에도 백성들에게 부담을 주지 않은 것으로도 유명하다. 삼번을 진압하면서도 백성들에게 별도의 세금을 걷지 않았고, 순행비용도 세금에서 충당하지 않고 황실의 내탕금에서 사용했다. 더구나 자연재해가 발생하면 재해의 정도에 따라 면세정책을 실시했다. 이런 강희제의 정책이 청나라를 태평성세로 만들었다.

2. 인재는 직접 키워서 활용하라

순치제가 어린나이에 황제로 즉위하자 숙부인 도르곤이 섭정했다. 어려서부터 숙부인 도르곤의 횡포를 보아온 순치제는 자신의 계승자인 현엽을 걱정할 수밖에 없었다. 황제는 어린 현엽을 위해 황족들이 권력을 잡는 것을 막을 셈으로 색니·소극살합·알필륭·오배 등 4명의 대신을 불러 현엽을 보좌하도록 유언을 내렸다.

어린 강희제가 8세에 황제로 즉위하니 4명의 대신은 순치제의 유언에 따라 강희제를 보좌했다. 순치제의 유언은 황족이 권력을 행사하는 것을 막았으나, 신하들의 권력은 오히려 황권보다 막강해져 어린 강희제는 고통의 시간을 보내야만 했다.

황제를 보좌하게 된 4대신은 본래 사이가 좋지 못했다. 4대신이 의견이 일치하지 않으면 경륜이 풍부하다고 평가받는 색니가 의견을 조정하는 역할을 해야 하지만 그는 몸을 사리고 있었고, 그 틈에 야심만만하고 오만한 오배가 자신의 의견만이 옳다고 주장하여 4대신의 관계는 더욱 멀어지게 되었다.

오배는 자신의 지위를 등에 업고 국법을 어기는 행동을 자주했다. 게다가 몸을 사리던 색니가 병으로 사망하자 오배는 더욱 기고만장해졌다. 자신을 탄핵하는 주장을 한 소납해蘇納海 · 주창조朱昌祚 · 왕등王登 등에게 거꾸로 자신을 모함한다는 죄명을 씌워 사형에 처하기도 했다.

강희제가 14세에 이른 1667년 친히 정무를 보겠다고 선포하니 오배는 자신의 추종세력을 통해 소극살합을 모함하게 했다. 오배의 의견을 들은 강희제는 이 주장이 오배의 억지임을 알면서도 어쩔 수 없이 소극살합을 사형에 처해야만 했다. 이로써 대권은 오배가 장악했으며, 대부분의 신하들은 오배와 추종자들로 구성되었다. 처지가 이러하니 강희제는 오배를 제거하고 싶어도 방법이 없었다.

강희제는 오배의 행동으로 수모를 당하면서도 참고 미래에 대한 계획을 세웠다. 그 계획의 중점은 강희제 스스로가 자신에게 충성하고 믿을 수 있는 인재를 직접 키우는 것이었다. 강희제는 자신의 계획에 따라 인재를 키우려면 많은 시간이 필요함을 알고 인재들에 대해 준비를 하면서 오배가 방심할 만한 행동을 하기 시작했다.

강희제는 또래의 건장한 소년들을 모아 자신의 시위대로 삼고 자신에게 충성을 다하도록 교육시켰다. 자신에게 충성하는 인재를 확보한 강희제는 모집한 시위대와 씨름을 하면서 시간을 보냈다. 그러면서 자신에 관한 정보를 의도적으로 꾸며 오배가 방심하도록 노력했다.

오배는 강희제가 씨름만 한다는 소식을 듣고 사실인지를 의심했다. 강희제는 어려서부터 총명하다고 소문이 있었기에 오배는 반신반의하며 주의 깊게 계속 관찰했다. 강희제는 오배의 무리가 자신을 관찰할 때 책을 보다가도 금방 책을 덮고 시위대에게 "책이 재미있다고 하지만 우리 만주인에게는 힘이 중요하지. 이제 씨름을 다시 시작해 보자. 오늘의 승자에게는 짐이 큰 상을 내리겠다"라며 큰 소리로 말했다.

강희제의 의도를 알고 있는 시위대는 일부로 흥겨운 척하며 "폐하의 말씀이 맞습니다. 우리 만주인은 힘이 세야 하고 무술에 뛰어나야 합니다"라고 강희제의 의도에 따라 대답했다. 강희제의 이런 행동이 몇 년 동안 계속되었고 마침내 오배는 방심하기에 이르렀다.

강희제는 시위대 외에 믿을 만한 인물을 더 찾았다. 신임할 수 있은 인물을 찾은 강희제는 오히려 이들에게 오배의 환심을 사도록 밀명을 내렸다. 이들이 오배의 환심을 사자 강희제는 오배에게 "그대의 주변에는 괜찮은 인물이 많다고 들었는데 정말 그런가?"라고 물었다. 오배는 의기양양해 하면서 "폐하, 제가 만주 제일용사입니다. 저를 따르는 수하들 중에는 괜찮은 자가 몇 명 있습니다"라고 대답했다.

강희제는 "요즘 경사(수도)에 도둑도 있고 반청복명하는 무리가 있다고 들었는데, 그대가 몇 명을 추천하는 것이 좋을 듯하오"라고 말했다. 오배는 기뻐하며 최근 자신에게 충성을 다하는 몇 명을 생각하고서는 추천했다. 강희제는 오배가 추천하는 인물들이 자신이 밀명을 내렸던 수하와 동일하자 그들에게 수도경비와 방어임무를 맡겼다.

기회를 살피던 강희제는 오배를 궁으로 불렀다. 오배는 이미 강희제에 대해 방심했기에 아무런 방비없이 입궐했다. 이미 준비를 마친 강희제는 오배를 사로잡은 뒤 30여 가지 죄목을 들어 오배에게 종신형을 내렸다. 이로써 강희제는 황제로서 정권을 실질적으로 장악하게 되었다.

이러한 일련의 과정에서 강희제는 인재의 중요성과 필요성을 깊이 깨달았다. 그러한 인재들의 지속적인 등용을 위해 황제는 과거제도를 정비하여 실시했다. 강희제는 과거를 통해 인재라고 판단되면 한림원이나 자신의 의견을 주장할 수 있는 자리로 등용했다. 또한 인재를 등용하고 키우면서 만주족 출신의 인재 외에도 한족출신의 인재들에 대해서 차별을 두지 않았다.

인재를 키워서 등용하던 강희제는 인재라고 판단되면 파격적인 등용을 했는데 대표적인 인물로는 주배공周培公・요계성姚啓聖・시랑施琅 등이 있다. 특히 삼번 진압과정에서 인재의 필요성을 절실히 느낀 황제는 인재를 찾기 위해 절치부심했다.

삼번의 반란은 전국각지에서 발생했던 반란들과 연합되었기에 반란이 발생하자 강희제는 수세에 몰리기 시작했다. 마침내 삼번반란의 주동자 오삼계는 호남성까지 진격했다. 그는 섬서총독인 왕보신王輔臣과 연합한 뒤 섬서지역까지 진출하여 남쪽과 서쪽에서 청나라를 포위하려는 전략을 썼다.

그런 왕보신은 무재가 뛰어난 인물이었는데 강희제의 입장에서는 그를 대적할 만한 장수가 없었기에 왕보신의 반란이 더 큰 위협이 되었다. 강희제는 도해(圖海)를 대장군으로 삼아 왕보신의 반란을 진압하고자 했다. 왕보신의 용맹에 겁을 먹은 진압군은 주저하기만 했다.

이때 7품관인 주배공(1632~1701)이 이 진압에 참가했는데, 대장군인 도해에게 "장군, 제게 계책이 있는데 한번 들어보시겠습니까?"라고 건의하니, 방법을 찾던 도해는 반신반의하면서 "어떤 계책이 있는가?"라고 물었다. 주배공은 "왕보신의 휘하에 있는 참장인 황구주와 포정사인 공영우는 모두 저와 동향이고 공영우의 어머니는 제 유모였습니다. 제가 그들을 먼저 설득해 보는 것이 어떻겠습니까?"라고 말했다. 도해는 "그것이 가능한가?"라고 물었다. 주배공은 "한번 시도해 보는 것도 나쁘지 않을 것 같습니다"라고 말하니 도해는 주배공의 건의에 따랐다.

주배공은 공영우와 황구주를 만나 그들을 설득했고, 이들의 도움으로 왕보신까지 설득할 수 있었다. 주배공의 지략으로 피해없이 왕보신의 반란을 성공적으로 해결하자 소식을 들은 강희제는 주배공의 지략을 칭찬하며 파격적인 인사를 단행했다. 그 뒤로도 주배공은 강희제에게 많은 조언을 하여 강희제의 중요한 참모가 되었다.

요계성(1624~1683)은 어려서부터 정의감이 뛰어난 인물이었다. 강희 2년(1662)에 과거에 급제하여 광동에서 지방관을 지냈다. 지방관 시절 마카오의 해적이 침입했으나 지략으로 해적들을 물리쳤다.

요계성은 능력이 뛰어난 만큼 강한 성격을 가졌다. 그 때문에 윗

사람의 미움을 받아 관직은 점점 낮아졌다. 대만을 수복하기 위해 적합한 인재를 찾고 있던 강희제는 요계성에 대한 소문을 듣고 조정으로 불렀다. 요계성을 시험한 강희제는 요계성의 깐깐하고도 강한 성격이 대만복속의 책임자로 적합하다고 생각하여 조정의 중론을 무시하고 복건총독으로 삼았다.

복건총독이 된 요계성은 자신의 역할에 충실하여 착실히 전쟁준비를 했다. 조정대신들은 요계성이 시간만 낭비한다고 탄핵했으나 그는 스스로를 변호하면서 전쟁준비에 대한 상황을 상세하게 설명했다. 강희제는 그런 요계성을 신임하여 결국 대만복속에 성공하게 된다.

시랑(1621~1696)은 강희제에 의해 파격적으로 등용된 인물이다. 시랑은 본래 정성공을 따라 대만에서 반청反淸을 한 중요장수였으나 음모에 빠져 청나라에 투항했다. 시랑의 인간됨과 능력을 파악한 강희제는 시랑을 대만복속의 선봉으로 삼았다. 조정대신들은 모두 "시랑은 남명南明의 장수였습니다. 그를 선봉으로 삼는 것은 절대 있을 수 없는 일입니다"라며 결사적으로 반대했다.

강희제는 대신들의 그런 의견을 듣고 "우리 만주인은 육지에서는 무적이지만 해전에 능하지 못하여 번번이 남명의 무리들을 복속할 수 없었다. 그렇다면 그대들은 시랑같이 해전에 능한 인물을 말하라. 그러면 짐이 그를 등용하겠다"라고 대신들의 의견을 반박했다. 또한 강희제는 "짐이 시랑을 살펴보니 그는 책임감있는 사내다. 그대들은 짐의 안목을 못 믿겠는가?"라고 하니 시랑은 그 말을 듣고 다시 한번 충성을 맹세했다. 시랑은 요계성과 협력하여 대만복속에 성공했다.

강희제는 인재의 중요성에 대해 잘 알고 있었기에 교육기관을 통

해 인재들을 키웠고, 또한 인재라고 판단되면 그 인재에 대해 신임을
했다. 만약 다른 문제가 발생하더라도 그 인재들을 끝까지 신뢰했다.
인재들은 이런 강희제에게 충성을 다하여 자신들의 임무에 충실했다.
이런 황제와 신하 간의 믿음은 국가를 안정시키고 태평성세를 만드
는 중요한 원인이 된다.

3. 강희제는 왜 위대한 황제로 평가받는가?

중국역사에서 수많은 군주가 있었지만 후대에 그들을 평가하면서
'명군'이라고 부를 수 있는 군주는 그리 많지 않다. 그들 가운데 청나
라의 4대 황제 강희제는 명군이라는 칭호를 쓸 수 있는 군주이다.

강희제가 즉위했을 때는 청나라가 중국을 통치하기는 했지만 완
전하게 통치하지 못한 시기였다. 8세에 황제로 등극한 강희제는 4명
의 대신들 사이에 둘러싸여 자신의 정치적 재능을 발휘할 수 없었다.
친정을 선포한 뒤에도 한동안 고난을 겪다가 삼번 등 각지의 반란을
8년에 걸쳐 진압하고 무력에 의해 완전히 통치할 수 있었다.

강희제는 원나라의 역사적인 교훈을 잊지 않은 채 한족문화를 포
괄적으로 이해하고 적극적으로 수용했다. 문화적으로 수준이 낮은
만주족이 자존심이 강한 한족을 통치하기란 결코 쉽지 않았다. 더구
나 만주족이 무력으로 한족을 통치하려 해도 소수이기 때문에 원나
라의 전철을 밟을 가능성이 높았다.

순치제 시기의 도르곤이나 강희제 초기의 오배 같은 인물들의 행

동에서 보이듯 청나라는 유목민족적 성격을 버리지 못하고 원나라와 비슷한 형태의 통치형태를 가지고 있었다. 강희제는 이런 문제를 해결하기 위해 중국문화를 더 깊게 연구해야만 했고, 한족의 지식인층을 굴복시키기 위해서는 무력에 의한 굴복보다는 문화적으로 그들을 상대해야만 했다.

강희제는 어려서부터 책읽기를 좋아했고 장성해서도 손에서 책을 놓지 않은 채 독서에 열중했다. 한번은 신하들이 강희제에게 "폐하! 항상 책을 읽으시는 특별한 이유가 있습니까?"라고 물었다. 강희제는 대답했다.

"책은 읽은 만큼 아는 것이 생기는 것이라네. 그래서 어려서부터 계속 책을 읽어왔네. 천하에는 짐이 모르는 것들이 너무 많은데, 책에는 많은 지식이 있을 뿐만 아니라 선인先人들의 지혜를 엿볼 수 있지. 짐이 이런 지혜를 가지고 있다면 앞으로 발생할 수 있는 실수를 많이 줄일 수 있고, 그렇다면 천하가 태평해질 것이 아니겠나?"

신하들도 그런 강희제의 말에 공감했다.

강희제는 문화적으로 한족 지식인층을 상대하기 위해 남방을 순행했다. 물론 주요목적은 강남지방의 지식인들과 교류하면서 민심을 살피기 위해서였다. 강희제는 문장·서예·그림 등을 통해 문화적인 자부심이 강한 강남의 지식인층과 교류할 수 있었다. 이런 문화적인 교류는 강희제의 입장에서는 청나라의 통치에 유리하게 작용했고, 강남지역의 지식인들은 강희제가 야만적인 황제가 아니라 문화적으로 소양이 깊은 황제라는 것을 알게 되었다.

강희제는 이런 교류를 통해 강남의 지식인층의 불만을 해결하기도 했다. 출사규정을 바꾼 것이 대표적인 예이다. 순치제가 한족에게 5품 이상의 관직에 오르지 못하도록 규정했던 적이 있었다.

강남의 지식인들은 강희제에게 "폐하! 만주인만이 폐하의 백성이 아닙니다. 수많은 한인도 폐하의 백성이옵니다. 잊지 마소서"라고 건의했다. 강희제는 "무슨 일 때문에 그러는가? 짐이 모두 용서할 테니 자세하게 말해 보라"고 대답했다. 지식인들은 용기를 내어 "폐하께서 진정으로 명군이 되시려면 잘못된 제도를 바로잡으셔야 합니다"라고 말했다. 강희제는 순치제가 규정한 관직문제임을 알고 "그래, 너희들의 뜻을 잘 알겠다"라고 대답했다.

이윽고 황제는 수도로 돌아와 만주족과 한족이 모두 차별받지 않도록 제도를 바꾸었다. 이로써 많은 한족출신 지식인들이 출사했고, 청나라는 내부적으로 통합될 수 있었다.

강희제는 대대적인 문화정책을 시행하면서 많은 한족지식인을 등용하여 『명사明史』・『고금도서집성古今圖書集成』 등을 편찬할 수 있었다. 『명사』는 중국의 정사인 '24사二十四史'의 마지막이다. 세 번의 수정을 거쳐 완성되었는데, 청나라 역사학자 조익은 "『요사』・『송사』・『금사』・『원사』 등과 『명사』를 비교해 보니 다른 역사서가 『명사』의 완성도에 미치지 못한다"라고 평가할 정도로 최고수준이었다.

『고금도서집성』은 강희제 시기에 완성되었으나, 옹정제 시기에 정식으로 출판되었다. 『고금도서집성』의 분량은 1만 권이고 목록이 따로 40권이며, 1억 6천만 글자로 되어 있다. 구성은 6편編 32전典으로 세분되어 있다. 6편은 역상편曆象編・방여편方輿編・명륜편明倫編・박물편博物編・이학편理學編・경제편 등이다. 또한 각 전은 세부적인 목차에 따라 6,109부로 나뉜다.

『고금도서집성』은 수집된 자료가 풍부하고 분류가 세밀하여 찾아보기에 아주 편하다. 『영락대전』이 완벽하게 보존되어 있지 않기에 현존하는 분류서 중에서 규모가 가장 크고 완벽한 체제를 갖추고 있다.

강희제는 61년 동안의 재위기간에 정무를 하루도 쉬지 않았는데, 정무를 볼 때 세세한 것까지 모두 확인하고 처리했다. 신하들이 강희제의 건강을 걱정하여 "폐하! 옛말에 군주는 군주의 역할이 있어서 큰 줄기만 보고 나머지는 신하들에게 맡긴다고 했습니다. 옥체를 생각하시고 작은 일은 저희에게 맡기시는 것이 좋을 듯합니다"라고 말했다. 강희제는 "짐이 그대들을 못 믿어서 일을 맡기지 않는 것이 아니네. 천하의 큰일은 모두 작은 일에서 시작된다네. 짐이 작은 일이라도 자세하게 살피지 않으면 나중에 큰일이 될 수도 있네"라고 대답했다. 신하들은 "그래도 조금은 쉬시는 것이 어떠신지요?"라고 건의했다. 강희제는 대답했다.

"오늘의 일을 내일로 미루면 오늘은 편할지 모르겠지만, 내일은 일이 오늘의 일까지 포함되어 두 배로 늘어나네. 당장 쉬게 되면 나중에는 너무 많은 일이 있어 모두 처리할 수는 없네. 그러면 천하는 바로 어지러워지네. 황제의 자리가 그래서 보기보다는 매우 힘든 자리라오."

강희제는 신하들과 토론하는 자리를 많이 가졌다. 어느날 신하들이 강희제와 천하에 대해 토론을 하다가 제갈량에 대한 의견을 나누게 되었다. 신하들은 강희제에게 "폐하께서 생각하시기에 제갈량은 어떤 인물입니까?"라고 물었다. 강희제는 "짐이 생각하기에 역사적으로 나라를 위해 모든 힘을 다하고 죽겠다고 하는 인물은 많지만 제갈량을 능가할 만한 인물은 없다고 생각하네"라고 대답했다.

신하들은 스스로를 부끄럽게 생각하여 아무런 말도 할 수 없었다. 강희제는 미소를 지으며 "짐이 보기에 제갈량은 신하의 입장에서 대단한 인물이지만, 군주는 신하보다 더 책임감을 가져야 하네"라고 말했다. 신하들은 의아한 표정을 지으며 "폐하, 무슨 뜻입니까?"라고 물었다. 강희제는 "신하들도 국정에 대해 일말의 책임이 있지만 자신들이 떠나고 싶으면 떠날 수 있고, 나이가 들면 은퇴하여 유유자적한 생활을 누리지. 그렇지 않은가? 군주는 책임감 때문에 쉬고 싶어도 쉴 수 없고, 죽기 전까지 일을 해야만 한다네. 군주가 자리에 관한 책임을 지지 않으면 천하는 바로 난세가 된다네"라고 말했다.

강희제는 어린 나이에 황제로 등극했지만 그를 보좌하는 대신 가운데 오배는 황권을 넘보기도 했다. 강력한 황권을 꿈꾸는 강희제는 인재의 필요성을 느꼈고 나름대로 몇 가지 원칙을 세웠다. 첫째로 능력있다는 말이 있더라도 함부로 등용하지 않는다. 둘째로 비록 단점이 있더라도 일단 등용하면 그들의 능력을 최대로 활용한다. 셋째로 일단 인재들을 살펴보고 신뢰하게 되면 반드시 중용한다.

이러한 인재관은 지도자가 갖추어야 할 중요한 부분이다. 실제로 강희제는 자신의 원칙에 따라 등용된 인재들과 자주 토론하면서 적극 활용하여 태평성세를 만들었다.

또한 강희제는 61년의 재위기간에 황제의 신분에도 불구하고 인재들의 장점을 겸허하게 받아들여 몸소 실천하고 책임지는 지도자였다. 중국역사상 수많은 지도자가 있었지만, 강희제와 같이 겸손한 자세에서 언행이 일치하는 지도자는 극소수에 불과하고, 정치·경제·문화·군사 등 다방면에서 업적을 세웠기에 위대한 황제라고 부를 수 있다.

제34장 청렴한 관리를 중용한 청나라 옹정제

옹정제는 강희제의 넷째아들로 태어났다. 위대한 황제 강희제에게도 문제가 있었으니 바로 계승자에 관한 문제이다. 강희제는 모두 35명의 자식이 있었다. 장자는 서자출신이기에 강희제는 둘째를 태자로 임명했다.

강희제의 재위기간이 길어지면서 태자에게 좋지 않은 소문들이 돌았다. 강희제는 결국 태자를 폐하고 여러 아들들을 국정에 참여하게 했다. 넷째인 옹정제는 부친인 강희제를 도와 호부와 이부에서 업무를 보았다.

황제가 되기 전부터 국정경험이 풍부했던 황제는 옹정제뿐이다.

1. 부패한 관료들을 엄격히 응징하다

넷째황자인 옹정제는 학문을 좋아하고 다른 사람에게 폐를 끼치는 것을 걱정하는 약간의 소심한 성격을 가졌다고 한다. 처음 다른 형제들과의 관계는 좋았지만 폐태자사건으로 황태자 자리가 비자 이에 관심을 갖기 시작했다.

강희제는 폐태자사건을 통해 여러 황자들에게 기회를 주기 위해 국정에 참여시켰고, 꼼꼼한 성격의 소유자인 옹정제에게 이부吏部와 호부戶部의 일을 맡겼다. 그는 국정에 참여하면서 부패한 관리들을 많이 보게 되었다.

사실 강희제는 검소한 생활을 하면서 스스로에게 엄격했지만 관리들에 대해서는 상대적으로 관대했다. 그는 집권 초기에는 인재가 없어서였던지 인재라고 판단되면 파격적으로 등용했고, 관리들이 잘못을 저지르면 엄한 징계보다는 교육을 통해 문제를 해결하고자 했다. 더구나 고위관리가 잘못했을 때 처벌을 가볍게 하고 상황에 따라 용서해 주기도 했다. 그런 덕인지 황제 말기에는 탐관오리까지도 너그럽게 대해주어 국가기강이 조금씩 흐트러졌다.

45세에 황제에 즉위한 옹정제는 강희제 말기의 잘못을 바로잡기 위해 극단적인 조치를 취했다. 옹정제가 극단적인 행동을 취한 원인은 정통성 문제와도 관련이 있다. 강희제가 사망할 때 유서를 받은 이는 옹정제 혼자였다고 한다.

강희제는 평소 열넷째 아들을 총애했다. 이 열넷째는 무재가 뛰어나 몽골의 약탈을 막았고 오히려 공략에 성공하는 등 전공이 많았다. 강희제가 사망할 때 그는 몽골로 출정한 상태였다. 전하는 말에 따르면 강희제는 열넷째에게 황제의 자리를 전하려고 유서에 전위십사자傳位十四子 즉 '황제의 자리를 열넷째에게 전한다'라고 적었다 한다. 그렇지만 옹정제가 유서를 '십十'자에 '일一'을 더하여 전위우사자傳位于四子 즉 '황제의 자리를 넷째에게 전한다'라고 바꿨다고 한다.

옹정제가 황제로 즉위한 뒤 가장 먼저 취한 조치가 14황자의 군권을 뺏은 것이었다. 군권을 확보한 옹정제는 또다른 경쟁자였던 8황자·9황자·10황자를 부패했다는 이유로 감옥으로 보내거나 사형에 처했다. 경쟁자였던 형제들을 모두 정리하고 나서 옹정제는 본격적으로 강희제 말기의 흐트러진 국정을 바로잡으려고 했다. 탐관오리는 절대로 용서하지 않았다.

옹정제는 죄질에 따라 탐관들의 재산을 몰수했는데 그 이유는 강희제의 정책과 관련이 있다. 강희제는 신하들의 편의를 위해 재정에 여유가 있는 한도 내에서 돈을 빌려주었다. 이자가 없었기에 고위직 관리나 황족들이 주로 사용했다. 그러나 이들은 돈이 있으면서도 갚기로 한 날 갚지 않고 시일을 계속 미뤘다. 담당관리는 돈을 돌려받고 싶어도 직급이 낮아 어찌할 방법이 없었다.

강희제는 이런 사실을 모르고 있었지만. 옹정제는 실무를 담당했기에 이와 관련된 속사정을 잘 알고 있었다. 옹정제의 재산몰수는 이런 상황에서 시작되었고 그가 시행한 조치는 실무적인 경험이 바탕이 되었기에 역대 다른 황제들의 조치보다 더 현실에 적합했다.

옹정제는 돈을 갚지 않은 관리나 황족들에게 독촉하기 시작했다. 물론 갚는 사람도 일부는 있었지만 대부분은 갚지 않았다. 옹정제가 갚지 않은 사람들에게 독촉해도 별다른 효과가 없자 이들을 비밀리에 조사했다. 그 결과 이들이 탐관오리들과 결탁하거나 빌린 돈으로 고리대금업을 하고 있음을 알아냈다.

옹정제는 탐관오리도 처리할 겸 국가재정도 확보하기 위해 법집행을 엄격히 했다. 이에 따라 탐관오리를 처리하면서 그들의 재산을 몰수하고, 돈을 갚지 않는 자들에게서는 빌려간 금액에 상응하는 재산을 몰수하여 국가재정으로 충당했다. 이런 이유로 옹정제를 '몰수황제'라고 비하하는 표현까지 생겼다.

강희제가 자신의 목표를 삼번·치수·조운으로 삼았듯이 옹정제는 정치적인 문제점을 파악하여 부패와의 전쟁을 목표로 삼았다. 그는 "관리의 기강과 풍기의 퇴폐로 인한 폐해가 송나라 이래로 점점 증가하여 이제는 더 이상 손을 써볼 수도 없을 지경에 이르렀으나, 이제 짐이 혼신의 힘을 다하여 천년의 악습을 고치겠다"라고 다짐했다.

옹정제는 부패한 관리를 엄격하게 처벌했고, 이런 상황이 반복하여 발생하는 것을 막기 위해 국가재정에 관련된 모든 것을 수치화하여 다시 정리했다. 이런 자료를 준비하는 과정에서 모든 관원들에게 서로가 모르게 보고하도록 했다. 옹정제는 모은 자료를 모두 비교하고 검토하여 행정상의 허실을 밝혀냈다.

지방의 경제방면에 종사하는 관리들은 옹정제를 만난 뒤 자신들의 임무에 대해 자각하게 됐다. 그들은 모든 사항을 황제에게 직접 보고하도록 명받았다. 그 결과 옹정제 시기의 행정업무가 투명하게 되었으며 국가재정의 낭비를 막아 경제적으로 여유가 생기게 되었고, 강희제 말기의 문제점들이 모두 해결되었다.

일반적으로 옹정제에 대한 평가는 매우 상반된다. 긍정적이 평가는 강희제 시기의 태평성세를 계승하여 건륭시기의 태평성세의 기초를 제공했다는 것이다. 그리고 부정적인 평가는 관리들에게 너무 엄격하게 대했다는 것이다. 물론 이 두 평가는 나름대로 의미가 있지만, 더욱 중요한 것은 몇천 년 동안 지속되어 온 잘못된 관습인 부정부패를 해결하고자 한 점에서 옹정제는 다른 군주에 비해 결코 낮은 평가를 받아야 할 인물은 아니다.

부정부패의 척결은 옹정제 스스로가 신념이 없었다면 시도도 못했을 것이고, 부정부패를 바로잡는 과정에서 발생하는 어려움을 극복한다는 것은 절대로 쉽지 않기 때문이다.

2. 주관이 뚜렷하고 의지가 강한 사람이 인재이리라

옹정제는 주관이 뚜렷하고 의지가 강하며 실력있는 사람을 인재라고 생각했다. 그는 이런 인재관으로 관리를 등용했다. 대표적인 인물은 장정옥張廷玉과 악이태鄂爾泰이다.

장정옥(1672~1755)은 강희 39년(1700)에 진사에 합격하여 시강학사·내각학사·형부시랑·이부시랑을 역임했다. 옹정제가 즉위했을 때 이부시랑이던 장정옥이 강희제의 장례식을 잘 처리하여 신임을 얻기 시작했다.

옹정제와 장정옥의 관계에서 중요한 것은 군기처軍機處이다. 옹정제는 몽골과 전쟁을 벌였으나 군사기밀이 누설되는 현상이 자주 발생하자 옹정 7년(1729)에 군기처를 설치했다. 옹정제는 장정옥의 재주를 높이 평가하여 군기대신으로 임명했다.

군기대신들은 처음에는 보고서만을 정리하는 역할을 했으나 점차 실권을 가지게 되었다. 그들은 매일 수십 장의 보고서를 정리하고 새로운 보고서를 작성하는 역할을 하였다. 옹정제는 장정옥이 보고서 정리를 잘하는 것을 보고 만족했다.

한번은 장정옥이 병 때문에 군기처에 나오지 못했는데. 때마침 옹정제가 군기처에 들렀다. 장정옥이 보이지 않자 다른 군기대신에게 "요즘 장정옥이 안 보이는데. 무슨 이유가 있는가?"라고 물었다. 장정옥의 소식을 아는 군기대신들이 "폐하. 장정옥이 몸이 좋지 않아 집에서 쉬고 있다고 합니다. 장정옥을 궁으로 부르시겠습니까?"라고 말했다. 옹정제는 그 말을 듣고 "그래 어쩐지 요즘 짐의 몸이 별로 좋지 않더구나"라고 말했다.

수행하던 환관은 그 말을 듣자마자 어의를 찾으러 뛰어나갔다. 군기대신들은 걱정된 표정을 지으며 "폐하. 용체가 불편하시면 어서 편히 쉬시옵소서"라고 말했다. 옹정제는 미소를 지으며 "아니다. 짐이 몸이 불편한 것은 병이 나서가 아니라 장정옥 때문이다"라고 말하니. 군기대신들은 옹정제의 말을 이해하지 못했다. 옹정제는 "장정옥은 짐의 손과 발인데. 손과 발이 병이 나면 몸이 불편한 것이 아닌가?"라고 말하면서 웃으니. 군기대신들은 "폐하의 말씀이 맞습니다"라고 하면서 황제를 따라 웃었다.

장정옥은 주접奏摺을 제도화했다. 주접은 신하 또는 백성이 올리는 상소로 강희제 때 출현했으나 특별한 형식은 없었다. 그런 주접은 황제가 그 내용을 읽고 답을 내려주는 문서이다. 청나라는 기본적으로 명나라의 제도를 따른 것이 많은데 상소제도 역시 명나라 방식을 계승했다.

명나라 제도는 공적인 입장에서 상소를 올리면 제목을 곁에 표시하고 사적으로 상소를 올리면 표시하지 않았다. 이 상소들은 공개적이었기에 내용에 따라 황제가 보지 못할 경우도 있고, 상소를 전달하는 과정도 복잡하여 시간이 많이 걸렸다. 장정옥이 건의한 주접은 상소에 비해 비밀을 지킬 수도 있고, 황제의 의견을 참고할 수도 있었다.

옹정제는 장정옥을 깊이 신임하여 자신의 임종을 지키는 고명대신으로 삼았다. 장정옥이 사망한 뒤에 건륭제는 강희제 시기와 옹정제 시기 국가를 위해 노력한 장정옥의 공을 인정하여 위패를 태묘에 놓았다. 청나라 시대에 한족출신으로는 유일하게 위패가 태묘에 있는 경우다.

악이태(1677~1745)는 22세에 과거에 합격하지만 관직의 운은 없었다. 37세에 겨우 내무부원외랑을 지내게 되었다. 그러나 옹정제가 즉위하면서 악이태의 관운은 바뀌었다. 옹정제는 황자의 신분으로 이부와 호부에서 국정에 참여했기에 내무부에 소속된 악이태가 정직하고 믿음직스럽다는 것을 알고 있었다.

황제는 즉위하면서 부정부패가 심한 강소성에 철저한 조사가 필요하다는 것을 알고 악이태가 적합한 인물이라 생각했다. 그는 악이태를 파격적으로 등용하여 강소성의 포정사로 삼아 그 지역의 탐관오리들을 처리하도록 명했다.

강소성은 옹정제의 심복을 자처한 연갱요年羹堯가 군권을 장악하고 있었다. 연갱요는 능력은 있었지만 성격이 오만하여 강소성의 탐관오리들은 각종 뇌물을 통해 그와 결탁했다. 성실한 성격의 악이태가 강소성에서 자신의 역할에 충실하여 탐관오리들을 철저히 조사하자 그들은 결탁한 연갱요에게 "대인! 이번에 포정사로 부임한 악이태가 황상의 총애를 믿고 저희들을 죽이려 합니다. 대인께서 악이태에게 한 말씀만 해주시길 부탁드립니다"라고 했다.

이미 그들과 결탁했던 연갱요는 악이태에게 "자네가 조사하던 몇 명은 내가 잘 알고 있는 사람들이야. 그 자들은 내가 알아서 처리하겠네. 그러니 자네는 더 이상 그들을 조사하지 말게"라고 넌지시 말했다. 악이태는 연갱요를 쳐다보면서 "저는 황상께서 제게 내리신 포정사의 역할에 최선을 다할 뿐입니다"라고 대답했다.

스스로 지략과 지혜가 뛰어나다고 자부하는 연갱요는 악이태의 대답에 자존심이 상했다. 그 이후 연갱요는 악이태의 업무에 자주 방해를 했으나 악이태는 묵묵히 자신의 임무에 충실했다. 곧 이 소식은 옹정제에게 전해져 악이태를 더욱 신임하게 되었다.

삼번의 반역을 이미 성공적으로 진압했지만 사천·귀주·운남 지역은 중앙의 통치가 여전히 미치지 못했다. 옹정제는 악이태가 강소성의 부정부패를 완전히 처리하자 그를 운남과 귀주지역의 총독으로 임명했다.

악이태가 명을 받고 귀주성에 도착하니, 통치가 원활하지 못한 이유를 발견했다. 이 지역은 묘족들이 거주하는 곳으로 부족생활을 하면서 살고 있었다. 역대왕조는 관리를 파견했으나 통치의 효과가 없자, 그 지역의 유력자들을 관리로 뽑아 통치를 대행하게 했다.

이런 관리들을 '토관土官'이라 부르는데, 이들은 조정의 통치력이 미치지 못하는 것을 이용하여 자신들의 지역에서 독자적인 세력을 행사했다. 귀주지역뿐만 아니라 사천과 운남에서도 이런 토관들이 많았고, 이들은 자신들의 이익을 위해 사사로이 밀무역을 하는 등 국가에서 정한 법령을 지키지 않았다.

악이태는 이런 문제점을 파악하고 그 해결방법으로 군사력을 동원하여 토관들을 정리할 것을 옹정제에게 상소를 올렸다. 1727년 옹정제는 먼저 군대를 파병하여 토관을 없애고 이후 지방관을 파견하는 '개토귀류改土歸流' 정책을 시행했다. 곧 악이태의 사천·귀주·운남에서의 개토귀류는 성공적으로 시행했다.

이 지역은 본래 부족을 중심으로 하는 생활형태를 가지고 있었기에 생산방식이 상당히 낙후된 지역이었다. 그러나 지방관이 파견되고 중원의 문화와 생산방식이 전해지자 이 지역은 경제적으로 급속히 발전했다. 더구나 탐관오리를 엄격하게 처벌하는 옹정제였기에 파견된 관리들도 모두 자신의 임무에 충실했다.

토관의 황포에 시달리던 지역주민들은 청렴하고 능력있는 관리들의 통치로 보다 더 나은 생활을 하게 됐고, 이런 소식을 들은 다른 지역에서는 조정에 군대를 파견해 달라는 요청이 들어올 지경이었다.

개토귀류에 성공한 옹정제는 악이태를 분란이 발생한 서북지역〔지금의 감숙성과 신강성〕에 파견했고 악이태는 세 번의 출정을 통해 서북지역의 안정을 지켰다. 이윽고 옹정제는 악이태를 조정으로 불러들여 그 공을 치하하며 직위를 하사하는 동시에 내각의 수보로 삼았다.

옹정 13년(1735), 개토귀류를 시행한 지역에서 반란이 발생했다. 신하들은 악이태가 옹정제의 신임을 독차지한다고 생각하여 이를 기회로 삼아 옹정제에게 "폐하, 이번 반란은 악이태가 일을 잘못해서 발생한 것이니 그를 처벌해야 합니다"라고 주장했다. 옹정제는 "악이태의 잘못이 아님을 짐이 이미 알고 있으니 앞으로 말을 삼가라"라고 대답했다.

그러나 대신들이 계속해서 악이태를 처벌하라고 상소를 올렸다. 황제는 어쩔 수 없이 악이태의 직위를 취소했다. 그는 악이태를 불러들여 "이번 반란은 네 잘못이 아님을 알고 있으나 모두들 저러니 짐이 어쩔 수가 없었다"라고 했다. 악이태는 이 말을 듣고 "폐하! 소관은 괜찮습니다"라고 말하여 오히려 옹정제를 위로했다.

옹정제는 자신의 죽음이 다가오자 장정옥과 악이태를 불러 황제의 유언을 받는 고명대신으로 삼고 차기황제를 보좌하도록 명했다. 악이태는 옹정제의 명을 받들어 새로 즉위한 건륭제를 잘 보좌하였고 그의 신임을 받았다.

옹정제가 인재를 등용할 때 중요하게 여긴 것은 능력, 그 가운데에서도 실무능력이었다. 옹정제는 황자시절의 실무경험이 있었기에 관리들의 실무능력을 높게 평가했다. 그러나 인재들의 인품은 더욱 중요하게 생각했다. 그리하여 능력이 있더라도 교활한 사람은 등용하지 않았고, 오히려 능력은 낮아도 청렴한 사람을 더 높게 평가했다.

더구나 관리생활이 어떤지를 체험한 적이 있었기에 탐관오리가 형성되는 이유나 그들이 계속적으로 존재하는 이유를 잘 알고 있었다. 그래서인지 탐관오리를 근본적으로 없애기 위해서 노력했다. 물론 모든 탐관오리를 처결할 수는 없었지만 강희제 말기에 흐트러졌던 국가기강을 다시 바로잡을 수 있었다.

3. 사상을 통제하기 위해 문자옥을 일으키다

청나라의 통치층인 만주족은 소수였기에 대다수의 한족을 통치하기 위해서는 한족문화를 이해해야 했다. 그 가운데 중요한 것이 지식인층을 통치하는 방법이다. 청나라에서는 지식인층을 좋게 대우했지만 엄격하게 사상을 규제하기도 했는데 이런 방법이 '문자옥文字獄'이다.

문자옥은 청나라 시대에 새로 만들어진 것이 아니라 역대왕조에서 지식인층을 통제하기 위한 방법이었다. 강희제·옹정제·건륭제 시대에 발생한 문자옥은 대략 80여 건이며, 가장 규모가 컸던 문자옥은 옹정제 시대에 발생했다.

옹정 4년(1726)에 옹정제 시기의 첫 문자옥이 발생했다. 지방에서 보는 과거시험을 '향시'라고 하는데, 향시의 시험문제는 일반적으로 시험관이 만든다. 강서성의 향시시험관은 『시경』에서 '유민소지維民所止'라는 단어를 향시의 시험문제로 냈다.

시험의 의도는 백성을 위하는 방법에 대해 논하라는 것이다. 그런데 어떤 이가 이 말을 가지고 조정에 고발했다. 고발한 사람은 '유維'와 '지止'라는 글자가 모두 '옹雍'과 '정正'의 글자에서 머릿부분에 해당하는 'ㅗ'와 'ㅡ'을 제거했으니, '유'와 '지'는 옹정의 머리를 제거한다는 의미가 된다고 주장했다.

옹정제는 이 고발자의 주장을 이용하여 자신에게 도전하는 지식인층에 경고를 주는 의미에서 문자옥을 일으켰다. 이 때문에 시험관은 사형에 처해졌고, 가족들은 유배를 보내는 등 매우 엄격하게 문자옥이 진행됐다.

청나라 시대에 발생한 최대규모의 문자옥은 옹정 7년(1729)에 발생했다. 이 일의 시작은 여유량呂留良의 시에서 비롯되었다. 시의 내용 중에 "맑은 바람은 비록 작아 나에게 불지 않으나, 밝은 달이 언제 사람을 비추지 아니하는가?"라는 부분이 있었다.

여유량을 존경하는 증정曾靜은 이 시를 읽고 의미를 부여하기 시작했다. 겉으로 보기에 자연을 노래하는 시 같지만, 청나라를 반대하고 명나라를 그리워한다는 의미가 내포되어 있는 것으로 해석될 수 있었다.

여유량의 시를 읽고 난 증정은 반청복명의 기치를 세우고 준비하려 했다. 자신은 문인이기에 반란의 주체가 되더라도 실제적으로는 성공하기 어렵다는 것도 알았다. 그래서 증정은 자신과 뜻이 맞는 동지를 찾았는데, 그러는 와중에 옹정제에게 발각되어 체포되었던 것이다.

대노한 옹정제는 사건의 개요를 처음부터 상세하게 조사했다. 그 과정에서 여유량이 쓴 시가 이번 사건의 시작이라 보았고 여유량과 관련된 모든 사람들을 연좌시켜 본인들은 사형시키고 남은 가족들은 모두 외지로 유배를 보냈다.

옹정제는 이 기회를 이용하여 자신의 관대함을 보이기로 결정했다. 실질적인 문자옥의 주동자라고 할 수 있는 증정과 장희張熙에게 자신들의 잘못을 깨달을 수 있는 기회를 주고 그들이 반성한 것을 정리하여 『대의각미록大義覺迷錄』이라는 책을 출간했다.

신하들은 옹정제에게 "증정과 장희는 대역무도한 자들입니다. 반드시 죽여야 합니다"라고 주장했다. 옹정제는 "짐이 그들을 죽이지 않은 것은 이유가 있네"라고 대답했다. 신하들은 "폐하, 이유가 무엇입니까?"라고 물었다. 옹정제는 "짐이 여유량을 처리하면서 느낀 것인데, 모든 일을 강하게만 할 수는 없네. 증정과 장희를 잘 이용하여 앞으로는 이런 일이 일어나지 않도록 하는 것도 좋은 방법이 아니겠는가?"라고 말하니 신하들은 옹정제의 의도를 알면서도 함부로 수긍하지는 않았다. 옹정제는 "증정과 장희 역시 내 백성이네. 이제부터 이들에 대한 말을 절대로 하지 말게"라고 말했다.

그러나 증정과 장희를 용서하고 『대의각미록』을 출간한 가장 중요한 이유는 강희제 시기에 한족문화를 대규모로 수용했으나 아직까지 민족 간의 감정이 사라지지 않았기 때문이다. 옹정제는 『대의각미록』을 이용하여 무력에 의한 통합이 아니라 학문적으로 민족 간의 문제를 해결하려 했다.

옹정제의 의도는 몇 가지가 있다. 첫째로 실용주의적인 능력을 강조했다. 그는 고대에 유능했던 제왕들은 모두 능력이 대단했다고 평가하면서 그 과정에서 자신도 능력있는 황제임을 표현하였다. 둘째는 청나라가 명나라를 멸망시킨 것이 아니고 명나라 숭정제의 복수를 위해 이자성과 싸운 것임을 지식인층에게 다시 강조했다. 셋째로 청나라가 명나라를 대신할 수 있는 이유에 대해 언급하고 있다.

옹정제는 문자옥을 통해서 사상을 규제하고, 관리들을 통제하기도 했다. 연갱요年羹堯의 친구였던 왕경기汪景祺는 연갱요에 대해 좋게 서술하면서 연갱요를 죽인 조정에 대해 불만이 담긴 문장을 썼다. 이 문장을 읽은 옹정제는 대노하여 왕경기를 곧바로 사형에 처했다. 그래도 화가 풀리지 않은 옹정제는 이 사건을 널리 알리려고 했다. 마침 절강출신의 한 문인이 연갱요를 찬양하는 문장을 썼다. 옹정제는 이 문장을 작성한 전명세錢名世가 죄가 그렇게 크지는 않았지만 의도적으로 이 사건을 크게 만들었다.

옹정제는 전명세를 집에 연금시키고 그의 집 앞에 죄인이라는 표시를 크게 하여 평생 욕을 먹게 했다. 더구나 옹정제는 수도에 있는 모든 관리들에게 전명세를 비난하는 시를 만들게 하여 관리들이 잘 살펴보게 하고, 이 시를 모아 책으로 편찬하여 전국각지로 퍼지게 했다. 시들을 모으는 과정에서 서로가 서로를 비방하는 상황이 발생했다. 이런 과정에서 신권臣權이 분열되었고 황권은 상대적으로 강화되었다.

옹정제는 황제 즉위과정에서 자신의 정통성에 관련한 소문을 없애기 위해서 노력했으나 별 효과가 없자, 탐관오리들을 매우 엄격하게 처리하면서 자신의 정적들을 약화시켰다. 옹정제에게는 장정옥과 악이태 같이 문과 무에서 뛰어난 신하들이 있었지만, 효율적인 통치구조에는 문제가 있었다. 물론 탐관오리가 많이 사라지면서 정치와 경제에서 안정되기 시작됐으나 황제의 업무는 점점 많아져 옹정제는 결국에는 과로로 사망하였다.

제35장 전성기를 계승한 청나라 건륭제

중국역사상 재위기간이 40년이 넘는 황제는 모두 7명으로 55년의 한무제, 48년의 양무제, 44년의 당현종, 45년의 가정제, 48년의 만력제, 61년의 강희제, 60년의 건륭제가 있다.

그 가운데 청나라의 강희제와 건륭제는 60년 이상을 황제로 지냈다. 강희제를 존경한 건륭제는 자신이 강희제의 재위기간보다 길 수 없다고 생각해 재위 60년에 황제의 자리를 가경제에게 물려주고 3년 동안 상황上皇자리에 있었다.

1. 오직 조부 강희제를 본받고 싶었다

건륭제는 옹정제의 다섯째 아들로 태어났다. 어려서부터 총명했던 건륭제는 조부인 강희제에게서 많은 사랑을 받았다. 강희제는 주위의 신하들에게 "짐이 홍력弘曆[건륭제]에게 이 자리를 물려주고 싶구나"라고 말할 정도로 어린 건륭제를 총애했다. 이런 총애를 받은 건륭제는 강희제를 존경했고, 강희제를 본받기 위해 건륭제는 학문에 진력하고 말타기와 활쏘기에 노력했다.

옹정제는 황제로 즉위한 뒤에 '황저밀건제도皇儲密建制度'를 만들었다. 위대한 황제 강희제에게는 후계자를 정해야 하는 문제가 있었다. 강희제는 한족문화를 받아들였기에 유교에서 말하는 장자와 적자를 우선으로 하는 입장이었다. 그러나 오랜 재위기간 때문인지 태자를 두 번이나 폐하고 태자를 정하지 못한 상황이 발생했던 것이다.

결국 강희제가 후계자를 결정하지 못한 상태에서 옹정제가 황제로 즉위했다. 그는 자신과 같은 상황을 미연에 방지하기 위해, 황제가 자신의 후계자를 미리 정하지는 않고, 두 장의 종이에 후계자를 적은 뒤에 따로 보관하게 한 다음 때가 이르면 그 종이를 대조하여 후계자를 밝혀내는 제도를 만들었다. 이 제도를 '황저밀건제도'라고 부른다.

옹정제는 이미 다섯째 아들 홍력을 후계자로 삼았다. 이는 옹정제의 뜻도 있지만 강희제의 뜻을 반영한 것이었다. 물론 옹정제의 다른 아들들이 살아 있다면 문제가 될 수도 있겠지만, 다행히 이 시기에는 다섯째 홍력을 제외한 나머지는 모두 사망하고 없었다.

강희제의 총애에 따라 홍력은 철저하게 계획된 교육을 받은 뒤 정치에 참여하였다. 1733년에는 왕자들 가운데 으뜸인 화석보친왕和碩寶親王에 책봉되었고 2년 뒤인 25세의 나이로 제위에 올랐다. 이 황제는 이후 건륭이라는 연호를 쓰면서 60년이 넘게 통치했다.

건륭제는 황제로 즉위한 뒤에 조부 강희제의 모든 것을 본받으려고 했다. 강희제는 정치·경제·사회·문화·군사 등의 모든 방면에서 업적을 남겼지만, 건륭제는 아버지 옹정제가 특히 정치와 경제를 안정시켰기 때문에 상대적으로 문화와 군사방면에 집중할 수 있었다.

건륭제는 예술과 문학에 관심이 많았다. 건륭제 자신의 이름이 적힌 작품 또한 많다. 그러나 당시는 예술가들이 만들어낸 작품들을 황제의 이름으로 발표하는 것이 관례였기 때문에 건륭제 자신의 작품이 몇이나 되는지는 알기 어렵다.

그러나 그가 시와 산문을 쓰고 서예를 하고 그림을 그렸던 것은 분명하다. 주목할 점은 중국고전의 편찬사업을 장려했다는 것이다. 1772년에 중국의 전통적인 4개 학문분야인 경전·역사·철학·문학(經史子集) 분야에서 가장 중요한 저서만을 선정·편찬하라는 명을 내렸다.

이렇게 해서 만들어진 『사고전서四庫全書』는 황실과 개인의 서고를 모두 섭렵하여 만든 것이다. 이것은 학자 기윤紀昀을 중심으로 한 여러 학자들에 의해 10년 동안 편찬되었고, 건륭제 자신도 자료선정에 몇 번 참가하기도 했다. 총 3만 6,275권으로 구성된 『사고전서』는 화재로 인한 소실에 대비하고 또 보관상의 필요에 따라 필사본 7부를 준비했다.

1782~1787년 사이에 북경·승덕·봉천·원명원 등에 있는 주요 황궁에 4부를, 그리고 나머지 3부를 양주·진장·항주에 있는 학자들의 전용서고에 나누어 보관했다.

또한 『사고전서』의 목록인 『사고전서총목제요四庫全書總目提要』는 중국의 고전문학을 연구하는 데 없어서는 안될 도서목록 안내서이다. 그러나 이 작업은 중국문학에 적극적으로 기여한 반면, 가혹한 검열제도를 도입하는 계기도 되었다.

1774년 건륭제는 반만사상反滿思想을 직접 또는 간접적으로 담은 모든 불온서적을 삭제하거나 없애버리라는 명령을 내렸다. 불온서적 검열을 위해 목록이 작성되었고 관내의 공공 및 개인장서들을 일제히 조사하라는 새로운 명령을 내렸다. 이때 약 2천6백 종이나 되는 책들이 불태워졌다고 한다. 여담으로 일부 도서는 한국이나 일본 또는 일부 유력한 만주족 인사의 도서관에 사본이 남아 있었기 때문에 수백 권에 달하는 책들이 보존될 수 있었다.

완간된 뒤에도 『사고전서』는 여러 군데 수정되었는데 그 이유는 황제가 불온하다고 생각하는 몇몇 저서들이 들어 있었기 때문이었다.

건륭제는 중국문화 외에 서방문화에 대해서도 관심이 많았다. 조부 강희제와 마찬가지로 건륭제는 예술가들을 애호했는데 유럽에서 파견된 선교사들의 화가적 재능을 각별히 아꼈다. 또한 여러가지 기계와 장치들을 만들어낸 선교사들의 지식과 기술을 칭찬했다. 반면에 종교적인 면만은 평가할 가치가 없다고 여겼다.

건륭제는 도성 북쪽에 원명원을 꾸미는 데 많은 신경을 썼고, 자주 그곳에 머물게 되었다. 그는 수많은 건축물·호수·정원으로 둘러싸여 전체적으로 조화를 이룬 원명원이 황궁으로는 세계에서 가장 뛰어나다고 생각하여, 대지를 넓히고 새로운 건물들을 세웠다.

이 건물들의 특징은 동서양이 조합된 형태이다. 예수회 선교사들이 프랑스의 베르사유궁전에 관해 이야기했는데, 건륭제는 그들의 이야기에 근거하여 건물을 지었다. 그러나 지붕은 중국식을 사용해야만 한다고 주장하여 동서양이 조합된 건축물이 출현했다. 서방의 문화를 받아들이면서도 자신의 문화에 자신이 있기에 할 수 있는 행동이다.

2. 홍력이 십전무인의 칭호를 얻다

건륭제 시기의 국방문제는 지역적으로 국내와 북방, 그리고 남방으로 나눌 수 있다.

국내에서 발생한 첫번째 문제는 서남부 지역에서 벌어진 1749년의 사건이다. 사천지역 금천金川에서 관리들의 싸움이 벌어졌는데 이것이 민족분쟁으로 발전하여 조정에서는 이를 진압하기 위해 군대를 파견해야 했다.

진압 초기 관군은 한때 반란군의 계략에 빠져 대패했으나 병력을 증강하여 결국 진압에 성공했고 반란군의 수장은 항복했다. 건륭제는 그를 죽이려고 했으나 당시 사정상 그럴 수가 없었다. 이 때문에 1776년에 대소금천에서 다시 반란이 일어났다. 관군은 2차 대소금천 반란을 5년 동안 진압하면서 무수한 사상자를 냈을 뿐만 아니라 국가 재정 낭비 등 엄청난 손해를 보았다. 건륭제는 이 지역에 다시 반란이 일어나지 않도록 군대를 주둔시켰다.

사천지역 외에 대만에서 거세게 일어난 반란도 1787년에 진압했다. 강희제는 시랑과 요계성을 파격적으로 등용하여 대만을 복속시켰다. 그러나 대만은 무력으로 복속되면서 반청에 대한 마음을 가지고 있다가 기회를 보아 반란을 일으켰으나 결국은 실패했다.

북방의 문제는 서북부에서 발생했다. 몽골의 서부지대에 거주하는 준가르족과의 갈등이었다. 강희제 시기에는 준가르족과 싸우기도 하고 사절을 보내기도 했으나 결국 준가르족은 청나라의 골칫거리가 되었다. 옹정제는 강희제를 계승하여 연갱요를 파견하여 준가르족의 문제를 해결하려고 했으나 결국은 실패했다.

건륭제는 준가르족의 정벌을 명했다.(1754) 정벌의 결과 승리를 거두었으나 준가르의 본거지는 공략하지 못해 분쟁의 불씨는 여전히 남아 있었다. 황제는 준가르족에게 시간을 주는 것은 또다른 분쟁을 시작하는 것이라 생각하여, 2차 준가르 토벌전을 명했다.(1757) 청나라 군대는 준가르족의 본거지인 천산북로까지 점령했다.

준가르 문제를 해결하면서 자신감을 얻은 건륭제는 이 기회를 이용하여 천산남로에 있는 위구르족마저 정벌했다.(1759) 황제는 천산남북로를 모두 평정하였으므로 이 지역을 신강성으로 삼았다.

남방지역에서는 원정이 그리 성공을 거두지는 못했으나, 그래도 이 원정에 힘입어 청나라의 권위가 더 강화되었다. 티베트의 라싸에서 반란이 발생했으나(1752) 속전속결로 진압에 성공했고, 이후의 반란을 방지한다는 의미로 달라이라마의 실권을 빼앗아 2명의 중국 고위총독에게 넘겨주어 티베트에 대한 지배를 굳건히 했다. 미얀마 부족들에 대한 원정(1769)은 실패와 진압(1776), 안남安南(지금의 베트남)분쟁의 조정 또한 건륭제 시절에 있었던 군사 및 외교조정이 있었다.

모두 10차례나 반란을 진압하고 전쟁을 벌인 건륭제는 이를 기념하기 위해 자신은 '십전노인十全老人'이나 '십전무공十全武功' 등으로 부르게 했다. 고대로부터 현대까지 전쟁은 국가재정을 가장 빨리 그리고 확실하게 소모시킨다고 할 수 있다. 그래서인지 여러 왕조들의 군주들 가운데 전쟁을 10차례나 하는 경우는 거의 없었다.

전쟁을 몇 번 치른 황제들에 의한 재정문제로 국가가 흔들리는 상황은 자주 있었다. 건륭제 역시 십전무공이라는 명예는 얻었지만 국가재정에 큰 타격을 주었음을 부인할 수 없다. 이로 인해 최고의 전성기에서 점차 쇠퇴하게 되었다.

3. 말년에 탐관오리의 아첨에 빠지다

건륭제는 강희제의 모든 것을 본받으려고 했지만 한 가지는 완전히 달랐다. 그것은 바로 소비습관이었다. 강희제는 매우 검소한 생활을 한 황제였다. 주위에서 더 좋은 물건을 구하라고 권하면 강희제는 미소를 지으며 "짐이 어찌 백성들의 삶을 모르겠는가? 짐이 아낀다면 그들의 생활이 조금은 좋아지지 않겠는가?"라고 대답하니 주위의 신하들은 창피하여 아무런 말도 할 수가 없었다.

강희제를 자신의 우상이나 목표로 세운 건륭제였지만 그는 낭비하는 소비습관을 가지고 있었다. 이는 옹정제에게 반발하는 마음에서 시작된 것일 수도 있다. 건륭제는 어려서 매우 총명했기에 강희제의 총애를 많이 받았고, 강희제에게 제왕학을 배웠을 가능성이 높다. 더구나 백성을 아끼는 마음에서 검소한 생활을 하는 강희제의 마음을 건륭제가 몰랐을 리 없다. 그렇다면 옹정제에 대한 건륭제의 반발이 큰 작용을 했을 것으로 생각된다.

기록에 의하면 옹정제는 황자시절에 부친인 강희제의 영향으로 검소한 생활을 했다고 전해진다. 그로 미루어 낭비하는 사람을 질시했을 것으로 생각된다. 또한 잘못한 이들에게 매우 엄격하게 대했는데, 혈연이라고 결코 봐주지 않았을 것이다.

이런 과정에서 옹정제와 건륭제 사이에 의견충돌이 있었을 것으로 추측할 수 있으며, 만약 그런 의견충돌이 있었다면 건륭제가 옹정제에 대한 반감으로 사치하는 습관을 들였을 수도 있을 것이다.

건륭제는 강희제의 남방순행을 따라했지만 두 황제의 목적은 완전히 달랐다. 강희제는 강남의 지식인층을 설득하기 위해 문인의 입장에서 남방순행을 했지만, 건륭제는 황제가 할 수 있는 모든 표시를 하면서 남방순행을 했다.

건륭제의 남방순행 과정을 보면 1백 리마다 행궁을 건설하고, 길은 흙과 돌로 잘 포장하며 다리를 새로 놓았다. 더구나 자신이 행차하면 지방관원 등은 모두 대기하였고 백성들은 모두 부복하였다. 건륭제의 주변은 항상 병사와 관원들이 황제의 일정에 따르게 했다. 참가한 관원과 병사들의 수고비용은 적지 않았다.

이런 화려한 남순이 여섯 번, 오대산으로의 순행이 다섯 번, 곡부까지 다섯 번 등 셀 수 없을 만큼 많았다. 이런 순행에서 국가의 재정이 크게 낭비되어 문제가 될 수 있었다. 건륭제가 순행을 할 때마다 이전 두 황제의 교육이 효과가 있었다면 호사스러운 순행에 부담을 느꼈을 것이다. 그러나 신하들의 아부가 섞인 "폐하, 오늘과 같은 장관을 처음 보았습니다. 이런 행차가 진정한 천자의 행사가 아니겠습니까?"라는 아부의 말들을 들은 건륭제는 이를 당연하다고 생각했고 사치스런 생활을 계속했다.

사치에 빠진 군주에게는 아첨하는 부류의 말만 들린다. 건륭제가 후기에 등용한 인물 화신和珅이 대표적인 예이다. 그는 어려서 부모를 잃고 가난하게 성장해서인지 재물에 욕심이 많았다. 더구나 그는 재주 또한 뛰어났다.

화신이 궁중에서 시위를 담당하고 있을 때였다. 어느 날 건륭제가 궐밖으로 행차하려는데 준비가 제대로 되어 있지 않았다. 황제는 화를 냈으나 화신이 『논어』에 있는 문장으로 대답했다. 건륭제는 그 재치있는 대답을 한 시위를 살폈다.

시위의 얼굴을 보던 건륭제는 깜짝 놀라며 예전의 일을 기억해냈다. 건륭제가 황자였을 때 후궁과 장난을 친 적이 있었다. 후궁은 놀라 건륭제의 얼굴에 상처를 남겼다. 다음날 태후가 건륭제의 얼굴에 생긴 상처를 추궁했지만, 창피한 마음이 든 그는 대답하지 못했다. 다른 경로를 통해 사실을 알게 된 태후는 그 궁녀를 핍박하여 자진하도록 명했다.

결국 그 궁녀는 잘못은 했지만 억울해 하며 목을 매어 자살했다. 궁녀의 자살소식을 들은 건륭제는 "내가 그대를 죽였소. 만일 20년 뒤에 그대를 다시 만난다면 나의 모든 것을 그대에게 주겠소"라고 맹세했다.

『논어』를 인용하여 대답한 시위의 얼굴이 20년 전 궁녀의 얼굴과 똑같았다. 더구나 그 시위 목의 빨간색 상처가 목을 맨 상처처럼 보이자, 건륭제는 그 시위에게 긴장된 표정을 지으며 "너는 언제 태어났느냐?"라고 물었다. 화신은 영문도 모르고 자신의 생일을 알렸다.

공교롭게도 궁녀가 죽은 날짜와 시위의 생일이 같았다. 건륭제는 크게 기뻐하며 궁녀에게 보은한다는 생각으로 화신을 파격적으로 등용했다. 주위의 신하들이 모두 만류했지만 기회를 잡았다고 생각한 화신은 능력을 발휘하여 건륭제의 신임을 얻었고, 10년이 지난 뒤 군기대신이 되면서 다른 사람들에게서도 능력을 인정받았다.

그러나 화신은 모든 일을 건륭제의 호감을 사기 위해 황제의 입장에서 생각하고 판단하여 행동했다. 건륭제는 그런 사정도 모르고, 화신을 더욱 신임했다. 화신은 재물에 욕심이 많았기에 그의 재산이 얼마나 되는지 헤아릴 수 없을 정도였다.

건륭제가 88세로 사망하자 화신은 자신의 미래를 예측하고 3일 뒤에 자살했다. 화신의 책략이나 재력으로 피해를 보았던 많은 사람들이 "화신은 비록 죽었지만 그의 재산은 모조리 몰수해야 합니다"라는 내용의 상소를 올렸다. 화신의 재산이 얼마나 되는지 궁금했던 가경제는 명을 내려 화신의 재산을 몰수했다.

몰수한 결과 화신의 재산은 현금과 상당수의 가죽물품·골동품 등을 돈으로 환산해 보니 대략 8억 량으로 추산되었다. 그 당시 청나라의 1년 국가예산이 7천만 량이었으니 그 규모가 어떠했는지는 상상할 수 있을 것이다. 이 때문에 "죽은 화신이 가경제를 배부르게 하였다"라는 말이 유행했다고 한다.

이런 좋지 못한 평가에도 불구하고, 건륭제의 십전무공은 쉽게 이루기 힘든 뛰어난 업적이기 때문에 위대한 황제로 칭송받고 있다. 중국역사상 많은 황제가 있었지만 건륭제와 같은 업적을 세운 황제는 극소수라고 할 수 있으며, 또한 그의 탁월한 재능이 없었다면 그러한 공적을 세우기 힘들었을 것이다.